Rowohlts Klassiker der Literatur und der Wissenschaft

Herausgegeben von
Ernesto Grassi
unter Mitarbeit von
Walter Hess

Griechische Literatur
Band 2

HOMER

Die Odyssee

—

Deutsch von
Wolfgang Schadewaldt

ROWOHLT

152.–154. Tausend Dezember 1987

Veröffentlicht im Rowohlt Taschenbuch Verlag GmbH,
Hamburg, Juni 1958
Copyright © 1958 by Rowohlt Taschenbuch Verlag GmbH, Hamburg
Alle Rechte an dieser Ausgabe vorbehalten
Umschlagentwurf Werner Rebhuhn
Gesetzt aus der Linotype-Aldus-Buchschrift
und der Palatino (D. Stempel AG)
Gesamtherstellung Clausen & Bosse, Leck
Printed in Germany
1080-ISBN 3 499 45029 1

Homer · Die Odyssee

WERNER JAEGER

ZUM SIEBZIGSTEN GEBURTSTAG

AM 30. JULI 1958

ERSTER GESANG

Wie die Götter die Heimkehr des Odysseus beschließen und
Athene nach Ithaka zu Telemachos geht.

Den Mann nenne mir, Muse, den vielgewandten, der gar viel umgetrieben wurde, nachdem er Trojas heilige Stadt zerstörte. Von
vielen Menschen sah er die Städte und lernte kennen ihre Sinnesart;
viel auch erlitt er Schmerzen auf dem Meer in seinem Gemüte,
während er sein Leben zu gewinnen suchte wie auch die Heimkehr der
Gefährten. Jedoch er rettete auch so nicht die Gefährten, so sehr er
es begehrte. Selber nämlich durch ihre eignen Freveltaten verdarben
sie, die Toren, die die Rinder des Sohns der Höhe, Helios, verzehrten. Der aber nahm ihnen den Tag der Heimkehr. Davon — du magst
beginnen, wo es sein mag — Göttin, Tochter des Zeus! sage auch
uns!

Da waren zwar die andern alle, so viele dem jähen Verderben entgangen waren, daheim, dem Krieg entronnen und dem Meere. Diesen
allein, den nach der Heimkehr und nach seinem Weib verlangte, hielt
die Herrin, die Nymphe zurück, Kalypso, die hehre unter den Göttinnen, in den gewölbten Höhlen, begehrend, daß er ihr Gatte wäre.
Doch als nun das Jahr kam unter den umlaufenden Zeiten, in dem
ihm die Götter zugesponnen, daß er nach Haus, nach Ithaka, heimkehre, war er auch dort den Kämpfen nicht entflohen, auch nicht
unter den Eigenen, den Seinen. Die Götter erbarmte es allgesamt,
außer Poseidon: dieser zürnte voll Eifer auf den gottgleichen Odysseus, bevor er in sein Land gelangte.

Doch jener war zu den Aithiopen hingegangen in der Ferne — den
Aithiopen, die zwiefach geteilt sind, zuäußerst unter den Menschen:
teils wo der Sohn der Höhe untergeht, teils wo er heraufkommt —:
daß er von Stieren und von Widdern ein Hundertopfer entgegen-
nähme. Da ergötzte sich dieser, beim Mahle sitzend. Die anderen
aber waren in den Hallen Zeus', des Olympiers, versammelt. Und
unter ihnen begann die Reden der Vater der Menschen und der Götter, denn er gedachte in seinem Sinn des untadligen Aigisthos, den
der Agamemnon-Sohn, der weitberühmte Orest, erschlagen. Dessen
gedachte er und sprach unter den Unsterblichen die Worte:

«Nein! wie die Sterblichen doch die Götter beschuldigen! Denn
von uns her, sagen sie, sei das Schlimme! und schaffen doch auch
selbst durch eigne Freveltaten, über ihr Teil hinaus, sich Schmerzen! So hat auch jetzt Aigisthos, über sein Teil hinaus, des Atreus-

Sohnes eheliche Gattin zur Frau genommen und ihn erschlagen, als er heimkam. Und wußte doch um das jähe Verderben! Denn offen hatten wir ihm kundgetan, indem wir ihm Hermes, den gutspähenden Argostöter, schickten: daß er ihn nicht erschlagen und nicht seine Gattin freien sollte. Denn von Orestes werde Vergeltung kommen für den Atriden, wenn er herangewachsen sei und nach seinem Lande verlangen werde. So sagte Hermes, doch er konnte den Sinn des Aigisthos nicht bereden, so Gutes er im Sinne trug. Nun hat er alles auf einmal abgebüßt.»

Da antwortete ihm die Göttin, die helläugige Athene:

«Unser Vater, Kronide, Höchster derer, die da herrschen! Ja, jener ist freilich dem verdienten Verderben erlegen. So möge auch jeder andere zugrunde gehen, wer derlei tut! Mir aber ist um den Odysseus, den kluggesonnenen, das Herz zerrissen, den Unglückseligen, der schon lange, entfernt von den Seinen, Leiden leidet auf einer umströmten Insel, wo der Nabel des Meeres ist. Die Insel ist baumreich, und eine Göttin bewohnt auf ihr die Häuser: des bösegesonnenen Atlas Tochter, welcher des ganzen Meeres Tiefen kennt und hält die Pfeiler, er selbst, die großen, die Erde und Himmel auseinander halten. Dessen Tochter hält den Unglückseligen, den Jammernden zurück, und immer sucht sie ihn mit weichen und einschmeichelnden Worten zu bezaubern, daß er Ithakas vergäße. Doch Odysseus, der sich sehnt, auch nur den Rauch aufsteigen zu sehen von seinem Lande, wünscht sich zu sterben. Und da kehrt sich auch dir nicht das eigene Herz um, Olympier? Hat sich dir nicht Odysseus bei den Schiffen der Argeier gefällig erwiesen, heilige Opfer bringend in dem breiten Troerlande? Was hast du gegen ihn solchen Zorn gefaßt, Zeus?»

Da antwortete und sagte zu ihr der Wolkensammler Zeus:

«Mein Kind, welch Wort entfloh dem Gehege deiner Zähne? Wie sollte ich da wohl des Odysseus, des göttlichen, vergessen, der über ist an Verstand den Sterblichen und hat über alle hinaus heilige Opfer den unsterblichen Göttern gegeben, die den breiten Himmel innehaben? Allein Poseidon, der Erdbeweger, zürnt ihm unbeugsam immer um des Kyklopen willen, den er am Auge blind gemacht hat, den gottgleichen Polyphemos, dessen Gewalt die größte ist unter allen Kyklopen. Thoosa, die Nymphe hat ihn geboren, des Phorkys Tochter, der über die unfruchtbare Salzflut waltet, nachdem sie in den gewölbten Höhlen sich mit Poseidon vereinigt hatte. Von daher sucht Poseidon, der Erderschütterer, den Odysseus nun zwar nicht zu töten, doch treibt er ihn ab von dem väterlichen Lande. — Doch auf! überlegen wir hier alle die Heimkehr: daß er nach Hause komme. Poseidon wird seinen Groll fahren lassen. Denn nicht wird er es vermögen, gegen alle Unsterblichen, ohne der Götter Willen, anzukämpfen als einziger.»

Darauf erwiderte ihm die Göttin, die helläugige Athene:

«Unser Vater, Kronide! Höchster derer, die da herrschen! Wenn dieses also jetzt den seligen Göttern lieb ist, daß der vielverständige Odysseus in sein Haus heimkehre: laßt uns dann Hermes, den Geleiter, den Argostöter zur Insel Ogygia schicken, daß er aufs schnellste der flechtenschönen Nymphe sage den unfehlbaren Ratschluß: die Heimkehr des duldemütigen Odysseus, daß er nach Hause kehre. — Ich aber will nach Ithaka gehen, damit ich ihm den Sohn noch mehr antreibe und ihm den Drang in die Sinne lege, daß er zum Markte berufe die am Haupte langgehaarten Achaier und allen Freiern aufsage, die ihm immer die dicht gedrängten Schafe und schleppfüßigen, krummgehörnten Rinder schlachten, und will ihn nach Sparta geleiten und in das sandige Pylos, damit er nach der Heimkehr seines Vaters frage, ob er irgend davon höre, und daß ihn edle Kunde unter den Menschen erhebe.»

So sprach sie und band sich unter die Füße die schönen Sohlen, die ambrosischen, goldenen, die sie über das Feuchte wie über die grenzenlose Erde zusammen mit dem Wehen des Windes trugen. Und faßte den wehrhaften Speer, gespitzt mit dem scharfen Erze, den wuchtigen, großen, starken, mit dem sie die Reihen der Heroen-Männer bezwingt, denen sie zürnt, die Tochter des gewaltigen Vaters. Und sie ging hin und schwang sich hinab von den Häuptern des Olympos und trat in dem Gau von Ithaka an das vordere Tor des Odysseus, auf die Schwelle des Hofs, und hielt in der Hand den ehernen Speer, einem Gastfreund gleichend, dem Taphierführer Mentes, und fand so die mannhaften Freier. Die erfreuten da ihr Herz am Brettspiel vor den Türen auf den Häuten der Rinder sitzend, die sie selber geschlachtet hatten. Und Herolde und flinke Bediente mischten ihnen, die einen, Wein und Wasser in Krügen, andere wieder wuschen mit vieldurchlöcherten Schwämmen die Tische und stellten sie hin, und andere schnitten viel Fleisch vor.

Da sah sie als weit erster der gottgleiche Telemachos. Er saß unter den Freiern, betrübten Herzens, und sah im Geiste den edlen Vater: ob er nicht von irgendwoher käme, die Vertreibung der Freier in den Häusern bewerkstelligte und selber sein Amt einnähme und in seinen Besitztümern gebiete. Während er unter den Freiern saß und dies bedachte, sah er Athene und ging gradeswegs zum vorderen Tor: denn es war ihm arg in dem Gemüte, daß ein Gastfreund lange vor den Türen stehen sollte. Und trat nahe zu ihr heran, ergriff ihre rechte Hand und nahm ihr den ehernen Speer ab, und begann und sagte zu ihr die geflügelten Worte:

«Freude dir, Gast! du sollst bei uns willkommen sein! Doch wenn du alsdann des Mahles genossen hast, so sage, was ist dein Begehren!»

So sprach er und ging voran, und Pallas Athene folgte. Als sie drinnen in dem hohen Hause waren, trug er den Speer und stellte ihn an den hohen Pfeiler in den gutgeglätteten Speerhalter, wo auch andere Speere des duldemütigen Odysseus standen, viele, und führte sie zu einem Stuhle und ließ sie, nachdem er ein Leinen darüber gebreitet, auf ihm niedersitzen: einem schönen, kunstreich gefertigten, und unten an ihm war ein Schemel für die Füße. Und stellte für sich selber einen Lehnstuhl mit eingelegter Arbeit daneben, abseits von den Freiern drüben, daß nicht der Gast, von dem Getöse belästigt, des Mahles überdrüssig würde, weil er unter Übermütige gekommen, und daß er ihn nach dem abwesenden Vater fragte. Und Handwasser brachte eine Magd in einer Kanne, einer schönen, goldenen, und goß es zum Waschen über ein silbernes Becken, und stellte vor ihnen einen geglätteten Tisch auf. Und die ehrbare Beschließerin brachte Brot und setzte es vor, und tat viele Speisen dazu, gefällig von dem, was da war. Und der Speisemeister erhob Platten von allerlei Fleisch und setzte sie vor, und stellte vor sie goldene Becher. Und ein Herold trat häufig zu ihnen heran und schenkte den Wein ein.

Und die mannhaften Freier kamen herein und setzten sich alsdann der Reihe nach auf Lehnstühle und Sessel. Und Herolde gossen ihnen Wasser über die Hände, und Mägde häuften Brot in Körben, und Knaben füllten die Krüge bis an den Rand mit dem Getränke. Und sie streckten die Hände aus nach den bereiten vorgesetzten Speisen. Doch als sich die Freier das Verlangen nach Trank und Speise vertrieben hatten, da dachten sie auf anderes in ihrem Sinne: Gesang und Tanz, das sind die Krönungen des Mahles. Und ein Herold legte die gar schöne Leier dem Phemios in die Hände, der bei den Freiern gezwungen zu singen pflegte. Ja, da rührte er die Leier und hob an mit einem Vorspiel, um schön zu singen. Doch Telemachos sprach zu der helläugigen Athene, dicht sein Haupt an das ihre haltend, damit die andern es nicht hörten:

«Lieber Gastfreund, wirst du mir wohl verargen, was ich sage? *Denen* steht leicht der Sinn nach diesen Dingen, Saitenspiel und Gesang, da sie fremdes Lebensgut ohne Entgelt verzehren — des Mannes, dessen weißes Gebein wohl schon im Regen verfault, auf dem

Festland liegend, oder die Woge wälzt es in der Salzflut. Doch sähen sie ihn nach Ithaka heimgekehrt: sie wünschten sich alle wohl lieber, schnell zu sein mit den Füßen als noch so reich an Gold und an Gewandung. Doch jetzt ist er so in schlimmem Geschick zugrunde gegangen, und uns ist kein Trost geblieben, mag auch mancher der Menschen auf Erden sagen, daß er kommen werde. Ihm aber ging der Heimkehrtag verloren. Doch auf! sage mir dieses und berichte es mir zuverlässig: wer bist du und woher unter den Männern? wo ist deine Stadt und deine Eltern? auf was für einem Schiff bist du gekommen? wie haben dich die Schiffsleute nach Ithaka geführt? wer rühmten sie sich, daß sie seien? Denn zu Fuß, denke ich, bist du wohl nicht hierher gekommen. Und sage mir auch dieses wahrhaftig, daß ich es gut weiß: kommst du neu zu uns oder bist du vom Vater her ein Gastfreund? Sind häufig doch andere Männer in unser Haus gekommen, da auch jener stets viel mit den Menschen umging.»

Da sagte hinwieder zu ihm die Göttin, die helläugige Athene:

«So will ich dir denn dies ganz unverdreht berichten! Mentes, der Sohn des kluggesonnenen Anchialos, rühme ich mich zu sein, und herrsche über die ruderliebenden Taphier. Jetzt aber bin ich mit dem Schiff und den Gefährten hier angelaufen, denn ich fahre über das weinrote Meer zu Menschen anderer Zunge: nach Temesa, nach Erz, und führe schimmerndes Eisen. Das Schiff liegt mir hier am Lande draußen, abseits von der Stadt, in der Rheithron-Bucht, am Fuß des bewaldeten Neïon-Berges. Gastfreunde rühmen wir uns einander von den Vätern her zu sein, von alters — falls du zu dem greisen Laertes, dem Heros, gehen und ihn fragen wolltest, der, sagen sie, nicht mehr in die Stadt kommt, sondern weit weg auf dem Lande draußen Leiden leidet, mit einer alten Dienerin, die ihm Speise und Trank vorsetzt, wenn ihm die Ermüdung die Glieder ergreift, wenn er den Abhang des weintragenden Gartens immerfort hinaufgeschlichen. Doch jetzt bin ich gekommen, denn schon hieß es: daß er im Lande sei, dein Vater. Doch es behindern die Götter ihm wohl den Weg! Denn tot ist er noch nicht auf der Erde, der göttliche Odysseus, sondern er lebt noch und wird wohl auf dem weiten Meer zurückgehalten, auf einer umströmten Insel, und es halten ihn feindselige Männer, wilde, die ihn wohl festhalten wider Willen. Doch jetzt will ich dir weissagen, wie es mir in den Sinn die Unsterblichen legen und wie ich meine, daß es sich vollenden werde — nicht daß ich ein Seher bin und mich sonderlich auf die Vögel verstehe! —: nicht wird er dir noch lange der eigenen väterlichen Erde fern sein! Und wenn ihn auch eiserne Bande hielten, darauf sinnen wird er, wie er heimkehrt, denn er ist reich an Erfindungen. — Doch auf! sage mir dieses und berichte es mir zuverlässig: bist du, so groß, schon ein Sohn des Odysseus selber? Wirklich, du gleichst ihm sehr an Haupt und schönen Augen! Denn häufig sind wir so beisammen gewesen miteinander, ehe er nach Troja zu Schiff ging, wohin ja auch die andern Besten der Argeier gegangen sind in den hohlen Schiffen. Seit damals habe weder ich den Odysseus noch er mich gesehen.»

Da entgegnete ihr hinwieder der verständige Telemachos:

«So will ich es dir, Gast! ganz unverdreht berichten: die Mutter zwar sagt, daß ich von ihm bin; ich aber weiß es nicht. Hat doch noch keiner je seine Abkunft selber genau gekannt! — Wäre ich doch der Sohn eines glücklichen Mannes, den auf seinen Gütern ein hohes Alter erreichte! Doch jetzt ist es der Unglücklichste der sterblichen Menschen, von dem sie sagen daß ich stamme — da du mich danach fragst!»

Darauf sagte zu ihm hinwieder die Göttin, die helläugige Athene:

«Gewiß haben die Götter dein Geschlecht nicht namenlos gemacht für künftig, da dich als einen solchen Penelopeia geboren hat. Doch auf! sage mir dieses und berichte es mir zuverlässig: was für ein Schmaus, was für eine Versammlung ist das? was soll dir das? ein Gastmahl oder eine Hochzeit? Denn das ist doch kein Mahl auf eigenen Beitrag! So über die Maßen zuchtlos scheinen sie mir durch das Haus zu schmausen! Empören müßte es einen Mann, die vielen Schanddinge zu sehen, der dazukäme und verständig wäre.»

Da antwortete ihr hinwieder der verständige Telemachos:

«Gast! da du mich dieses fragst und danach forschest: einst mag dies Haus wohl reich und untadelig gewesen sein, solange noch jener Mann im Lande war. Doch jetzt haben die Götter es anders gewollt, die Böses sannen und ihn wie keinen Menschen aus aller Augen entschwinden ließen — da ich mich über seinen Tod doch nicht so sehr bekümmern würde, wenn er bei seinen Gefährten in dem Lande der Troer zugrunde gegangen wäre oder in den Armen der Seinen, nachdem er den Krieg abgewickelt. Dann hätten ihm die All-Achaier doch einen Grabhügel errichtet, und auch seinem Sohne hätte er große Kunde für später erworben. Jetzt aber haben ihn ohne Kunde Sturmvögel emporgerafft. Dahingegangen ist er, ungesehen, ungehört, und mir hat er Schmerzen und Wehklagen hinterlassen. Doch nicht allein um jenen jammere ich und seufze, da mir die Götter nun andere böse Kümmernisse bereitet haben. Denn so viele Edle auf den Inseln herrschen, auf Dulichion und Same und der bewal-

deten Zakynthos, und so viele über die steinige Ithaka gebieten —
so viele werben um meine Mutter und reiben das Haus auf. Sie aber
sagt weder nein zu der verhaßten Hochzeit noch vermag sie ein
Ende zu machen. Die aber richten mit Essen mein Haus zugrunde.
Bald werden sie auch mich selbst zerreißen.»

Da sagte unwillig zu ihm Pallas Athene:

«Nein doch! gar sehr bedarfst du des hinweggegangenen Odysseus, daß er die Hände auf die schamlosen Freier lege! Denn käme
er jetzt und träte an die vorderen Türen des Hauses, in Helm und
Schild und mit zwei Speeren, dergestalt wie ich ihn zuerst gesehen,
als er in unserem Hause trank und sich erfreute, als er aus Ephyra
heraufgekommen, von Ilos, dem Sohne des Mermeros — denn auch
dahin war Odysseus im schnellen Schiff auf der Suche nach einem
männertötenden Kraut gekommen, damit er es hätte, um die erzbeschlagenen Pfeile zu salben — doch der gab es ihm nicht, er scheute die
immerseienden Götter; aber mein Vater gab es ihm, denn er liebte
ihn sehr —: dergestalt sollte Odysseus unter die Freier treten: dann
würde ihnen allen ein schneller Tod und eine bittere Hochzeit werden! Aber wahrhaftig! dieses liegt im Schoß der Götter, ob er heimkehrt und Vergeltung übt oder auch nicht in seinen Hallen. Dich
aber rufe ich auf, daß du darauf sinnest, wie du die Freier hinaus-
stößt aus der Halle. Doch auf! vernimm jetzt und merke auf meine
Reden: Rufe morgen zu Markte die Edlen der Achaier, richte das
Wort an alle, und die Götter mögen dafür Zeugen sein: befiehl den
Freiern, daß sie sich auf ihr Eigenes zerstreuen. Die Mutter aber,
wenn ihr der Sinn begehrt, sich zu vermählen, gehe zurück in die
Halle ihres hochmögenden Vaters, und die dort mögen ihr die Hochzeit richten und ein Brautgut bereiten, ein gar reiches, soviel sich
ziemt, daß es der eigenen Tochter mitgegeben werde. Dir selber
aber rate ich sehr, wenn du mir folgen wolltest: rüste ein Schiff mit
zwanzig Ruderern, das tüchtigste, das da nur sein mag, und gehe auf
Kunde nach dem lange abwesenden Vater: ob sie der Sterblichen
einer dir kann sagen oder du von Zeus her ein Gerücht vernimmst,
welches am meisten den Menschen Kunde zuträgt. Gehe zuerst nach
Pylos und frage den göttlichen Nestor, und von dort nach Sparta
zu dem blonden Menelaos, denn der ist als letzter von den erzgepan-
zerten Achaiern heimgekommen. Wenn du nun hörst, der Vater sei
am Leben und auf der Heimfahrt, dann halte, so sehr du auch geplagt
bist, noch ein Jahr aus. Doch hörst du, er sei tot und sei nicht mehr
am Leben, so schütte, in dein Vaterland heimgekehrt, ihm alsdann
das Grabmal auf und opfere Totengaben, gar viele, soviel es sich

gebührt, und gib die Mutter einem Manne! Doch hast du dies vollendet und verrichtet, so überlege alsdann im Sinne und in dem Gemüte, wie du die Freier in deinen Hallen tötest, ob nun mit List oder offenkundig. Nicht steht es dir an, kindliche Dinge zu treiben, denn du bist nicht mehr in dem Alter! Hörst du nicht, welchen Ruhm der göttliche Orest erworben hat bei allen Menschen, da er getötet hat des Vaters Mörder: Aigisthos, den arglistigen, der ihm den ruhmvollen Vater erschlagen? Auch du, Freund! — denn gar schön und groß sehe ich dich vor mir — sei mannhaft, auf daß man dich noch unter den Spätgeborenen preise! — Doch ich will nun zu dem schnellen Schiffe und den Gefährten hinabgehen, die mich gewiß gar unmutig erwarten. Dir sei dies selber angelegen, und merke wohl auf meine Reden!»

Da entgegnete ihr hinwieder der verständige Telemachos:

«Fremder! wahrhaftig! dieses redest du freundlich gesonnen, wie ein Vater zu seinem Sohne, und niemals will ich es vergessen. Doch auf! bleibe jetzt noch ein wenig, so eilig du es hast mit deinem Wege, daß du, wenn du gebadet und dein Herz erfreut hast, mit einem Geschenk zu Schiffe gehst, dich freuend in dem Herzen: einem wertvollen, gar schönen, das dir von mir ein Kleinod sein soll, wie solches liebe Gastfreunde Gastfreunden geben.»

Da antwortete ihm die Göttin, die helläugige Athene:

«Halte mich jetzt nicht mehr zurück, da es mich drängt mit meinem Wege! Das Geschenk, das dich dein Herz heißt mir zu geben, magst du mir geben, wenn ich wiederkomme, daß ich es mit mir nach Hause nehme, und wähle nur ein gar schönes aus! Dir aber soll werden, was des Tausches wert ist!»

Als sie so gesprochen hatte, ging sie hinweg, die helläugige Athene, und flog wie ein Vogel auf und davon. Ihm aber legte sie Kraft und Mut in den Sinn und ließ ihn noch mehr als zuvor des Vaters gedenken. Doch er, wie er es wahrnahm in seinen Sinnen, verwunderte sich in dem Gemüte, denn es ahnte ihm, daß es ein Gott sei. Und ging sogleich zu den Freiern, der gottgleiche Mann.

Vor denen sang der rings berühmte Sänger, und sie saßen und hörten zu in Schweigen. Er sang die Heimfahrt der Achaier, die traurige, die ihnen von Troja her Pallas Athene beschieden hatte. Da vernahm seine göttliche Weise im oberen Stockwerk die Tochter des Ikarios, die umsichtige Penelopeia, in ihrem Sinne. Und sie schritt die hohe Stiege hinab in ihrem Hause, nicht allein, es gingen zugleich mit ihr zwei Dienerinnen. Doch als sie nun zu den Freiern gekommen war, die göttliche unter den Frauen, da trat sie neben den

14

Pfeiler des festgezimmerten Daches, zog sich das schimmernde Kopftuch vor die Wangen, und neben sie trat zu beiden Seiten je eine sorgliche Dienerin. Und in Tränen sprach sie darauf zu dem göttlichen Sänger:

«Phemios! du weißt doch viele andere Bezauberungen der Sterblichen, Werke von Männern und Göttern, die die Sänger rühmen. Von diesen singe ihnen eines, während du bei ihnen sitzest, und trinken mögen sie den Wein in Schweigen! Doch höre mit diesem Gesange auf, dem traurigen, der mir immer mein Herz in der Brust zerreibt. Denn es ist über mich am meisten Leid, unaufhörliches, gekommen: ein solches Haupt muß ich vermissen, immer seiner gedenkend: das Haupt des Mannes, dessen Ruhm weit über Hellas reicht und bis hinein in das mittlere Argos.»

Da antwortete ihr hinwieder der verständige Telemachos:

«Meine Mutter! Was verargst du es dem geschätzten Sänger, daß er so, wie sich ihm der Sinn erhebt, ergötze? Nicht die Sänger sind schuld, sondern schuld ist doch wohl Zeus, der es den erwerbsamen Männern gibt, wie immer er will, einem jeden. Doch diesen hier trifft kein Arg, wenn er der Danaer schlimmes Verderben singt. Denn höher preisen die Menschen stets *den* Gesang, der ihnen als der neueste zu Ohren kommt. Dir aber dulde Herz und Sinn, daß du ihn hörst. Denn nicht Odysseus hat allein vor Troja den Heimkehrtag verloren: zugrunde gegangen sind auch viele andere Männer. — Doch gehe ins Haus und besorge deine eigenen Werke: Webstuhl und Spindel, und befiehl den Dienerinnen, daß sie an ihr Werk gehen. Das Wort wird Sache der Männer sein, aller, jedoch am meisten meine, dem die Gewalt ist in dem Haus.»

Da verwunderte sie sich und schritt zurück ins Haus, denn sie nahm sich die verständige Rede des Sohns zu Herzen. Und ins obere Stockwerk mit den dienenden Frauen hinaufgestiegen, weinte sie alsdann um Odysseus, den lieben Gatten, bis ihr den Schlaf, den süßen, auf die Lider warf die helläugige Athene.

Die Freier aber lärmten in den schattigen Hallen, und alle wünschten sie sich, bei ihr im Bette zu liegen. Doch der verständige Telemachos begann unter ihnen die Reden:

«Freier meiner Mutter, voll gewalttätigen Übermuts! erfreuen wir uns jetzt noch des Mahles! und da sei kein Lärm! Denn das ist schön, einen solchen Sänger zu hören, wie dieser ist: den Göttern an Stimme vergleichbar. Doch in der Frühe laßt uns alle zum Markt gehn und uns niedersetzen, damit ich euch ohne Scheu mit dem Wort aufsage: daß ihr hinausgeht aus den Hallen! Besorgt euch andere Mähler!

verzehrt eure eigenen Güter, wechselnd von Haus zu Haus! Doch scheint euch dieses lohnender zu sein und besser, daß das Lebensgut eines einzelnen Mannes ohne Entgelt zunichte werde: schert es denn kahl! Ich aber werde zu den Göttern rufen, den immerseienden: ob Zeus vielleicht gibt, daß Werke zur Wiedervergeltung geschehen mögen. Dann werdet ohne Entgelt auch ihr in den Häusern drinnen zugrunde gehen!»

So sprach er. Die aber gruben alle die Zähne in die Lippen und staunten über Telemachos, wie kühnlich er geredet hatte. Doch sagte zu ihm hinwieder Antinoos, des Eupeithes Sohn:

«Telemachos! dich lehren gewiß die Götter selber, ein großer Redner zu sein und kühnlich zu reden! Daß dich der Kronos-Sohn nur nicht auf der meerumgebenen Ithaka zum Könige mache, welches dir nach Abkunft zukäme von dem Vater.»

Darauf entgegnete ihm hinwieder der verständige Telemachos:

«Antinoos! und magst du mir auch verargen, was ich sage: auch dies — ich wollte es übernehmen, wenn Zeus es gäbe. Oder meinst du, daß dies das Schlimmste sei unter den Menschen? König zu sein, ist gar nicht übel. Schnell wird das Haus ihm reich, und er selber ist höher geachtet. Allein, da sind unter den Achaiern noch viele andere königliche Männer auf der meerumgebenen Ithaka, junge wie alte: mag von denen einer dieses haben, wenn der göttliche Odysseus tot ist. Doch ich will Herr sein in unserm Hause wie auch über die Knechte, die für mich erbeutet hat der göttliche Odysseus.»

Darauf antwortete ihm hinwieder Eurymachos, des Polybos Sohn:

«Telemachos! nun, dieses liegt im Schoß der Götter: wer auf der meerumgebenen Ithaka König sein wird von den Achaiern. Doch deine Besitztümer sollst du für dich selber haben und der Herr sein in deinen Häusern. Möge der Mann nicht kommen, der dir wider deinen Willen mit Gewalt deinen Besitz entreißt, solange noch Ithaka bewohnt wird! — Doch will ich dich, Bester, wegen des Fremden fragen. Woher ist dieser Mann? aus welchem Lande·rühmt er sich zu sein? wo hat er sein Geschlecht und die väterliche Ackerscholle? Bringt er eine Botschaft von dem Vater, daß er komme? oder kommt er hierher, ein eigenes Begehren zu betreiben? Wie ist er aufgesprungen und auf einmal davongegangen, und hat nicht gewartet, daß wir ihn kennenlernten. Glich er doch keinem Geringen von Angesicht!»

Da antwortete ihm hinwieder der verständige Telemachos:

«Eurymachos! nein, die Rückkehr meines Vaters ist verloren! Nicht traue ich einer Botschaft mehr, wenn sie von irgendwoher kommt, und gebe nichts auf Wahrsagung, wie sie die Mutter stets erfragt und Wahrsager in die Halle ruft. — Doch dieser ist mein Gastfreund vom Vater her aus Taphos, und Mentes, des Anchialos Sohn, des klug-gesonnenen, rühmt er sich zu sein, und herrscht über die ruderlie-benden Taphier.»

So sprach Telemachos, doch in seinem Sinne hatte er erkannt die unsterbliche Göttin.

Die aber wandten sich dem Tanz und dem lieblichen Gesang zu, waren vergnügt und blieben, bis der Abend heraufkam. Und wäh-rend sie sich vergnügten, kam herauf der schwarze Abend. Da gingen sie, um sich niederzulegen, ein jeder in sein Haus, doch Telemachos dorthin, wo ihm in dem gar schönen Hofe eine Kammer erbaut war, eine hohe, auf einem umschauenden Platze. Dorthin ging er zum La-ger und bedachte vieles in seinem Sinne. Und ihm zur Seite trug die brennenden Fackeln Eurykleia, die Tochter des Ops, des Peisenor-Sohnes, die Sorgliches wußte. Die hatte einst Laertes mit eigenem Gut erworben, als sie noch in erster Jugend war, und hatte den Wert gegeben von zwanzig Rindern; und er hielt sie in Ehren gleich der sorglichen Gemahlin in den Hallen; doch nahte er niemals ihrem Lager, er scheute den Zorn der Frau. Diese trug ihm die brennen-den Fackeln, und sie liebte ihn am meisten von den dienenden Frauen und hatte ihn genährt, als er noch klein war. Und er öffnete die Türen der festgezimmerten Kammer und setzte sich auf das Bett und zog den weichen Leibrock aus und warf ihn der tüchtig geson-nenen Alten in die Arme. Und sie faltete ihn und strich ihn zurecht, den Leibrock, und hing ihn auf an dem Pflock neben der gurt-durchzogenen Bettstatt. Und schritt hin und ging aus der Kammer und zog hinter sich die Tür zu an dem silbernen Türring und schob den Riegel vor mit dem Riemen. Da bedachte er die ganze Nacht, in die Flocke des Schafes eingehüllt, in seinem Sinn den Weg, den ihm Athene gewiesen hatte.

ZWEITER GESANG

Wie Telemachos den Freiern aufsagt und auf Kunde nach
seinem Vater ausfährt.

Als aber die frühgeborene erschien, die rosenfingrige Eos, erhob sich
vom Lager der eigene Sohn des Odysseus, legte die Kleider an und
hängte das Schwert, das scharfe, um die Schulter. Unter die glänzenden Füße aber band er sich schöne Sohlen und schritt hin und
ging aus der Kammer, einem Gotte gleichend von Angesicht. Und
gebot sogleich den hellstimmigen Rufern, daß sie zu Markte berufen
sollten die am Haupte langgehaarten Achaier. Die riefen es aus, und
sie kamen gar schnell zusammen. Doch als sie sich versammelt hatten und alle beieinander waren, schritt er hin und ging zum Markt
und hielt in der Hand einen ehernen Speer, nicht allein, ihm folgten
zwei schnelle Hunde. Und über ihn goß göttliche Anmut Athene. Da
staunte alles Volk über ihn, wie er daherkam, und er setzte sich in
den Sitz des Vaters, und die Alten wichen vor ihm zur Seite.

Und unter ihnen begann alsbald der Heros Aigyptios zu sprechen,
der vom Alter gebeugt war und zehntausend Dinge wußte. Denn auch
sein eigener Sohn war zusammen mit dem gottgleichen Odysseus
in den hohlen Schiffen in das rossegute Ilion gegangen: Antiphos, der
Lanzenkämpfer; den hatte der wilde Kyklop getötet in der gewölbten Höhle und sich ihn als letzten zum Mahl bereitet. Noch drei andere Söhne hatte er, und der eine von ihnen, Eurynomos, war bei den
Freiern, zwei aber verwalteten beständig die väterlichen Güter. Doch
vergaß er auch so nicht jenen in Wehklagen und in Betrübnis. Um
ihn Tränen vergießend, begann er zu reden und sagte unter ihnen:

«Hört mich jetzt, ihr Männer von Ithaka, was ich sage! Niemals
ist unsere Versammlung noch eine Ratssitzung gewesen, seitdem der
göttliche Odysseus hinwegging in den hohlen Schiffen. Wer hat
jetzt so das Volk versammelt? Wen kommt eine so große Not an,
sei es von den jungen Männern, oder denen, die früher geboren
wurden? Hat er eine Botschaft gehört von einem Heere, das herankommt, die er uns genau ansagen will, nachdem er sie als erster
vernommen? oder will er irgendeine andere gemeinsame Sache vorbringen und darüber reden? Ein Wackerer scheint er mir zu sein:
wohl ihm! Möge ihm Zeus das Gute zu Ende führen, das er begehrt
in seinen Sinnen.»

So sprach er. Da freute sich des guten Worts der Sohn des Odysseus. Und er blieb nicht lange mehr sitzen, sondern es trieb ihn zu

reden. Und er trat in die Mitte der Versammlung; und es legte ihm den Stab in die Hand der Herold Peisenor, der kluge Gedanken wußte. Da wandte er sich zuerst an den Alten und sagte zu ihm:

«Alter, nicht fern ist der Mann, gleich wirst du selbst ihn kennen. Ich bin es, der das Volk versammelt hat, denn am meisten ist Kummer über mich gekommen. Nicht habe ich eine Botschaft gehört von einem Heere, das herankommt, die ich euch genau ansagen will, nachdem ich sie als erster vernommen, noch will ich irgendeine andere gemeinsame Sache vorbringen und darüber reden. Sondern es geht um meine eigene Not, die mir schlimm mein Haus befallen hat auf zwiefache Weise: da habe ich einmal den edlen Vater verloren, der einst hier unter euch König war und war so freundlich wie ein Vater. Doch jetzt hinwieder noch viel schlimmer — das wird mir bald das ganze Haus gänzlich verwüsten und all mein Lebensgut zugrunde richten —: als Freier bedrängen mir die Mutter, obwohl sie es nicht will, die eigenen Söhne von den Männern, die hier zu Lande die besten sind. Jedoch ins Haus ihres Vaters einzukehren, des Ikarios, sträuben sie sich, daß er die Tochter selbst ausstatte und sie dem gebe, dem er will und der da kommt und ihm genehm ist. Jedoch bei uns, da gehn sie aus und ein alle Tage, opfern Rinder und Schafe und fette Ziegen und schmausen und trinken den funkelnden Wein nur so hin! Und das geht dahin in Mengen! Steht doch kein Mann darüber, wie Odysseus war, um den Verderb vom Hause abzuwehren! Wir sind nicht imstande, ihn abzuwehren, und werden auch hinfort armselig und nicht des Widerstandes kundig sein. Und wollte ich, wahrhaftig! mich doch wehren, wenn mir die Kraft gegeben wäre! Denn nicht mehr erträgliche Dinge sind geschehen, und auf nicht mehr schöne Weise ist mein Haus zugrunde gegangen. Empören sollte es auch euch, und schämen solltet ihr euch vor den andern rings siedelnden Menschen, die in der Runde um uns wohnen, und solltet den Zorn der Götter fürchten, daß sie sich nicht gegen euch verändern, zürnend über die bösen Werke. Bei Zeus, dem Olympier, flehe ich und Themis, die die Versammlungen der Männer auflöst wie auch einsetzt: haltet ein, Freunde, und laßt mich allein mich aufreiben in meinem bittern Jammer! Falls nicht mein Vater, der edle Odysseus, einmal den gutgeschienten Achaiern böswillig Übles angetan hat, wofür ihr mir zur Vergeltung wieder böswillig Übles antut und *die* antreibt. Doch wäre es für mich besser, *ihr* äßet meine Schätze und mein Vieh auf. Verzehrtet *ihr* es, könnte vielleicht doch einmal eine Vergeltung sein. Dann würden wir uns durch die Stadt hin so lange mit Bitten an euch hängen und unsere Güter einfordern, bis alles zurückgegeben wäre. Jetzt aber werft ihr mir unüberwindliche Schmerzen auf die Seele!»

So sprach er zornig und warf den Rednerstab zu Boden, und Tränen entstürzten ihm, und ein Jammer ergriff das ganze Volk. Da waren alle anderen stumm, und keiner gewann es über sich, dem Telemachos mit harten Worten zu entgegnen. Einzig Antinoos antwortete und sagte zu ihm:

«Telemachos, großer Redner! Unbändiger in deinem Drange! Was hast du da gesagt und uns geschmäht und suchst uns einen Vorwurf anzuhängen? Sind dir doch nicht die Freier unter den Achaiern schuldig, sondern die eigne Mutter, die dir vorzüglich die Vorteile kennt! Denn schon ist es das dritte Jahr, und es wird bald das vierte kommen, daß sie den Mut betrügt in der Brust der Achaier. Allen macht sie Hoffnungen und gibt Versprechungen einem jeden Manne, indem sie Botschaften sendet, doch der Sinn steht ihr nach anderem! Hat sie doch auch diese List ausgedacht in ihrem Sinne: ein großes Gewebe aufgestellt in den Hallen und daran zu weben angefangen: ein feines und übermäßiges; und sagte alsbald zu uns: ‹Ihr Männer, meine Freier! Da denn der göttliche Odysseus tot ist, wartet, so sehr ihr drängt auf meine Hochzeit, bis ich das Tuch vollendet habe — damit mir nicht das Garn umsonst verderbe — als Bahrtuch für den Helden Laertes, wenn ihn das böse Schicksal des stark schmerzenden Tods ergreift; daß keine mich von den Achaierfrauen in dem Volke schelte, wenn er ohne Bahrtuch liegt, der er viel besessen!› So sprach sie, und es ließ sich uns hinwieder der mannhafte Mut bereden. Da wob sie des Tages an dem großen Tuch, doch in den Nächten löste sie es wieder, nachdem sie sich Fackeln hingestellt. So trieb sie es unbemerkt mit List drei Jahre und beredete die Achaier. Doch als das vierte Jahr kam, und es kamen herauf die Frühlingszeiten, da sagte es eine von ihren Frauen, die es wohl wußte, und wir fanden sie, wie sie das prangende Tuch auflöste. So hat sie dieses denn vollendet, und ob sie es auch nicht wollte, unter Zwang. — Dir aber antworten die Freier so, damit du es selber weißt in deinem Sinne und es auch alle Achaier wissen: Schicke deine Mutter fort und befiehl ihr, daß sie sich dem Mann vermähle, zu dem der Vater ihr rät und an dem sie selber Gefallen findet. Doch wenn sie die Söhne der Achaier noch lange Zeit hinhält und sinnt in dem Gemüte auf die Dinge, die ihr Athene im Übermaß gegeben: daß sie sich auf gar schöne Arbeiten versteht und tüchtiges Denken und Listen, wie wir noch von keiner Frau, auch nicht von denen aus der alten Zeit, vernommen haben: solchen, wie früher die flechtenschönen Achaierfrauen waren — Tyro und Alkmene und die wohlbekränzte Mykene —: von denen hat keine ähnliche Gedanken wie Penelopeia gekannt — aber dieses hat sie sich nicht glücklich ausgesonnen! Denn ebensolange werden wir dein Lebensgut und die Besitztümer verzehren, solange sie an diesem Sinne festhält, den ihr die Götter jetzt in die Brust legen. Zwar, großen Ruhm schafft sie sich für sich selber, dir aber Einbuße an vielem Lebensgut! Wir aber gehn nicht eher auf unsere Güter oder irgend anderswo hin, ehe sie nicht unter den Achaiern als Gattin dem gefolgt ist, dem sie will!»

Da antwortete ihm hinwieder der verständige Telemachos:

«Antinoos! Das kann auf keine Weise sein, daß ich *die* gegen ihren Willen aus dem Haus verstoße, die mich geboren, die mich auferzogen, und mein Vater ist irgendwo anders auf der Erde, mag er nun leben oder tot sein! Auch ist es hart für mich, dem Ikarios viel zurückzuzahlen, wollte ich selbst aus eigenem Entschluß die Mutter fortschicken. Von ihrem Vater werde ich Übles zu erfahren haben, und anderes wird der Daimon geben, wenn die Mutter, wenn sie aus dem Haus geht, die bösen Rachegöttinnen aufruft, und schlimme Nachrede wird mir von den Menschen werden. So werde ich niemals dieses Wort aussprechen. — Doch findet euer Sinn ein Arg an diesem: geht mir heraus aus den Hallen, besorgt euch andere Mähler, verzehrt eure eigenen Güter, wechselnd von Haus zu Haus! Doch scheint euch dieses lohnender zu sein und besser, daß das Lebensgut eines einzelnen Mannes ohne Entgelt zunichte werde: schert es denn kahl! Ich aber werde zu den Göttern rufen, den immerseienden: ob Zeus vielleicht gibt, daß Werke zur Wiedervergeltung geschehen mögen. Dann werdet ohne Entgelt auch ihr in den Häusern drinnen zugrunde gehen!»

So sprach Telemachos. Da schickte ihm der weit umblickende Zeus zwei Adler, daß sie hochher vom Gipfel des Gebirges flogen. Und sie flogen beide zuerst einher mit dem Wehen des Windes, dicht beieinander, mit ausgebreiteten Flügeln. Doch als sie nun mitten über die vielstimmige Versammlung gekommen waren, da kreisten sie und schlugen häufig mit den Flügeln, strichen über aller Köpfe dahin und ließen Verderben ahnen. Und zerkratzten einander mit den Krallen rings die Wangen und die Hälse und schwangen sich nach rechts hin durch die Häuser und ihre Stadt. Sie aber staunten über die Vögel, als sie sie mit Augen sahen, und es ahnte ihnen in dem Sinne, was sich auch wirklich erfüllen sollte. Da sprach zu ihnen der alte Heros Halitherses, des Mastor Sohn, denn der war unter den Genossen seines Alters einzig ausgezeichnet, daß er die Vögel kannte

21

und das vom Schicksal Bestimmte kündete. Der sprach zu ihnen wohlmeinend und sagte:

«Hört mich jetzt, Ithakesier, was ich sage! Und am meisten zeige ich dieses den Freiern an und sage es ihnen, denn auf sie wälzt sich heran ein großes Unheil. Nicht lange mehr wird Odysseus fern den Seinen bleiben, sondern ist wohl schon nahe und pflanzt denen da allen Mord und Todesschicksal. Doch auch vielen anderen wird er zum Unheil werden, die wir die weithin sichtbare Ithaka bewohnen. So laßt uns denn bei Zeiten vorher überlegen, wie wir ihnen Einhalt tun! Und auch sie selber mögen innehalten, denn auch für sie ist dieses alsbald besser. Nicht unerfahren spreche ich als Seher, sondern als einer, der wohl weiß. Auch jenem nämlich, sage ich, ist alles ausgegangen, wie ich es ihm verkündet habe, als die Argeier hinauf nach Ilion zogen, und es ging mit ihnen der vielkluge Odysseus. Da sagte ich: erst wenn er viel Schlimmes erlitten habe und habe verloren alle die Gefährten, werde er unerkannt von allen im zwanzigsten Jahr nach Hause kommen. Und dieses wird sich alles jetzt erfüllen!»

Da entgegnete ihm hinwieder Eurymachos, des Polybos Sohn:

«Alter! wenn du doch, auf! nach Hause gehen und deinen Kindern prophezeien wolltest, damit sie nicht vielleicht für künftig ein Übles erfahren möchten! Doch dieses hier weiß ich viel besser als du auszulegen! Vögel kommen und gehen viele unter den Strahlen der Sonne, sind aber nicht alle von Vorbedeutung! Odysseus aber ist verdorben in der Ferne! Wärst doch auch du mit ihm zugrunde gegangen! Dann sprächst und weissagtest du nicht so viel und reiztest den Telemachos nicht so sehr auf in seinem Zorne, weil du für dein Haus ein Geschenk erwartest, ob er es gewähre. Doch sage ich dir heraus, und das wird auch in Erfüllung gehen: wenn du, der du viele und alte Dinge weißt, dem jüngeren Mann mit Worten zusprichst und reizest ihn auf, daß er beschwerlich werde, so wird es erstens für ihn selber um so betrüblicher sein, ausrichten aber wird er gleichwohl um dessentwillen gar nichts können. Dir aber, Alter! werden wir eine Buße auferlegen, die zu entrichten dir peinlich sein wird in dem Gemüte, und wird ein harter Kummer für dich sein. Doch dem Telemachos rate ich für mein Teil hier vor allen: seine Mutter heiße er heimkehren zu ihrem Vater, und die dort mögen ihr die Hochzeit richten und ein Brautgut bereiten, ein gar reichliches, soviel sich ziemt, daß es der eigenen Tochter mitgegeben werde. Denn eher, denke ich, werden die Söhne der Achaier nicht abstehen von der leidigen Freite — da wir durchaus keinen zu fürchten haben, schon gar nicht den Telemachos, und wenn er auch gar wortreich ist, noch daß wir um einen Götterspruch uns scheren, den, Alter, du vergeblich kündest, dich aber nur noch mehr verhaßt machst! Das Gut jedoch wird schlimm hinweggegessen werden, und nie wird Ausgleich sein, solange sie die Achaier mit ihrer Vermählung hinhält. Wir aber werden warten alle Tage und um den Preis wetteifern und nicht nach anderen Frauen ausgehn, die heimzuführen einem jeden ansteht.»

Da antwortete ihm hinwieder der verständige Telemachos:

«Eurymachos und auch ihr anderen, so viel ihr erlauchte Freier seid! Um dieses bitte ich euch nicht mehr und rede nicht mehr davon. Schon wissen dieses die Götter und die Achaier alle. Doch auf! gebt mir ein schnelles Schiff und zwanzig Gefährten, die mir hin und zurück die Fahrt vollbringen mögen. Denn ich will nach Sparta gehn und in das sandige Pylos, damit ich nach der Heimkehr des lange abwesenden Vaters frage, ob der Sterblichen einer sie mir kann sagen oder ich von Zeus her ein Gerücht vernehme, welches am meisten den Menschen Kunde zuträgt. Wenn ich nun höre, daß der Vater am Leben ist und auf der Heimfahrt, so werde ich, so sehr ich auch geplagt bin, noch ein Jahr aushalten. Doch höre ich, er sei tot und sei nicht mehr am Leben, so will ich, in mein Vaterland heimgekehrt, ihm alsdann das Grabmal aufschütten und Totengaben opfern, gar viele, so viel es sich gebührt, und die Mutter einem Manne geben.»

Als er so gesprochen, setzte er sich nieder. Da stand unter ihnen Mentor auf, der ein Gefolgsmann des untadeligen Odysseus war, und er hatte ihm, als er zu Schiffe ging, sein ganzes Hauswesen übergeben, daß er dem greisen Laertes gehorchen und alles unwandelbar bewahren sollte. Der sprach zu ihnen wohlmeinend und sagte:

«Hört mich jetzt, Ithakesier, was ich sage! Da soll hinfort kein szeptertragender König mehr von Herzen milde und freundlich sein noch auch das Rechte in seinem Sinne wissen, nein, immer hart sein soll er und frevle Dinge üben — wie keiner hier des göttlichen Odysseus gedenkt von den Männern des Volkes, über die er Herr war, und war so freundlich wie ein Vater! Nun! zwar den mannhaften Freiern will ich es nicht verargen, daß sie gewalttätige Werke üben in dem bösen Ränkesinn ihres Geistes: setzen sie doch die eigenen Köpfe dran, wenn sie das Hausgut des Odysseus mit Gewalt verzehren und sagen, daß er nicht mehr wiederkehre. Dem anderen Volke verarge ich es aber, wie ihr allinsgesamt stumm sitzt und die wenigen Freier nicht mit Worten anfaßt und ihnen Einhalt tut, und seid doch viele!»

Da erwiderte ihm des Euënor Sohn Leokritos:

23

«Mentor, du Heilloser, an dem Geist Gestörter! Was sprachst du und triebst, daß man uns Einhalt tue? Doch hält es schwer, mit Männern — und gar mehreren — um das Mahl zu streiten! Denn käme auch der Ithakesier Odysseus selber herzu und trachtete in seinem Sinne, die in seinem Hause schmausenden erlauchten Freier aus der Halle zu werfen: nicht würde die Frau, so sehr sie ihn ersehnt, sich seiner, des Gekommenen, freuen! sondern an Ort und Stelle fände er ein schmähliches Schicksal, wenn er mit mehreren kämpfen wollte! Nicht nach Gebühr hast du gesprochen! — Doch auf! Männer des Volkes! geht auseinander, an sein Werk ein jeder! Diesem mag Mentor und Halitherses den Weg betreiben, die ihm vom Vater her Gefährten sind von alters! Doch denke ich, noch lange wird er sitzen und hier in Ithaka nach Botschaft fragen, und diesen Weg nie zustande bringen!»

So sprach er und löste die schnelle Versammlung auf. Da gingen diese auseinander, ein jeglicher zu seinen Häusern. Die Freier aber gingen in die Häuser des göttlichen Odysseus.

Telemachos aber ging abseits an den Strand des Meeres, und nachdem er sich die Hände gewaschen in der grauen Salzflut, betete er zu Athene:

«Höre auf mich, Gott! der du gestern in unser Haus gekommen und mir befohlen, daß ich zu Schiffe über das dunstige Meer hinginge, um Kunde einzuholen von der Heimkehr des lange abwesenden Vaters! Doch dieses alles verzögern die Achaier und am meisten die schlimm gewalttätigen Freier.»

So sprach er und betete. Da kam Athene nahe zu ihm heran, dem Mentor gleichend an Gestalt wie auch an Stimme, und begann und sagte zu ihm die geflügelten Worte:

«Telemachos! fortan wirst du nicht untüchtig und unverständig sein, wenn deines Vaters gute Kraft in dich eingeträuft ist: so wie jener imstande war, Werk wie auch Wort zu vollbringen. Dann wird der Weg dir nicht eitel noch erfolglos sein! Doch bist du nicht sein Sohn und Penelopeias, dann wirst du, schätze ich, nicht vollbringen, wonach du trachtest! Werden doch wenige Söhne dem Vater ähnlich, die meisten schlechter; wenige besser als der Vater. Doch wirst du hinfort nicht untüchtig sein noch unverständig! Und hat der kluge Sinn des Odysseus dich nicht ganz verlassen, dann ist Hoffnung, daß du diese Werke zustande bringst. Darum lasse jetzt die Freier mit ihrem Raten und ihrem Planen, die unverständigen, da sie nicht einsichtig noch gerecht sind; auch sehen sie den Tod nicht und die schwarze Todesgöttin, die ihnen schon nahe sind, also daß sie an *einem* Tag alle zugrunde gehen werden. Doch dir soll die Fahrt nicht mehr lange ausstehn, nach der du trachtest. Denn ein solcher Gefährte bin ich dir vom Vater her, daß ich dir ein schnelles Schiff beschaffen und selber mit dir gehen werde. Du aber gehe in die Häuser und geselle dich zu den Freiern, und rüste Mundvorrat und birg es alles in Gefäßen: Wein in Krügen und Mehl, das Mark der Männer, in festen Beuteln! Ich aber will geschwind im Volk Freiwillige als Gefährten sammeln. Sind in der meerumgebenen Ithaka doch Schiffe viele, neue wie alte. Unter denen will ich Ausschau halten, welches das beste ist, und haben wir es schnell zugerüstet, so gehen wir auf die weite See!»

So sprach Athene, die Tochter des Zeus. Da blieb Telemachos nicht mehr lange, nachdem er die Stimme der Göttin vernommen hatte, sondern schritt hin und ging zu dem Haus, bedrückt in seinem Herzen. Und fand die mannhaften Freier in seinen Hallen, wie sie Ziegen abhäuteten und Schweine sengten in dem Hofe. Antinoos aber kam gradeswegs lachend auf Telemachos zu, umschloß fest seine Hand und sprach das Wort und benannte es heraus:

«Telemachos! großer Redner! Unbändiger in deinem Drange! Denke nicht weiter in deiner Brust auf Böses in Werk oder auch Wort. Sondern iß und trink mir wie auch früher! Dies werden dir alles insgesamt die Achaier zustande bringen: Schiff und auserlesene Ruderer, damit du gar schnell zur heiligen Pylos gelangst auf Kunde nach dem erlauchten Vater.»

Da antwortete ihm hinwieder der verständige Telemachos:

«Antinoos! das kann nicht sein, daß ich zusammen mit euch Übermütigen in Schweigen schmause und mich ruhig ergötze. Oder ist es nicht genug, wie ihr bisher mein vieles und edles Gut kahl schort, ihr Freier? ich aber war noch kindisch. Doch da ich jetzt groß bin und die Rede der anderen verstehe, wenn ich sie höre, und schon im Innern mir der Mut wächst, will ich versuchen, wie ich wohl die schlimmen Todesgöttinnen auf euch sende, entweder, daß ich nach Pylos gehe, oder auch hier an Ort und Stelle in diesem Lande. Doch gehe ich — und es soll die Fahrt, von der ich rede, nicht vereitelt werden — als Mitreisender! Denn eines Schiffes und Ruderer werde ich nicht habhaft werden: schien es euch doch, daß es so besser wäre!»

Sprach es und zog leicht seine Hand aus der Hand des Antinoos. Die Freier aber richteten im Haus die Mahlzeit, höhnten und schmähten mit Worten, und es sprach mancher so unter den hochmütigen jungen Männern:

«Sinnt uns im Ernst Telemachos doch auf Mord! Wird entweder

eine Schar von Helfern aus dem sandigen Pylos oder auch aus Sparta holen — da er ja mächtig darauf aus ist! —, oder er will auch nach Ephyra ins fette Ackerland gelangen, daß er dort lebenzerstörende Kräuter hole, sie in den Mischkrug werfe und uns alle umbringe.»

Und ein anderer hinwieder der hochmütigen jungen Männer sagte: «Wer weiß, ob er nicht auch selber, wenn er in dem hohlen Schiffe hinzieht, fern von den Seinen zugrunde geht, in die Irre fahrend, wie Odysseus? So würde er uns noch mehr Mühsal schaffen! Müßten ja alle Habe unter uns verteilen, die Häuser aber seiner Mutter geben, daß sie sie hat und jener, der sie heimführt!»

So sprachen sie. Er aber stieg hinab in die hochgebaute Kammer seines Vaters, die weite, wo aufgehäuft das Gold und Erz lag und Gewandung in Truhen und genug wohlriechenden Öles. Und drinnen standen Fässer von altem Weine, süß zu trinken, die im Innern den ungemischten göttlichen Trank enthielten, in Reihen an die Wand gefügt: falls einst Odysseus nach Hause kehrte, nachdem er viele Schmerzen ausgestanden. Und davor waren verschließbare Türen, festgefügte, mit zwei Flügeln, und es schaltete drinnen die Nächte wie auch des Tages die Frau und Beschließerin, die alles bewahrte mit der vielfältigen Klugheit ihres Sinnes: Eurykleia, die Tochter des Ops, des Peisenor-Sohnes. Diese rief Telemachos nun in die Kammer und sagte zu ihr:

«Mütterchen! Auf! schöpfe mir Wein in Krüge, süßen, der nur der leckerste ist nach jenem, den du in Gedanken an ihn aufhebst, den Unseligen, falls er von irgendwoher komme, der zeusentsproßte Odysseus, wenn er dem Tode und den Todesgöttinnen entronnen. Zwölf fülle mir ein und verschließe sie mit Deckeln alle! Und schütte mir Gerstenmehl in gutgenähte Beutel, und zwanzig Maß sollen es sein von Kornmehl, in Mühlen gemahlen! Doch ganz allein nur wisse du es, und alles soll gehäuft bereitstehn. Des Abends will es mir holen, wenn erst die Mutter in das obere Stockwerk hinaufgestiegen und der Ruhe gedenkt. Denn ich will nach Sparta und in das sandige Pylos gehen, um Kunde einzuholen von der Heimkehr meines Vaters, ob ich irgend davon höre.»

So sprach er. Da schrie die liebe Pflegerin Eurykleia hell auf und wehklagte und sagte zu ihm die geflügelten Worte:

«Wozu ist dir nur, liebes Kind, dieser Gedanke in den Sinn gekommen? Wie willst du weit über die Erde gehen, der du der einzige Sohn bist, der erwünschte? Er aber ist fern der Heimat umgekommen, der zeusentsproßte Odysseus, im unbekannten Lande! Die aber werden gleich, wenn du gegangen, dir hinterdrein Böses sinnen, daß du durch List zugrunde gehst und sie selber dies alles hier unter sich verteilen! Aber bleibe du hier sitzen auf dem Deinen! hast es doch gar nicht nötig, auf dem unfruchtbaren Meer Schlimmes zu leiden und umherzutreiben!»

Da antwortete ihr hinwieder der verständige Telemachos:

«Fasse Mut, Mütterchen! Denn es ist dir nicht ohne einen Gott zu diesem Rat gekommen! Doch schwöre mir, daß du dies nicht früher meiner Mutter verkündigst, ehe nicht der elfte und zwölfte Tag gekommen, oder sie selber mich vermißt und gehört hat, daß ich aufgebrochen, damit sie nicht mit Weinen ihre schöne Haut entstelle.»

So sprach er, und es schwur die Alte den großen Eid bei den Göttern. Doch als sie geschworen und den Eid geleistet hatte, da schöpfte sie ihm alsogleich den Wein in Krüge und schüttete ihm das Mehl in die gutgenähten Beutel. Und Telemachos ging in die Häuser und gesellte sich zu den Freiern.

Da dachte hinwieder auf anderes die Göttin, die helläugige Athene. Dem Telemachos gleichend ging sie rings durch die Stadt und trat zu einem jeden Manne und sagte die Rede, und hieß sie, sich des Abends bei dem schnellen Schiff versammeln, und bat hinwieder den Noëmon, des Phronios strahlenden Sohn, um ein Schiff, ein schnelles, und der versprach es ihr mit geneigtem Sinne. Und die Sonne ging unter und überschattet wurden alle Straßen. Da zog er das schnelle Schiff in das salzige Wasser und legte alles Gerät hinein, das die gutgedeckten Schiffe führen, und legte es weit draußen im Hafen fest. Und zu Hauf versammelten sich rings die edlen Gefährten, und die Göttin trieb einen jeden an.

Da dachte hinwieder auf anderes die Göttin, die helläugige Athene, und schritt hin und ging zu den Häusern des göttlichen Odysseus. Da goß sie einen süßen Schlaf über die Freier, machte die Trinkenden wirr und warf ihnen die Becher aus den Händen. Und sie strebten durch die Stadt, sich schlafen zu legen, und blieben nicht mehr lange sitzen, da ihnen der Schlaf fiel auf die Augenlider. Zu Telemachos aber sagte die helläugige Athene, nachdem sie ihn aus den wohlbewohnten Hallen hinausgerufen, dem Mentor gleich an Gestalt wie auch an Stimme:

«Telemachos! schon sitzen dir die gutgeschienten Gefährten bereit an den Rudern und warten auf deinen Aufbruch. Gehn wir denn, daß wir nicht lange die Fahrt verzögern!»

So sprach Pallas Athene und ging eilig voran, und er folgte alsbald den Spuren der Göttin. Doch als sie zum Schiff hinab und zum Meer gekommen waren, da fanden sie die am Haupte langgehaarten Gefährten am Gestade, und die heilige Gewalt des Telemachos sprach unter ihnen:

«Herbei! Freunde! laßt uns den Mundvorrat holen! Denn alles liegt schon gehäuft in der Halle. Die Mutter hat mir davon nichts erfahren, und auch keine von den anderen Mägden, nur eine hat das Wort vernommen.»

So sprach er und ging voran, die aber folgten. Und sie brachten alles und bargen es in dem wohlverdeckten Schiff, wie es des Odysseus eigener Sohn befohlen hatte. Doch Telemachos stieg auf das Schiff, und voran ging Athene und setzte sich am Heck in dem Schiffe nieder, und neben sie setzte sich Telemachos. Die aber lösten die Hecktaue, stiegen auch selbst hinauf und setzten sich auf die Ruderbänke. Und es schickte ihnen einen günstigen Fahrwind die helläugige Athene, einen frischen West, der rauschte über das weinfarbene Meer. Und Telemachos trieb die Gefährten an und hieß sie das Gerät ergreifen. Und sie hörten auf ihn, wie er sie antrieb, und hoben den Mast aus Fichtenholz empor und stellten ihn in die Höhlung des Mittelbalkens und banden ihn mit den Haltetauen unten fest, und zogen die weißen Segel auf an gutgedrehten Lederriemen. Und es fiel der Wind voll mitten in das Segel und die Woge brauste gewaltig, die purpurne, um den Bug des Schiffes, wie es fuhr. Und es lief über das Gewoge dahin, seinen Pfad durchmessend. Doch als sie auf dem schnellen schwarzen Schiff nun das Gerät befestigt hatten, stellten sie Mischkrüge auf, gefüllt mit Wein bis zum Rande, und spendeten den unsterblichen Göttern, den für immer geborenen, und am meisten von allen der helläugigen Tochter des Zeus. Ja, da durchmaß die ganze Nacht hindurch und durch das Frühlicht das Schiff seinen Pfad.

DRITTER GESANG

Wie Telemachos zu Nestor nach Pylos kommt und dieser ihm
von seiner Heimfahrt von Troja erzählt. Wie Nestor in dem
scheidenden Mentor die Göttin Athene erkennt, ihr ein Rind
opfert und den Telemachos zu Lande nach Sparta zu Menelaos
geleiten läßt.

Da aber stieg Helios, die gar schöne See verlassend, zu dem viel-
ehernen Himmel auf, daß er den Unsterblichen und den sterblichen
Menschen leuchte auf das nahrunggebende Ackerland. Und sie gelangten nach Pylos zu der wohlgebauten Stadt des Neleus. Dort brachte
man an dem Gestade des Meeres heilige Opfer dar: ganz schwarze
Stiere für den Erderschütterer mit der dunklen Mähne. Neun Sitzreihen waren da, und es saßen fünfhundert in jeder, und sie boten in jeder neun Stiere dar. Als sie eben die inneren Teile zum Vorschmaus
gekostet hatten und dem Gotte die Schenkel verbrennen wollten, da
liefen diese geraden Weges an. Und sie refften die Segel des ebenmäßigen Schiffes und zogen sie ein, und legten dieses vor Anker und
stiegen selber aus. Auch Telemachos stieg aus dem Schiff, und voran
ging Athene. Da sprach als erste zu ihm die Göttin, die helläugige
Athene:

«Telemachos! keine Scheu darfst du mehr haben, auch kein wenig!
Hast du doch deswegen sogar das Meer befahren, daß du Kunde
einholtest von dem Vater, wo ihn die Erde verborgen hat und welch
einem Schicksal er gefolgt ist. Doch auf! gehe jetzt geradeswegs zu
Nestor, dem Rossebändiger! Laß uns sehen, welch einen Rat er in
seiner Brust bewahrt. Doch mußt du ihn selber anflehen, daß er das
Zutreffende sage. Falsches wird er nicht reden, denn er ist gar sehr
verständig.»

Da entgegnete ihr hinwieder der verständige Telemachos:

«Mentor, wie soll ich gehen? und wie soll ich mich an ihn wenden? Bin ich in klugen Reden doch noch unerfahren. Auch besteht
Scheu, wenn ein junger Mann den älteren befragen soll.»

Da sagte hinwieder zu ihm die Göttin, die helläugige Athene:

«Telemachos! manches wirst du selbst in deinem Sinn erkennen,
und anderes wird auch der Daimon raten. Denn ich denke, du bist
gewiß nicht ohne der Götter Willen geboren und erzogen worden.»

So sprach Pallas Athene und ging eilig voran, und er folgte
alsbald den Spuren der Göttin. Und sie gelangten zu der Versammlung und den Sitzen der pylischen Männer. Da saß Nestor mit

seinen Söhnen, und um ihn her bereiteten die Gefährten das Mahl, brieten Fleischstücke und steckten andere auf die Spieße. Doch als sie nun die Fremden sahen, kamen sie alle insgesamt herbei, reichten ihnen zum Willkomm die Hände und hießen sie sich setzen. Als erster war des Nestor Sohn Peisistratos herangekommen, und er nahm sie beide bei der Hand und ließ sie zum Mahle auf dem Meeressand auf weichen Fellen neben seinem Bruder Thrasymedes und seinem Vater niedersitzen, und gab ihnen Stücke von den inneren Teilen und füllte Wein in einen goldenen Becher, bot ihn zum Gruß und sagte zu Pallas Athene, der Tochter des Zeus, des Aigishalters:

«Bete nun, Fremder! zu dem Herrn Poseidon! denn sein ist das Mahl, zu dem ihr eintraft, da ihr hierher gekommen. Doch hast du den Weihguß getan und gebetet, wie es Brauch ist, gib dann den Becher voll honigsüßen Weins auch diesem, daß er den Weihguß tue. Denn auch er, denke ich, wird zu den Unsterblichen beten wollen. Bedürfen doch der Götter alle Menschen. Doch ist er der Jüngere und mit mir selbst im gleichen Alter. Darum will ich dir zuerst den goldenen Becher geben.»

So sprach er und gab ihr den Becher voll süßen Weines in die Hand. Da freute sich Athene über den verständigen, gerechten Mann: daß er ihr zuerst den goldenen Becher gegeben hatte. Und betete sogleich viel zu dem Herrn Poseidon:

«Höre, Poseidon! Erdbeweger! und versage uns Betenden nicht, daß du diese Werke vollenden mögest! Verleihe zu allererst dem Nestor und seinen Söhnen ein herrliches Gedeihen! Gib dann den andern Pyliern insgesamt erfreulichen Entgelt für das herrliche Hundertopfer! Gib sodann auch, daß Telemachos und ich, wenn wir heimwärts fahren, bewerkstelligt haben mögen, um wessentwillen wir hierher gekommen sind in dem schnellen schwarzen Schiff.»

So betete sie alsdann und ließ selber alles in Erfüllung gehen. Und gab dem Telemachos den schönen, doppelt gebuchteten Becher, und es betete ganz ebenso der liebe Sohn des Odysseus. Doch als jene das äußere Fleisch gebraten und von den Spießen gezogen hatten, teilten sie die Anteile aus und speisten die herrliche Mahlzeit. Als sie sich aber das Verlangen nach Trank und Speise vertrieben hatten, da begann unter ihnen die Reden der Gerenier, der Rosselenker Nestor:

«Nun schickt es sich wohl besser, die Fremden zu erforschen und zu fragen, wer sie sind, nachdem sie sich ergötzt haben mit Speise. — Fremde, wer seid ihr? Von woher kommt ihr die feuchten Pfade gefahren? Ist es eines Geschäftes wegen? oder schweift ihr nur so hin wie Seeräuber über die Salzflut, die da umherschweifen und ihr Leben daran setzen, indem sie anderen Böses bringen?»

Da antwortete ihm hinwieder der verständige Telemachos, nachdem er Mut gefaßt. Denn Athene selber legte ihm Mut in den Sinn, daß er ihn nach dem abwesenden Vater frage und daß ihn eine gute Kunde unter den Menschen erhebe:

«O Nestor, Sohn des Neleus, große Pracht du unter den Achaiern! Du fragst, von wo wir sind, und ich will es dir berichten. Von Ithaka unter dem Neïon-Berg sind wir gekommen, und dieses ist ein eigenes Geschäft, kein öffentliches, von dem ich rede. Der weiten Kunde meines Vaters gehe ich nach, ob ich wohl von ihm höre, dem göttlichen, duldemütigen Odysseus, der einst, so sagen sie, mit dir gekämpft und die Stadt der Troer vernichtet hat. Denn von den andern allen, so viele mit den Troern im Kriege lagen, haben wir Kunde: wo ein jeder zugrunde ging in traurigem Verderben. Von jenem aber hat sogar den Untergang unerkundbar gemacht der Kronide. Denn keiner vermag genau zu sagen, wann er zugrunde ging: ob er auf dem festen Lande von feindlichen Männern bezwungen wurde oder auch im Meer, in den Wogen der Amphitrite. Deswegen komme ich jetzt zu deinen Knien: ob du mir seinen traurigen Untergang verkünden wolltest, wofern du ihn mit deinen Augen gesehen oder von einem andern ein Wort gehört hast, der verschlagen wurde. Denn über und über zum Gram hat ihn die Mutter geboren. Doch mildere mir nichts ab in Scheu noch auch aus Mitleid, sondern erzähle es mir richtig, so wie du es von Angesicht getroffen. Ich flehe: hat dir je mein Vater, der edle Odysseus, sei es ein Wort oder sei es ein Werk versprochen und vollbracht in dem Troerlande, wo ihr Achaier Leiden littet, so gedenke mir jetzt dessen und sage mir die Wahrheit!»

Darauf antwortete ihm der Gerenier, der Rosselenker Nestor:

«Freund! da du mich erinnert hast an die Trübsal, die wir in jenem Lande getragen haben, die an Kraft unbändigen Söhne der Achaier: wieviel wir über das dunstige Meer mit den Schiffen nach Beute umhergefahren, wohin uns auch Achilleus führte, oder wieviel wir auch um die große Stadt des Herrschers Priamos gekämpft: und dort wurden alsdann erschlagen, die die Besten waren – da liegt Aias, der streitbare, und da Achilleus, und da Patroklos, ein Ratgeber Göttern vergleichbar, und da mein lieber Sohn, so stark wie furchtlos: Antilochos, überlegen im schnellen Lauf wie auch als Kämpfer. Und dazu erlitten wir viele andere Übel: wer könnte diese

alle künden unter den sterblichen Menschen! Und wolltest du Jahre
fünf und sechs verweilen und fragen, wie viele Übel dort die göttlichen Achaier erlitten haben, du würdest es überdrüssig werden
und vorher in dein väterliches Land heimkehren. Neun Jahre nämlich spannen wir ihnen Schlimmes, geschäftig, mit allerlei Listen,
und nur mit Mühe vollendete es der Sohn des Kronos. Da wollte
sich keiner mit ihm je ins Angesicht an klugem Rat vergleichen,
denn weit überlegen siegte immer der göttliche Odysseus in allen
Listen, dein Vater — wenn du wirklich sein Nachfahr bist. Heilige
Scheu faßt mich, wenn ich dich ansehe! Denn wahrlich, auch die
Reden sind angemessen, und nicht möchte man meinen, daß ein
jüngerer Mann so angemessen reden könnte. Da sprachen, wahrhaftig! die ganze Zeit ich und der göttliche Odysseus niemals verschieden in der Versammlung noch im Rate, sondern eines Sinnes
im Denken wie im klugen Ratschlag wiesen wir immer den Argeiern,
wie es weitaus am besten wäre. — Doch als wir die steile Burg des
Priamos vernichtet hatten, da sann Zeus den Argeiern in seinem
Sinne eine traurige Heimfahrt, denn es waren nicht alle einsichtig
noch auch gerecht. Darum fanden von ihnen viele auch einen schlimmen Untergang wegen des bösen Zorns der Helläugigen, der Tochter
des gewaltigen Vaters, die unter den beiden Atreus-Söhnen einen
Zwist erregte. Da hatten sie beide alle Achaier zur Versammlung
gerufen, planlos und nicht nach der Ordnung, bei untergehender
Sonne, und die Söhne der Achaier kamen weinbeschwert. Und beide
verkündeten das Wort, weswegen sie das Volk versammelt hatten.
Da rief Menelaos alle Achaier auf, daß sie der Heimkehr über die
breiten Rücken des Meeres gedenken sollten. Jedoch dem Agamemnon
gefiel dies gar nicht: er wollte das Volk zurückbehalten und heilige
Hundertopfer bringen, damit er den schrecklichen Zorn der Athene
heile, der Törichte: denn das wußte er nicht, daß sie sich nicht über-
reden ließe. Denn nicht schnell läßt sich der Sinn der Götter wenden,
der immerseienden. So standen die beiden und tauschten harte Reden miteinander, sie aber sprangen auf, die gutgeschienten Achaier,
mit schrecklichem Getöse, und es gefiel ihnen ein zwiefacher Rat.
Da verbrachten wir die Nacht und hegten Feindseliges gegeneinander in dem Sinne, denn Zeus bereitete, daß wir Schlimmes leiden
sollten. In der Frühe aber zogen wir, die einen, die Schiffe in die
göttliche Salzflut und luden die Güter ein und die tiefgegürteten Frau-
en. Die Hälfte der Völker aber ließ sich zurückhalten und blieb daselbst
bei dem Atreus-Sohn, dem Völkerhirten Agamemnon. Doch wir, die
andere Hälfte, bestiegen die Schiffe und ruderten davon. Die aber

fuhren gar schnell dahin, und es glättete ein Gott die gewaltige See. Und als wir nach Tenedos gekommen waren, brachten wir den Göttern heilige Opfer dar, da wir nach Hause trachteten. Doch Zeus sann uns noch nicht die Heimkehr, der schreckliche, der zum zweitenmal wieder einen schlimmen Streit erregte. Da kehrten die einen um und stiegen in die beiderseits geschweiften Schiffe, um Odysseus geschart, den Herrn, den kluggesonnenen, vielfältigen Rates, um sich dem Atriden Agamemnon von neuem gefällig zu erweisen. Ich aber fuhr davon mit allen Schiffen insgesamt, die mir folgten, denn ich erkannte, daß ein Daimon Böses sann. Und davon fuhr auch der Tydeus-Sohn, der streitbare, und trieb die Gefährten. Und spät erst kam der blonde Menelaos uns beiden nach und stieß auf Lesbos zu uns, als wir die lange Überfahrt bedachten: ob wir oberhalb der felsigen Chios heimfahren sollten, bei der Insel Psyrië, sie zur Linken lassend, oder unten um Chios herum, entlang dem stürmischen Mimasgebirge. Und wir baten den Gott, daß er uns ein Zeichen erscheinen lasse, und er wies es uns und befahl, daß wir das offene Meer auf Euboia hin mitten durchqueren sollten, damit wir aufs schnellste dem Ungemach entgingen. Und es erhob sich und blies ein hellsausender Fahrwind, und gar schnell durchliefen die Schiffe die fischreichen Pfade und liefen des Nachts bei Geraistos an, und wir brachten dem Poseidon viele Schenkel von Stieren dar, nachdem wir die große Meeresfläche durchmessen hatten. Und der vierte Tag war es, da machten die Gefährten des Tydeus-Sohnes, des rossebändigenden Diomedes, die ebenmäßigen Schiffe in Argos fest. Ich aber hielt auf Pylos zu, und niemals setzte der Fahrwind aus, nachdem einmal ein Gott ihn hatte wehen lassen. — So bin ich heimgekehrt, liebes Kind, ohne Kunde, und weiß nichts von jenen: welche von den Achaiern gerettet wurden und welche zugrunde gingen. Doch soviel ich in unseren Hallen sitzend erfahren habe, das sollst du, wie es sich gebührt, vernehmen, und ich will es dir nicht verbergen. Gut, sagen sie, sind die Myrmidonen, die speergewohnten, heimgekommen, die der strahlende Sohn des hochgemuten Achilleus führte. Gut Philoktetes, der prangende Sohn des Poias. Auch Idomeneus hat alle seine Gefährten nach Kreta geführt, die dem Kriege entrannen, und keinen hat ihm das Meer geraubt. Von dem Atreus-Sohne aber habt ihr selbst gehört, so fernab ihr auch wohnt, wie er heimkam und wie ihm Aigisthos ein trauriges Verderben. Doch jener, wahrhaftig! hat es schmählich gebüßt. Wie gut ist es, wenn noch ein Sohn den dahingeschiedenen Manne nachbleibt! Denn auch jener hat es den Vatermörder, den arglistigen Aigisthos, büßen lassen, der ihm den berühmten Vater erschlagen hat. — Auch du, Freund — denn gar schön und groß sehe ich dich vor mir — sei mannhaft, auf daß man dich noch unter den Spätgeborenen preise!»

Da antwortete ihm hinwieder der verständige Telemachos:

«O Nestor, Sohn des Neleus, große Pracht du unter den Achaiern! Ja, jener hat es ihn freilich büßen lassen, und es werden ihm die Achaier weit den Ruhm umhertragen, noch für die Künftigen zum Gesange. Wenn doch die Götter mir so große Kraft verleihen möchten, daß ich die Freier ihre arge Übertretung büßen ließe, die gegen mich gewalttätig Frevel üben. Allein, es haben mir die Götter einen solchen Segen nicht zugesponnen, nicht meinem Vater und nicht mir. Nun aber heißt es gleichwohl dulden.»

Darauf entgegnete ihm der Gerenier, der Rosselenker Nestor:

«Lieber! da du mich daran erinnert und es ausgesprochen: sie sagen, daß Freier deiner Mutter wegen viele in euren Hallen sind und gegen deinen Willen Schlimmes verüben. Sage mir, unterwirfst du dich freiwillig? oder hassen dich die Männer des Volks im Lande, der Stimme eines Gottes folgend? Jedoch wer weiß, ob jener nicht einmal kommen und sie für die Gewalttaten wird büßen lassen, ob er allein oder auch alle Achaier miteinander. Wollte dir doch die helläugige Athene so freund sein, wie sie damals den Odysseus, den ruhmvollen, umsorgt hat in dem Land der Troer, wo wir Achaier Schmerzen litten! Denn niemals habe ich die Götter so offenkundig Freundschaft üben sehen, wie jenem immer offenkundig Pallas Athene zur Seite stand. Wollte sie dir so freund sein und dich umsorgen in dem Gemüte, so würde manchem wohl von jenen die Hochzeit ganz und gar vergehen!»

Da antwortete ihm hinwieder der verständige Telemachos:

«O Greis! nein! nie wird dieses Wort in Erfüllung gehen, denke ich! Denn gar zu Großes hast du ausgesprochen! heilige Scheu faßt mich! Nicht zu erhoffen vermag ich, daß dies geschehen möchte, selbst nicht, wenn die Götter es so wollten.»

Da sagte zu ihm hinwieder die Göttin, die helläugige Athene:

«Telemachos! welches Wort entfloh dem Gehege deiner Zähne! Leicht kann ein Gott, wenn er es will, auch einen Mann von ferne her erretten. Wollte ich doch für mein Teil lieber, sogar nachdem ich viele Schmerzen ausgestanden, nach Hause kommen und den Tag der Heimkehr sehen, als heimgekehrt am eigenen Herd zugrunde gehen, wie Agamemnon durch die List des Aigisthos zugrundeging und seines Weibes. Den Tod jedoch, der alle trifft, vermögen freilich nicht einmal die Götter, auch nicht von einem lieben Manne, abzuwehren, wenn ihn das verderbliche Geschick des schmerzenreichen Todes ergreift.»

Darauf antwortete ihr hinwieder der verständige Telemachos:

«Mentor! laß uns von diesem nicht mehr reden, mag es uns noch so sehr bekümmern! Ihm ist die Heimkehr nicht mehr wahr, sondern schon haben ihm die Unsterblichen den Tod und das Todesschicksal zugedacht. Doch jetzt will ich nach einem anderen Wort den Nestor ausforschen und ihn befragen, da er mehr als andere Recht und Vernunft kennt. Denn dreimal schon, so sagen sie, ist er über Geschlechter der Menschen Herr gewesen; so erscheint er mir als ein Unsterblicher anzusehen. — O Nestor, Sohn des Neleus, sage unverhohlen: wie starb der Atreus-Sohn, der weithin herrschende Agamemnon? wo war Menelaos? und welchen Untergang hat ihm der arglistige Aigisth ersonnen, da er doch den viel Besseren erschlagen? War er denn nicht in Argos im Achaierlande, sondern wurde irgend anderswo umhergetrieben bei den Menschen, und jener hat ihn getrost erschlagen?»

Da antwortete ihm der Gerenier, der Rosselenker Nestor:

«So will ich dir alles, Kind, unverhohlen sagen. Freilich, dies sagst du dir wohl auch selbst, wie es gegangen wäre: wenn der Atreus-Sohn, der blonde Menelaos, von Troja kommend, den Aigisthos lebend in den Hallen getroffen hätte. Dann hätten sie über ihn auch nicht im Tode gehäufte Erde aufgeschüttet, sondern es hätten ihn Hunde und Vögel zerrissen, fern von der Stadt im Felde liegend, und keine hätte ihn beklagt von den Achaierfrauen, denn eine gar ungeheuerliche Tat ersann er! Da saßen wir dort, viele Kämpfe vollendend — aber er, in guter Ruhe im Winkel des rossenährenden Argos, versuchte vielfach, das Weib des Agamemnon mit Worten zu betören. Doch sie, die göttliche Klytaimnestra, weigerte sich zuerst, wahrhaftig! dem unwürdigen Werk, denn sie besaß den rechten Sinn. Auch war bei ihr ein Mann, ein Sänger, dem der Atride vielfach aufgetragen, als er nach Troja ging, daß er ihm die Gattin hüten sollte. Doch als sie die Schickung der Götter nun fesselte, daß sie erlag, da führte er den Sänger auf eine öde Insel und ließ ihn dort; daß er den Vögeln zum Raub und zur Beute würde, und führte sie nach seinem Willen, die Willige, heim in sein Haus und verbrannte viele Schenkel auf der Götter heiligen Altären und hängte viele Weihestücke auf, Gewebe wie auch Gold, da er ein großes Werk vollendet, auf das er nie gehofft hatte in dem Gemüte. — Indessen fuhren von Troja her der Atreus-Sohn und ich zusammen, die wir einander Liebes wußten. Doch als wir zum heiligen

Sunion, dem Vorgebirge Athens, gelangten, kam über den Steuermann des Menelaos Phoibos Apollon mit seinen sanften Geschossen und tötete ihn, während er das Ruder des fahrenden Schiffes in den Händen hielt: Phrontis, den Sohn des Onetor, der sich hervortat unter den Stämmen der Menschen im Steuern eines Schiffes, wenn die Sturmböen wüteten. So wurde der dort aufgehalten, so sehr es ihn mit dem Wege drängte, bis er den Gefährten begraben und Totenopfer geopfert hatte. Doch als auch er in den gewölbten Schiffen auf das weinfarbene Meer gefahren und zu dem steilen Berge von Maleia gekommen war in seinem Laufe, da sann ihm eine bittere Fahrt der weit umblickende Zeus, und überschüttete ihn mit dem Geblase sausender Winde und mit schwellenden Wogen, gewaltigen, gleich Bergen. Da trennte er sie, und brachte die einen nach Kreta hin, wo die Kydonen zu beiden Seiten der Strömungen des Jardanos wohnten. Dort ist ein glatter Fels, der jäh ins Meer abfällt, an der äußersten Spitze von Gortyn in dem dunstigen Meere. Dort treibt der Süd das große Gewoge links ab, nach Phaistos hin, auf einen Vorsprung zu, und das geringe Gestein drängt ab die große Woge. Dorthin gelangte ein Teil der Schiffe, und nur mit Mühe entrannen die Männer dem Verderben, die Schiffe aber zerschmetterten die Wogen an den Klippen. Die andern fünf schwarzbugigen Schiffe trugen bis nach Ägypten Wind und Wasser. So fuhr er mit den Schiffen dort umher und sammelte viel Lebensgut und Gold unter den Menschen fremder Zunge. Und unterdessen ersann Aigisthos zu Hause diese schlimmen Dinge, und herrschte sieben Jahre über das goldreiche Mykene, nachdem er den Sohn des Atreus erschlagen hatte, und es war das Volk ihm untertan. Doch kam im achten ihm zum Unheil der göttliche Orest heim von Athen und erschlug den Mörder seines Vaters, den arglistigen Aigisthos, der ihm den berühmten Vater erschlagen hatte. Doch als er ihn erschlagen hatte, richtete er den Argeiern für die verhaßte Mutter und den schwächlichen Aigisthos ein Totenmahl aus. Am gleichen Tage aber kam zu ihm der gute Rufer Menelaos und führte viele Güter mit sich, soviel ihm die Schiffe als Ladung trugen. — Auch du, Freund, schweife nicht lange fern von deinen Häusern umher, nachdem du deine Güter und die so übermütigen Männer in deinen Häusern zurückgelassen, daß sie dir nicht alles verzehren, nachdem sie die Güter unter sich verteilt, und du dann einen vergeblichen Weg gegangen. Jedoch zu Menelaos treibe und heiße ich dich zu gehen. Denn er ist kürzlich aus der Fremde heimgekommen von solchen Menschen, von woher wiederzukommen keiner in seinem Sinne hoffen könnte, den einmal die Sturmwinde auf das Meer, das so gewaltige, abgetrieben, von wo nicht einmal Vögel in demselben Jahr geflogen kommen, da es so groß wie furchtbar ist. So gehe nun mit deinem Schiff und deinen Gefährten. Doch wenn du zu Lande gehen willst, so sind ein Wagen und auch Pferde für dich bereit, bereit für dich auch meine Söhne, die dir in die göttliche Lakedaimon Geleiter sein sollen, wo der blonde Menelaos wohnt. Doch mußt du selber ihn anflehen, damit er dir die Wahrheit sagt. Falsches wird er nicht reden, denn er ist gar verständig.»

So sprach er, und die Sonne ging unter und das Dunkel kam herauf. Da sprach unter ihnen auch die Göttin, die helläugige Athene:

«Greis! dies, wahrhaftig! hast du nach Gebühr erzählt. Doch auf, schneidet die Zungen heraus und mischt den Wein, damit wir, wenn wir dem Poseidon und den anderen Unsterblichen gespendet haben, der Ruhe gedenken mögen, denn dazu ist es an der Zeit. Schon ist das Licht in das Dunkel hinabgegangen, und es ziemt sich nicht, beim Mahl der Götter lange zu sitzen, sondern heimzukehren.»

So sprach die Tochter des Zeus, und sie gehorchten, wie sie gesprochen hatte. Und Herolde gossen ihnen Wasser auf die Hände, und Knaben füllten die Mischkrüge bis zum Rand mit dem Getränke und teilten zum Weihguß allen zu in die Becher. Und sie warfen die Zungen in das Feuer und standen auf und brachten den Weihguß dar. Doch als sie die Spende getan und getrunken hatten, so viel ihr Herz wollte, da schickten Athene und der gottgleiche Telemachos sich beide an, auf das hohle Schiff zu gehn. Doch Nestor hielt sie zurück und redete sie an mit Worten:

«Das möge Zeus verhüten und die anderen unsterblichen Götter, daß ihr von mir auf das schnelle Schiff hinweggeht wie von jemandem, der gänzlich ohne Gewand oder ein Bettler wäre, dem nicht Mäntel und Decken, viele, im Hause wären, so daß weder er selber noch seine Gäste weich darin schlafen könnten. Bei mir aber sind, wahrhaftig! Mäntel und schöne Decken vorhanden. Da wird sich doch nicht *dieses* Mannes, des Odysseus, eigener Sohn auf dem Verdeck des Schiffes niederlegen, solange ich lebe und künftighin Söhne nachbleiben in den Hallen, um Gäste gastlich zu bewirten, wer immer in meine Häuser kommt.»

Da sagte zu ihm hinwieder die Göttin, die helläugige Athene:

«Dies hast du wohl gesprochen, lieber Greis! Und es ziemt sich, daß Telemachos dir folge, da es so viel schöner ist. So soll denn dieser jetzt mit dir gehen, daß er in deinen Hallen ruhe. Ich aber

werde auf das schwarze Schiff gehn, damit ich den Gefährten Mut
zuspreche und alles sage. Denn allein rühme ich mich unter ihnen
von höherem Alter zu sein, die andern sind jüngere Männer, die in
Freundschaft mitgefolgt sind: alle des gleichen Alters mit dem hochgemuten Telemachos. Dort will ich mich bei dem hohlen schwarzen
Schiffe für heute niederlegen, in der Frühe aber zu den hochgemuten Kaukonen gehen, wo eine Schuld für mich heranwächst, keine
von jüngst und eine nicht geringe. Doch diesen, da er in dein Haus
gekommen, geleite du weiter mit Wagen und Sohn und gib ihm
Pferde, die dir die schnellsten im Lauf und an Kraft die besten
sind.»

Als sie so gesprochen hatte, ging sie hinweg, die helläugige
Athene: einem Seeadler gleichend, und ein Staunen erfaßte alle
Achaier. Und es verwunderte sich der Alte, wie er es mit Augen
sah, und er ergriff die Hand des Telemachos und sprach das Wort
und benannte es heraus:

«Freund! nicht gering und kraftlos, schätze ich, wirst du sein, wo
dir, einem so jungen, Götter als Geleiter folgen. Denn dieser war
kein anderer von denen, die die Häuser des Olympos innehaben,
als die Tochter des Zeus, die Beutespenderin Tritogeneia, die dir auch
deinen edlen Vater geehrt hat unter den Argeiern. — Aber, Herrin!
sei gnädig! und gib mir edlen Ruhm, mir und den Söhnen und der
ehrwürdigen Gattin! Dir aber werde ich hinwieder ein Rind darbringen, ein einjähriges, breitstirniges, ungezähmtes, das noch kein
Mann unter das Joch geführt hat. Dieses will ich dir darbringen,
nachdem ich um seine Hörner Gold gegossen.»

So sprach er und betete, und ihn hörte Pallas Athene. Da ging
ihnen, den Söhnen und Schwiegersöhnen, der Gerenier, der Rosselenker Nestor voraus zu seinen schönen Häusern. Doch als sie zu den
hochberühmten Häusern dieses Herrschers gekommen waren, setzten sie sich der Reihe nach auf Sessel und auf Stühle. Da mischte
ihnen, als sie gekommen waren, der Alte einen Mischkrug von
einem süß zu trinkenden Weine, den die Beschließerin im elften
Jahre geöffnet und ihm die Deckelbinde abgenommen. Von diesem
mischte der Greis den Mischkrug und betete, indem er davon den
Weihguß tat, viel zu Athene, der Tochter des Zeus, des Aigishalters.

Doch als sie den Weihguß getan und getrunken hatten, soviel ihr
Herz wollte, gingen sie, um sich niederzulegen, ein jeder in sein
Haus. Doch ihn, Telemachos, den lieben Sohn des göttlichen Odysseus, bettete der Gerenier, der Rosselenker Nestor, in einer gurt-
durchzogenen Bettstatt dort unter der stark dröhnenden Halle, und

neben ihn den speertüchtigen Peisistratos, den Anführer der Männer, der ihm unter den Söhnen in der Halle noch Jüngling war. Doch
er selbst hinwieder schlief in dem Inneren des hohen Hauses, und
ihm bestellte die Frau, die Herrin, Bett und Lager.

Als aber die frühgeborene erschien, die rosenfingrige Eos, da erhob sich vom Lager der Gerenier, der Rosselenker Nestor, und er
ging hinaus und setzte sich auf die geglätteten Steine, die ihm weiß,
glänzend von Fett, vor den hohen Türen standen. Auf diesen
pflegte vordem Neleus zu sitzen, der Ratgeber, Göttern vergleichbar. Doch der war schon, von der Todesgöttin bezwungen, zum Hades gegangen, und nun saß hinwieder Nestor dort, der Gerenier, der
Hüter der Achaier, das Szepter haltend. Und es versammelten sich
um ihn die Söhne alle miteinander, die aus den Schlafkammern gekommen waren: Echephron und Stratios und Perseus und Aretos
und der göttliche Thrasymedes, und es kam zu ihnen alsdann als
sechster Peisistratos, der Heros, und neben ihn setzten sie den gottgleichen Telemachos, nachdem sie ihn herangeführt. Und es begann
unter ihnen die Reden der Gerenier, der Rosselenker Nestor:

«Geschwind, liebe Kinder! vollendet mir mein Verlangen! daß
ich zuerst von den Göttern Athene gnädig stimme, die mir sichtbar
zu des Gottes blühendem Mahl gekommen. Doch auf! gehe einer
auf das Feld nach einem Rinde, daß es aufs schnellste komme und es
ein Mann und Rinderhirt, gesetzt über die Rinder, treibe. Und einer
gehe zu dem schwarzen Schiff des hochgemuten Telemachos und
bringe alle die Gefährten herbei und lasse zurück nur zwei. Einer
hinwieder heiße den Goldgießer Laërkes hierher kommen, daß er
Gold um die Hörner des Rindes gieße. Ihr andern bleibt hier alle
miteinander und sagt drinnen den Mägden in den hochberühmten
Häusern, daß sie das Mahl bereiten und ringsher Sitze und Holz
und klares Wasser bringen sollen.»

So sprach er, und alle eilten sich. Da kam das Rind vom Felde,
und es kamen von dem schnellen Schiff, dem ebenmäßigen, die Gefährten des großherzigen Telemachos, und es kam der Schmied und
hielt das eherne Gerät in Händen, die Werkzeuge der Kunst: Amboß
und Hammer und die gutgemachte Feuerzange, mit denen er das
Gold bearbeitete, und es kam Athene, um die heiligen Opfer in
Empfang zu nehmen. Da gab der Alte, der Rossetreiber Nestor, das
Gold, und der goß es alsdann um die Hörner des Rindes, kunstgerecht, auf daß die Göttin sich freue, wenn sie die Zierde sähe. Und
das Rind führten an den Hörnern Stratios und der göttliche Echephron. Und Aretos kam und brachte ihnen aus der Kammer Hand-

39

wasser in einem blumenverzierten Becken und hielt in der andern Hand Gerste in einem Korbe. Und eine scharfe Axt in der Hand, trat der im Kriege standhafte Thrasymedes neben das Rind, um zuzuschlagen, und Perseus hielt die Schale. Der Greis jedoch, der Rossetreiber Nestor, hob an mit Handwaschung und mit dem Streuen der Gerste, und betete viel zu Athene und warf als erste Weihegabe Haare vom Haupte des Rindes in das Feuer.

Doch als sie gebetet und die Opfergerste geworfen hatten, trat sogleich des Nestor Sohn, der hochgemute Thrasymedes, nahe heran und schlug, und die Axt zerhieb die Sehnen des Nackens und löste die Kraft des Rindes. Und es schrien den Opferruf die Töchter und die Schwiegertöchter und die ehrbare Gattin Nestors: Eurydike, die älteste von den Töchtern des Klymenos. Darauf nahmen sie es von der weiträumigen Erde auf und hielten es, und Peisistratos stieß zu, der Anführer der Männer. Als aber das schwarze Blut aus ihm herausgeflossen war und das Leben seine Gebeine verlassen hatte, zerlegten sie es schnell und schnitten sogleich die Schenkel heraus, alles nach der Ordnung, und umwickelten sie mit Fett, nachdem sie es doppelt gefaltet hatten, und legten rohes Fleisch darauf. Und der Alte verbrannte es auf Scheitern und träufte funkelnden Wein darauf, und neben ihm hielten die Jungen die fünfzinkigen Gabeln in den Händen. Als aber die Schenkel verbrannt waren und sie von den inneren Teilen gekostet hatten, zerstückelten sie das andere Fleisch und spießten es auf Bratspieße und brieten es, die vorn gespitzten Bratspieße in den Händen haltend.

Indessen badete den Telemachos die schöne Polykaste, die jüngste Tochter Nestors, des Neleus-Sohnes. Doch als sie ihn gebadet und ihn glattgesalbt hatte mit dem Öle, warf sie ihm einen schönen Mantel und Leibrock um, und er stieg aus der Wanne, an Gestalt Unsterblichen ähnlich, und ging hin und setzte sich neben Nestor, den Völkerhirten.

Doch als sie nun das äußere Fleisch gebraten und von den Spießen gezogen hatten, setzten sie sich zum Mahle nieder. Und es erhoben sich edle Männer und schenkten den Wein in die goldenen Becher. Doch als sie sich das Verlangen nach Trank und Speise vertrieben hatten, da begann unter ihnen die Reden der Gerenier, der Rosselenker Nestor:

«Ihr meine Söhne! auf! führt die schönhaarigen Pferde für Telemachos herbei und schirrt sie an den Wagen, daß er seinen Weg bewerkstellige.»

So sprach er, und sie hörten gut auf ihn und gehorchten, und schirrten geschwind die schnellen Rosse an den Wagen, und die Frau und Beschließerin tat Brot und Wein und Zukost hinein, wie die gottgenährten Könige sie essen. Und Telemachos stieg auf den gar schönen Wagen, und ihm zur Seite bestieg der Sohn des Nestor, Peisistratos, der Anführer der Männer, den Wagenstuhl und ergriff die Zügel mit den Händen und führte die Geißel und trieb, und die beiden Pferde flogen gar willig dahin, ins freie Feld hinein und ließen zurück die steile Burg von Pylos. Und den ganzen Tag schüttelten sie das Joch, das sie um ihre Nacken hatten.

Und die Sonne ging unter, und überschattet wurden alle Straßen. Da kamen sie nach Pherai zu dem Hause des Diokles, des Sohnes des Ortilochos, den Alpheios als Sohn gezeugt hatte. Dort verbrachten sie die Nacht, und er gab ihnen Bewirtungen. Als aber die frühgeborene erschien, die rosenfingrige Eos, schirrten sie die Pferde an und stiegen auf den buntverzierten Wagen und fuhren aus dem Torweg und der dröhnenden Halle. Und er führte die Geißel und trieb, und die beiden Pferde flogen gar willig dahin. Und sie kamen in das weizentragende flache Land und hatten dort alsbald den Weg vollbracht, denn derart trugen sie dahin die schnellen Pferde. Und die Sonne ging unter, und überschattet wurden alle Straßen.

VIERTER GESANG

Wie Telemachos von Menelaos und Helena in Sparta empfangen wird und Menelaos ihm erzählt, was er in Ägypten
von dem Meeresalten über Odysseus erfahren hat. — Was
unterdessen in Ithaka geschah.

Und sie kamen in die Talmulde von Lakedaimon, die schluchtenreiche,
und fuhren zu den Häusern des prangenden Menelaos. Den fanden
sie, wie er vielen Gesippen zur Hochzeit des Sohnes und der untadligen Tochter ein Gastmahl gab in seinem Hause. *Sie* sandte er
dem Sohn des die Männer durchbrechenden Achilleus, denn in Troja
hatte er es diesem zuerst versprochen und zugenickt, daß er sie geben
wollte, und die Götter brachten ihnen die Hochzeit zum Ziel. So
schickte er sie da mit Pferden und mit Wagen, daß sie zur ringsberühmten Stadt der Myrmidonen fahren sollte, über welche jener
als Herr gebot. Dem Sohne führte er von Sparta die Tochter des
Alektor zu. Dieser, der starke Megapenthes, war ihm als letzter von
einer Magd geboren worden: der Helena hatten die Götter keinen
Sproß mehr ans Licht geführt, nachdem sie einmal die liebliche Tochter geboren hatte, Hermione, die das Aussehen der goldenen Aphrodite hatte. So speisten sie in dem großen hochbedachten Hause,
die Nachbarn und die Gesippen des prangenden Menelaos, und ergötzten sich, und unter ihnen spielte der göttliche Sänger und rührte
die Leier, und zwei Springtänzer führten ihnen das Spiel an und
drehten sich mitten unter ihnen.

Die beiden aber hinwieder, sie selber und ihre Pferde, hielten in
dem Torweg des Hauses an, der Heros Telemachos und der prangende
Sohn des Nestor. Da kam der gebietende Eteoneus, der flinke Bediente des prangenden Menelaos, heraus und sah sie, und schritt hin
und ging durch die Häuser, um es dem Völkerhirten zu melden, und
trat zu ihm und sagte die geflügelten Worte:

«Da sind einige Fremde, zeusgenährter Menelaos, zwei Männer,
und scheinen wie vom Geschlecht des großen Zeus. Doch sage, sollen
wir ihnen die schnellen Pferde ausspannen oder sie geleiten, daß sie
zu einem andern kommen, der sie freundlich aufnimmt?»

Da sagte zu ihm gar unwillig der blonde Menelaos:

«Du warst, Sohn des Boëthos, Eteoneus! doch früher nicht kindisch!
doch jetzt, wahrhaftig! redest du kindisch wie ein Knabe! Haben
wir beide doch bei anderen Menschen viel Gastgut gegessen, ehe wir
hierher gelangten, hoffend, daß Zeus uns künftig den Jammer ende!

So spanne die Pferde der Fremden aus und führe sie herein, daß sie teilnehmen an dem Gastmahl.»

So sprach er. Der aber eilte durch die Halle und rief die andern flinken Bedienten, daß sie mit ihm selber mitkämen. Und sie lösten die Pferde von dem Joch, die schweißbedeckten, und banden sie an den Pferdekrippen an, warfen ihnen Häcksel vor und mischten dazu weiße Gerste, lehnten den Wagen an die hellschimmernden Wände, und führten sie selber in das göttliche Haus hinein. Doch sie, wie sie es sahen, staunten umher in dem Hause des zeusgenährten Königs. Denn wie von der Sonne oder von dem Monde ging ein Glanz durch das hochbedachte Haus des prangenden Menelaos. Doch als sie sich ergötzt hatten, mit den Augen zu schauen, stiegen sie in die gutgeglätteten Wannen und wuschen sich. Und als die Mägde sie nun gewaschen und gesalbt hatten mit dem Öle, legten sie ihnen wollene Mäntel und Leibröcke an, und sie setzten sich auf Stühle neben den Atreus-Sohn Menelaos. Und Handwasser brachte eine Magd in einer Kanne, einer schönen, goldenen, und goß es zum Waschen über ein silbernes Becken, und stellte vor ihnen einen geglätteten Tisch auf. Und die ehrbare Beschließerin brachte Brot und setzte es vor und tat viele Speisen dazu, gefällig von dem, was da war. Und der Speisemeister erhob Platten von allerlei Fleisch und setzte sie vor und stellte vor sie goldene Becher. Da bot der blonde Menelaos beiden den Willkomm und sagte zu ihnen:

«Langt zu nach der Speise und freuet euch! Doch habt ihr alsdann von dem Mahl genossen, so fragen wir euch, wer ihr seid unter den Männern. Denn in euch ist das Geschlecht der Eltern nicht verloren, sondern ihr seid von dem Geschlecht von Männern, die zeusgenährte Könige sind und Szepter führen, da Geringe nicht solche Männer erzeugen können.»

So sprach er und legte ihnen Stücke vom Rücken eines Rindes vor, fette, gebratene, die er aufnahm mit den Händen, die man ihm selbst als Ehrenanteil vorgesetzt. Und sie streckten die Hände aus nach den bereiten vorgesetzten Speisen. Doch als sie sich das Verlangen nach Trank und Speise vertrieben hatten, da sagte Telemachos zu dem Sohn des Nestor, dicht das Haupt an das seine haltend, damit die anderen es nicht hörten:

«Schau, Nestor-Sohn, du meinem Herzen Geliebter! das Funkeln von dem Erz rings in den hallenden Häusern, und von dem Gold und Bernstein und Silber und Elfenbein! So mag der Hof des Zeus, des Olympiers, sein im Inneren, wie dieses unendlich Viele hier. Heilige Scheu faßt mich, wenn ich es sehe.»

Doch es vernahm ihn, wie er sprach, der blonde Menelaos, und begann und sagte zu ihnen die geflügelten Worte:

«Liebe Kinder! nein, mit Zeus kann sich von den Sterblichen wohl keiner messen: denn unsterblich sind seine Häuser und seine Besitztümer. Jedoch unter Menschen möchte sich wohl mancher mit mir an Besitztümern messen — oder auch nicht. Freilich, viel habe ich gelitten, und viel bin ich umhergeirrt, ehe ich sie in den Schiffen hergeschafft, und bin im achten Jahr gekommen, nachdem ich nach Kypros und Phoinike und zu den Ägyptern umhergeirrt bin, und bin zu den Aithiopen hingelangt und den Sidoniern und Erembern und nach Lybien, wo die Böcke gleich mit Hörnern da sind — denn dreimal werfen die Schafe über das volle Jahr hin —, da mangelt es weder Herrn noch Hirten irgend an Käse und Fleisch noch auch an süßer Milch, sondern sie geben immer Milch zum Melken auf das ganze Jahr hin. Indessen ich nun dort umhergeirrt bin und habe viel Lebensgut gesammelt, indessen hat mir ein anderer den Bruder getötet, meuchlings, ungeahnt, durch die Arglist des verfluchten Weibes. So herrsche ich wahrhaftig ohne Freude in diesen Schätzen. Dieses habt ihr wohl auch von euren Vätern gehört, wer sie euch immer seien! Denn sehr viel habe ich gelitten und mein Haus verloren, das gar wohl bewohnte, das viele und edle Dinge faßte. Hätte ich nur den dritten Teil von diesem, um in den Häusern damit zu wohnen, und wären die Männer heil geblieben, die damals in der weiten Troja zugrunde gingen, fern von Argos, dem rossenährenden! Doch gleichwohl: ob ich auch um sie alle, in unseren Hallen sitzend, oftmals jammere und mich härme und bald das Herz ergötze an der Wehklage, bald wieder ablasse — denn schnell kommt die Sattheit in der schaurigen Wehklage —: so klage ich doch um sie alle nicht so sehr, so bekümmert ich auch bin, wie um den Einen, der mir den Schlaf verleidet wie die Speise, wenn ich seiner gedenke — da sich keiner von den Achaiern so viel gemüht, wie Odysseus sich gemüht und ausgestanden! Ihm selber mußten daher Kümmernisse kommen, mir aber Gram, stets unaufhörlich, um ihn, wie er schon lange hinweggegangen, wir aber wissen nicht, ob er lebt oder ob er tot ist. Klagen gewiß doch jetzt um ihn Laertes, der Greis, und die verständige Penelopeia und Telemachos, den er neugeboren zurückgelassen hat in seinem Hause.»

So sprach er und erregte in ihm die Lust zur Wehklage um den Vater, und er ließ Tränen von den Wimpern zu Boden fallen, als er von dem Vater hörte, und hielt sich den purpurnen Mantel vor die Augen mit beiden Händen. Und Menelaos bemerkte es an ihm und überlegte alsbald im Sinn und in dem Gemüte, ob er es ihm selber überlassen sollte, daß er des Vaters Erwähnung tue, oder ob er ihn zuerst ausfragen und im Einzelnen ausforschen sollte.

Während er dieses überlegte in seinem Sinn und in dem Gemüte, kam Helena aus dem duftenden Gemach, dem hochbedachten, der Artemis mit der goldenen Spindel gleichend. Ihr stellte Adreste, die sie begleitete, einen gutgefertigten Lehnstuhl hin, und Alkippe trug eine Decke von weicher Wolle, und Phylo trug den silbernen Korb, den ihr Alkandre gegeben hatte, des Polybos Gattin, der in der ägyptischen Thebe wohnte, wo die meisten Schätze in den Häusern liegen. Der gab dem Menelaos zwei silberne Wannen und zwei Drei-füße und zehn Pfunde Goldes, und es reichte der Helena gesondert seine Gattin schöne Gaben dar, und schenkte eine goldene Spindel und einen Korb mit Rädern darunter, einen silbernen, und es waren die Ränder oben mit Gold eingelegt. Den brachte und stellte ihr die Magd Phylo hin, gehäuft voll mit gesponnenem Garn, doch auf ihm lag gestreckt die Spindel, die veilchendunkle Wolle trug. Und sie setzte sich in den Lehnstuhl — und darunter war ein Schemel für die Füße — und begann alsbald nach all und jedem den Gatten mit Worten zu befragen:

«Wissen wir schon, Menelaos, Zeusgenährter! wer von den Män-nern sich diese zu sein berühmen, die in unser Haus gekommen? Irre ich, oder rede ich die Wahrheit? Doch treibt mich der Mut. Denn ich sage, noch niemals habe ich irgend jemand, weder Mann noch Frau, so ähnlich gesehen — ein Staunen faßt mich, ihn anzusehen —, wie dieser da dem Sohn des großherzigen Odysseus gleicht: Tele-machos, den jener Mann neugeboren im Haus zurückließ, als ihr Achaier um meinetwillen, der hundsäugigen, vor Troja zogt und den kühnen Krieg erregtet.»

Da erwiderte und sagte zu ihr der blonde Menelaos:

«Jetzt bemerke auch ich es so an ihm, Frau, wie es dir vorkommt. Denn so wie bei jenem sind dessen Füße, so seine Hände und der Wurf der Augen und der Kopf und die Haare darüber. Und nun gedachte ich da eben des Odysseus und erzählte von ihm, wieviel sich jener um meinetwillen in Trübsal abgemüht hat, da vergoß er unter den Augenbrauen dichte Tränen und hielt sich den purpurnen Mantel vor die Augen.»

Da entgegnete ihm hinwieder der Nestor-Sohn Peisistratos:

«Atreus-Sohn Menelaos, Zeusgenährter, Herr der Völker! Ja, die-ser ist wirklich, wie du sagst, der Sohn von jenem. Doch er ist be-scheiden, und es ist ihm arg in dem Gemüte, daß er, wo er zum

erstenmal hierher kommt, ein vorlautes Geschwätz vor dir erhebe,
an dessen Rede wir uns beide erfreuen wie an eines Gottes. Mich
aber hat der Gerenier, der Rosselenker Nestor geschickt, daß ich
diesem als Geleiter folge. Denn er wünschte dich zu sehen, daß du
ihn mit einem Worte oder Werke unterstütztest. Denn viele Schmerzen hat in den Hallen der Sohn eines Vaters, der hinweggegangen,
wenn er nicht andere Helfer hat — wie jetzt auch dem Telemachos
jener hinweggegangen ist, und er hat nicht andere, die ihm das Unheil abwehren könnten in dem Volke.»

Da antwortete und sagte zu ihm der blonde Menelaos:

«Nein! da ist doch wahrhaftig der Sohn eines lieben Mannes in
mein Haus gekommen, eines, der um meinetwillen sich abgemüht
hat in vielen Kämpfen! Und sagte ich doch, ich wollte ihm, wenn
er heimgekehrt sei, Liebes antun ausnehmend vor den anderen Argeiern, wenn uns beiden der Olympier, der weit umblickende Zeus,
die Heimkehr über die Salzflut in den schnellen Schiffen gäbe. Dann
hätte ich ihm eine Stadt in Argos zum Wohnsitz gegeben und Häuser bereitet, nachdem ich ihn von Ithaka mit seiner Habe und seinem
Sohne und allen Männern des Volks herbeigeführt, und eine Stadt
von denen ausgeräumt, die in der Runde liegen und mir untertan
sind. Dann hätten wir uns oft, wenn wir hier lebten, getroffen, und
nichts anderes hätte uns getrennt in unserer Liebe und unserem Ergötzen, bis uns die schwarze Wolke des Todes umhüllte. Doch dies
hat uns wohl ein Gott selbst mißgönnt, der einzig ihn, den Unglückseligen, ohne Heimkehr ließ.»

So sprach er und erregte in ihnen allen die Lust zur Weheklage.
Da klagte die Argeierin Helena, die Zeusentsproßte, und es klagte
Telemachos und der Atreus-Sohn Menelaos, und auch des Nestor
Sohn hatte nicht unbetränt die Augen, denn er gedachte in dem
Gemüte des untadligen Antilochos, den der prangende Sohn der strah-
lenden Eos erschlagen hatte. Dessen gedachte er und sprach die ge-
flügelten Worte:

«Atreus-Sohn! Über die Maßen klug seist du vor den Sterblichen,
sagte immer Nestor, der Greis, wenn wir deiner gedachten in seinen
Hallen und einander befragten. So folge mir auch jetzt, wenn es
irgend sein kann. Denn nicht ergötzt es mich, zu jammern nach dem
Nachtmahl, wird dafür doch noch Eos da sein, die frühgeborene.
Zwar will ich es auf keine Weise schelten, daß man klage, wenn
einer der Sterblichen starb und dem Schicksal gefolgt ist. Ist dieses
doch die einzige Ehre den armseligen Sterblichen, daß man die Haare
schert und läßt die Träne von den Wangen fallen. Denn auch mein

Bruder ist gestorben, nicht der geringste unter den Argeiern, du
wirst es wissen! Denn ich bin ihm nicht begegnet, noch habe ich ihn
gesehen. Doch sagen sie, hervorgetan habe sich Antilochos vor anderen, hervorgetan als schnell im Laufe wie als Kämpfer.»

Da antwortete und sagte zu ihm der blonde Menelaos:

«Freund! da du alles so gesagt hast, wie ein verständiger Mann
reden und handeln würde, und der überdies früher geboren wäre —
stammst du doch auch von einem solchen Vater, daher du auch verständig redest, und ist leicht zu erkennen doch der Sohn von einem
Mann, dem Segen zugesponnen hat Kronion, als er gefreit hat und
als er geboren wurde: so wie er jetzt dem Nestor fort und fort gegeben hat die Tage alle, daß er selbst von Salben glänzend altere in
den Hallen, die Söhne aber so verständig wie tüchtig mit den Speeren sind —: so wollen wir den Jammer lassen, der vorher aufge-
kommen, und von neuem des Mahls gedenken, und sie sollen uns
Wasser über die Hände gießen. Die Reden mögen auch noch in der
Frühe sein, daß wir, Telemachos und ich, uns miteinander besprechen
mögen.»

So sprach er. Und Asphalion goß ihnen Wasser über die Hände,
der flinke Bediente des prangenden Menelaos. Und sie streckten die
Hände aus nach den bereiten vorgesetzten Speisen. Da aber dachte
Helena hinwieder auf anderes, die Zeusentsproßte. Alsbald warf
sie ein Kraut in den Wein, von dem sie tranken, ein kummerstillen-
des, galleloses, vergessenbringendes für alle Übel. Wer dieses schluck-
te, wenn es dem Mischkrug beigemischt war, der ließ den Tag über
keine Träne von den Wangen fallen, auch nicht, wenn Mutter und
Vater ihm gestorben wären, auch nicht, wenn ein Bruder oder eigener Sohn dicht vor ihm hingemordet würde mit dem Erze, und er es
mit den Augen sähe. Solche Kräuter besaß die Tochter des Zeus:
sinnreiche, edle, die ihr Polydamna gereicht hatte, die Gattin Thons,
in Ägypten, wo die meisten Kräuter die nahrunggebende Ackerscholle
trägt, viele gute gemischt und viele böse. Ein Arzt ist dort ein jeder,
kundig vor allen Menschen, denn vom Geschlechte des Paiëon sind
sie. Doch als sie es hineingetan und befohlen hatte, den Wein zu
schenken, da erwiderte sie und sagte von neuem mit Worten zu ihm:

«Atreus-Sohn Menelaos, Zeusgenährter, und ihr auch, Söhne edler
Männer! Der Gott gibt einmal diesem, einmal jenem Gutes wie Böses: Zeus, denn er kann alles. So speist denn nun, in den Hallen
sitzend, und laßt euch erfreuen mit Geschichten, denn etwas Schick-
liches will ich erzählen. Zwar alles kann ich nicht verkünden und
nicht nennen, wieviel da Kämpfe sind des duldemütigen Odysseus;

47

nur wie er dieses da getan hat und gewagt hat, der starke Mann, im Land der Troer, wo ihr Achaier Leiden littet:

Da hatte er sich selbst mit unwürdigen Hieben schlimm zugerichtet, hatte sich ein schlechtes Wams um die Schultern geworfen, und war so, einem Knechte gleichend, in die weitstraßige Stadt der feindlichen Männer gedrungen, und hatte sich selbst, indem er sich so verbarg, einem anderen Manne gleichgemacht, einem Bettler, wie ein solcher bei den Schiffen der Achaier gar nicht war. Diesem gleichend, tauchte er in die Stadt der Troer, die aber merkten alle nichts. Nur ich erkannte ihn, so wie er war, und befragte ihn. Er aber wich aus mit klugem Sinn. Doch als ich ihn nun gebadet und mit Öl gesalbt hatte, ihm Kleider angetan und einen gewaltigen Eid geschworen, daß ich ihn nicht früher als Odysseus entdecken würde bei den Troern, ehe er wieder bei den schnellen Schiffen und den Lagerhütten angekommen — da erzählte er mir den ganzen Anschlag der Achaier. Nachdem er aber viele Troer mit dem langschneidigen Erz erschlagen hatte, kam er zurück zu den Argeiern und brachte viele Kenntnis mit. Da schrien die andern Troerfrauen hell auf, doch mein Herz freute sich. Denn schon hatte sich mir das Herz darauf gewendet, daß ich wieder nach Haus heimkehren wollte, und ich seufzte über die Verblendung, die Aphrodite gegeben hatte, als sie mich aus dem väterlichen Lande dorthin hinweggeführt: daß ich meine Tochter verlassen hatte und das Schlafgemach wie auch den Gatten, der niemandem nachstand, weder an Denken noch an Aussehen.»

Da antwortete und sagte zu ihr der blonde Menelaos:

«Ja, das hast du alles, Frau! nach Gebühr gesprochen. Da habe ich doch schon Rat und Sinn von vielen Heroenmännern wahrgenommen und bin weit über die Erde gekommen, doch habe ich einen solchen niemals mit Augen gesehen, wie das Herz des duldemütigen Odysseus war: wie er auch dieses getan und gewagt hat, der starke Mann, in dem hölzernen Pferde, in dem wir alle, die Besten der Argeier, saßen, um den Troern Mord und Tod zu bringen. Da kamst du dorthin — es mag dich ein Daimon getrieben haben, der den Sieg den Troern verleihen wollte — und es folgte dir der gottgleiche Deïphobos, wie du daherkamst. Und dreimal umschrittest du den hohlen Schlupfwinkel, ihn betastend, und nanntest die Besten der Danaer bei Namen, indem du die Frauen von allen Argeiern mit der Stimme nachahmtest. Doch ich und der Sohn des Tydeus und der göttliche Odysseus, die wir inmitten von ihnen saßen, hörten dich rufen. Da fuhren wir beide auf und trachteten, entweder hinauszugehen oder dir alsbald von drinnen zu erwidern. Jedoch Odysseus hinderte es und hielt uns fest, so sehr wir es begehrten. Da waren alle anderen Söhne der Achaier stumm, und nur Antiklos wollte dir mit Worten erwidern. Jedoch Odysseus hielt ihm unablässig den Mund zu mit den starken Händen und rettete alle Achaier und hielt solange, bis dich weit hinweggeführt Pallas Athene.»

Da entgegnete ihm hinwieder der verständige Telemachos:

«Atreus-Sohn, Zeusgenährter, Herr der Völker! Um so schmerzlicher! denn es hat ihm dieses gar nichts geholfen gegen das bittere Verderben, und wäre ihm in seinem Innern auch ein eisernes Herz gewesen. Doch auf! wenden wir uns zur Ruhe, damit wir uns nunmehr niederlegen und uns mit dem süßen Schlaf erquicken.»

So sprach er. Da befahl die Argeierin Helena den Mägden, ein Lager in der Vorhalle aufzustellen, und schöne Tücher, purpurne, darauf zu werfen und darüber Teppiche zu breiten und wollene Mäntel hineinzulegen, um sie über sich zu ziehen. Die aber gingen aus der Halle, Fackeln in den Händen haltend, und breiteten das Lager aus. Und es führte ein Herold die Gäste hinaus, und sie legten sich daselbst in dem Vorhause des Hauses nieder, der Heros Telemachos und der strahlende Sohn des Nestor. Der Atreus-Sohn aber schlief im Innern des hohen Hauses, und zu ihm legte sich Helena, die langgewandete, die göttliche unter den Frauen.

Als die frühgeborene erschien, die rosenfingrige Eos, erhob sich vom Lager der gute Rufer Menelaos, legte die Kleider an und hängte das Schwert, das scharfe, um die Schulter. Unter die glänzenden Füße aber band er sich schöne Sohlen und schritt hin und ging aus der Kammer, einem Gotte gleichend von Angesicht. Und setzte sich zu Telemachos und sprach das Wort und benannte es heraus:

«Was für ein Begehren hat dich, Heros Telemachos, hierher geführt in die göttliche Lakedaimon über die breiten Rücken des Meeres? ein öffentliches oder eigenes? dieses sage mir unfehlbar!»

Da entgegnete ihm hinwieder der verständige Telemachos:

«Atreus-Sohn Menelaos, Zeusgenährter, Herr der Völker! Gekommen bin ich, ob du mir irgendeine Kunde von dem Vater sagen möchtest. Aufgezehrt wird mir das Haus, zugrunde gerichtet die fetten Ländereien, und von bösgesonnenen Männern ist voll das Haus, die mir immer die dichtgedrängten Schafe und die schleppfüßigen, krummgehörnten Rinder schlachten: die Freier meiner Mutter, voll gewalttätigen Übermuts. Deswegen komme ich jetzt zu deinen Knien: ob du mir seinen traurigen Untergang verkünden wolltest, wofern du ihn mit deinen Augen gesehen oder von einem andern ein Wort gehört hast, der verschlagen wurde. Denn über und über zum Gram hat ihn die Mutter geboren! Doch mildere mir nichts ab in Scheu noch aus Mitleid, sondern erzähle es mir richtig, wie du es von Angesicht getroffen. Ich flehe: hat dir je mein Vater, der edle Odysseus, sei es ein Wort oder sei es ein Werk versprochen und vollbracht in dem Troerlande, wo ihr Achaier Leiden littet, so gedenke mir jetzt dessen und sage mir die Wahrheit!»

Da sagte gar unwillig zu ihm der blonde Menelaos:

«Nein doch! Da haben sie, wahrhaftig! im Bette eines starksinnigen Mannes sich betten wollen, die doch selber kraftlos sind! Jedoch wie wenn in einem Gehölze, dem Lager eines starken Löwen, eine Hirschkuh ihre Kälber gebettet hätte, die neugeborenen, milchsaugenden, und nun den Bergwald und die grasigen Täler weidend durchsucht, doch dann ist der zu seinem Lager gekommen und hat über beide ein unziemliches Schicksal gebracht: so wird Odysseus über jene ein unziemliches Schicksal bringen. Wenn doch, Zeus Vater und Athene und Apollon! er dergestalt, wie er voreinst auf dem wohlgegründeten Lesbos, herausgefordert zum Wettkampf, aufstand und mit Philomeleides rang und ihn mit Übergewalt zu Boden warf, und es freuten sich alle Achaier — wenn dergestalt Odysseus doch unter die Freier treten wollte: ihnen allen würde ein schneller Tod und eine bittere Hochzeit werden! Doch dies, was du mich fragst und worum du mich anflehst — da will ich dir nicht, zur Seite ausweichend, anderes sagen noch dich betrügen, sondern was mir gesagt der untrügliche Meeresalte, davon will ich dir kein Wort verbergen noch verhehlen.

In Ägypten hielten mich noch die Götter fest, so sehr ich trachtete hierher zu kommen, weil ich ihnen nicht vollgültige Hundertopfer geopfert hatte. Wollen doch aber die Götter immer, daß man sich ihrer Gebote erinnere! — Ist da alsdann eine Insel in dem vielflutenden Meere, Ägypten vorgelagert — sie nennen sie Pharos — soweit entfernt, soweit ein gewölbtes Schiff den ganzen Tag fährt, auf dem von hinten ein sausender Fahrwind steht. Auf ihr ist ein Hafen, gut anzulaufen, und sie stechen von dort in See mit den ebenmäßigen Schiffen, sobald sie sich schwarzes Wasser geschöpft. Dort hielten mich zwanzig Tage die Götter fest, und niemals zeigten sich gute Winde, die blasen und gegen die Salzflut wehen und die den Schiffen auf die breiten Rücken des Meeres hin Geleiter werden.

Da wären nun wohl alle Speisen wie auch die Kräfte der Männer dahingeschwunden, wenn sich nicht eine unter den Göttern meiner erbarmt und mich gerettet hätte: die Tochter des starken Proteus, des Meeresalten, Eidothea: ihr bewegte ich das Gemüt am meisten. Sie trat mir entgegen, als ich einsam einherging, fern von den Gefährten. Denn immer irrten wir um die Insel und fingen Fische mit krummen Haken, und es zerrieb der Hunger den Magen. Und sie trat dicht zu mir heran und sprach das Wort aus und begann:

«Bist du gar so kindisch, Fremder! oder schlaffen Sinnes? oder läßt du dich mit Willen gehen und ergötzt es dich, Schmerzen zu erleiden? Denn lange schon verweilst du dich auf der Insel und vermagst kein Ziel zu finden, und es schwindet dir das Herz der Gefährten hin.»

So sprach sie, und ich antwortete und sagte zu ihr:

«Offen heraus will ich dir sagen, wer von den Göttinnen du auch bist: daß ich mich nicht mit Willen hier verweile, sondern ich habe wohl die Unsterblichen verletzt, die den breiten Himmel innehaben. Doch sage du mir — es wissen ja die Götter alles —: wer der Unsterblichen mich fesselt und mir die Fahrt unterbunden hat, und auch die Heimkehr, wie ich über das fischreiche Meer gelange.»

So sprach ich, und sie antwortete mir alsbald, die hehre unter den Göttinnen:

«So will ich dir, Fremder! ganz unverdreht verkünden: Es pflegt ein Meeresalter hierher zu kommen, ein untrüglicher: der unsterbliche Proteus, der Ägypter, der die Tiefen des ganzen Meeres kennt, ein Untertan des Poseidon. Dieser, so sagen sie, sei mein Vater und habe mich gezeugt. Dieser, wenn du ihm auf irgendeine Weise auflauern und ihn fassen könntest, so möchte er dir wohl den Weg und die Maße der Fahrt sagen und die Heimkehr, wie du über das fischreiche Meer gelangen magst, und möchte dir auch sagen, Zeusgenährter, wenn du es willst, was immer dir in den Hallen Übles wie Gutes geschehen ist, indessen du hinweggewesen den langen und beschwerlichen Weg.»

So sprach sie. Und ich antwortete und sagte zu ihr:

«Sinne du selber jetzt die Lauer nach dem göttlichen Alten aus, daß er mir, wenn er mich zuvor gesehen oder zuvor bemerkt hat, nicht entschlüpfe. Denn schwer ist für einen sterblichen Mann ein Gott zu überwältigen.»

So sprach ich. Sie aber antwortete alsbald, die hehre unter den Göttinnen:

«So will ich dir dieses ganz unverdreht berichten. Wenn die Sonne über den mittleren Himmel geht, dann wird der untrügliche Meeresalte aus der Salzflut kommen, mit dem Blasen des West, gehüllt in einen schwarzen Schauer. Und ist er herausgekommen, wird er sich unter den gewölbten Höhlen schlafen legen, und um ihn ruhen versammelt Robben, die Sprößlinge der schönen Meerestochter, die, aus der grauen Salzflut aufgetaucht, des tiefenreichen Salzes bitteren Geruch ausdünsten. Dorthin will ich dich mit dem aufgehenden Frühlicht führen und dich in die Reihe betten, du aber sollst drei Gefährten gut auslesen, die dir bei den gutgedeckten Schiffen die besten sind. Und alle Ränke des Alten will ich dir nennen: Erst wird er dir die Robben zählen und sie abschreiten. Doch hat er sie alle nach fünfen gezählt und angesehen, wird er sich, wie ein Hirt unter Schafherden, in ihre Mitte legen. Sobald ihr ihn nun gesehen habt, wie er sich gebettet, so seid bedacht alsdann auf Kraft und Gewalt und haltet ihn auf der Stelle fest, so sehr er tobt und zu entschlüpfen trachtet! Versuchen wird er sich darin, daß er zu allem wird, soviel Kriechendes auf der Erde lebt, wie auch zu Wasser und brennendem Feuer. Ihr aber haltet unerschütterlich und zwängt nur um so mehr! Doch wenn er dich nun selbst mit Worten anspricht, in der Gestalt, in der ihr ihn gesehen habt, als er sich hingebettet, dann halte ein mit der Gewalt und laß ihn los, den Alten, Heros! und frage ihn, wer von den Göttern dir zürnt, und nach der Heimkehr, wie du über das fischreiche Meer gelangst.»

Als sie so gesprochen hatte, tauchte sie unter das wogende Meer. Doch ich ging zu den Schiffen, wo sie auf dem Sande standen, und viel wogte mir das Herz, wie ich dahinging. Doch als ich zu dem Schiff und dem Meer hinabgekommen war, richteten wir das Nachtmahl, und es kam die ambrosische Nacht herauf. Da schliefen wir an dem Strand des Meeres. Als aber die frühgeborene erschien, die rosenfingrige Eos, da ging ich am Ufer des weitbahnigen Meeres entlang und flehte vielfach zu den Göttern. Und ich nahm drei Gefährten mit, denen ich für jedes Unternehmen am meisten vertraute.

Unterdessen war jene in die breite Mulde der See getaucht und hatte vier Felle von Robben aus dem Meer geholt — alle waren frisch abgezogen —, und sie war bedacht auf den Anschlag gegen den Vater, höhlte Lagerstätten im Meeressande aus und saß und wartete. Da kamen wir ganz nahe zu ihr heran, und sie bettete uns der Reihe nach und warf über jeden ein Fell. Da wäre es die fürchterlichste Lauer geworden, denn fürchterlich zerrieb uns der höchst verderbliche Geruch von den im Salzmeer aufgenährten Robben. Wer möchte sich bei einem Meeresungeheuer schlafen legen? Jedoch sie rettete uns und ersann eine große Hilfe, brachte Ambrosia herbei und tat sie, die gar angenehm duftende, einem jeden unter die Nase, und vernichtete den Geruch des Ungeheuers.

Den ganzen Morgen warteten wir mit ausdauerndem Mute. Und

es kamen die Robben in Haufen aus der Salzflut, und sie legten sich der Reihe nach alsdann am Strand des Meeres nieder. Um Mittag aber kam der Alte aus der Salzflut und fand die wohlgenährten Robben und schritt sie alle ab und zählte die Zahl, und zählte uns als erste unter den Untieren, und ihm ahnte nicht in dem Gemüte, daß es eine List war, und legte sich alsdann auch selber. Wir aber sprangen schreiend auf ihn zu und warfen unsere Arme um ihn. Doch der Alte vergaß nicht seine listige Kunst, sondern er wurde wahrhaftig erst ein starkbärtiger Löwe, aber dann Schlange und Panther und ein großes Wildschwein, und wurde feuchtes Wasser und hochbelaubter Baum. Wir aber hielten unerschüttert mit ausdauerndem Mute fest. Doch als der Alte nun der Ränke, die er wußte, überdrüssig wurde, da fragte er mich und sagte mit Worten zu mir:

«Wer von den Göttern, Sohn des Atreus! hat mit dir zusammen Rat gepflogen, daß du mir aufgelauert und mich Widerstrebenden ergriffen hast? Was ist dein Begehren?»

So sprach er, und ich antwortete und sagte zu ihm:

«Weißt du doch, Alter! — warum redest du dieses, und suchst mich abzulenken? —: wie ich schon lange auf der Insel verweile und vermag kein Ziel zu finden, und es schwindet mir im Innern das Herz dahin. Aber sage du mir — es wissen ja die Götter alles! —: wer der Unsterblichen mich fesselt und mir die Fahrt unterbindet, und auch die Heimkehr, wie ich über das fischreiche Meer gelange.»

So sprach ich. Der aber antwortete alsbald und sagte zu mir:

«Nun denn! du hättest dem Zeus und den anderen Göttern, ehe du zu Schiff gingst, richtige Opfer bringen müssen, daß du aufs schnellste in dein Vaterland gelangtest, fahrend über das weinfarbene Meer. Denn dein Teil ist, daß du nicht eher die Deinen siehst und in dein wohlgebautes Haus und dein väterliches Land gelangst, ehe du nicht abermals zum Wasser des himmelentsprungenen Aigyptos-Stromes gekommen und heilige Hundertopfer den unsterblichen Göttern dargebracht hast, die den breiten Himmel innehaben. Dann werden dir die Götter auch den Weg geben, den du begehrst.»

So sprach er. Aber mir zerbrach das liebe Herz, daß er mich abermals nach Ägypten gehen hieß, über das dunstige Meer, den langen und beschwerlichen Weg. Aber auch so antwortete ich und sagte mit Worten zu ihm:

«Dies will ich, Alter! so verrichten, wie du forderst. Doch auf! sage mir dieses und berichte es mir unverdreht: sind alle ohne Schaden mit den Schiffen heimgekehrt, die Achaier, welche Nestor und ich verließen, als wir von Troja gingen, oder ist einer in unholdem Ver-

derben zugrunde gegangen auf seinem Schiffe oder in den Armen der
Seinen, nachdem er den Krieg abgewickelt?»

So sprach ich. Und er antwortete alsbald und sagte zu mir:
«Atreus-Sohn! warum fragst du mich nach diesem? Dir ist durchaus nicht not, daß du es wissest, noch auch, daß du meinen Sinn erforschst. Auch, sage ich, wirst du nicht lange ohne Weinen sein,
wenn du alles recht erfährst. Denn viele von ihnen sind überwältigt
worden, viele auch sind übergeblieben. Führer jedoch sind einzig
zwei der erzbehemdeten Achaier zugrunde gegangen auf der Heimfahrt — in der Schlacht warst du auch selbst dabei — und einer wird
noch irgendwo lebend auf dem weiten Meere festgehalten. Aias ist
mit den langrudrigen Schiffen überwältigt worden. Ihn trieb zuerst Poseidon an die großen Gyreïschen Felsen und errettete ihn aus
dem Meere. Da wäre er wohl der Todesgöttin entronnen, so verhaßt
er auch der Athene war, hätte er nicht ein übermütiges Wort hinaus-
geschleudert und sich gewaltig vermessen. Er sagte, gegen der Götter
Willen sei er entronnen aus der großen Meerestiefe! Da hörte ihn
Poseidon, wie er groß redete, faßte sogleich darauf den Dreizack mit
den starken Händen und traf den Gyreischen Felsen und spaltete ihn.
Da blieb der eine Teil daselbst am Orte, der Brocken aber fiel ins
Meer, auf den sich Aias zuvor gesetzt und sich gewaltig vermessen
hatte, und trug ihn hinab in das grenzenlose wogende Meer. So ging
dieser daselbst zugrunde, nachdem er das salzige Wasser geschluckt.
Dein Bruder aber ist irgendwie den Todesgöttinnen entronnen und
ihnen entkommen in den gewölbten Schiffen: ihn rettete die Herrin
Hera. Doch als er fast schon zu dem steilen Berg von Maleia gekommen war, da entraffte ihn ein Wirbelsturm und trug ihn auf das fischreiche Meer hinaus, den schwer stöhnenden, zum äußersten Ende des
Gebietes, wo vormals Thyestes die Häuser bewohnte, damals aber
bewohnte sie Aigisthos, des Thyestes Sohn. Als sich nun aber auch
von dort eine unversehrte Heimkehr zeigte, und die Götter den Wind
sich drehen ließen, und sie zur Heimat gekommen waren: wahrhaftig, da betrat er freudig die väterliche Erde, und er faßte den väterlichen Boden und küßte ihn, und von ihm ergossen sich viele heiße
Tränen, denn willkommen war es ihm, das Land zu sehen. Jedoch,
da sah ihn der Wächter von der Warte, den der arglistige Aigisthos
dort hingesetzt und ihm zum Lohn zwei Pfunde Goldes versprochen
hatte. Schon hatte er auf ein Jahr gewacht, daß er ihm nicht unvermerkt vorüberziehen und der ungestümen Kampfkraft gedenken
möchte. Und er schritt hin und ging zu den Häusern, um es dem Hirten der Völker anzusagen, und es ersann Aigisth sogleich einen listi-

gen Anschlag. Er las die zwanzig besten Männer im Volke aus und legte einen Hinterhalt und befahl, daß man in einem andern Teil des Hauses ein Gastmahl richten sollte. Doch er ging hin mit Pferden und mit Wagen, um Agamemnon, den Völkerhirten, zu laden, Schändliches erwägend. Und führte ihn, der den Untergang nicht ahnte, hinauf und erschlug ihn, nachdem er ihn mit einem Mahl bewirtet, wie jemand ein Rind erschlägt an der Krippe. Und keiner der Gefährten des Atreus-Sohns blieb übrig, die ihm folgten, und keiner auch von denen des Aigisthos, sondern sie wurden erschlagen in den Hallen.»

So sprach er. Aber mir zerbrach das liebe Herz, und ich weinte, auf dem Sande sitzend, und es wollte mein Herz mir nicht mehr leben und das Licht der Sonne sehen. Doch als ich mich an Weinen und an Wälzen gesättigt hatte, da sagte zu mir der untrügliche Meeresalte:

«Weine nicht mehr, Sohn des Atreus, die viele Zeit so unaufhörlich, denn so werden wir zu keinem Ende kommen! Sondern versuche auf das schnellste, wie du nun dein väterliches Land erreichst. Denn entweder triffst du ihn noch am Leben, oder Orest ist dir zuvorgekommen und hat ihn getötet, und du kommst eben zurecht zu der Bestattung.»

So sprach er. Und mir erwarmte wieder das Herz und der mannhafte Mut in der Brust, so bekümmert ich war, und ich begann und sagte zu ihm die geflügelten Worte:

«Von diesen beiden weiß ich nun. Doch nenne mir den dritten Mann, wer er auch sei, der noch lebend festgehalten wird in dem weiten Meer.»

So sprach ich. Und der antwortete alsbald und sagte zu mir:

«Der Sohn des Laertes, der auf Ithaka die Häuser bewohnt. Den sah ich, wie er auf einer Insel die quellende Träne vergoß, in den Hallen einer Nymphe, der Kalypso, die ihn mit Zwang festhält, und er kann nicht in sein väterliches Land gelangen. Denn nicht sind ihm Schiffe mit Rudern und Gefährten zu Gebote, die ihn über die breiten Rücken des Meeres geleiten könnten. — Dir aber ist es nicht bestimmt, o zeusgenährter Menelaos! daß du in dem rossenährenden Argos sterben und deinem Schicksal folgen sollst, sondern dich werden die Unsterblichen in das Elysische Gefilde und zu den Grenzen der Erde schicken, wo der blonde Rhadamanthys ist. Dort ist das leichteste Leben für die Menschen: kein Schneefall ist dort noch auch viel Winterwetter noch jemals Regen, sondern immer schickt der Okeanos die Hauche des schrillblasenden Wests herauf, um die Menschen zu kühlen — darum daß du die Helena hast und bist ihnen der Eidam des Zeus.»

Als er so gesprochen hatte, tauchte er unter das wogende Meer. Ich aber ging mit den gottgleichen Gefährten zu den Schiffen, und viel wogte mir das Herz, wie ich dahinging. Doch als wir zu dem Schiffe und dem Meer hinabgekommen waren, richteten wir das Nachtmahl, und es kam die ambrosische Nacht herauf. Da ruhten wir am Strand des Meeres. Als aber die frühgeborene erschien, die rosenfingrige Eos, da zogen wir zu allererst die Schiffe in die göttliche Salzflut und legten die Masten und die Segel in die ebenmäßigen Schiffe hinein, und sie stiegen auch selber hinauf und setzten sich auf die Ruderbänke. Und als sie sich der Reihe nach gesetzt, schlugen sie die graue Salzflut mit den Riemen.

Und wieder machte ich die Schiffe am Aigyptos, dem himmelentsprungenen Strome, fest und opferte vollgültige Hundertopfer. Doch als ich den Zorn der Götter beschwichtigt hatte, der immerseienden, schüttete ich einen Grabhügel für Agamemnon auf, damit er unauslöschliche Kunde hätte. Als ich dieses vollendet hatte, fuhr ich heim, und es gaben mir einen guten Wind die Unsterblichen, die mich schnell in das eigene Vaterland geleiteten. —

Doch auf! bleibe jetzt noch ein wenig in meinen Hallen, bis der elfte und zwölfte Tag gekommen! Dann will ich dich gut heimgeleiten und will dir glänzende Gaben geben: drei Pferde und einen gutgeglätteten Wagen, und will dir sodann einen schönen Trinkbecher geben, daß du, wenn du den unsterblichen Göttern den Weihguß tust, meiner gedenken mögest alle Tage.»

Da entgegnete ihm hinwieder der verständige Telemachos: «Atreus-Sohn! halte mich hier nicht lange Zeit zurück. Wohl hielte ich es aus, bei dir auf ein Jahr zu sitzen, und keine Sehnsucht nach dem Haus und nach den Eltern würde mich ergreifen; denn gewaltig ergötze ich mich daran, deinen Reden und Worten zuzuhören. Doch schon sind die Gefährten mir unwillig in der heiligen Pylos, und du hältst mich hier die Zeit zurück. Das Geschenk aber, welches du mir auch geben willst, laß ein Kleinod sein, doch will ich Pferde nicht mit mir nach Ithaka nehmen, sondern sie dir selbst hier lassen, um damit zu prunken. Denn du gebietest über ein weites, flaches Land, in dem viel Lotos, in dem Cyperngras ist und Weizen und Spelt und breitwüchsige weiße Gerste. Auf Ithaka aber ist kein weiter Auslauf noch auch Wiese: nur Ziegenweide ist sie, lieblicher als Pferdeweide. Ist keine doch der Inseln, die in der Salzflut liegen, befahrbar für Rosse und gutes Wiesenland, und Ithaka gar weniger als alle.»

So sprach er. Da lächelte der gute Rufer Menelaos und streichelte ihn mit der Hand und sprach das Wort und benannte es heraus:

«Von gutem Blute bist du, liebes Kind, so wie du redest! So will ich dir denn dies umändern — denn ich kann es — und unter den Kleinodien, so viele in meinem Hause liegen, dir das zum Geschenke geben, was das Schönste und Werteste ist: will dir einen gutgefertigten Mischkrug geben, von Silber ist er ganz und gar, und oben die Ränder mit Gold eingelegt. Ein Werk des Hephaistos ist er, und gereicht hat ihn mir Phaidimos, der Heros, der König der Sidonier, als sein Haus mich aufnahm, als ich dort auf meiner Heimfahrt hingelangte. Dir aber will ich diesen geben.»

So sprachen sie dergleichen miteinander. Und es kamen die Tischgenossen in die Häuser des göttlichen Königs und führten Schafe herbei und brachten Wein, für Männer gut zu trinkenden, und es schickten ihnen Brot die Gattinnen mit den schönen Stirnbinden. So machten diese sich in den Hallen mit der Mahlzeit zu schaffen. —

Die Freier aber ergötzten sich vor der Halle des Odysseus und warfen mit Wurfscheiben und Speeren auf einem bereiteten Boden, wo sie es auch vordem taten, voll Mutwillen. Antinoos aber saß und der gottgleiche Eurymachos, die Führer der Freier, sie waren an Tüchtigkeit die bei weitem besten. Da kam des Phronios Sohn Noëmon zu ihnen heran und fragte den Antinoos und sagte zu ihm mit Worten:

«Antinoos! Wissen wir es, oder wissen wir es auch nicht in unserem Sinne, wann Telemachos aus dem sandigen Pylos heimkehrt? Mit meinem Schiff ist er mir hinweggefahren, und ich habe es nötig, daß ich damit hinüber ins weiträumige Elis gehe, wo mir Pferde stehen, zwölf weibliche, und Maulesel unter ihnen, arbeitsame, noch ungebändigte: von denen möchte ich mir einen eintreiben und ihn zurichten.»

So sprach er. Die aber wunderten sich in dem Gemüte, denn sie hatten nicht gedacht, er sei in das Neleïsche Pylos weggegangen, sondern sei wohl auf dem Lande dort, entweder bei den Schafen oder bei dem Sauhirt. Da sagte zu ihm hinwieder Antinoos, des Eupeithes Sohn:

«Sage mir untrüglich: wann ist er weggegangen und welche auserlesene Edle von Ithaka sind ihm gefolgt? Oder waren es seine eigenen Lohnknechte und Diener? Auch dieses konnte er wohl bewerkstelligen! Und sage mir auch dies wahrhaftig, damit ich es gut weiß: hat er dir gegen deinen Willen mit Gewalt das schwarze Schiff genommen, oder gabst du es ihm aus freien Stücken, da er dir anlag mit der Rede?»

Da entgegnete ihm der Sohn des Phronios Noëmon:

«Aus freien Stücken habe ich es ihm selbst gegeben. Was hätte auch ein anderer tun sollen, wenn ein solcher Mann, der Sorgen hat in dem Gemüte, ihn bäte? Schwer wäre es, die Gabe zu verweigern. — Die aber mit ihm gingen, sind junge Edle, die im Volke bei uns die besten sind. Als Führer sah ich Mentor einsteigen oder einen Gott. Doch glich er diesem dann in allem. Das aber wundert mich: noch gestern sah ich den göttlichen Mentor hier am Orte in der Frühe! Und damals stieg er in das Schiff nach Pylos!»

So sprach er und schritt hinweg zu den Häusern seines Vaters. Die beiden aber waren aufgebracht in dem mannhaften Mute und sie hießen die Freier sich zusammensetzen und die Kampfspiele beendigen. Und Antinoos, des Eupeithes Sohn, sprach unter ihnen, ergrimmt, und groß erfüllte sich mit Wut sein umdunkeltes Zwerchfell, und es glichen ihm die beiden Augen leuchtendem Feuer:

«Nein! ist wahrhaftig doch ein großes Werk, voll Übermut, mit diesem Weg vollendet worden von dem Telemachos! Wir aber meinten, es werde ihm nicht vollendet werden! Geht mitten aus so Vielen, gegen unsern Willen, auf eigene Hand hinweg, der junge Knabe! nachdem er sich ein Schiff ins Meer gezogen und in dem Volk die besten ausgewählt! Fängt an, uns auch für künftig zum Übel auszuschlagen! Allein, da soll ihm Zeus doch selber die Kraft verderben, ehe er zum Maß der Jugendreife kommt! — Doch auf! gebt mir ein schnelles Schiff und zwanzig Gefährten, daß ich ihm auflauere, wenn er wiederkommt, und Wache halte an dem Sund von Ithaka und der felsigen Samos, daß er zu einem üblen Ende Seefahrerei betreibe um des Vaters willen!»

So sprach er, und alle hießen es gut und trieben ihn und standen alsdann sogleich auf und gingen in das Haus des Odysseus.

Doch Penelopeia blieb nicht lange Zeit ohne Kunde von den Plänen, die die Freier tief im Innern schmiedeten. Der Herold Medon sagte es ihr, der die Anschläge vernommen hatte, als er draußen vor dem Hofe war, sie aber woben drinnen ihren Plan. Und er schritt hin und ging durch die Häuser, um es Penelopeia anzusagen. Da sprach zu ihm Penelopeia, als er über die Schwelle trat:

«Herold! was schickten dich die erlauchten Freier? etwa um den Mägden des göttlichen Odysseus anzusagen, daß sie mit ihren Arbeiten aufhören und ihnen die Mahlzeit richten sollen? Daß sie nur nicht nach aller ihrer Freite und ihren anderen Versammlungen zum letzten und äußersten Male jetzt hier schmausen werden! Die ihr immer wieder zusammenkommt und das Lebensgut kahlschert, das viele, den Besitz des kluggesonnenen Telemachos! Habt ihr denn nicht vordem von euren Vätern, als ihr noch Knaben wart, gehört, was für

ein Mann Odysseus immer gewesen unter euren Eltern: daß er niemals irgendeinem etwas Unrechtes getan noch gesagt hat in dem
Volke, wie dies die Art der göttlichen Könige ist: den einen von den
Sterblichen verfolgt er mit Haß, dem andern tut er Gutes. Doch er
hat niemals irgend etwas Frevles getan an einem Mann. Allein da
zeigt sich euer Sinn und euer schmähliches Tun, und ist hernach kein
Dank für Wohlgetanes!»

Da sagte zu ihr hinwieder Medon, der Verständiges wußte:
«Wenn dies doch, Königin! das größte Übel wäre! Jedoch noch ein
viel größeres und schmerzlicheres haben die Freier vor — was Kronion nicht vollenden möge! Den Telemachos streben sie mit schar-
fem Erz zu töten, wenn er wieder nach Hause kehrt! Ging er doch hin
auf Kunde nach dem Vater in die heilige Pylos und in das göttliche
Lakedaimon!»

So sprach er. Da lösten sich ihr auf der Stelle die Knie und das
eigne Herz. Und Sprachlosigkeit, wortlose, ergriff sie lange. Die beiden Augen füllten sich ihr mit Tränen und die heraufdringende Stimme stockte ihr. Erst spät erwiderte sie und sagte mit Worten zu ihm:

«Herold! was ist mir der Sohn hinweggegangen! Er hatte es doch
durchaus nicht nötig, die schnellfahrenden Schiffe zu besteigen, die
die Pferde des Meers für die Männer sind und über die große Feuchte
fahren. Wohl, daß auch nicht einmal der Name von ihm unter den
Menschen bleibe?»

Da antwortete ihr Medon, der Verständiges wußte:
«Ich weiß nicht, hat ihn ein Gott erregt oder drängte sein eigener
Mut darauf, nach Pylos zu gehen, damit er Kunde einholte von seinem Vater: entweder seiner Heimkehr oder welch einem Schicksal er
gefolgt ist.»

Als er so gesprochen hatte, ging er hinweg durch das Haus des
Odysseus. Doch um sie ergoß sich ein herzverzehrender Kummer,
und sie mochte sich auf keinen Stuhl mehr setzen, so viele in dem
Hause waren, sondern saß auf die Schwelle der mit viel Kunst gebau-
ten Kammer nieder, erbärmlich schluchzend, und um sie her jammer-
ten die Mägde alle, so viele in den Häusern waren, junge und alte.
Und unter diesen sprach Penelopeia, heftig wehklagend:

«Hört, Liebe! denn über die Maßen hat mir der Olympier Schmerzen gegeben vor allen Frauen, die mit mir zusammen erzogen und
geboren wurden: die ich zuerst den edlen Gatten, den löwenmutigen,
verlor, der in allfältigen Tüchtigkeiten hervorragte unter den Danaern, den edlen, dessen Ruhm weit über Hellas reicht und bis in das
mittlere Argos. Jetzt aber haben Wirbelwinde den lang ersehnten Sohn

hinwieder ohne Kunde aus den Hallen hinweggerafft, und ich habe nicht gehört, daß er aufgebrochen! Ihr Schlimmen! auch von euch ist keiner einzigen in den Sinn gekommen, mich von dem Lager aufzuwecken, und ihr wußtet doch genau im Herzen, wann jener auf das hohle schwarze Schiff ging! Denn wenn ich erfahren hätte, daß er diese Reise vorgehabt, so wäre er gewiß entweder geblieben, so sehr es ihn mit dem Wege drängte, oder er hätte mich als Tote zurückgelassen in den Hallen. Doch rufe mir eine geschwind den alten Dolios, meinen Diener, den mir der Vater damals schon gegeben, als ich hierher gekommen, und der mir den baumreichen Garten pflegt: damit er dieses alles auf das schnellste dem Laertes berichte, sich zu ihm setzend: ob dieser vielleicht irgendeinen Plan im Herzen weben und hinausgehn möchte und einen Jammer vor dem Volk erheben, daß sie seinen und des gottgleichen Odysseus Stamm zu vernichten streben.»

Da sagte zu ihr hinwieder die Pflegerin Eurykleia:

«Liebes Kind! töte mich denn mit dem erbarmungsglosen Erze, oder auch: lasse mich in der Halle! doch will ich dir die Rede nicht verhehlen! Gewußt habe ich dies alles und ihm alles geschafft, soviel er auch verlangte: Speise und süßen Wein. Doch nahm er mir den großen Eid ab, daß ich es dir nicht früher sagen sollte, ehe der zwölfte Tag gekommen oder du selber ihn vermissen und hören würdest, daß er aufgebrochen, damit du nicht mit Weinen deine schöne Haut entstelltest. Doch wasche dich und lege dir reine Kleider an und bete mit deinen dienenden Frauen, ins obere Stockwerk hinaufgestiegen, zu Athene, der Tochter des Zeus, des Aigishalters! denn diese vermöchte ihn alsdann wohl gar von dem Tode zu erretten. Doch plage den Alten nicht, den schon Geplagten! Denn ich denke, den seligen Göttern ist das Geschlecht des Sohnes des Arkeisios nicht ganz verhaßt, sondern noch wird einer wohl nachbleiben, der die hochbedachten Häuser und die fetten Äcker draußen besitzen wird.»

So sprach sie und beschwichtigte ihren Jammer und tat ihren Augen Einhalt in dem Jammer. Und sie wusch sich und legte sich reine Kleider an und stieg in das obere Stockwerk mit den dienenden Frauen, tat Opfergerste in einen Korb und betete zu Athene:

«Höre mich, Kind des Zeus, des Aigishalters, Atrytone! Wenn jemals dir der vielkluge Odysseus von einem Rinde oder einem Schafe die fetten Schenkel verbrannt hat in den Hallen, so gedenke mir jetzt dessen und bewahre mir meinen Sohn und wehre die Freier ab in ihrem bösen Übermut.»

So sprach sie und schrie den Opferruf, und die Göttin hörte ihr Gebet.

Die Freier aber lärmten durch die schattigen Hallen, und mancher sprach so unter den hochmütigen jungen Männern:

«Gewiß bereitet uns die vielumworbene Königin schon die Hochzeit! und weiß nicht, daß für ihren Sohn schon die Ermordung ins Werk gesetzt ist!»

So sprach mancher, doch wußten sie nicht, wie das gefügt war. Und unter ihnen sprach Antinoos und sagte:

«Unselige! Meidet alle miteinander die übermütigen Reden, daß sie nicht einer noch nach drinnen melde! Doch auf! laßt uns ganz in der Stille aufstehen und das Wort durchführen, das ja auch nach unser aller Sinn war.»

Als er so gesprochen hatte, las er die zwanzig besten Männer aus, und sie schritten hin und gingen zu dem schnellen Schiff und dem Ufer des Meeres. Da zogen sie zu allererst das Schiff in das tiefe Wasser der Salzflut und legten den Mast wie auch die Segel in das schwarze Schiff hinein und steckten die Ruder in die ledernen Ruderschlingen, alles nach Gebühr, und breiteten die weißen Segel aus, und Rüstungen brachten ihnen die hochgemuten Diener. Dann legten sie es hoch im Uferwasser fest, stiegen selber aus und nahmen dort das Nachtmahl und warteten, daß der Abend heraufkam.

Doch sie, die umsichtige Penelopeia, lag dort im oberen Stockwerk ohne Nahrung, kostete nicht von Speise und Trank und sann, ob ihr der untadlige Sohn dem Tod entrinnen möchte oder ob er von den gewalttätigen Freiern bezwungen würde. Und soviel ein Löwe inmitten einer Schar von Männern sich voll Furcht bedenkt, wenn sie um ihn den arglistigen Kreis ziehen: soviel bedachte sie sich, bis über sie der tiefe Schlaf kam; und sie lehnte sich zurück und schlief, und es lösten sich ihr die Gelenke alle.

Da dachte hinwieder auf anderes die Göttin, die helläugige Athene. Sie machte ein Schattenbild und ließ es an Gestalt einem Weibe gleichen: Iphtime, der Tochter des großherzigen Ikarios, die Eumelos zur Frau genommen hatte, der in Pherai die Häuser bewohnte, und schickte es zu den Häusern des göttlichen Odysseus, daß es Penelopeia, der jammernden, wehklagenden, das Weinen beschwichtigte und die tränenreiche Klage. Und es ging in die Kammer durch das Loch, entlang an dem Riemen des Riegels, und trat ihr zu Häupten und sprach zu ihr die Rede:

«Schläfst du, Penelopeia, bekümmert in deinem Herzen? Jedoch, wahrhaftig! es lassen dich die Götter, die leichtlebenden, nicht weinen und dich härmen. Denn noch wird dein Sohn heimkehren. Ist er doch kein Frevler vor den Göttern!»

Da antwortete ihr die umsichtige Penelopeia, indessen sie gar süß schlief in den Toren der Träume:

«Warum bist du, Schwester, hierhergekommen? Sonst kommst du nicht häufig, da du sehr weit entfernt die Häuser bewohnst. Und du verlangst, daß ich mit dem Jammer aufhöre und den vielen Schmerzen, die mich in dem Sinn und dem Gemüte quälen: da ich zuvor den edlen Gatten, den löwenmutigen, verloren, der in allfältigen Tüchtigkeiten hervorragte unter den Danaern, den edlen, dessen Ruhm weit über Hellas reicht und bis in das mittlere Argos. Und jetzt hinwieder ist mein Sohn, der lang ersehnte, in dem hohlen Schiffe hinweggegangen, der kindische, der weder recht erfahren ist in Mühsalen noch auch in Reden. Um diesen jammere ich noch mehr als selbst um jenen. Um diesen zittere ich und fürchte, daß ihm nicht etwas widerfahre, sei es von denen in dem Volke, wohin er geht, sei es auf dem Meere. Denn viele Bösgesonnene stellen ihm nach und trachten, ihn zu töten, bevor er in das väterliche Land gelangt.»

Da antwortete und sagte zu ihr der fahle Schatten:

«Fasse Mut und fürchte dich ganz und gar nicht in deinem Herzen! Denn eine solche Geleiterin geht mit ihm, zu der auch andere Männer beten, daß sie ihnen zur Seite stehe — denn sie kann es —: Pallas Athene. Und deiner erbarmt sie sich, der Jammernden. Sie hat mich jetzt geschickt, daß ich dir dies verkünde.»

Da sagte hinwieder zu ihr die umsichtige Penelopeia:

«Wenn du ein Gott bist und hörtest auf eines Gottes Stimme: auf! so berichte mir auch von ihm, dem Jammervollen, ob er wohl noch lebt und sieht das Licht der Sonne oder schon tot ist und in des Hades Häusern.»

Da antwortete und sagte zu ihr der fahle Schatten:

«Von ihm kann ich dir nicht ausführlich berichten, ob er lebt oder ob er tot ist. Und übel ist es, Nichtiges zu reden.»

Als der Schatten so gesprochen hatte, entfernte er sich an dem Riegel des Türpfostens vorbei in das Wehen der Winde. Doch sie, die Tochter des Ikarios, fuhr aus dem Schlaf auf und es erwarmte ihr liebes Herz darüber, daß zu ihr ein deutliches Traumgebilde herbeigeeilt war in dem Dunkel der Nacht.

Die Freier aber stiegen auf das Schiff und fuhren über die feuchten Pfade und planten gegen Telemachos in ihrem Sinne jähen Mord.

Es ist aber eine Insel mitten in der Salzflut, steinig, inmitten von Ithaka und der felsigen Samos: Asteris, keine große, und auf ihr sind Buchten, schiffbergende, auf beiden Seiten. Dort legten sich die Achaier auf die Lauer und warteten auf ihn.

FÜNFTER GESANG

Erneuter Götterrat. — Wie Zeus den Hermes zu Kalypso
schickt, um ihr die Heimkehr des Odysseus aufzutragen. —
Wie Odysseus von Kalypso Abschied nimmt und sich ein
Floß baut und über das Meer fährt, Poseidon ihn aber scheitern läßt und er sich an die Küste der Phaiaken rettet.

Eos aber erhob sich von ihrem Lager bei dem erlauchten Tithonos,
damit sie den Unsterblichen und den Sterblichen das Licht bringe.
Die Götter aber saßen zur Versammlung nieder, und unter ihnen
Zeus, der hochdonnernde, dessen Gewalt die größte ist. Und es
zählte ihnen Athene die vielen Leiden des Odysseus her, seiner gedenkend, denn sie sorgte sich um ihn, der in den Häusern der
Nymphe war:

«Zeus, Vater und ihr andern seligen Götter, ihr immerseienden!
Da soll hinfort kein szeptertragender König mehr von Herzen milde
und freundlich sein, noch auch das Rechte in seinem Sinne wissen,
nein, immer hart sein soll er und frevle Dinge üben — wie keiner
des göttlichen Odysseus gedenkt von den Männern des Volks, über
die er Herr war, und war so freundlich wie ein Vater! Sondern er
liegt auf der Insel, harte Schmerzen leidend, in den Hallen der Nymphe, der Kalypso, die ihn mit Zwang hält; und er kann nicht in sein
väterliches Land gelangen, denn ihm sind nicht Schiffe mit Rudern
und Gefährten zu Gebote, die ihn über die breiten Rücken des Meeres geleiten könnten. Jetzt aber wieder trachten sie, seinen lange
ersehnten Sohn zu töten, wenn er heimkehrt; der ging auf Kunde
nach dem Vater in die heilige Pylos und in die göttliche Lakedaimon.»

Da antwortete und sprach zu ihr der Wolkensammler Zeus:

«Mein Kind, welch Wort entfloh dem Gehege deiner Zähne! Hast
du nicht schon selber den Rat gegeben, daß Odysseus es jene
büßen lassen solle, wenn er heimkommt? Doch den Telemachos geleite du selber kundig — denn du vermagst es —, daß er ganz unversehrt in sein väterliches Land gelange und die Freier unverrich-
teter Dinge mit ihrem Schiff heimkehren mögen.»

Sprach es und wandte sich zu seinem Sohne Hermes:

«Hermes — denn du bist auch in anderem der Bote —: sage der
flechtenschönen Nymphe den unfehlbaren Ratschluß: die Heimkehr
des duldemütigen Odysseus, daß er nach Hause kehre; weder unter
Geleit von Göttern noch von sterblichen Menschen, sondern auf

einem vielverklammerten Floße soll er, Leiden leidend, am zwanzigsten Tag zur starkschölligen Scheria kommen, ins Land der Phaiaken, die götternah geboren sind. Die werden ihn wie einen Gott in ihrem Herzen ehren und zu Schiff in sein eigenes väterliches Land geleiten, nachdem sie ihm Erz und Gold genug und Gewandung gegeben, viel, wie Odysseus auch niemals von Troja davongetragen hätte, und wäre er auch unversehrt mit dem erlosten Anteil von der Beute heimgekommen. Denn so ist es sein Teil, daß er noch die Seinen sehe und in sein hochbedachtes Haus und sein väterliches Land gelange.»

So sprach er, und es war nicht ungehorsam der Geleiter, der Argostöter. Gleich darauf band er sich unter die Füße die schönen Sohlen, die ambrosischen, goldenen, die ihn über das Feuchte wie über die grenzenlose Erde zusammen mit dem Wehen des Windes trugen, und faßte den Stab, mit dem er die Augen der Männer bezaubert, von welchen er es will, und auch die Schlafenden wieder aufweckt. Diesen in Händen haltend flog der starke Argostöter, stieß, als er Pierien erreichte, aus dem Äther auf das Meer und schoß dann über das Gewoge, einem Möwenvogel gleichend, der über den furchtbaren Mulden des unfruchtbaren Meeres nach Fischen jagend die schwirrenden Flügel in der Salzflut netzt. Diesem gleichend fuhr über die vielen Wogen Hermes.

Doch als er nun zu der Insel gekommen war, der fernen, da stieg er aus dem veilchenfarbenen Meere und schritt landeinwärts, bis er zu der großen Höhle kam, in der die Nymphe wohnte, die flechtenschöne. Sie traf er an, wie sie drinnen war. Ein großes Feuer brannte auf dem Herde und weithin über die Insel duftete der Duft von Zeder, gut spaltbarer, und Lebensbaum, die da brannten. Doch sie, mit schöner Stimme singend, schritt drinnen am Webstuhl auf und ab und wob mit einem goldenen Weberschiffchen. Und ein Wald wuchs um die Höhle, kräftig sprossend: Erle und Pappel und auch die wohlduftende Zypresse. Da nisteten flügelstreckende Vögel: Eulen und Habichte und langzüngige Krähen, Wasserkrähen, die auf die Erträgnisse des Meeres aus sind. Und daselbst um die gewölbte Höhle streckte sich ein Weinstock, jugendkräftig, und strotzte von Trauben. Und Quellen flossen, vier in der Reihe, mit hellem Wasser, nah beieinander, und wandten sich, die eine hier-, die andere dorthin. Und ringsher sproßten kräftig weiche Wiesen von Veilchen und Eppich. Da mochte alsdann auch ein Unsterblicher, der daherkam, staunen, wenn er es sah, und sich ergötzen in seinen Sinnen.

Da stand und staunte der Geleiter, der Argostöter. Doch als er nun alles bestaunt hatte in seinem Mute, ging er sogleich in die breite Höhle. Und es verkannte ihn nicht, als sie ihn von Angesicht sah, Kalypso, die hehre unter den Göttinnen; denn nicht unbekannt sind die Götter einander, die unsterblichen, auch nicht, wenn einer fernab die Häuser bewohnt. Doch den großherzigen Odysseus traf er nicht drinnen, sondern der weinte, am Gestade sitzend, wo er von jeher, mit Tränen und Seufzern und Schmerzen sein Herz zerreißend, immer auf das Meer, das unfruchtbare, blickte, Tränen vergießend. Doch den Hermes fragte Kalypso, die hehre unter den Göttinnen, nachdem sie ihn in einem Stuhle hatte niedersitzen lassen, einem hellen, schimmernden:

«Warum bist du, Hermes, Träger des goldenen Stabs, zu mir gekommen, Ehrwürdiger und Lieber? Sonst kommst du nicht häufig! Sage, was hast du im Sinn! Mein Mut heißt mich, es zu erfüllen, wenn ich es denn erfüllen kann und wenn es zu erfüllen ist.»

So sprach die Göttin und stellte einen Tisch hin, nachdem sie ihn mit Ambrosia angefüllt, und mischte roten Nektar. Aber der trank und aß, der Geleiter, der Argostöter. Doch als er sein Mahl gehalten und den Mut mit Speise gefestigt hatte, da erwiderte er mit Worten und sagte zu ihr:

«Du fragst mich, der ich komme, Göttin, den Gott! Und so will ich dir denn unfehlbar das Wort verkünden, denn du verlangst es. Zeus hat mir befohlen, hierher zu kommen, ohne daß ich es gewollt. Wer liefe denn freiwillig durch das so große salzige Wasser, das unsägliche? Und keine Stadt von Sterblichen in der Nähe, die den Göttern geweihte Gaben und auserwählte Hundertopfer bringen. Doch kann es auf gar keine Weise sein, daß den Sinn des Zeus, des Aigishalters, ein anderer Gott weder umgehe noch zunichte mache. — Er sagt, es sei bei dir ein Mann, der jammervollste vor den anderen Männern, die um die Stadt des Priamos gekämpft neun Jahre, im zehnten aber, als sie die Stadt zerstört, nach Hause fuhren. Doch auf der Heimfahrt kränkten sie Athene, die gegen sie einen schlimmen Wind heraufführte und große Wogen. Da gingen alle die andern edlen Gefährten zugrunde, ihn aber trug Wind und Woge und trieb ihn hier an. Den hieß er dich jetzt auf das schnellste fortzuschicken. Denn nicht ist es ihm bestimmt, daß er hier, fern den Seinen, zugrunde gehe, sondern sein Teil ist, daß er noch die Seinen sehe und in sein hochbedachtes Haus und in sein väterliches Land gelange.»

So sprach er. Da erschauderte Kalypso, die hehre unter den Göttinnen, und sie hob an und sagte zu ihm die geflügelten Worte:

«Hart seid ihr, Götter, eifersüchtig ausnehmend vor andern! die

ihr den Göttinnen neidet, daß sie bei Männern ruhen offenkundig,
wenn eine sich einen zum lieben Lagergenossen gemacht hat. So
habt ihr, als sich den Orion die rosenfingrige Eos holte, ihn ihr solange geneidet, leichtlebende Götter! bis auf Ortygia Artemis, auf
dem goldenen Stuhl, die Reine, mit ihren sanften Geschossen über
ihn kam und ihn tötete. So auch, als die flechtenschöne Demeter
ihrem Verlangen nachgab und sich mit Iasion in Liebe und Lager
auf dreimal umbrochenem Brachfeld vereinigte. Jedoch nicht lange
blieb Zeus ohne Kunde, der ihn traf mit dem weißglühenden Blitz
und tötete. Und so neidet ihr hinwieder jetzt auch mir, Götter! daß
ein sterblicher Mann bei mir ist. Ihn habe ich gerettet, wie er auf
dem Kiel ritt, er allein, als Zeus ihm mit dem weißglühenden Blitz
sein schnelles Schiff schlug und es mitten auf dem weinfarbenen
Meer zertrümmerte. Da gingen alle andern edlen Gefährten zugrunde, ihn aber trug Wind und Woge und trieb ihn hier an. Ihm
tat ich Liebes an und ernährte ihn und sagte, daß ich ihn unsterblich und alterslos machen werde alle Tage. Doch da es auf keine
Weise sein kann, daß den Sinn des Zeus, des Aigishalters, ein anderer Gott weder umgehe noch zunichte mache: fahr’ er denn hin, wenn
jener ihn treibt und es befiehlt, auf das Meer, das unfruchtbare!
Ein Geleit werde ich ihm auf keine Weise geben. Denn nicht sind
mir Schiffe mit Rudern und Gefährten zu Gebote, die ihn über die
breiten Rücken des Meeres geleiten können. Aber raten will ich ihm
gern und nicht verhehlen, wie er ganz unversehrt in sein väterliches
Land gelange.»

Da sprach hinwieder zu ihr der Geleiter, der Argostöter:

«Schicke ihn so denn fort jetzt und scheue den Zorn des Zeus, daß
er nicht irgend hinterdrein mit dir in seinem Grolle hart verfahre.»

Und als er so gesprochen hatte, ging er hinweg, der starke Argostöter. Doch sie ging zu Odysseus, dem großherzigen, die Herrin, die
Nymphe, als sie die Botschaften des Zeus vernommen hatte. Den
fand sie am Gestade sitzend, und niemals wurden ihm die beiden
Augen von Tränen trocken, und es verrann sein süßes Leben, während er um die Heimkehr jammerte. Denn ihm gefiel die Nymphe
nicht mehr, sondern, wahrhaftig! er ruhte die Nächte nur gezwungen
in den gewölbten Höhlen, ohne Wollen bei ihr, der Wollenden.
Die Tage aber saß er auf den Steinen und an dem Strande, mit Tränen und Seufzern und Schmerzen sein Herz zerreißend, und blickte
auf das unfruchtbare Meer, Tränen vergießend. Und es trat dicht
zu ihm heran die hehre unter den Göttinnen und sagte zu ihm:

«Unseliger! jammere mir nicht mehr hier, und es soll das Leben dir nicht hinschwinden! Denn nun will ich dich ganz bereitwillig entlassen. Doch auf! fälle große Stämme und füge sie mit Erz zu einem breiten Floß zusammen und befestige ein Verdeck auf ihm, hoch darüber, damit es dich trage über das dunstige Meer! Ich aber will Brot und Wasser und roten Wein hineintun, der dem Mute zusagt — Dinge, die dir den Hunger fernhalten mögen, und will dir Kleider antun und dir einen guten Wind hinterdrein schicken, daß du ganz unversehrt in dein väterliches Land gelangst — wenn denn die Götter es wollen, die den breiten Himmel innehaben, die stärker sind als ich im Denken und Vollbringen.»

So sprach sie. Da erschauderte der vielduldende göttliche Odysseus, und er hob an und sprach zu ihr die geflügelten Worte:

«Auf etwas anderes denkst du mit diesem, Göttin, und gewiß nicht auf meine Entsendung! die du mich treibst, daß ich auf einem Floß die große Tiefe des Meeres durchquere, die furchtbare und schmerzliche. Die durchqueren auch nicht die ebenmäßigen schnellfahrenden Schiffe, die sich freuen an einem guten Wind des Zeus! Und so werde auch ich nicht gegen deinen Willen ein Floß besteigen, wenn du mir nicht bereit bist, Göttin, daß du den großen Eid schwörst, daß du nicht gegen mich selbst ein anderes schlimmes Unheil sinnen werdest.»

So sprach er. Da lächelte Kalypso, die hehre unter den Göttinnen, und sie streichelte ihn mit der Hand und sagte das Wort und benannte es heraus:

«Wirklich! ein Schlimmer bist du, und einer, der nichts Unnützes im Sinn hat: wie du nun darauf gekommen bist, dieses Wort zu reden! So wisse dieses jetzt die Erde und der breite Himmel darüber und das herabfließende Wasser der Styx — welches der größte Schwur und der furchtbarste ist den seligen Göttern —: daß ich gegen dich selbst kein anderes schlimmes Unheil sinnen werde. Sondern ich denke und habe nur das im Sinn, was ich auch für mich selbst erdenken würde, wenn eine solche Not mich träfe. Denn auch mir ist ein gebührlicher Sinn, und nicht ist mir der Mut in der Brust von Eisen, sondern voll Erbarmen.»

Als sie so gesprochen hatte, ging sie voran, die hehre unter den Göttinnen, eilig, er aber folgte alsbald den Spuren der Göttin. Und sie kamen zu der gewölbten Höhle, die Göttin und auch der Mann. Und er setzte sich dort auf den Lehnstuhl, von dem Hermes aufgestanden war, und die Nymphe stellte allerlei Speise hin zu essen und zu trinken, derlei die sterblichen Männer essen, und setzte sich selbst dem göttlichen Odysseus gegenüber. Ihr aber stellten Mägde Ambrosia und Nektar hin, und sie streckten die Hände aus nach den bereiten vorgesetzten Speisen. Doch als sie sich an Speise und Trank ergötzt hatten, da begann unter ihnen die Reden Kalypso, die hehre unter den Göttinnen:

«Zeusentsproßter Laertes-Sohn, reich an Erfindungen, Odysseus! So willst du wirklich nach Haus, ins eigene väterliche Land, jetzt auf der Stelle gehen? Nun, so lebe du denn wohl, trotz allem! — Doch wenn du wüßtest in deinem Sinne, wie viele Kümmernisse dir bestimmt sind zu erfüllen, bevor du in dein väterliches Land gelangst, du würdest hier am Orte bleiben und mit mir dieses Haus bewahren und unsterblich sein, so sehr du auch begehrst, dein Weib zu sehen, nach der dich stets verlangt die Tage alle. Darf ich mich sicherlich doch rühmen, daß ich nicht schlechter bin als sie, weder an Gestalt noch auch an Wuchs, da es sich wirklich nicht geziemt, daß Sterbliche mit Unsterblichen an Gestalt und Aussehen streiten!»

Da antwortete und sprach zu ihr der vielkluge Odysseus:

«Herrin, Göttin! zürne mir darum nicht! weiß ich doch auch selber recht wohl alles: daß die umsichtige Penelopeia geringer ist als du an Aussehen und Größe anzusehen von Angesicht. Denn sie ist sterblich, du aber unsterblich und ohne Alter. Doch auch so will ich und begehre ich alle Tage, nach Hause zu kommen und den Heimkehrtag zu sehen. Und wollte mich auch einer von den Göttern abermals zerschmettern auf dem weinfarbenen Meere: dulden will ich es! Denn ich habe in der Brust einen leiderfahrenen Mut. Denn schon habe ich gar viel gelitten und mich viel gemüht auf den Wogen und im Kriege. Möge nach diesem denn auch *das* geschehen!»

So sprach er, und die Sonne ging unter und das Dunkel kam herauf. Und sie gingen beide ins Innere der gewölbten Höhle und erfreuten sich an der Liebe, beieinander weilend.

Als aber die frühgeborene erschien, die rosenfingrige Eos, da zog sich alsbald Odysseus Mantel und Leibrock an, doch sie, die Nymphe, zog ein schimmerndes Gewand an, ein großes, zartes und anmutiges, und legte einen Gürtel um die Hüfte, einen schönen, goldenen, und setzte oben auf das Haupt die Haube, und bedachte alsdann für den großherzigen Odysseus die Entsendung, gab ihm eine große Axt, den Händen angepaßt, von Erz, auf beiden Seiten geschliffen, und in ihr steckte ein gar schöner Schaft von Olivenholz, gut eingepaßt. Gab ihm alsdann ein wohlgeschliffenes Beil und ging des Wegs voran zum äußersten Teil der Insel, wo große Bäume wuchsen: Erle und Pappel und Fichte war dort, die himmelhohe, Bäume, längst verdorrt, ganz trocken, die ihm leicht schwimmen würden. Doch als sie nun gezeigt hatte, wo die großen Bäume wuchsen, ging

sie zum Haus, Kalypso, die hehre unter den Göttinnen. Er aber fäll-
te sich Stämme, und schnell war ihm das Werk getan. Zwanzig
schlug er heraus insgesamt und behaute sie mit dem Erze, glättete
sie werkkundig und richtete sie nach der Richtschnur. Indessen
brachte Bohrer Kalypso, die hehre unter den Göttinnen, und er
durchbohrte alle und paßte sie aneinander und verband sie zum Floß
mit Bolzen und mit Klammern. So groß, wie ein Mann den Boden
eines Schiffes rundet, eines breiten Lastschiffs, der sich gut versteht
auf die Künste des Zimmerns: so groß in die Breite machte sich das
Floß Odysseus. Und indem er Pfosten aufstellte und sie versteifte
mit häufigen Streben, machte er einen erhöhten Boden und deckte
ihn oben ab mit langen Brettern. Und auf ihm machte er einen
Mastbaum und eine an ihn angepaßte Rahe und machte sich dazu
ein Steuerruder, damit er lenken könne, und umzäunte es durchgehend mit Weidenflechtwerk, daß es ein Schutz sei gegen das Gewoge, und schüttete darauf viel Ballast. Indessen brachte Kalypso
Tücher, die hehre unter den Göttinnen, um Segel daraus zu machen,
und er bewerkstelligte recht mit Kunst auch dieses. Und er band in
dem Floß Brassen und Taue und Schoten an und zog es auf Walzen
hinab in die göttliche Salzflut.

Der vierte Tag war es, da war ihm alles insgesamt vollendet. Am
fünften aber entließ ihn die göttliche Kalypso von der Insel, nachdem sie ihm duftende Kleider angetan und ihn gebadet. Und die
Göttin legte ihm einen Schlauch mit schwarzem Wein hinein: einen,
und einen anderen großen mit Wasser, und hinein auch Speisen in
einem Korbe, und legte ihm Zukost hinein, dem Mute zusagende,
viele, und ließ einen Fahrwind wehen, einen leidlosen und lauen.
Und frohgemut spannte die Segel in den Wind der göttliche Odysseus. Doch mit dem Ruder steuerte er kunstgerecht und saß, und es
fiel ihm kein Schlaf auf die Augenlider, während er auf die Pleiaden
blickte und den spät versinkenden Bootes und die Bärin, die sie auch
‹Wagen› mit Beinamen nennen, die sich auf derselben Stelle dreht
und nach dem Orion späht und hat allein nicht teil an den Bädern
in dem Okeanos. Denn diese hatte Kalypso, die hehre unter den
Göttinnen, ihm befohlen, zu seiner linken Hand zu haben, während
‘er das Meer durchquerte. Und siebzehn Tage fuhr er, das Meer
durchquerend, am achtzehnten aber zeigten sich die schattigen Berge
des Landes der Phaiaken, wo es ihm am nächsten lag, und es erschien wie ein Schild in dem dunstigen Meere. Da sah ihn, von den
Aithiopen heraufkommend, der gebietende Erderschütterer von weitem her, von den Solymerbergen, denn er kam ihm zu Gesicht, wie

er auf dem Meere dahinfuhr. Da erzürnte er noch mehr im Herzen, und bewegte sein Haupt und sprach zu seinem Mute:

«Nein! haben die Götter es doch wirklich anders beschlossen mit Odysseus, solange ich bei den Aithiopen war! Und schon ist er dem Lande der Phaiaken nahe, wo ihm bestimmt ist, der großen Schlinge des Jammers zu entrinnen, der über ihn gekommen ist. Doch will ich ihn, so sage ich, noch genugsam treiben in das Unheil!»

So sprach er und führte Wolken zusammen und wühlte das Meer auf, mit den Händen den Dreizack fassend, und erregte alle Wirbel von allfachen Winden und verhüllte mit Wolken Land zugleich und Meer, und herein vom Himmel her brach Nacht. Und zusammen fielen der Ost und der Süd und der West, der schlimmwehende, und der Nord, der aus hellem Himmel geborene, und wälzte eine große Flut auf. Da lösten sich dem Odysseus die Knie und das liebe Herz, und erregt sprach er zu seinem großherzigen Mute:

«O mir, ich Armer! was wird aufs längste hin mit mir geschehen? Ich fürchte, alles hat die Göttin ohne Fehl gesprochen, die mir gesagt hat, daß ich auf dem Meere, bevor ich in mein väterliches Land gelange, Schmerzen erfüllen werde. Und dies wird alles jetzt vollendet werden. Mit welchen Wolken Zeus den breiten Himmel umgibt! und aufgewühlt hat er das Meer, und daherwüten die Wirbel allfältiger Winde! jetzt ist mir ein jähes Verderben sicher! Dreimal selig die Danaer und viermal, die damals zugrunde gingen in dem breiten Troerlande, als sie den Atriden Gunst erwiesen! Wäre ich doch gestorben und dem Schicksal gefolgt an jenem Tage, als auf mich die meisten Troer die erzgefügten Speere warfen, ringsher um den gestorbenen Peliden! Dann hätte ich Grabesehren empfangen, und es hätten Kunde von mir die Achaier umhergetragen. Jetzt aber ist mein Los, daß ich in elendigem Tod gefangen werde.»

Als er so gesprochen hatte, schlug eine große Woge von oben auf ihn herein, eine furchtbare, anstürmende, und wirbelte das Floß herum. Und weit weg fiel er selber von dem Floße und ließ das Ruder aus den Händen fahren. Und mittendurch brach ihm den Mastbaum der furchtbare daherkommende Wirbel der sich mischenden Winde, und weit weg fiel Segel und Rahe in das Meer. Ihn hielt es lange Zeit untergetaucht, und er vermochte nicht gar schnell wieder emporzukommen unter dem Druck der großen Woge, denn die Kleider beschwerten ihn, die ihm die hehre Kalypso gegeben hatte. Spät erst tauchte er auf und spie das bittere Salz aus dem Munde, das ihm viel von dem Haupte rann. Doch auch so vergaß er nicht des Floßes, so erschöpft er war, sondern ihm nachstrebend in den Wogen ergriff er es und setzte sich mitten auf ihm nieder und entging dem Ziel des Todes. Das aber trug die große Woge mit der Strömung hierhin und dorthin; und wie wenn der herbstliche Nord Disteln trägt über das Flachland, und dicht haften sie aneinander: so trugen dies die Winde über die Meeresfläche hierhin und dorthin. Einmal warf es der Süd dem Nordwind zu, daß er es trüge, ein andermal wieder ließ es der Ost dem West, es zu verfolgen.

Da sah ihn des Kadmos Tochter, Ino mit den schönen Fesseln, Leukothea, die früher eine Sterbliche war, begabt mit Sprache, jetzt aber war ihr in den Breiten der Salzflut Ehre zuteil geworden von den Göttern. Die erbarmte sich des Odysseus, wie er umhertrieb und Schmerzen hatte. Und einem Tauchervogel im Fluge gleichend tauchte sie auf aus der See und setzte sich auf das Floß und sprach zu ihm die Rede:

«Unglücklicher! was hat Poseidon, der Erderschütterer, so gewaltig gegen dich einen Zorn gefaßt, daß er dir viele Übel pflanzt? Er wird dich nicht zugrunde richten, so sehr er auch danach trachten mag! Doch tue ganz so — scheinst du mir doch nicht unverständig —: schlüpfe aus diesen Kleidern und überlasse das Floß den Winden, daß sie es tragen, und mit den Armen schwimmend strebe nach der Hinkunft zu dem Phaiakenlande, wo dir bestimmt ist, zu entrinnen. Da! dieses Kopftuch spanne dir unter die Brust, das unsterbliche, und habe keine Furcht, daß du etwas erleidest noch daß du zugrunde gehst! Doch wenn du mit den Händen das feste Land ergriffen hast, so binde es los und wirf es wieder in das weinfarbene Meer, weit weg vom festen Lande, und kehre dich selber davon ab!»

Als die Göttin so gesprochen hatte, gab sie ihm das Kopftuch und tauchte selber wieder in das Meer, das wogende, einem Tauchervogel ähnlich, und die schwarze Woge bedeckte sie. Er aber überlegte, der vielduldende göttliche Odysseus, und sprach erregt zu seinem großherzigen Mute:

«O mir, ich! daß mir nicht abermals einer von den Unsterblichen einen bösen Anschlag webt: daß er mich heißt, von dem Floß zu steigen! Aber noch werde ich gewiß nicht folgen, da ich noch weit entfernt das Land sah mit den Augen, wo sie gesagt hat, daß mir ein Entrinnen wäre. Doch ganz so will ich tun und scheint es mir, daß es das beste sei: solange nur die Stämme in den Klammern zusammenhalten, solange werde ich hier bleiben und aushalten und Schmerzen leiden. Doch wenn der Wogengang mir nun das Floß wird auseinanderrütteln, will ich schwimmen, da sich im voraus Besseres nicht erdenken läßt.»

Während er dieses erwog im Sinne und in dem Gemüte, da trieb
eine große Woge heran Poseidon, der Erderschütterer, eine furchtbare und schmerzliche, überhängende: sie schlug auf ihn nieder.
Und wie ein heftig wehender Wind einen Haufen dürrer Spreu
aufwirbelt und die Hälmchen zerstreut hierhin und dorthin: so
zerstreute sie von dem Floß die langen Stämme. Aber Odysseus
schwang sich auf einen Stamm, wie auf einem Rennpferd reitend,
und zog die Kleider aus, die ihm die hehre Kalypso gegeben hatte,
und spannte sich sogleich das Kopftuch unter die Brust und stürzte
sich selbst kopfüber in die Salzflut, die Arme ausgebreitet, bestrebt
zu schwimmen. Und es sah es der gebietende Erderschütterer und
bewegte sein Haupt und sprach zu seinem Mute:

«So irre du nun, vieles Schlimme leidend, über das Meer, bis du
zu gottgenährten Menschen kommst! Allein auch so nicht, schätze
ich, wirst du dein Elend zu verachten haben!»

So sprach er und hieb auf die schönhaarigen Pferde ein und gelangte nach Aigai, wo ihm die berühmten Häuser sind.

Doch Athene, die Tochter des Zeus, dachte auf anderes. Ja, da
unterband sie den Lauf der anderen Winde und hieß sie aufhören
und sich legen alle. Und trieb heran den schnellen Nord und brach
vor ihm die Wogen, bis daß er unter die ruderliebenden Phaiaken
käme, der zeusentstammte Odysseus, dem Tod und den Todesgöttinnen entronnen. Da trieb er zwei Nächte und zwei Tage umher auf
dem starken Gewoge, und viel sah ihm sein Herz den Untergang
voraus. Doch als nun den dritten Tag die flechtenschöne Eos vollendet hatte, da hörte der Wind auf und es wurde Meeresglätte, still
vom Winde, und nahe vor sich sah er das Land, als er gar scharf
nach vorne blickte, als eine große Woge ihn erhob. Und wie Söhnen
willkommen das Leben erscheint des Vaters, der in Krankheit liegt
und harte Schmerzen leidet, schon lange siechend, ein böser Daimon
hat ihn angefallen, und willkommen haben ihn die Götter von dem
Übel erlöst: so willkommen erschien dem Odysseus Land und Wald.
Und er schwamm eilends, um das feste Land mit Füßen zu betreten.
Doch als er so weit entfernt war, soweit ein Rufender reicht mit der
Stimme, da hörte er ein Dröhnen an den Meeresklippen. Denn es
brandete der große Wogengang gegen das trockene Festland, sich ge-
waltig brechend, und umhüllt war alles von dem Schaum des Salzes.
Denn da waren nicht Buchten, um Schiffe aufzunehmen, und nicht
Anfurten, sondern vorspringende Gestade waren und Klippen und
Felsen. Da lösten sich dem Odysseus die Knie und das liebe Herz
und erregt sprach er zu seinem großherzigen Mute:

«O mir! nachdem nun Zeus unverhofft ein Land zu sehen gegeben und ich diese Tiefe bis ans Ende durchmessen habe, zeigt nirgend sich ein Ausstieg aus der grauen Salzflut! Denn außen davor sind spitze Felsen, und ringsher brüllt die Woge brandend, glatt springt der Stein auf, gleich ist tief das Meer und möglich ist es auf keine Weise, mit beiden Füßen hinzustehen und zu entrinnen aus dem Übel. Daß mich nicht, suche ich herauszusteigen, die große Woge hochreißt und an den steinigen Felsen wirft, und nutzlos würde mir mein Andrang! Wenn ich aber weiter seitwärts schwimme, ob ich irgendwo flach bespülte Ufer und Buchten des Meeres finde, so fürchte ich, daß mich abermals ein Wirbel hochreißt und auf das fischreiche Meer trägt, den schwer Stöhnenden. Oder auch, es treibt ein großes Untier der Daimon aus der Salzflut auf mich, wie sie so viele ernährt die ruhmvolle Amphitrite. Weiß ich doch, wie mir zürnt der ruhmvolle Erderschütterer.»

Während er dieses erwog im Sinne und in dem Gemüte, da trug ihn eine große Woge gegen das rauhe Gestade. Da wäre ihm die Haut wohl abgeschunden und die Knochen zusammengeschmettert worden, wenn ihm nicht dieses in den Sinn gelegt die Göttin, die helläugige Athene: anspringend faßte er mit beiden Händen den Felsen, hielt sich an diesem, stöhnend, bis daß die große Woge vorbeigegangen, und so entrann er dem. Jedoch rückbrandend schlug sie abermals, die anspringende, auf ihn nieder und warf ihn weithin in die See. Und wie wenn bei einem Polypen, den man aus seiner Behausung zieht, an den Saugnäpfen dichte Steinchen haften: so wurden ihm von den kühnen Armen Fetzen von Haut an den Steinen abgeschunden, und die große Woge bedeckte ihn.

Da wäre nun Odysseus elend, über sein Teil hinaus, zugrunde gegangen, wenn ihm nicht klare Besinnung die helläugige Athene gegeben hätte. Als er aus der Woge auftauchte — und da brach es sich zum Gestade hin — schwamm er seitwärts, zum Lande blickend, ob er irgendwo flach bespülte Ufer und Buchten des Meeres fände. Doch als er nun schwimmend zu der Mündung eines Flusses, eines schön strömenden, gelangt war, da schien ihm dort ein Platz am besten: ein von Steinen glatter, und es war ein Schutz dort vor dem Winde. Und er erkannte den hervorströmenden und betete in seinem Mute:

«Höre, Herr! wer du auch bist: vielerfleht bist du mir, der ich zu dir komme, fliehend aus dem Meer vor den Drohungen des Poseidon. Ist ehrwürdig doch auch unsterblichen Göttern *der* unter den Menschen, der da kommt, schutzsuchend, als ein Umgetriebener, wie auch ich jetzt zu deiner Strömung und zu deinen Knien komme, nachdem ich mich viel abgemüht. Aber erbarme dich, Herr! Als Schutzsuchenden erkläre ich mich dir!»

So sprach er. Der aber hemmte sogleich seine Strömung und verhielt die Woge und machte vor ihm Meeresglätte und rettete ihn in die Flußmündungen. Er aber ließ sinken die beiden Knie und die starken Arme, denn von dem Salze war sein Herz bezwungen. Geschwollen war er am ganzen Leibe, und Meerwasser quoll ihm viel herauf durch den Mund und durch die Nasenlöcher. Und atemlos und ohne Stimme lag er, ohnmächtig, und eine schreckliche Ermattung kam über ihn. Doch als er nun zu Atem kam und der Lebensmut sich im Zwerchfell sammelte, da band er das Kopftuch der Göttin von sich los und warf es in den Fluß, den meerwärts strömenden, und die große Woge trug es mit der Strömung zurück, und alsbald empfing es Ino in ihre Hände. Er aber warf sich aus dem Fluß herum, neigte sich unter das Schilf und küßte das nahrunggebende Ackerland. Und erregt sprach er zu seinem großherzigen Mute:

«O mir, ich! was wird mit mir? was wird aufs längste hin mit mir geschehen? Wenn ich im Fluß die kummervolle Nacht durchwache: daß mich nicht miteinander der schlimme Reif und der feuchte Tau überwältige und ich in meiner großen Schwäche den Lebensmut verhauche! bläst doch ein kalter Luftzug aus dem Fluß vor Morgen. Doch wenn ich nun hinauf zur Böschung und zu dem schattigen Walde steige und in dem dichten Gebüsch einschlafe — wenn mich dann losläßt die Erstarrung und Ermattung und über mich der süße Schlaf kommt: so fürchte ich, daß ich den wilden Tieren zum Raube und zur Beute werde.»

So schien es ihm, da er sich bedachte, klüger zu sein: er schritt hin und ging in den Wald — den fand er nahe dem Wasser auf einem rings sichtbaren Platze — und gelangte unter zwei buschige Stämme, die an der gleichen Stelle wuchsen: der eine von einem wilden, der andere von einem zahmen Ölbaum. Diese durchwehte weder die Gewalt feuchtwehender Winde, noch traf sie je der leuchtende Helios mit den Strahlen, noch durchdrang sie der Regen durch und durch; so dicht verwachsen waren sie, wechselweise. Unter diese tauchte Odysseus, und alsbald häufte er sich ein Lager mit seinen Händen, ein breites, denn es war von Blättern dort eine genugsam reiche Schütte, groß genug, um zwei oder auch drei Männer zur winterlichen Jahreszeit zu schützen, und ob sie sich auch sehr hart anließ. Als er sie sah, da freute sich der vielduldende göttliche Odys-

seus, und er bettete sich mitten in sie hinein und häufte die Schütte
der Blätter über sich. Und wie wenn einer einen Brand verbirgt in
schwarzer Asche auf dem entlegensten Teil des Feldes, wo nicht
andere Nachbarn nahe bei der Hand sind, und ihn bewahrt als Keim
des Feuers, damit er nicht von irgendwo anders her Feuer holen
müsse: so hüllte sich Odysseus in die Blätter. Und ihm goß einen
Schlaf auf die Augen Athene, daß er ihn aufs schnellste befreie von
der mühsamen Ermattung, indem er ihm die Lider rings umhüllte.

SECHSTER GESANG

Wie Odysseus Nausikaa trifft und sie ihn aufnimmt und ihm
den Weg zum Haus ihres Vaters weist.

So ruhte er dort, der vielduldende göttliche Odysseus, von Schlaf
und von Ermattung überwältigt. Aber Athene ging zu Gau und Stadt
der Phaiakenmänner, die früher einst in der weiträumigen Hypereia
wohnten, nahe den Kyklopen, den übermächtigen Männern, die
ihnen beständig Schaden taten und an Kräften stärker waren. Von
dort hatte sie aufstehen lassen und weggeführt Nausithoos, der
gottgleiche, und angesiedelt auf Scheria, fern von erwerbsamen Menschen. Und er zog eine Mauer um die Stadt und baute Häuser und
schuf Tempel der Götter und verteilte die Äcker. Aber der war nun
schon, von der Todesgöttin bezwungen, in den Hades gegangen, und
Alkinoos herrschte damals, der Gedanken wußte, die von den Göttern waren. Zu dessen Haus ging die Göttin, die helläugige Athene,
auf die Heimkehr des großherzigen Odysseus bedacht. Und sie schritt
hin und ging in die reichgezierte Kammer, in der die Jungfrau ruhte,
den Unsterblichen an Wuchs und Aussehen gleichend: Nausikaa,
die Tochter des großherzigen Alkinoos, und bei ihr zwei Mägde, die
von den Anmutgöttinnen die Schönheit hatten, rechts und links von
den beiden Pfosten, und davor waren schimmernde Türen. Und wie
ein Hauch des Windes flog sie zur Lagerstatt des Mädchens, trat ihr
zu Häupten und sprach zu ihr die Rede, der Tochter des schiffbe-
rühmten Dymas gleichend, die in demselben Alter mit ihr und ihr
von Herzen lieb war. Dieser gleichend sprach zu ihr die helläugige
Athene:

«Nausikaa! was hat die Mutter dich so nachlässig geboren! Da
liegen die Gewänder dir ungepflegt, die schimmernden, dir aber
ist die Hochzeit nahe, wo du selber schöne anziehen mußt und
andere auch darreichen denen, die dich geleiten sollen. Denn von
daher geht dir eine gute Kunde rings unter die Menschen aus, und
es freuen sich der Vater und die hehre Mutter. Aber laß uns zum
Waschen gehen, zugleich mit dem aufgehenden Frühlicht, und ich
will mit dir kommen als Gehilfin, damit du aufs schnellste fertig
wirst. Denn nicht lange mehr, wirklich! wirst du Jungfrau bleiben.
Denn schon freien um dich die besten in dem Volke unter allen
Phaiaken, wo du auch selber dein Geschlecht hast. Doch auf! treibe
noch vor Morgen deinen berühmten Vater, daß er die Maultiere und
den Wagen richten lasse, der die Gürtel und Röcke und schimmern-

den Tücher fahre. Auch ist es für dich selber so viel besser, als zu Fuß zu gehen, denn es sind die Waschgruben weit von der Stadt.»

Als sie so gesprochen hatte, ging sie hinweg, die helläugige Athene, zum Olymp, wo sie sagen, daß der Sitz der Götter ist, der wankenlose immer. Weder von Winden wird er erschüttert noch auch von Regen je benetzt, noch auch naht Schnee ihm, sondern Himmelsheitre ist durchaus ausgebreitet, wolkenlos, und ein weißer Glanz läuft darüber hin. Auf ihm erfreuen sich die seligen Götter alle Tage. Dort ging die Helläugige hin, nachdem sie der Jungfrau Weisung gegeben hatte.

Und alsbald kam die gutthronende Eos, die weckte sie auf, die schöngewandete Nausikaa. Und sogleich verwunderte sie sich über den Traum und schritt hin und ging durch die Häuser, daß sie ihn den Eltern, dem lieben Vater und der Mutter, melde. Und sie traf sie, wie sie drinnen waren: *sie* saß am Herde mit den dienenden Frauen und drehte Wolle auf der Spindel, meerpurpurne. Auf ihn aber traf sie, wie er zur Tür hinaus zu den ruhmvollen Königen zur Beratung gehen wollte, wohin ihn die erlauchten Phaiaken gerufen hatten. Und sie trat dicht zu ihm und sagte zu ihrem lieben Vater:

«Väterchen, liebes! willst du mir nicht den Wagen richten lassen, den hohen, mit guten Rädern, daß ich die herrlichen Gewänder zum Strom hinfahre zum Waschen, die mir schmutzig liegen? Auch für dich selber gehört es sich, wenn du unter den Ersten sitzt und Rat pflegst, daß du reine Kleider am Leibe hast. Und fünf Söhne sind dir geboren in den Hallen, zwei vermählt, doch drei noch blühende Knaben: auch die wollen immer neu gewaschene Kleider haben, wenn sie zum Reigen schreiten. Und das liegt alles *mir* am Herzen.»

So sprach sie, denn sie scheute sich, die blühende Hochzeit mit Namen zu nennen vor ihrem Vater. Der aber merkte alles und erwiderte ihr mit dem Worte:

«Weder verweigere ich dir die Maultiere, Kind, noch irgend etwas anderes. Geh nur, und es sollen dir die Knechte den Wagen richten, den hohen, mit guten Rädern, mit einem Obergestell darauf gesetzt!»

So sprach er und rief den Knechten, und die gehorchten. Sie richteten draußen den gutlaufenden Maultierwagen und führten die Maultiere unter das Joch und schirrten sie an den Wagen. Das Mädchen aber trug aus der Kammer die schimmernde Gewandung und legte sie auf den gutgeglätteten Wagen. Und die Mutter legte in einen Kasten dem Mut zusagende Speise, mancherlei, und legte Zukost hinein und goß Wein in einen Ziegenschlauch. Und das Mädchen stieg auf den Wagen, und sie gab ihr in einer goldenen

Flasche geschmeidiges Öl, damit sie sich mit den dienenden Frauen
salben könne. Und sie ergriff die Geißel und die glänzenden Zügel
und schwang die Geißel und trieb. Da war ein Getrappel von den
Maultieren, und sie griffen unablässig aus und trugen die Gewandung und das Mädchen — nicht allein, zusammen mit ihr gingen
auch die anderen Mägde.

Doch als sie nun zu der ringsum schönen Strömung des Flusses
gekommen waren, wo die Waschgruben über das ganze Jahr hin
waren und viel schönes Wasser hervorströmte, um auch ganz schmutziges Zeug reinzuwaschen, da lösten die Mädchen die Maultiere von
dem Wagen und ließen sie entlang am Ufer des wirbelnden Stromes
laufen, um die honigsüße Quecke zu rupfen. Und sie nahmen die
Gewänder auf ihren Armen von dem Wagen und trugen sie in das
schwarze Wasser und stampften sie in den Gruben, geschwind, und
führten dabei einen Wettkampf auf. Aber als sie diese gespült und
allen Schmutz weggewaschen hatten, da legten sie sie der Reihe
nach an dem Ufer des Meeres aus, dort wo das Meer die Steine zum
Lande hin am meisten glattzuspülen pflegte. Und als sie sich gebadet und glatt gesalbt hatten mit dem Öle, da nahmen sie das Mahl
an den Gestaden des Flusses und warteten, daß die Gewänder im
Strahl der Sonne trocknen sollten. Doch als sie sich an der Speise
ergötzt hatten, die Mägde und das Mädchen, da begannen sie ein
Spiel mit dem Ball, nachdem sie die Kopftücher abgenommen. Und
es führte unter ihnen die weißarmige Nausikaa das Spiel an; und
wie Artemis über die Berge schreitet, die pfeilschüttende, über den
gar langen Taygetos oder den Erymanthos, sich erfreuend an Ebern
und schnellen Hindinnen, und zusammen mit ihr spielen Nymphen,
die Töchter des Zeus, des Aigishalters, die im freien Felde walten,
und es freut sich in ihrem Sinne Leto: über sie alle hinaus hat
jene Haupt und Stirn, und leicht herauszuerkennen ist sie, doch
schön sind alle: so stach unter den Mädchen hervor die unbezwun-
gene Jungfrau.

Doch als sie nun wieder nach Hause fahren wollte, nachdem sie
die Maultiere angeschirrt und die schönen Gewänder zusammenge-
faltet hätte, da dachte wieder auf anderes die Göttin, die helläugige
Athene: daß sie den Odysseus weckte und er die Jungfrau mit dem
schönen Antlitz sähe, die ihm den Weg zur Stadt der Phaiaken vorangehen sollte. Da warf sie den Ball nach einer Magd, die Königs-
tochter, verfehlte die Magd und warf ihn in den tiefen Wirbel, und
darüber schrien sie laut auf. Und es erwachte der göttliche Odysseus
und setzte sich auf und erwog in seinem Sinne und in dem Gemüte:

«O mir, ich! in das Land von welchen Sterblichen bin ich abermals gekommen? sind es Unbändige und Wilde und nicht Gerechte, oder gastfreundlich und haben sie einen Sinn, der die Götter scheut? Wie von Jungfrauen umflog mich ein Weibergeschrei: von Nymphen, die der Berge steile Häupter und die Quellen der Ströme und grasigen Wiesen bewohnen. Oder bin ich irgendwo nahe von Menschen, begabt mit Sprache? Doch auf! ich will mich selber daranmachen und sehen!»

Als er so gesprochen hatte, tauchte er hervor aus dem Busch, der göttliche Odysseus, und aus dem dichten Gehölz brach er mit kräftiger Hand einen Zweig mit Blättern, damit er sich an seinem Leibe die Scham des Mannes bedeckte. Und er schritt hin und ging, wie ein auf Bergen ernährter Löwe, auf seine Kraft vertrauend, der dahingeht, regennaß und winddurchweht, und die beiden Augen brennen in ihm. Doch er geht nach Rindern oder Schafen oder wildlebenden Hindinnen, und es treibt ihn der Bauch, um an die Schafe heranzukommen, daß er sogar in ein festes Gehöft geht: so wollte Odysseus unter die flechtenschönen Jungfrauen gehen, so nackt er war, denn die Not war über ihn gekommen. Greulich aber erschien er ihnen, wie er entstellt von der Salzflut war, und zitternd stoben sie hierhin und dorthin auf die vorspringenden Gestade, und allein des Alkinoos Tochter blieb, denn ihr legte Athene einen kühnen Mut in den Sinn und nahm ihr die Furcht aus den Gliedern. Und sie hielt sich und stand ihm gegenüber. Doch er bedachte sich, Odysseus, ob er ihre Knie umfassen und die Jungfrau mit dem schönen Antlitz anflehen oder nur so wegstehend mit sanften Worten zu ihr flehen sollte, ob sie ihm die Stadt zeige und Kleider gäbe. So schien es ihm, da er sich bedachte, klüger zu sein: daß er fernab stehend mit sanften Worten zu ihr flehte, damit die Jungfrau, wenn er ihre Knie erfaßte, ihm nicht zürnte. Alsbald sprach er die sanfte und gewinnende Rede:

«Bei deinen Knien flehe ich zu dir, Herrin! Bist du ein Gott oder eine Sterbliche? Wenn du ein Gott bist, wie sie den breiten Himmel innehaben: der Artemis mag ich dich dann, der Tochter des großen Zeus, an Aussehen und Größe und an Wuchs am ehesten vergleichen. Bist du aber eine der Sterblichen, die auf Erden wohnen: dreimal selig dir dann Vater und hehre Mutter und dreimal selig die Brüder! erwarmt ihnen doch wohl sehr der Mut immer in Wohlgefühl um deinetwillen, wenn sie ein solches Reis zum Reigen gehen sehn. Er aber im Herzen der weit Seligste, ausnehmend vor andern, der dich mit Brautgeschenken schwer aufwiegend zu sich in sein Haus führt! Denn noch nie habe ich so eines gesehen mit den Augen, weder

Mann noch Weib, heilige Scheu faßt mich, wenn ich dich ansehe. Ja, in Delos habe ich derart einst am Altar des Apollon das junge Reis der Palme aufsteigen sehen — auch dorthin nämlich kam ich, und es folgte mir viel Volkes auf dem Wege, auf dem mir schlimme Kümmernisse werden sollten — und ganz so, als ich auch jenes sah, war ich starr vor Staunen in dem Herzen, lange — denn noch nie war ein solcher Schaft emporgestiegen aus der Erde —: wie ich vor dir, Frau, verwundert bin und starr bin und mich gewaltig fürchte, deine Knie zu berühren. Schwer hat das Leid mich überkommen. Gestern bin ich am zwanzigsten Tag dem weinfarbenen Meer entronnen, solange trugen mich immer die Woge und die schnellen Wirbel von der Insel Ogygia. Und jetzt hat mich ein Daimon hier herangeworfen, damit ich wohl auch hier noch Schlimmes leide. Denn nicht aufhören wird es, denke ich, sondern es werden mir zuvor die Götter noch viel vollenden. — Aber, Herrin, erbarme dich! Zu dir bin ich, nachdem ich vieles Schlimme ausgestanden, als erster gekommen! Von den anderen Menschen aber kenne ich keinen, die diese Stadt und dieses Land besitzen. Doch zeige mir die Stadt und gib mir einen Fetzen, ihn mir umzuwerfen, wenn du vielleicht ein Wickeltuch für Wäsche hattest, als du herkamst. Und mögen dir die Götter so viel geben, wieviel du begehrst in deinem Herzen: Mann wie auch Haus, und mögen sie dazu die rechte Eintracht geben. Denn es ist nichts Kräftigeres und Besseres als dieses: daß einträchtigen Sinns in den Gedanken haushalten Mann und Frau — sehr zum Leide den Bösgesinnten, zur Freude aber den Wohlgesinnten, doch am meisten fühlen sie es selber.»

Da entgegnete ihm hinwieder die weißarmige Nausikaa:

«Fremder! da du nach keinem geringen noch einem unverständigen Manne aussiehst — jedoch Zeus, der Olympier, teilt selber den Segen an die Menschen aus, an Edel und Gering, wie er es will, an jeden. Auch dir hat er dieses wohl gegeben, du aber mußt es gleichwohl ertragen. Doch jetzt, da du zu unserer Stadt und in unser Land gelangt bist, soll es dir weder an einem Kleid noch an irgend etwas anderem fehlen, was sich gebührt daß es der leiderprobte Schutzsuchende empfange. Und auch die Stadt will ich dir zeigen und dir den Namen der Männer nennen: Phaiaken haben die Stadt hier und dieses Land. Ich aber bin die Tochter des großherzigen Alkinoos, und er hat unter den Phaiaken die Obmacht und auch die Gewalt.»

Sprach es und rief den flechtenschönen Mägden zu:

«Steht mir, Mägde! wohin flieht ihr, weil ihr den Mann gesehen? Ihr meint doch nicht, es sei von den Männern einer, die Böses in ihrem Sinne haben? Nein, den Mann gibt es nicht, der da lebt, ein Sterblicher, und wird nicht geboren werden, der in der Phaiaken- männer Land gelangt und Feindseligkeit hereinträgt. Sehr lieb sind sie den Unsterblichen. Wohnen wir doch weitab in dem vielfluteten Meer, zuäußerst, und kein anderer der Sterblichen gesellt sich zu uns. Doch dieser ist als ein Unglücklicher, ein Umgetriebener hierher gekommen, diesen gebührt es sich jetzt zu pflegen. Denn es sind von Zeus her allgesamt die Fremden sowie auch die Bettler, und so gering sie sei, ist lieb die Gabe. Doch auf! so gebt ihm einen gutgewaschenen Mantel und einen Leibrock und badet ihn in dem Flusse, dort wo ein Schutz vor dem Winde ist.»

So sprach sie, und die blieben stehen und riefen eine der andern zu und wiesen den Odysseus zu der geschützten Stelle, wie es Nau- sikaa befohlen hatte, die Tochter des großherzigen Alkinoos. Und legten bei ihm Mantel und Leibrock zur Bekleidung nieder und gaben ihm in einer goldenen Flasche geschmeidiges Öl und hießen ihn, sich in den Strömungen des Flusses waschen. Da sprach der göttliche Odysseus zu den Mägden:

«Mägde, steht abseits so, damit ich mir selber das Salz von den Schultern wasche und mich rings mit dem Öle salbe, denn schon lange, wahrhaftig! ist Fett mir von der Haut ferngeblieben. Doch im Angesicht von euch mag ich mich nicht waschen, denn ich scheue mich, mich zu entblößen, wenn ich unter flechtenschönen Jungfrauen bin.»

So sprach er, da gingen sie beiseite und sagten es der Jungfrau. Er aber spülte sich, der göttliche Odysseus, aus dem Fluß die Haut rein von dem Salze, das ihm den Rücken und die breiten Schultern rings bedeckte, und rieb sich vom Haupte den Schaum des unfrucht- baren Meeres. Doch als er sich ganz gewaschen und glatt gesalbt und sich mit den Kleidern bekleidet hatte, die ihm gereicht die un- bezwungene Jungfrau, da machte ihn Athene, die Zeusentsprossene, größer und voller anzusehen und ließ ihm von dem Haupte kraus die Haare fallen, einer Hyazinthenblume ähnlich. Und wie ein kun- diger Mann Gold um Silber herumgießt, einer, den Hephaistos in allfacher Kunst belehrt hat und Pallas Athene, und er vollendet an- mutige Werke: so goß sie ihm Anmut über Haupt und Schultern. Da ging er abseits und setzte sich an das Gestade des Meers, von Schönheit und von Anmut glänzend, und es verwunderte sich die Jungfrau. Da sagte sie zu den flechtenschönen Mägden:

«Hört mich, weißarmige Mägde! daß ich etwas sage! Nicht ohne aller Götter Willen, die den Olympos innehaben, kommt dieser

Mann zu den gottgleichen Phaiaken. Denn vorher schien er mir garstig zu sein, jetzt aber gleicht er den Göttern, die den breiten Himmel innehaben. Wenn doch ein solcher mein Gatte heißen möchte,
daß er hier wohnte und es gefiele ihm hierzubleiben! Doch gebt,
Mägde! dem Fremden Speise und Trank!»

So sprach sie. Und die hörten gut auf sie und gehorchten und
stellten dem Odysseus Speise hin und Trank. Ja, da trank und aß der
vielduldende göttliche Odysseus, gierig, denn lange hatte er von
Speise nichts gekostet. Jedoch die weißarmige Nausikaa dachte auf
anderes. Sie faltete die Gewänder und legte sie auf den schönen
Wagen, schirrte die Maultiere an, die starkhufigen, stieg selber auf,
trieb den Odysseus und sprach das Wort und benannte es heraus:

«Mach dich jetzt auf, Fremder, um zur Stadt zu gehen, damit ich
dich zum Hause meines Vaters, des kluggesonnenen, geleite, wo du
unter allen Phaiaken, sage ich, die sehen wirst, die die besten sind.
Aber tue ganz so — scheinst du mir doch nicht unverständig —: solange wir durch die Felder gehen und durch das angebaute Land der
Menschen, solange sollst du mit den Mägden hinter den Maultieren
und dem Wagen geschwind einhergehen, ich aber fahre voraus des
Weges. Allein, wenn wir die Stadt betreten, um die eine Umwallung
ist, eine hohe, und ein schöner Hafen ist beiderseits der Stadt: schmal
ist der Zugang und beiderseits geschweifte Schiffe sind den Weg
entlang hinaufgezogen, denn alle haben, jeder für sich, dort für die
Schiffe ihren Standplatz. Und dort ist ihnen auch der Markt zu beiden Seiten des schönen Poseidontempels, mit herbeigeschleppten
Steinen eingefaßt, die in die Erde eingegraben sind. Dort halten sie
auch das Gerät der schwarzen Schiffe instand, Tauwerk und Segel,
und schärfen die Ruderblätter. Denn den Phaiaken liegt nichts an
Bogen und Köcher, sondern an Masten und Ruderwerk der Schiffe
und ebenmäßigen Schiffen, auf die sie stolz sind, wenn sie mit ihnen
das graue Meer durchfahren: von denen scheue ich das böse Gerede,
daß nicht irgendeiner mir nachhöhne — denn sie sind gar übermütig
in dem Volke — und ein Geringerer so sagt, der uns begegnet: ‹Was
folgt der Nausikaa dort für ein großer und schöner Fremdling? wo
hat sie den gefunden? Der wird gewiß ihr Gatte werden! Da hat sie
sich wohl irgendeinen hier Angetriebenen von seinem Schiff geholt,
von Männern, die in der Ferne wohnen, denn hier in der Nähe sind
keine. Oder es kam auf ihr Gebet, ihr vielerfleht, ein Gott vom Himmel herab, und haben wird sie ihn nun alle Tage. Besser so, daß sie
gleich selber hinging und sich einen Gatten ausfindig gemacht hat
von woanders! Denn, wahrhaftig! die hier im Volke achtet sie nicht,

die Phaiaken, die sich um sie bewerben, die vielen und edlen!» So werden sie sprechen und für mich wird dieses eine Schande sein. Verdenke ich es doch auch einer anderen, wenn irgendeine dergleichen täte und ohne den Willen der Anverwandten, solange Vater und Mutter leben, sich mit Männern einläßt, ehe die offene Vermählung kommt. — Fremder! doch du vernimm geschwind ein Wort von mir, damit du schnellstens ein Geleit und Heimkehr erlangst von meinem Vater. Einen herrlichen Hain der Athene wirst du nahe an dem Wege finden, von Pappeln, und drinnen fließt eine Quelle, und rings umher ist eine Wiese. Dort ist ein Landgut meines Vaters und ein üppig sprossender Garten, soweit von der Stadt entfernt, soweit ein Rufender reicht mit der Stimme. Dort sitze nieder und warte eine Zeit, bis wir zur Stadt gekommen und zu den Häusern meines Vaters gelangt sind. Doch wenn du schätzt, daß wir bei den Häusern angelangt sind, dann geh in die Stadt der Phaiaken und frage nach den Häusern meines Vaters, des großherzigen Alkinoos. Leicht sind sie herauszuerkennen, und auch ein kleines Kind könnte dich führen, denn nicht gleich sind ihnen gebaut die Häuser der Phaiaken, so wie das Haus des Alkinoos ist, des Heros. Doch wenn dich Haus und Vorhof aufgenommen, so gehe ganz schnell durch die Halle, bis du gelangst zu meiner Mutter. Sie sitzt am Herde in dem Schein des Feuers und dreht meerpurpurne Wolle auf der Spindel, ein Wunder zu schauen, an den Pfeiler gelehnt, und die Mägde sitzen hinter ihr. An ihn ist dort auch der Sessel meines Vaters gelehnt, auf dem er sitzt und Wein trinkt wie ein Unsterblicher. An ihm mußt du vorübergehen und unserer Mutter die Arme um die Knie werfen, damit du den Tag der Heimkehr siehst, freudig, in Eile, wenn du auch von sehr weit her bist. Ist jene dir freundlich gesonnen in dem Gemüte, dann ist für dich Hoffnung, daß du die Deinen siehst und in dein gutgebautes Haus und in dein väterliches Land gelangst.»

Als sie so gesprochen hatte, schlug sie die Maultiere mit der schimmernden Geißel, und schnell verließen diese die Strömungen des Flusses und liefen wacker und trabten wacker mit den Füßen. Sie aber führte geschickt die Zügel, daß sie zu Fuß mitkommen konnten: die Dienerinnen und Odysseus, und mit Verstand schwang sie die Geißel. Und die Sonne ging unter, und sie kamen zu dem berühmten Hain, dem heiligen, der Athene. Dort saß der göttliche Odysseus nieder und betete sogleich dann zu der Jungfrau des großen Zeus:

«Höre mich, Kind des Zeus, des Aigishalters, Atrytone! Höre mich jetzt denn, da du früher mich nie gehört hast, den Scheiternden, sooft mich auch scheitern ließ der ruhmvolle Erderschütterer! Gib,

daß ich zu den Phaiaken komme als Freund und des Erbarmens würdig!»

So sprach er und betete, und ihn hörte Pallas Athene. Doch erschien sie ihm noch nicht von Angesicht, denn sie scheute den Vater-
bruder: der zürnte ungestüm auf den gottgleichen Odysseus, bis er
in sein Land gelangte.

SIEBENTER GESANG

Wie Odysseus die Stadt der Phaiaken betritt und von ihnen
freundlich aufgenommen wird.

So betete dort der vielduldende göttliche Odysseus. Das Mädchen
aber trug die Kraft der Maultiere zur Stadt. Doch als sie zu den
hochberühmten Häusern ihres Vaters gekommen war, da hielt sie
im Torweg, und um sie her traten die Brüder, Unsterblichen ähnlich.
Die lösten die Maultiere von dem Wagen und trugen die Gewandung
hinein. Sie selbst aber ging in ihre Kammer, und es zündete ihr ein
Feuer die Alte von Apeira an, die Kammerfrau Eurymedusa, die
einst von Apeira beiderseits geschweifte Schiffe gebracht hatten, und
man las sie dem Alkinoos als Ehrengabe aus, weil er über alle Phaiaken gebot und das Volk auf ihn hörte wie auf einen Gott. Diese
hatte die weißarmige Nausikaa in den Hallen aufgezogen. Sie zündete ihr ein Feuer an und richtete drinnen die Abendmahlzeit.

Da machte sich Odysseus auf, um zur Stadt zu gehen. Und Athene
goß, da sie dem Odysseus freundlich gesonnen war, einen dichten Nebel um ihn aus, damit ihn keiner der hochgemuten Phaiaken, wenn er
ihn träfe, mit Worten verhöhnte und ihn fragte, wer er wäre. Doch
als er nun in die liebliche Stadt hineingehen wollte, da trat ihm die
Göttin, die helläugige Athene, entgegen, einem jugendlichen Mädchen gleichend, das einen Krug trug. Und sie blieb vor ihm stehen
und der göttliche Odysseus fragte sie:

«Kind! willst du mich nicht zu dem Haus des Mannes Alkinoos
führen, der unter diesen Menschen hier gebietet? Denn als ein Fremder, der viel Leid erfuhr, komme ich hierher, weit aus einem fernen
Lande. Darum kenne ich keinen von den Menschen, die diese Stadt
und Ländereien bewohnen.»

Da sagte zu ihm hinwieder die Göttin, die helläugige Athene:

«Freilich will ich dir, Fremder, Vater! das Haus, das du mich heißest, zeigen, denn es liegt in der Nähe von dem meines trefflichen
Vaters. Doch gehe in Schweigen nur so hin, ich aber will dir den
Weg vorausgehen. Und blicke keinen von den Menschen an und
befrage keinen! Denn die hier dulden nicht gern fremde Menschen
bei sich und bewillkommnen den nicht freundlich, der von anderswoher kommt. Vertrauend auf ihre schnellen, raschen Schiffe,
durchfahren sie die große Meerestiefe, da es ihnen der Erderschütterer gegeben. Ihre Schiffe sind schnell wie ein Flügel oder ein
Gedanke.»

So sprach Pallas Athene und ging schnell voran, und er folgte alsdann den Spuren der Göttin. Ihn aber bemerkten die schiffsberühmten Phaiaken nicht, wie er in der Stadt durch sie hindurchging, denn Athene ließ es nicht zu, die flechtenschöne, die furchtbare Göttin, die ein göttliches Dunkel über ihn ausgegossen hatte, da sie ihm freundlich gesonnen war in dem Gemüte. Und Odysseus staunte über die Häfen und die ebenmäßigen Schiffe und die Märkte der Edlen selbst und die langen Mauern, die hohen, mit Pfählen gefügten, ein Wunder anzusehen. Doch als sie zu des Königs hochberühmten Häusern gekommen waren, begann unter ihnen die Reden die Göttin, die helläugige Athene:

«Dies, Fremder, Vater! ist dir das Haus, das du mich zu zeigen heißest. Und du wirst finden die gottgenährten Könige, wie sie bei dem Mahle schmausen. Du aber geh hinein und fürchte dich nicht in dem Gemüte; denn es ist der beherzte Mann bei allen Werken der Bessere, und wenn er auch von irgendwo anders herkommt. Zuerst wirst du die Herrin in den Hallen treffen: Arete ist sie benannt mit Namen und stammt von den gleichen Ahnen, welche auch den Alkinoos gezeugt, den König. Zuerst hat den Nausithoos der Erderschütterer Poseidon gezeugt und Periboia, die an Aussehen beste unter den Frauen, die jüngste Tochter des großherzigen Eurymedon, der einst unter den übermütigen Giganten König war. Doch der richtete sein frevelhaftes Volk zugrunde und ging selbst zugrunde. Mit dieser vereinte sich Poseidon und zeugte einen Sohn, Nausithoos, den hochgemuten, der unter den Phaiaken herrschte. Nausithoos aber zeugte den Rexenor und den Alkinoos. Den einen traf, ohne Sohn, noch jung vermählt in der Halle, Apollon mit dem silbernen Bogen, doch hinterließ er eine einzige Tochter: Arete. Diese hat Alkinoos zu seiner Gattin gemacht und hat sie geehrt, wie keine andere geehrt wird auf der Erde, so viele Frauen heute haushalten unter dem Gebot der Männer. So ist jene über die Maßen geehrt worden im Herzen, und sie ist es noch: von ihren Söhnen und Alkinoos selbst und den Männern des Volkes, die auf sie wie auf einen Gott blicken und sie begrüßen mit Worten, wenn sie durch die Stadt geht. Denn es fehlt ihr auch selbst nicht an Verstand, an edlem, und wem sie wohl will, dem schlichtet sie — sogar den Männern — Streitigkeiten. Wenn diese dir freundlich gesonnen ist in dem Gemüte, dann ist für dich Hoffnung, daß du die Deinen siehst und in dein hochbedachtes Haus und in dein väterliches Land gelangst.»

Als sie so gesprochen hatte, ging sie hinweg, die helläugige Athene, über das unfruchtbare Meer, und verließ die liebliche Scheria und

kam nach Marathon und Athen mit den breiten Straßen und tauchte
in das feste Haus des Erechtheus.

Aber Odysseus ging zu den berühmten Häusern des Alkinoos,
und viel bedachte sich sein Herz, während er stehen blieb, ehe er die
eherne Schwelle betrat. Denn wie von der Sonne oder von dem
Monde ging ein Glanz durch das hochbedachte Haus des großherzigen Alkinoos. Eherne Wände zogen sich hüben und drüben von der
Schwelle bis hinein in das Innere, und ringsherum war ein Gesims
von blauem Glasfluß. Goldene Türen verschlossen das feste Haus
nach innen, und silberne Pfosten standen auf der ehernen Schwelle,
ein silberner Türsturz war darüber und golden war der Türring. Goldene und silberne Hunde waren zur rechten und zur linken, die Hephaistos gefertigt hatte mit kundigem Sinne, um das Haus zu bewachen des großherzigen Alkinoos: unsterblich waren sie und ohne
Alter alle Tage. Drinnen aber waren Lehnstühle, an die Wand gelehnt, hüben und drüben, von der Schwelle bis ins Innere, durchgehend. Darauf waren Decken, feine, gutgewebte, gebreitet, Arbeiten
der Frauen. Da pflegten die Führer der Phaiaken zu sitzen, wenn sie
tranken und aßen — sie hatten es auf das ganze Jahr hin —, und
goldene Knaben standen auf gutgebauten Sockeln und hielten bren-
nende Fackeln in den Händen und gaben die Nächte Licht im Hause
den Schmausenden. Und es sind ihm fünfzig dienende Frauen in dem
Hause: die einen mahlen auf der Mühle apfelfarbenes Korn, die andern weben Gewänder und drehen Wolle auf der Spindel, sitzend, wie
die Blätter der schlanken Pappel, und von dem gutgeketteten Linnen
träuft feuchtes Öl. So weit die Phaiaken geschickt sind vor allen
Männern, ein schnelles Schiff auf dem Meer zu führen, so ihre Frauen
kunstreich in Geweben, denn über die Maßen hat ihnen Athene gegeben, daß sie sich auf gar schöne Werke verstehen wie auch auf
treffliche Gedanken. Draußen vor dem Hof aber ist ein großer Garten, nahe den Türen, vier Hufen groß, und um ihn ist auf beiden
Seiten ein Zaun gezogen. Da wachsen große Bäume, kräftig sprossend: Birnen und Granaten und Apfelbäume mit glänzenden Früchten, und Feigen, süße, und Oliven, kräftig sprossend. Denen verdirbt
niemals die Frucht noch bleibt sie aus, Winters wie Sommers, über
das ganze Jahr hin. Sondern der West bläst immerfort und treibt
die einen hervor und kocht reif die andern. Birne altert auf Birne
und Apfel auf Apfel, Traube auf Traube und Feige auf Feige. Dort
ist ihm, reich an Früchten, auch ein Weingarten gepflanzt, wovon
der eine Teil als Trockenfeld auf einem ebenen Platz gedörrt wird in
der Sonne; andere Trauben lesen sie und andere keltern sie. Und

vorn sind Weinbeeren, die die Blüte abwerfen, andere bräunen sich schon ein wenig. Dort sind auch geordnete Gemüsebeete, die letzte Reihe entlang gepflanzt, von aller Art, die prangen über das ganze Jahr hin. Und darin sind zwei Quellen: die eine verteilt sich über den ganzen Garten, die andere läuft drüben unter der Schwelle des Hofs hinweg zu dem hohen Haus: aus ihr holen die Bürger sich das Wasser. Solche herrlichen Gaben der Götter waren in dem Hause des Alkinoos.

Da stand und staunte der vielduldende göttliche Odysseus. Doch als er nun alles bestaunt hatte in seinem Mute, schritt er schnell über die Schwelle in das Haus hinein und fand der Phaiaken Führer und Berater, wie sie mit Bechern den Weihguß taten für den gutspähenden Argostöter, dem sie als letztem zu spenden pflegten, wenn sie der Ruhe gedenken wollten. Doch er schritt durch das Haus, der vielduldende göttliche Odysseus und hatte den dichten Nebel um sich, den Athene um ihn her gegossen, bis er zu Arete kam und Alkinoos, dem König. Und um die Knie der Arete warf seine Arme Odysseus: da floß von ihm zurück der göttliche Nebel. Die aber wurden stumm durch das Haus hin, als sie den Mann erblickten, und verwunderten sich, als sie ihn sahen. Odysseus aber flehte:

«Arete, Tochter des gottgleichen Rexenor! zu deinem Gatten und zu deinen Knien komme ich, nachdem ich vieles ausgestanden, und zu diesen Tischgesellen, denen die Götter Segen geben mögen, daß sie leben und ein jeglicher den Söhnen den Besitz in den Hallen überlassen mögen und das Amt, das ihm das Volk gegeben. Doch mir betreibt ein Geleit, daß ich ins Vaterland gelange, eilends, da ich schon lange fern den Meinen Leiden leide.»

Als er so gesprochen hatte, setzte er sich auf den Herd in den Staub beim Feuer. Die aber waren alle still in Schweigen. Und spät sprach unter ihnen der alte Heros Echeneos, der früher geboren war als die Phaiakenmänner und ausgezeichnet mit Reden und viele und alte Dinge wußte. Der sprach zu ihnen wohlmeinend und sagte:

«Alkinoos! das ist, wahrhaftig! nicht recht noch schickt es sich, daß der Fremde am Boden auf dem Herd im Staube sitze. Und diese warten auf dein Wort und halten an sich. Doch auf! hebe den Fremden auf und setze ihn auf einen Lehnstuhl mit Silbernägeln. Und befiehl den Herolden, neu den Wein zu mischen, damit wir auch dem Zeus, dem blitzfrohen, den Weihguß tun, der mit den Schutzsuchenden ist, denen Scheu gebührt. Und es gebe dem Fremden die Beschließerin ein Nachtmahl von dem, was im Haus ist.»

Als dies die heilige Kraft des Alkinoos hörte, nahm er Odysseus bei der Hand, den kluggesonnenen, vielfältigen Rates, hob ihn vom Herde auf und setzte ihn auf einen Stuhl, einen schimmernden, nachdem er den Sohn aufstehen geheißen, den mannhaften Laodamas, der neben ihm saß, er liebte ihn am meisten. Und Handwasser brachte eine Magd in einer Kanne, einer schönen, goldenen, und goß es zum Waschen über ein silbernes Becken, und stellte vor ihm einen geglätteten Tisch auf. Und die ehrbare Beschließerin brachte Brot und setzte es vor und tat viele Speisen dazu, gefällig von dem, was da war. Aber der trank und aß, der vielduldende göttliche Odysseus. Dann sprach die Kraft des Alkinoos zu dem Herold:

«Pontonoos! Hast du gemischt den Mischkrug, so teile allen den Wein zu durch die Halle, damit wir auch dem Zeus, dem blitzfrohen, den Weihguß tun, der mit den Schutzsuchenden ist, denen Scheu gebührt.»

So sprach er, und Pontonoos mischte den honigsinnigen Wein und teilte allen zu zum Weihguß in die Becher. Doch als sie den Weihguß getan und getrunken hatten, soviel ihr Herz wollte, da sprach unter ihnen Alkinoos und sagte:

«Hört, Führer und Berater der Phaiaken! damit ich sage, was der Mut in der Brust mich heißt. Für jetzt, da wir gespeist, geht heim und legt euch nieder! In der Frühe aber wollen wir noch mehr der Ältesten zusammenrufen und den Fremden in den Hallen gastlich bewirten und den Göttern heilige Opfer bringen, und dann auch des Geleits gedenken, wie der Fremde ohne Mühsal und Unbehagen unter unserem Geleit in sein väterliches Land gelange, freudig, in Eile, und wenn er auch von gar weit her ist, und daß er unterwegs kein Übel oder Leiden leide, bis er sein Land betreten hat. Dort aber mag er alsdann leiden, was ihm bestimmt ist und was ihm die schweren Schicksalsspinnerinnen, als er zur Welt kam, mit dem Faden zuspannen, als die Mutter ihn gebar. Doch ist er als einer der Unsterblichen vom Himmel gekommen, so haben die Götter alsdann damit etwas anderes vor: denn immer zeigen sich uns von jeher die Götter sichtbar, wenn wir hochberühmte Hundertopfer darbringen, und speisen bei uns, sitzend, wo auch wir. Und wenn sogar einer allein als Wanderer geht und ihnen begegnet, verbergen sie sich nicht, da wir ihnen nah sind wie die Kyklopen und wie die wilden Stämme der Giganten.»

Da antwortete und sprach zu ihm der vielkluge Odysseus:

«Alkinoos! denke auf anderes in deinem Sinn! Denn den Unsterblichen sehe ich nicht ähnlich, die den weiten Himmel innehaben, nicht an Gestalt noch Wuchs, sondern sterblichen Menschen. Nein, solche, von denen ihr wißt, daß sie am meisten Jammer tragen unter den Menschen: denen mag ich mich an Schmerzen wohl vergleichen, und könnte überdies wohl noch mehr Übel nennen, so viele ich insgesamt gelitten habe nach der Götter Willen. Doch laßt mich denn das Nachtmahl nehmen, so bekümmert ich auch bin. Denn da ist sonst nichts Hündischeres außer dem bösen Magen, der da treibt, daß man seiner notgedrungen gedenke, und wenn man noch so sehr erschöpft ist und Jammer in dem Herzen hat. So habe auch ich Jammer in dem Herzen, doch der treibt immerzu, zu essen und zu trinken, und alles läßt er mich vergessen, was ich gelitten, und heischt nur immer, daß er sich fülle. Ihr aber eilt euch zugleich mit dem kommenden Frühlicht, daß ihr mich Unseligen in meine Heimat bringt. Und habe ich auch viel erlitten: möge sogar das Leben mich verlassen, wenn ich nur mein Besitztum und die Knechte und auch das hochbedachte große Haus gesehen habe!»

So sprach er, und sie alle gaben ihm Beifall und verlangten, daß man den Fremden geleiten sollte, da er nach Gebühr gesprochen habe. Doch als sie den Weihguß getan und getrunken hatten, soviel ihr Herz wollte, da gingen sie, um sich niederzulegen, ein jeder in sein Haus. Doch er blieb in der Halle zurück, der göttliche Odysseus, und bei ihm saßen Arete und der gottähnliche Alkinoos, und die Diener räumten die Geräte des Mahles ab. Und unter ihnen begann die weißarmige Arete die Reden, denn sie erkannte Mantel und Leibrock, als sie sie sah, die schönen Gewänder, die sie selbst mit den dienenden Frauen gefertigt hatte. Und sie begann und sprach zu ihm die geflügelten Worte:

«Fremder! zuerst will ich selber dich dieses fragen: wer bist du und woher unter den Männern? Wer hat dir diese Kleider gegeben? Sagtest du nicht, du seist als ein Umgetriebener über das Meer hierher gekommen?»

Da antwortete und sprach zu ihr der vielkluge Odysseus:

«Schwer ist es, Königin, dir ausführlich zu berichten. Denn Kümmernisse haben mir die Götter, die Söhne des Himmels, viele gegeben. Doch das will ich dir sagen, wonach du mich fragst und wonach du forschest. — Eine Insel, Ogygia, liegt fern in der Salzflut. Dort wohnt des Atlas Tochter, die listige Kalypso, die flechtenschöne, die furchtbare Göttin. Und es hat keiner mit ihr Umgang, weder von Göttern noch sterblichen Menschen. Doch mich, den Unglückseligen, führte an ihren Herd ein Daimon: mich allein, nachdem mir Zeus das schnelle Schiff mit dem weißglühenden Blitz getroffen und zertrümmert hatte inmitten auf dem weinfarbenen Meer. Da gingen alle anderen edlen

Gefährten zugrunde. Ich aber faßte mit den Armen den Kiel des beiderseits geschweiften Schiffes und wurde neun Tage umhergetragen. Doch in der zehnten Nacht, der schwarzen, brachten die Götter mich zur Insel Ogygia, wo Kalypso wohnt, die flechtenschöne, die furchtbare Göttin. Sie nahm mich auf und tat mir sorgsam Liebes an und ernährte mich und sagte, daß sie mich unsterblich und alterslos machen wollte alle Tage. Doch konnte sie niemals den Mut in meiner Brust bereden. Dort blieb ich sieben Jahre unablässig, und immer benetzte ich die Kleider mit Tränen, die unsterblichen, die mir Kalypso gegeben hatte. Doch als mir nun das achte umlaufende Jahr kam, da trieb sie mich und befahl mir heimzukehren, auf eine Botschaft des Zeus hin, oder auch, es hatte sich ihr Sinn gewandelt. Und schickte mich fort auf einem vielverklammerten Floß, und gab mir vieles, Speise und süßen Wein, und legte mir unsterbliche Kleider an, und ließ einen Fahrwind wehen, einen leidlosen und lauen. Und siebzehn Tage fuhr ich, das Meer durchquerend, am achtzehnten aber zeigten sich die schattigen Berge eures Landes, und es frohlockte mir das liebe Herz — dem Unseligen, denn, wahrhaftig! noch vielem Jammer sollte ich begegnen, den über mich Poseidon brachte, der Erderschütterer. Dieser erregte gegen mich die Winde und unterband die Fahrt und rührte das Meer auf, das unermeßliche, und nicht ließ es die Woge zu, daß ich laut stöhnend auf dem Floß dahintrieb. Dies riß alsdann ein Wirbel auseinander, ich aber durchmaß schwimmend diese Tiefe, bis mich an euer Land herantrieb Wind und Wasser. Da hätte mich, als ich hinauszusteigen suchte, die Woge am Gestade überwältigt, die mich an große Steine warf und eine unliebliche Stelle. Doch ich wich rückwärts aus und schwamm zurück, bis ich zu einem Fluß kam. Dort schien mir ein Platz am besten, ein von Steinen glatter, und es war ein Schutz dort vor dem Winde. Und ich sank ans Land, während sich der Lebensmut mir wieder sammelte, und es kam herauf die ambrosische Nacht. Doch ich schritt von dem himmelentsprungenen Strom hinweg und legte mich in dem Gebüsch zum Schlafen nieder und schöpfte Blätter um mich her, und ein Gott goß unendlichen Schlaf auf mich herab. Da schlief ich unter den Blättern, bekümmert in meinem Herzen, die ganze Nacht und über den Morgen und den Mittag. Und die Sonne ging unter und der süße Schlaf verließ mich. Da gewahrte ich am Gestade die Mägde deiner Tochter, wie sie spielten, und unter ihnen war sie selbst, Göttinnen gleichend. Sie bat ich um Schutz, und sie ließ es durchaus nicht an rechtem Verstande fehlen, so wie du nicht erwarten möchtest, daß ein Jüngerer handeln würde, der dir begegnet. Denn immer sind die jüngeren Leute unverständig. Sie gab mir Speise genug und funkelnden Wein und badete mich im Fluß und gab mir diese Kleider. Damit habe ich dir, so bekümmert ich bin, die Wahrheit berichtet.»

Da entgegnete ihm hinwieder Alkinoos und begann:

«Fremder! da hat, wahrhaftig! meine Tochter nicht das Gebührliche bedacht, daß sie dich nicht mit den dienenden Frauen zugleich in unser Haus geführt hat. Du hattest sie doch als erste um Schutz gebeten.»

Da antwortete und sagte zu ihm der vielkluge Odysseus:

«Heros! schilt mir deswegen die untadlige Jungfrau nicht. Denn sie hieß mich, mit den Dienerinnen folgen, jedoch ich wollte nicht, weil ich mich davor fürchtete und es scheute, daß dir vielleicht der Mut ergrimmen möchte, wenn du es sähest. Denn voll schlimmen Eifers sind wir Geschlechter der Menschen auf der Erde.»

Da antwortete ihm hinwieder Alkinoos und begann:

«Fremder! so ist mir nicht mein Herz in der Brust beschaffen, daß es blindlings erzürnt; alles Gebührliche ist besser. — Wenn doch, Zeus Vater und Athene und Apollon! ein solcher Mann, wie du bist, der so denkt wie ich, hier bleiben und meine Tochter haben und mein Eidam heißen wollte! Ein Haus würde ich dir und Habe geben, wenn du denn willig bleiben wolltest. Doch wider Willen wird dich keiner zurückhalten von den Phaiaken, möchte nicht dieses Zeus, dem Vater, lieb sein! Das Heimgeleit aber setze ich auf diesen Zeitpunkt fest — daß du es wohl weißt —: auf morgen. Dann sollst du vom Schlafe bezwungen liegen, und sie werden rudern durch ein heiteres Meer, bis du in dein Vaterland und dein Haus gelangst und wo es dir sonst wohl lieb ist. Und wenn es auch sehr weit jenseits Euboias wäre, von dem sie sagen, daß es am weitesten entfernt ist, die es von unseren Leuten gesehen haben, als sie den blonden Rhadamanthys dorthin geführt, damit er den Tityos sähe, den Sohn der Erde. Selbst dahin kamen sie und haben es ohne Ermüdung denselben Tag vollbracht und sind wieder nach Haus gekommen. Doch wirst du auch selbst in deinem Sinn erkennen, wie sehr meine Schiffe und meine jungen Männer die besten sind, um die Salzflut aufzuwirbeln mit dem Ruder.»

So sprach er, da freute sich der vielduldende göttliche Odysseus, und er betete und sprach und sagte das Wort und benannte es heraus:

«Zeus Vater! wenn doch Alkinoos, was er gesagt hat, alles vollenden wollte. Ihm würde ein unauslöschlicher Ruhm auf der nahrunggebenden Erde sein, ich aber in das Vaterland gelangen!»

So sprachen sie dergleichen miteinander. Doch Arete, die weiß-armige, befahl den Mägden, ein Lager unter der Vorhalle aufzustellen und schöne Tücher, purpurne, darauf zu werfen und darüber Teppiche zu breiten und wollene Mäntel hineinzulegen, um sie über sich zu ziehen. Die aber gingen aus der Halle, Fackeln in den Händen haltend. Doch als sie geschäftig das dichte Bett gebreitet hatten, da traten sie zu Odysseus und trieben ihn an mit Worten:

«Komm und lege dich nieder, Fremder! gemacht ist dir dein Lager!»

So sprachen sie, ihm aber schien es willkommen, sich zu ruhen. So schlief er dort, der vielduldende göttliche Odysseus, im gurt-durchzogenen Bett in der lautdröhnenden Halle. Alkinoos aber legte sich im Innern des hohen Hauses nieder, und es bestellte neben ihm die Frau, die Herrin, Bett und Lager.

ACHTER GESANG

Wie die Phaiaken am anderen Tage den Odysseus ehren und
er sich in ihren Kampfspielen hervortut und den Sänger hört.

Als die frühgeborene erschien, die rosenfingrige Eos, erhob sich die
heilige Gewalt des Alkinoos vom Lager, und es erhob sich auch der
zeusentsproßte Odysseus, der Städtezerstörer. Und ihnen ging die
heilige Gewalt des Alkinoos voran zum Markte der Phaiaken, der
ihnen bei den Schiffen erbaut war, und als sie dort hingekommen
waren, setzten sie sich auf geglättete Steine nebeneinander. Doch sie
ging durch die Stadt, Pallas Athene, einem Herold des kluggesonnenen Alkinoos gleichend, bedacht auf die Heimkehr des großherzigen
Odysseus, und trat zu jedem einzelnen Mann und sagte die Rede:

«Auf! hierher! ihr Führer und Berater der Phaiaken! zum Markt
gegangen! damit ihr von dem Fremden erfahrt, der jüngst in das
Haus des kluggesonnenen Alkinoos gekommen, nachdem er über das
Meer geirrt, und ist an Gestalt Unsterblichen ähnlich.»

So sprach sie und erregte Drang und Mut in einem jeden. Und
eilig füllten sich der Markt und die Sitzreihen mit Männern, die sich
versammelten. Da staunten sie in Mengen, als sie den kluggesonnenen Sohn des Laertes sahen. Ihm goß Athene göttliche Anmut über
Haupt und Schultern und machte ihn größer und voller anzusehen,
damit er allen Phaiaken lieb und furchtbar und ehrwürdig werde
und viele Wettspiele bestehen möchte, in denen sich die Phaiaken
mit Odysseus versuchen würden. Doch als sie sich versammelt hatten und alle beieinander waren, da sprach Alkinoos unter ihnen und
sagte zu ihnen:

«Hört, Führer und Berater der Phaiaken! daß ich sage, wozu der
Mut in der Brust mich treibt. Der Fremde hier — ich weiß nicht, wer
er ist — ist als ein Umgetriebener in mein Haus gekommen, entweder von den Menschen gegen Morgen hin oder von denen gegen
Abend. Ein Heimgeleit betreibt er und bittet, daß es ihm zugesichert
werde. Uns aber laßt, wie auch bisher, das Heimgeleit ins Werk setzen. Denn auch sonst pflegt keiner, der in meine Häuser kommt, hier
lange jammernd wegen eines Heimgeleites zu warten. Doch auf!
laßt uns ein schwarzes Schiff, das zum erstenmal in See geht, in die
göttliche Salzflut ziehen, und zweiundfünfzig junge Männer auslesen in dem Volke, die schon von früher her die besten sind. Und
habt ihr alle alsdann die Ruder gut an den Bänken festgebunden, so
steigt wieder aus und kommt zu uns und sorgt alsdann für ein

schnelles Mahl: ich will es allen gut gewähren. Dies trage ich den jungen Männern auf. Ihr anderen szepterführenden Könige aber geht zu meinen schönen Häusern, daß wir den Fremden in den Hallen bewirten, und es weigere sich keiner! Und ruft den göttlichen Sänger Demodokos. Ihm hat der Gott über die Maßen den Gesang gegeben, daß er ergötze, wie ihn der Mut zu singen treibt.»

Als er so gesprochen hatte, ging er voran, und mit ihm zusammen gingen die Szepterträger. Der Herold aber ging hinweg, um den göttlichen Sänger zu holen. Die zweiundfünfzig jungen Männer aber, nachdem sie auserlesen waren, gingen, wie er befohlen hatte, an das Ufer des unfruchtbaren Meeres. Doch als sie zu dem Schiff und dem Meer gekommen waren, zogen sie das schwarze Schiff in das tiefe Wasser und legten den Mast wie auch die Segel in das schwarze Schiff hinein und steckten die Ruder in die ledernen Ruderschlingen, alles nach Gebühr, und breiteten die weißen Segel aus und legten es hoch im Uferwasser fest. Und schritten alsdann hin und gingen in das große Haus des kluggesonnenen Alkinoos. Und es füllten sich die Hallen und die Höfe und Häuser mit Männern, die sich versammelten, und viele waren es, jung und alt. Und für sie ließ Alkinoos zwölf Schafe opfern und acht weißzahnige Schweine und zwei schleppfüßige Rinder. Diese zogen sie ab und machten sich damit zu schaffen und bereiteten die erwünschte Mahlzeit.

Und der Herold kam herbei und führte den geschätzten Sänger. Den liebte die Muse über die Maßen und hatte ihm Gutes wie auch Schlimmes gegeben: der Augen hatte sie ihn beraubt, doch ihm den süßen Gesang gegeben. Für ihn stellte Pontonoos einen Lehnstuhl hin, beschlagen mit Silbernägeln, mitten unter die Tischgenossen, und lehnte ihn an den großen Pfeiler. Und hängte ihm zu Häupten an einen Pflock die helltönende Leier, er, der Herold, und zeigte ihm, wie er sie mit Händen ergreifen könnte. Und stellte vor ihn einen Korb und einen schönen Tisch hin und vor ihn einen Becher Weines, um zu trinken, wenn es sein Herz befahl. Und sie streckten die Hände aus nach den bereiten vorgesetzten Speisen.

Doch als sie sich das Verlangen nach Trank und Speise vertrieben hatten, da regte die Muse den Sänger auf, daß er die Rühme der Männer sänge aus einem Liedergange, dessen Ruhm damals zum breiten Himmel reichte: den Streit des Odysseus und des Peleus-Sohns Achilleus: wie sie einstmals bei einem blühenden Götterschmaus mit gewaltigen Worten gehadert miteinander, und sich der Herr der Männer Agamemnon gefreut in seinem Sinne, daß die Besten der Achaier miteinander haderten. Denn so hatte es ihm wahrsagend Phoibos Apollon in der hochheiligen Pytho verkündigt, als er, um Wahrsagung einzuholen, die steinerne Schwelle überschritten hatte. Denn damals wälzte sich des Jammers Anfang auf Troer und Danaer heran, nach den Ratschlüssen des großen Zeus. — Dies sang der rings berühmte Sänger. Odysseus aber ergriff den großen purpurnen Mantel mit den starken Händen und zog ihn sich über das Haupt herab und verhüllte das schöne Antlitz: denn er schämte sich vor den Phaiaken, daß er unter den Augenbrauen Tränen vergoß. Und jedesmal wenn der göttliche Sänger mit Singen einhielt, wischte er sich die Tränen und zog den Mantel vom Haupte und faßte den doppelt gebuchteten Becher und tat den Weihguß für die Götter. Doch immer, wenn er wieder begann und die Besten der Phaiaken ihn zu singen trieben, da sie sich an den Liedern ergötzten, verhüllte Odysseus von neuem wieder das Haupt und jammerte. Da blieb es allen anderen verborgen, wie er Tränen weinte. Nur Alkinoos wurde es an ihm gewahr und merkte darauf, da er dicht bei ihm saß und hörte, wie er schwer stöhnte. Und alsbald sprach er zu den ruderliebenden Phaiaken:

«Hört, Führer und Berater der Phaiaken! Schon haben wir unseren Mut an dem gebührenden Mahl gesättigt und an der Leier, die dem blühenden Mahle beigesellt ist. Gehen wir jetzt hinaus und versuchen wir uns an allen Wettkämpfen, damit der Fremde, wenn er heimgekehrt ist, den Seinen sage, wie sehr wir uns hervortun vor den anderen im Faustkampf und im Ringen und im Sprung und mit den Füßen!»

Als er so gesprochen hatte, ging er voran, und diese folgten ihm. Und der Herold hängte die helle Leier an den Pflock, nahm den Demodokos bei der Hand und führte ihn aus der Halle, und ging ihm denselben Weg voran, den auch die anderen Edlen der Phaiaken gegangen waren, um die Wettkämpfe zu schauen. Und sie schritten hin und gingen zum Markt, und mit ihnen ging ein großer Haufe Volks, Zehntausende. Da standen die jungen Männer auf, viele und edle. Auf stand Akroneos und Okyalos und Elatreus, und Nauteus, Prymneus und Anchialos und Eretmeus, und Ponteus, Proreus, Thoon und Anabesineos, und Amphialos, Sohn des Polyneos, des Sohns des Tekton. Und auch Euryalos stand auf, dem männervernichtenden Ares gleich, des Naubolos Sohn, der unter allen Phaiaken der Beste war an Gestalt und Aussehen nach dem untadligen Laodamas. Und auf standen drei Söhne des untadligen Alkinoos: Laodamas und Halios und der gottgleiche Klytoneos. — Ja, da versuchten sie sich zuerst mit den Füßen. Von der Ablaufschwelle aus war ihnen eine

Bahn gespannt, und alle flogen sie zugleich geschwind, hinstäubend durch das Feld, dahin. Unter ihnen war der weitaus beste im Lauf der untadlige Klytoneos, und so weit auf dem Acker die Strecke ist, die ein Maultierpaar in einem Zuge umpflügt, so weit vorauslaufend erreichte er die Männer des Volks, die andern waren zurückgeblieben. Andere versuchten sich in dem schmerzhaften Ringen: darin übertraf Euryalos hinwieder alle Edlen. Im Sprung aber war Amphialos der überlegenste von allen; doch mit der Wurfscheibe hinwieder war Elatreus unter allen der weit beste, und mit der Faust hinwieder Laodamas, der tüchtige Sohn des Alkinoos.

Als sie sich aber nun alle an den Wettspielen erfreut hatten in ihrem Herzen, da sprach unter ihnen Laodamas, der Sohn des Alkinoos:

«Hierher, Freunde! laßt uns den Fremden fragen, ob er irgendeinen Kampf weiß und ihn gelernt hat! An Wuchs ist er nicht schlecht: an Schenkeln und Schienbeinen und beiden Armen darüber, an starkem Nacken und großer Gewalt. Auch fehlt es ihm an Jugend nicht, doch ist er gebrochen durch viele Übel. Denn es gibt kein schlimmeres Ding sonst, sage ich, als das Wasser, um einen Mann niederzuwerfen, mag er auch noch so stark sein.»

Da antwortete ihm hinwieder Euryalos und begann:

«Laodamas! dieses Wort hast du ganz nach Gebühr gesprochen! Gehe nun und fordere ihn selbst heraus und weise ihm die Rede.»

Als der tüchtige Sohn des Alkinoos dieses hörte, ging er hin, trat in die Mitte und sagte zu Odysseus:

«Auf! komm! und versuche auch du dich an den Kämpfen, Fremder, Vater! falls du dich auf einen verstehst. Sieht es doch aus, als ob du Kämpfe weißt! Gibt es doch für einen Mann, solange er lebt, keinen größeren Ruhm, als das, was er mit seinen Füßen ausrichtet und mit seinen Armen! Doch auf! versuche dich und zerstreue die Kümmernisse von deinem Herzen! Die Heimfahrt wird dir nicht mehr lange ausbleiben, sondern schon ist ein Schiff für dich ins Meer gezogen und sind die Gefährten für dich bereit.»

Da erwiderte und sprach zu ihm der vielkluge Odysseus:

«Laodamas! was fordert ihr mich zu diesem heraus und verhöhnt mich? Mir liegen Kümmernisse mehr am Herzen als Wettspiele, der ich zuvor gar viel gelitten und vieles ausgestanden habe, und jetzt, nach der Heimkehr verlangend, in eurer Versammlung sitze und zu dem König flehe und zu dem ganzen Volk!»

Da antwortete ihm hinwieder Euryalos und schmähte ihn ins Angesicht:

«Nein doch! wahrhaftig, Fremder! du siehst mir nicht nach einem Mann aus, der sich auf die Kämpfe versteht, wie deren viele unter den Menschen in Übung sind, sondern nach einem solchen, der viel hin und wieder auf einem vielrudrigen Schiff fährt als Anführer von Schiffsleuten, die Händler sind: auf die Ladung bedacht und erpicht auf eine Rückfracht und den Gewinn, den zu erraffenden! Einem Kämpfer aber gleichst du nicht!»

Da sah ihn der vielkluge Odysseus von unten herauf an und sagte zu ihm:

«Freund! du redest nicht fein! Einem unschicklichen Manne gleichst du! Aber so geben die Götter freilich die Gaben der Anmut nicht allen Menschen: weder an Wuchs noch an Verstand und Rede. Der eine Mann ist unansehnlicher an Aussehen, doch gibt der Gott seinen Worten Gestalt, und sie blicken auf ihn mit Ergötzen. In der Versammlung spricht er ohne Wanken mit einnehmender Scheu und strahlt hervor unter den Versammelten, und geht er durch die Stadt, so blicken sie auf ihn wie auf einen Gott. Ein anderer ist den Unsterblichen an Aussehen ähnlich, doch krönt ihm Anmut nicht die Worte — wie auch du ein hervorstrahlendes Aussehen hast — auch ein Gott könnte es nicht anders schaffen — doch bist du nichtig an Verstand! Aufgebracht hast du mir den Mut in der Brust, weil du nicht nach Schicklichkeit gesprochen! Doch bin ich nicht unkundig in den Kämpfen, wie du schwätzest, sondern denke, daß ich unter den Ersten war, solange ich auf meine Jugend vertraute und auf meine Arme. Jetzt aber bin ich beladen mit Ungemach und Schmerzen. Denn viel habe ich erduldet, während ich die Kriege der Männer und die schmerzlichen Wogen durchgemacht. Jedoch auch so, obwohl ich vieles Schlimme gelitten, will ich mich an den Kämpfen versuchen! Denn in das Herz beißt mich dein Wort, und aufgereizt hast du mich, wie du gesprochen!»

Sprach es, sprang auf mitsamt dem Mantel und ergriff eine Wurfscheibe, größer und dicker und um kein Kleines wuchtiger als jene, mit der sich die Phaiaken miteinander im Wurf gemessen hatten. Diese, nachdem er sie herumgewirbelt, entsandte er aus der wuchtigen Hand. Da sauste der Stein dahin, und zur Erde nieder bückten sich die langrudrigen Phaiaken, die schiffsberühmten Männer, unter dem Flug des Steins. Der aber überflog die Male aller, leicht von der Hand geschnellt. Und Athene setzte das Mal, an Gestalt einem Manne gleichend, und sprach das Wort und benannte es heraus:

«Sogar ein Blinder könnte dir mit Tasten dein Zeichen herauserkennen, Fremder! denn nicht vermischt in dem Haufen steht es, sondern weit vorn. Sei du für diesen Kampf guten Mutes! Keiner von den Phaiaken wird dies erreichen oder gar darüber hinaus werfen!»

So sprach sie. Da frohlockte der vielduldende göttliche Odysseus und freute sich darüber, daß er einen ihm günstigen Gefährten in der Kampfbahn sah. Und sprach leichteren Herzens unter den Phaiaken:

«Jetzt erreicht mir diese Wurfscheibe, ihr Jungen! und gleich will ich ihr hinterdrein eine andere ebensoweit schicken, denke ich, oder gar noch weiter! Doch auch von den andern, wen da Herz und Mut treibt: er komme her! auf! und versuche sich — da ihr mich gar zu sehr in Zorn gebracht habt! — entweder mit der Faust oder im Ringen oder auch mit den Füßen: ich weigere es nicht! — wer es auch sei unter den Phaiaken allen, außer dem Laodamas selbst, denn der ist mein Wirt: wer wollte mit dem, der ihn freundlich aufnahm, streiten! Ein unsinniger und nichtiger Mann ist jener, der in einem fremden Volk dem Gastgeber eine Herausforderung anträgt in Kampfspielen: sich selber nur verkürzt er alles. Von den anderen aber will ich keinen ausschlagen noch ihn nicht anerkennen, sondern will jeden kennenlernen und mich ins Angesicht mit ihm versuchen. Denn in allem bin ich kein Untüchtiger, so viele Kampfarten auch sind unter den Männern: weiß gut mit dem Bogen umzugehen, dem wohlgeglätteten, und treffe als erster mit dem Pfeilschuß wohl meinen Mann in dem Haufen der feindlichen Männer, und ob auch dicht neben mir noch so viele Gefährten stehen und auf die Männer schießen. Nur Philoktetes übertraf mich im Troer-Lande mit dem Bogen, wenn wir Achaier mit dem Bogen schossen. Doch unter den andern, sage ich, war ich bei weitem überlegen, so viel heute Sterbliche sind, die auf der Erde das Brot essen. Mit den früheren Männern werde ich mich freilich nicht vergleichen wollen, weder mit Herakles noch mit Eurytos von Oichalia, die sogar mit Unsterblichen in der Kunst des Bogenschießens zu streiten pflegten. Darum hat der große Eurytos auch schnell den Tod gefunden und ist nicht ins Greisenalter gelangt in den Hallen; denn Apollon tötete ihn, zürnend, weil er ihn herausgefordert im Bogenschießen. Mit dem Wurfspieß aber schieße ich so weit, wie kein anderer mit dem Pfeile. Nur mit den Füßen, fürchte ich, möchte mich einer der Phaiaken überholen, denn gar zu schändlich wurde ich zugerichtet in den vielen Wogen, da ich nicht beständige Pflege auf einem Schiffe hatte. Darum sind meine Glieder mir gelöst.»

So sprach er. Die aber waren alle still in Schweigen. Nur Alkinoos antwortete und sagte zu ihm:

«Fremder! da du mit diesem unter uns nichts Mißfälliges redest, sondern willst deine Tüchtigkeit beweisen, welche dir gegeben, erzürnt, weil dieser Mann daher getreten im Wettkampf und hat dich geschmäht — daß deine Tüchtigkeit kein Sterblicher verachten möchte, der recht zu reden in seinem Sinn versteht —: auf! so vernimm denn jetzt ein Wort von mir, damit du es auch einem andern von den Heroen sagst, wenn du in deinen Hallen schmausend bei deiner Gattin und bei deinen Kindern unserer Tüchtigkeit gedenkst: welcherlei Werke Zeus auch uns durchgehend von den Vätern her verleiht. Nicht sind wir als Faustkämpfer ohne Tadel und auch im Ringen nicht, doch laufen wir schnell mit den Füßen und sind zu Schiff die besten, und immer sind uns lieb Gelage und Saitenspiel und Reigentänze, und Kleider, sie zu wechseln, und warme Bäder und Ruhebetten. Doch auf! die ihr die besten Tänzer seid unter den Phaiaken: führt ein Spiel auf, damit der Fremde, wenn er heimgekehrt ist, es seinen Anverwandten verkünden möge: wie sehr wir den anderen überlegen sind in Schiffahrt und mit Füßen und mit dem Tanz und dem Gesang. Doch gehe einer und bringe schnell dem Demodokos die helle Leier, die irgendwo in unseren Häusern liegt!»

So sprach der gottähnliche Alkinoos. Da erhob sich der Herold, um die gewölbte Leier aus dem Haus des Königs zu holen. Und Kampfordner, auserwählte, standen auf, neun insgesamt, öffentliche, die alles Einzelne bei den Wettkämpfen gut bestellten. Und sie ebneten einen Reigenplatz und schufen Raum für eine schöne Kampfbahn. Und der Herold kam heran und brachte die helle Leier dem Demodokos. Der trat alsdann in die Mitte, und um ihn stellten sich im Kreise Knaben in erster Jugend, die sich auf den Tanz verstanden. Und sie stampften den göttlichen Reigen mit den Füßen. Doch Odysseus schaute auf das Flimmern der Füße und staunte in dem Gemüte.

Der rührte die Leier und begann mit einem Vorspiel, um schön zu singen: von der Liebe des Ares und der wohlbekränzten Aphrodite, wie sie sich in den Häusern des Hephaistos zuerst heimlich vereinigten. Viel aber hatte er ihr gegeben und schändete Bett und Lager des Herrn Hephaistos. Doch schnell kam zu ihm Helios als Bote, der es gewahr geworden war, wie sie sich in Liebe vereinigten. Wie Hephaistos aber nun das herzkränkende Wort vernommen, schritt er hin und ging in seine Schmiede, tief über Bösem in dem Herzen sinnend, und setzte einen großen Amboß auf den Amboßblock und schmiedete unzerbrechliche, unlösbare Bande, daß beide unverrückt am Orte bleiben mußten. Doch als er nun in seinem Grolle auf Ares die List verfertigt hatte, schritt er hin und ging in das Schlafgemach, wo ihm die eigene Bettstatt aufgestellt war. Und ringsher um ihre Pfosten goß er die Bande überall im Kreise, und viele ergossen sich auch von oben vom Dach herab wie zarte Spinngewebe, die keiner hätte sehen können, auch keiner der seligen Götter, denn überaus listig waren sie gefertigt. Doch als er nun die ganze List rings um die Bettstatt ergossen hatte, stellte er sich, als wollte er nach Lemnos gehen, der wohlgebauten Stadt — Lemnos, das ihm von allen Ländern insgesamt das weit liebste ist. — Doch Ares mit dem goldenen Zügel hielt keine blinde Wacht. Als er gesehen, wie Hephaistos, der kunstberühmte, hinweggegangen, schritt er hin und ging zum Haus des rings berühmten Hephaistos, nach der Liebe der wohlbekränzten Kythereia verlangend. Diese war eben von dem Vater, dem starkmächtigen Kronion, heimgekommen und hatte sich niedergesetzt, da kam er in das Haus hinein, umschloß fest ihre Hand und sagte das Wort und benannte es heraus:

«Komm, Liebe! zu Bett! wir wollen uns legen und uns erfreuen! Denn Hephaistos ist nicht mehr im Lande, sondern ist wohl schon hinweg nach Lemnos zu den Sintiern, die wie Wilde reden.»

So sprach er, und ihr schien willkommen, daß sie sich ruhten. Und sie stiegen beide auf das Lager und schliefen ein. Und rings um sie ergossen sich die künstlichen Bande des vielverständigen Hephaistos, und keines von den Gliedern war zu bewegen noch auch zu erheben. Da erkannten sie, daß kein Entrinnen mehr war.

Da kam zu ihnen heran der rings berühmte Hinkende, der sich wieder zurückgewandt, bevor er in dem Lande Lemnos angelangt war. Denn Helios hatte für ihn Wacht gehalten und ihm das Wort gesagt. Und er schritt hin und ging zu dem Hause, bedrückt in seinem Herzen, trat in die Türen, und ein wilder Zorn ergriff ihn, und er schrie gewaltig und rief zu allen Göttern:

«Zeus Vater und ihr anderen seligen Götter, ihr immerseienden! Hierher! daß ihr Dinge seht zum Lachen und nicht auszustehen: wie mich, den Lahmen, des Zeus Tochter Aphrodite immer entehrt und liebt den widerwärtigen Ares, weil der schön ist und gerade Füße hat, ich aber bin auf den Füßen schwach geboren! Doch daran ist mir kein anderer schuld, sondern allein die beiden Eltern, die mich nicht hätten zeugen sollen. Aber so seht doch, wo die beiden in Liebe miteinander im Schlafe liegen, in mein Bett gestiegen! Mich aber kränkt es, es zu sehen! Nun denn, ich denke, sie werden auch kein bißchen mehr künftig so zu liegen wünschen, und sind sie auch noch so verliebt! Beiden wird bald die Lust zu ruhen vergehen! Doch wird sie das listige Werk und die Bande solange festhalten, bis mir der Vater alle

Brautgeschenke, Stück für Stück, zurückerstattet, so viele ich ihm
eingehändigt um der hundsäugigen Dirne willen — darum weil ihm
die Tochter zwar schön, doch nicht züchtigen Sinnes ist.»

So sprach er. Da versammelten sich die Götter bei dem erzschwel-
ligen Hause. Es kam Poseidon, der Erdbeweger, kam der gedeih-
bende Hermes, es kam der fernwirkende Herr Apollon. Doch blieben
die weiblichen Göttinnen voll Scham zu Hause eine jede. Und es traten die Götter, die Geber des Guten, in die Türen, und ein unauslöschliches Gelächter erhob sich von den seligen Göttern, als sie die
Künste des vielverständigen Hephaistos sahen. Und einer blickte den
andern neben sich an und sagte so:

«Bös Ding gedeiht nicht, es ereilt der Langsame den Schnellen!
wie jetzt Hephaistos auch, der Langsame, den Ares gehascht hat, ob
er auch der schnellste unter den Göttern ist, die den Olympos innehaben — er, der Lahme, mit Künsten! Darauf steht auch noch Ehe-
bruchsbuße!»

So sprachen sie dergleichen miteinander. Zu Hermes aber sagte der
Gebieter, der Sohn des Zeus, Apollon:

«Hermes, Zeus-Sohn, Geleiter! Geber du des Guten! wolltest du
wohl, gezwängt in starke Bande, schlafen im Bette bei der goldenen
Aphrodite?»

Da entgegnete ihm der Geleiter, der Argostöter:

«Wenn dieses doch geschehen möchte, Herr! fernhintreffender
Apollon! Da möchten Bande, dreimal soviel, unendliche, um mich
herum sein und ihr zuschauen, Götter und Göttinnen alle: gleichviel!
ich schliefe bei der goldenen Aphrodite!»

So sprach er, und es erhob sich ein Gelächter unter den unsterblichen Göttern. Doch den Poseidon ergriff das Lachen nicht, und er
bat den werkberühmten Hephaistos beständig, daß er den Ares löse,
und begann und sprach zu ihm die geflügelten Worte:

«Mache ihn los! ich bürge für ihn, daß er dir alles, so wie du es
forderst, zahlt nach Gebühr vor den unsterblichen Göttern.»

Da sprach hinwieder zu ihm der rings berühmte Hinkende:

«Verlange, Poseidon, Erdbeweger, nicht dieses von mir! Übel sind
auch die Bürgschaften, die für Üble übernommen werden. Wie könnte ich dich binden unter den unsterblichen Göttern, wenn Ares auf
und davongeht, und der Schuldigkeit entschlüpft und seinen Banden?»

Da sagte hinwieder zu ihm Poseidon, der Erderschütterer:

«Hephaistos! wenn Ares flüchtig gehen und der Schuldigkeit entschlüpfen sollte, so werde ich dir selber dieses zahlen.»

Darauf erwiderte ihm der rings berühmte Hinkende:

«Unmöglich ist es und auch nicht geziemend, ein Wort von dir zurückzuweisen.»

So sprach die Gewalt des Hephaistos und löste die Bande. Die beiden aber, als sie aus den Banden gelöst waren, den gar so starken, sprangen alsbald auf und gingen: er nach Thrakien, sie aber gelangte nach der Insel Kypros, die gerne lächelnde Aphrodite: nach Paphos, da wo ihr ein Hain und ein Altar voll Opferrauch ist. Dort wuschen sie die Anmutgöttinnen und salbten sie mit dem Öl, dem unsterblichen, wie es glänzt an den Göttern, den immerseienden, und taten ihr reizende Kleider an, ein Wunder zu schauen.

Dies sang der rings berühmte Sänger. Und Odysseus ergötzte sich in seinen Sinnen, als er es hörte, und auch die andern langrudrigen Phaiaken, die schiffsberühmten Männer. Alkinoos aber hieß den Halios und den Laodamas einzeln tanzen, weil es mit ihnen niemand aufnahm. Und diese, nachdem sie nun einen Ball, einen schönen, purpurnen, mit den Händen ergriffen hatten, den ihnen der kluggesonnene Polybos gemacht hatte, so warf ihn der eine zu den schattigen Wolken hinauf, indem er sich nach hinten überbeugte, der andere sprang von der Erde empor und fing ihn behende, ehe er mit den Füßen zu Boden kam. Und als sie sich versucht hatten mit dem Ball im Springspiel, tanzten die beiden alsdann auf der nahrungsreichen Erde mit vielfach wechselnden Stellungen, und dazu klatschten die andern Knaben, die auf dem Kampfplatz standen, und viel Lärm erhob sich. Da sprach der göttliche Odysseus zu Alkinoos:

«Alkinoos, Herrscher, Ausgezeichneter vor allen Männern des Volkes! Da hast du gerühmt, ihr habt die besten Tänzer, und es war wirklich so: ein Staunen faßt mich, wenn ich es sehe!»

So sprach er. Da freute sich die heilige Gewalt des Alkinoos, und alsbald sagte er zu den ruderliebenden Phaiaken:

«Hört, Führer und Berater der Phaiaken! Der Fremde scheint mir gar verständig zu sein. Doch auf! geben wir ihm ein Gastgeschenk, wie es sich geziemt! Zwölf angesehene Könige walten in dem Volke als Führer, der dreizehnte aber bin ich selber: von diesen möge ihm ein jeder einen gutgewaschenen Mantel und einen Leibrock und ein Pfund geeichten Goldes bringen! Laßt es uns alles schnell zusammentragen, damit der Fremde, es in Händen haltend, zum Nachtmahl gehe und sich freue in seinem Mute! Euryalos jedoch soll ihn mit Worten versöhnen und mit einer Gabe, da er ein Wort nicht nach Gebühr gesprochen.»

So sprach er, und alle gaben Beifall und hießen es gut. Und um die

Gaben herbeizuschaffen, schickten sie jeder einen Herold. Doch Euryalos antwortete ihm hinwieder und begann:

«Alkinoos, Herrscher, Ausgezeichneter vor allen Männern des
Volkes! So will ich denn, wie du befiehlst, den Fremden versöhnen:
will ihm dieses Schwert geben, ganz von Erz, und an ihm ist ein
Griff von Silber, und eine Scheide von frischgesägtem Elfenbein win-
det sich um es. Viel wird es ihm wert sein.»

So sprach er und legte ihm das Schwert, beschlagen mit Silbernägeln, in die Hände, und begann und sagte zu ihm die geflügelten
Worte:

«Freue dich, Vater, Fremder! Und wenn ein böses Wort gesprochen wurde, so mögen dieses auf der Stelle Sturmwinde auf und davon tragen! Dir aber mögen die Götter geben, daß du die Gattin
wiedersiehst und in dein Vaterland gelangst, da du schon lange fern
den Deinen Leiden leidest.»

Da erwiderte und sprach zu ihm der vielkluge Odysseus:

«Auch du, Freund, freue dich sehr! und mögen die Götter dir Gedeihen geben, und möge dir für künftig niemals ein Verlangen nach
diesem Schwerte kommen, das du mir gabst, als du mich versöhntest
mit Worten!»

Sprach es und legte sich das Schwert, das mit Silbernägeln be-
schlagene, um die Schultern. Und die Sonne ging unter, und herrliche Gaben waren ihm zur Stelle. Diese trugen erlauchte Herolde in
das Haus des Alkinoos, und die Söhne des untadligen Alkinoos nahmen sie in Empfang und stellten sie, die gar schönen Gaben, bei der
ehrwürdigen Mutter hin. Ihnen aber ging die heilige Gewalt des Alkinoos voran, und sie kamen und setzten sich in hohe Lehnstühle.
Da sprach die Gewalt des Alkinoos zu Arete:

«Frau! bringe eine ansehnliche Truhe hierher, die beste, die nur
vorhanden, und lege selber einen gutgewaschenen Mantel und einen
Leibrock hinein! Und erwärmt für ihn ein ehernes Becken auf dem
Feuer und macht Wasser heiß! damit, wenn er gebadet und gesehen,
wie alle Gaben wohl verwahrt sind, die ihm die untadligen Phaiaken
hierher gebracht, er sich ergötze an dem Mahle und daran, eine Weise des Gesangs zu hören. Und ich will ihm hier diesen meinen gar
schönen Becher, den goldenen, geben, damit er meiner gedenke alle
Tage, wenn er dem Zeus und den andern Göttern den Weihguß dar-
bringt in der Halle.»

So sprach er. Und Arete sagte zu den Mägden, daß sie eilig den
großen Dreifuß auf das Feuer stellen sollten. Und diese stellten einen
Dreifuß für Badewasser auf das Feuer, das lodernde, und gossen

Wasser ein und nahmen Holz und legten es darunter, daß es brenne. Da war das Feuer um den Bauch des Dreifußes geschäftig, und es erwärmte sich das Wasser. Indessen trug Arete für den Fremden eine gar schöne Truhe aus der Kammer und tat die schönen Gaben hinein, Gewand und Gold, die ihm die Phaiaken gegeben hatten, und legte selber einen Mantel hinein und einen schönen Leibrock und begann und sprach zu ihm die geflügelten Worte:

«Schaue du selbst jetzt nach dem Deckel und schlinge geschwind darüber einen Knoten, daß niemand dich bestehle auf dem Wege, wenn du hinwieder in süßem Schlafe ruhen wirst, wenn du in dem schwarzen Schiffe fährst!»

Als der vielduldende göttliche Odysseus dieses hörte, da fügte er alsbald den Deckel auf und schlang geschwind darüber einen vielfach verschlungenen Knoten, den ihn einst gelehrt die Herrin Kirke in ihrer Klugheit. Und schon rief ihn die Beschließerin, daß er in die Wanne steige und sich bade. Doch dem war es willkommen im Gemüte, das warme Bad zu sehen, denn nicht oft war Pflege ihm geworden, seit er der schönhaarigen Kalypso Haus verlassen: bis dahin war ihm beständig Pflege gewesen wie einem Gotte. Doch als nun die Dienerinnen ihn gewaschen und gesalbt hatten mit dem Öle, warfen sie einen schönen Mantel und einen Leibrock um ihn. Und er stieg aus der Wanne und ging unter die weintrinkenden Männer. Nausikaa aber, die von den Göttern die Schönheit hatte, trat an den Pfosten des festgezimmerten Daches und staunte, wie sie den Odysseus mit Augen sah, und begann und sprach zu ihm die geflügelten Worte:

«Freue dich, Fremder! Mögest du auch künftig, wenn du in dem väterlichen Lande bist, meiner gedenken, weil du mir als erster den Rettungslohn schuldig bist.»

Da antwortete und sagte zu ihr der vielkluge Odysseus:

«Nausikaa, Tochter des großherzigen Alkinoos! So möge es Zeus denn geben jetzt, der starkdröhnende Gemahl der Hera: daß ich nach Hause komme und den Tag der Heimkehr sehe! Dann werde ich auch dort zu dir, so wie zu einem Gotte, immer die Tage alle beten, denn du hast mich am Leben erhalten, Jungfrau!»

Sprach es und setzte sich in den Lehnstuhl neben Alkinoos, den König. Die aber verteilten schon die Anteile und mischten den Wein, und der Herold kam heran und führte den geschätzten Sänger Demodokos, der geehrt war unter den Männern des Volkes, und er setzte ihn mitten unter die Tischgenossen und lehnte ihn an den großen Pfeiler. Da sprach der vielkluge Odysseus zu dem Herold, nachdem er ein Rückenstück von dem weißzahnigen Schwein herabgeschnitten

— doch blieb das meiste daran übrig — und saftig war darum das Fett:

«Da, Herold! reiche dieses Fleisch dem Demodokos, daß er es esse und ich mich ihm aufmerksam erweise, so sehr ich auch bekümmert bin! Genießen doch bei allen Erdenmenschen die Sänger Ehre wie auch Ehrfurcht, weil die Muse sie die Sangespfade gelehrt hat und den Stamm der Sänger lieb hat.»

So sprach er. Und der Herold trug es hin und legte es dem Heros Demodokos in die Hände, und der empfing es und freute sich in dem Gemüte. Und sie streckten die Hände aus nach den bereiten vorgesetzten Speisen. Doch als sie sich das Verlangen nach Trank und Speise vertrieben hatten, da sprach der vielkluge Odysseus zu Demodokos:

«Demodokos! über die Maßen preise ich dich unter allen Sterblichen: ob dich nun die Muse, die Tochter des Zeus, gelehrt hat oder auch Apollon. Gar nach der Ordnung nämlich singst du das Unheil der Achaier: wieviel sie getan und gelitten haben und wieviel sie ausgestanden, die Achaier, so als wärst du selbst dabeigewesen oder hättest es gehört von einem andern. Doch auf! wechsele den Pfad und singe das Lied von dem hölzernen Pferde, das Epeios gemacht hat mit Hilfe der Athene, das einst der göttliche Odysseus als eine List auf die obere Stadt geführt, nachdem er es mit den Männern angefüllt, die Ilion vernichtet haben. Wenn du mir auch dieses nach Gebühr erzählst, so will ich alsbald allen Menschen künden, wie wohlgesonnen dir der Gott den göttlichen Gesang verliehen.»

So sprach er. Und dieser, von dem Gott getrieben, hob an und ließ den Gesang erscheinen, und setzte dort ein, wie die einen auf die gutverdeckten Schiffe stiegen und davonfuhren, nachdem sie in die Hütten Feuer geworfen hatten, die Argeier, die andern um den hochberühmten Odysseus aber schon verborgen in dem Pferde auf dem Markt der Troer saßen, denn selber hatten es die Troer auf die obere Stadt hinaufgezogen. Dort stand es nun. Sie aber sprachen viel Ungeschiedenes, während sie um es saßen, und es gefiel ihnen ein dreifacher Rat: entweder, daß sie das hohle Holzwerk mit dem erbarmungslosen Erz zerschlügen, oder es von den Felsen stürzten, nachdem sie es auf die Höhe gezogen, oder daß sie es ließen, daß es ein großes Prunkstück zur Beschwichtigung der Götter wäre. So sollte es dann auch vollendet werden. Denn es war bestimmt, daß die Stadt zugrunde gehe, sobald sie das große hölzerne Pferd in sich aufgenommen, in dem alle die Besten von den Argeiern saßen, den Troern den Tod und das Todesschicksal bringend. Und er sang, wie die Söhne der Achaier, sich aus dem Pferd ergießend, die Stadt zerstörten, nachdem sie den hohlen Schlupfwinkel verlassen; sang, wie der eine hier, der andere dort die steile Stadt vernichtete, und wie Odysseus zu den Häusern des Deïphobos ging, dem Ares gleich, zusammen mit dem gottgleichen Menelaos. Dort habe er den furchtbarsten Kampf, so erzählte er, auf sich genommen, und habe alsdann auch gesiegt, vermöge der hochgemuten Athene.

Dies sang der rings berühmte Sänger. Aber Odysseus schmolz hin, und Tränen quollen ihm aus den Lidern hervor und benetzten seine Wangen. Und wie eine Frau weint, die sich über den eigenen Gatten geworfen, der vor seiner Stadt und den Männern seines Volkes gefallen ist, indessen er von der Stadt und von den Kindern den erbarmungslosen Tag abwehrte — sie, wie sie ihn sterbend und zukkend sieht, schluchzt hell auf, rings um ihn ergossen, die Feinde aber, ihr von hinten mit Speeren den Rücken und die Schultern schlagend, führen sie in die Knechtschaft, daß sie Mühsal und Jammer habe: ihr aber, in dem erbärmlichsten Kummer, schwinden die Wangen dahin — so ließ Odysseus zum Erbarmen unter den Brauen die Träne fließen. Da blieb es allen anderen verborgen, wie er Tränen weinte. Nur Alkinoos wurde es an ihm gewahr und merkte darauf, da er dicht bei ihm saß und hörte, wie er schwer stöhnte. Und alsbald sprach er zu den ruderliebenden Phaiaken:

«Hört, Führer und Berater der Phaiaken! Demodokos aber halte nunmehr inne mit der helltönenden Leier, denn nicht allen singt er dies zur Freude! Seitdem wir das Nachtmahl nehmen und der göttliche Sänger sich erhob, seitdem hat niemals mehr der Fremde mit der jammervollen Klage aufgehört. Es ist wohl sehr ein Kummer über sein Herz gekommen. Doch auf! es halte jener ein, damit wir alle uns gleichermaßen erfreuen mögen: Gastgeber und Gast, denn so ist es viel schöner! Denn um des ehrwürdigen Fremden willen sind diese Anstalten gemacht: Heimgeleit wie auch liebe Gaben, die wir ihm freundlich gegeben haben. Steht doch an Bruders Statt der Fremde wie auch der Schutzsuchende für den Mann, der mit dem Verstande auch nur an wenig hinreicht. Darum verbirg auch du jetzt nicht mit klugen Gedanken, was ich dich frage! Ist es doch schöner, daß du redest! Sage den Namen, mit dem dich dortzulande Mutter und Vater gerufen haben und auch die anderen, welche in der Stadt sind und die dort in der Runde wohnen! Ist doch, wahrhaftig! keiner von den Menschen ganz namenlos, nicht Gering noch Edel, nachdem er einmal geboren wurde, sondern allen geben die Eltern Namen, sobald sie sie hervorgebracht. Und sage mir dein Land und Gau und Stadt,

damit dich unsere Schiffe, dorthin die Gedanken richtend, heimgeleiten mögen. Denn den Phaiaken sind nicht Steuermänner noch
Steuerruder, wie sie die anderen Schiffe haben, sondern es wissen
diese selber die Gedanken und Absichten der Männer, wissen die
Städte und die fetten Äcker von allen Menschen und durchqueren
die Meerestiefe auf das schnellste, in Dunst und Wolken gehüllt, und
keine Furcht besteht bei ihnen, daß sie je beschädigt oder vernichtet werden. Doch habe ich einst dieses so den Vater Nausithoos
sagen hören, der immer sagte, daß Poseidon es uns verargen werde,
daß wir die leidlosen Geleiter sind von allen. Sagte er doch, dieser
werde einst ein gutgebautes Schiff der Phaiaken-Männer, wenn es
von einem Geleit heimkehre, zerschmettern auf dem dunstigen Meere
und uns ein großes Gebirge um die Stadt ziehn. So sprach der Greis,
und dieses mag der Gott denn erfüllen oder es bleibe unerfüllt, so
wie es ihm im Herzen lieb ist! Doch auf! sage mir dieses und erzähle
es mir zuverlässig: wie du verschlagen wurdest und in welche Länder der Menschen du gekommen, erzähle von ihnen selber und den
gutbewohnten Städten, wieviele hart und wild und nicht gerecht
und welche gastfreundlich gewesen und einen Sinn gehabt, der die
Götter scheut! Und sage, was du weinst und jammerst in dem Gemüte drinnen, wenn du das Unheil der Argeier, der Danaer, und das
von Ilion hörst! Doch dieses haben die Götter bewirkt und das Verderben den Menschen zugesponnen, damit es noch den Künftigen
zum Gesange werde. Oder ist dir ein Anverwandter vor Ilion dahingeschwunden, der edel war, ein Eidam oder Schwiegervater, die uns
nach dem eigenen Blut und Geschlecht die nächsten sind? oder vielleicht auch ein Gefährte, ein Mann, der Liebes gewußt, ein edler?
Denn der ist nicht geringer als ein Bruder, der als ein Gefährte Verständiges weiß.»

NEUNTER GESANG

Wie Odysseus sich den Phaiaken zu erkennen gibt und wie er
erzählt, was ihm auf seinen Irrfahrten widerfahren ist. Kikonen. Lotophagen. Der Kyklop.

Da erwiderte und sagte zu ihm der vielkluge Odysseus:

«Alkinoos, Herrscher! Ausgezeichneter vor allen Männern des
Volkes! Ja, das ist wahrlich schön, einen solchen Sänger zu hören,
wie dieser ist: den Göttern an Stimme vergleichbar. Denn es gibt,
so sage ich, keine lieblichere Erfüllung, als wenn Frohsinn im ganzen Volke herrscht und Schmausende durch die Häuser hin auf den
Sänger hören, in Reihen sitzend, und daneben die Tische sind voll
von Brot und Fleisch, und es schöpft den Wein der Weinschenk aus
dem Mischkrug und bringt ihn herbei und füllt ihn in die Becher:
das scheint mir das Schönste zu sein in meinem Sinne. Doch dir hat
sich dein Mut darauf gewendet, daß du nach meinen Kümmernissen
fragst, den seufzerreichen, damit ich noch mehr jammere und stöhne.
Was soll ich dir alsdann zuerst und was zu allerletzt erzählen? Denn
Kümmernisse haben mir die Götter, die Söhne des Himmels, viele
gegeben! Doch jetzt will ich zuerst meinen Namen nennen, damit
auch ihr ihn wißt und ich alsdann, entronnen vor dem erbarmungslosen Tage, euch Gastfreund bin, und wenn ich auch fernab die Häuser bewohne.

Ich bin Odysseus, Laertes' Sohn, der ich mit meinen allfältigen
Listen die Menschen beschäftige, und es reicht die Kunde von mir
bis zum Himmel. Ich wohne aber auf Ithaka, der gut sichtbaren, und
ein Berg ist auf ihr, Neritos, der blätterschüttelnde, stark ins Auge
fallend. Ringsum aber liegen Inseln viele, gar dicht beieinander:
Dulichion und Same und die bewaldete Zakynthos. Sie selber aber
liegt niedrig ganz zu oberst in dem Salzmeer, nach dem Dunkel hin,
die anderen von ihr weg nach Morgen und zur Sonne. Rauh ist sie,
aber gut, um Männer aufzunähren. Kann ich für mein Teil, als das
eigene Land, doch sonst nichts Süßeres erblicken. Zwar suchte mich
Kalypso dort, die hehre unter den Göttinnen, in den gewölbten Höhlen festzuhalten, begehrend, daß ich ihr Gatte wäre, und ebenso
wollte mich Kirke zurückhalten in den Hallen, die von Aia her, die
listige, begehrend, daß ich ihr Gatte wäre, doch konnten sie mir
niemals den Mut in der Brust bereden. So ist nichts süßer, als das
eigene Vaterland und die Eltern, und wenn einer auch weit weg in
einem anderen Land ein fettes Haus bewohnt, fern von den Eltern.

Doch auf! so will ich dir auch meine Heimfahrt berichten, die an Kümmernissen reiche, die Zeus über mich gebracht hat, als ich vom Troerlande fortging.

Von Ilion her trug mich der Wind und brachte mich zu den Kikonen, nach Ismaros. Dort zerstörte ich die Stadt und vernichtete die Männer. Und als wir aus der Stadt die Weiber und viele Güter genommen hatten, verteilten wir sie unter uns, so daß mir keiner des gleichen Anteils verlustig ginge. Da trieb ich zwar, wahrhaftig! dazu, daß wir eilenden Fußes abzögen, doch sie, die großen Toren, folgten nicht. Da wurde viel Wein getrunken, und viele Schafe schlachteten sie an dem Gestade und schleppfüßige, krummgehörnte Rinder. Indessen aber riefen die entkommenen Kikonen nach den Kikonen, die ihre Nachbarn waren und zugleich zahlreicher und stärker das feste Land bewohnten, kundig, von Gespannen mit Männern zu kämpfen und, wo es Not tat, auch zu Fuß. Da kamen sie, so viel, wie Blätter und Blüten im Frühling entstehen, im Morgengrauen. Da trat ein böses Geschick des Zeus an uns heran, die zu Schrecklichem bestimmten, damit wir viele Schmerzen litten. Und sie stellten sich auf und kämpften den Kampf bei den schnellen Schiffen und warfen einander mit den erzgefügten Speeren. Solange Morgen war und der heilige Tag sich mehrte, solange hielten wir stand und erwehrten uns ihrer, so überlegen sie auch waren. Als aber die Sonne hinüberging zu der Stunde, da man die Rinder ausspannt, da überwältigten die Kikonen die Achaier und brachten sie zum Wanken. Und sechs gutgeschiente Gefährten von jedem Schiff gingen zugrunde, wir andern aber entkamen dem Tod und dem Verhängnis.

Und wir fuhren von dort weiter, betrübten Herzens, froh dem Tod entronnen, verlustig lieber Gefährten. Doch liefen mir die beiderseits geschweiften Schiffe nicht weiter, ehe man nicht einen jeden von den armen Gefährten dreimal gerufen hatte, die gestorben waren in dem Felde, erschlagen von den Kikonen. Und es erregte gegen die Schiffe einen Nordwind der Wolkensammler Zeus mit einem Sturmwind, einem ungeheuren, und verhüllte mit Wolken Land zugleich und Meer, und herein vom Himmel her brach Nacht. Da trieben die Schiffe mit herabgedrücktem Bug dahin, und es zerriß ihnen die Segel dreifach und vierfach die Gewalt des Windes. Da zogen wir diese in die Schiffe ein, in Furcht vor dem Verderben, und ruderten die Schiffe eilig voran zum festen Lande hin. Da lagen wir zwei Nächte und zwei Tage, immer in einem fort, und verzehrten unseren Mut zugleich in Ermattung und in Schmerzen. Als aber nun den dritten Tag die flechtenschöne Eos vollendet hatte, da setzten wir die Mastbäume und zogen die weißen Segel auf und saßen da, und die Schiffe lenkten der Wind und die Steuerleute. Und nun wäre ich wohl unversehrt ins väterliche Land gekommen, doch trieb die Woge und die Strömung mich ab, als ich Maleia umrunden wollte, und auch der Nordwind, und verschlug mich vorbei an Kythera.

Von da wurde ich neun Tage von bösen Winden über das fischreiche Meer getragen, jedoch am zehnten liefen wir an im Lande der Lotophagen, die pflanzliche Nahrung essen. Dort stiegen wir auf das feste Land und schöpften uns Wasser, und alsbald nahmen die Gefährten das Mahl bei den schnellen Schiffen. Doch als sie Speise und Trank genossen hatten, da schickte ich die Gefährten aus, um hinzugehen und zu erkunden, welches die Männer seien, die in dem Lande das Brot äßen, und wählte zwei Männer aus und gab ihnen einen dritten mit als Herold. Die aber gingen alsbald dahin und mischten sich unter die Lotophagenmänner. Und es sannen die Lotophagen gegen unsere Gefährten kein Verderben, sondern gaben ihnen zu essen von dem Lotos: und wer von ihnen aß die honigsüße Frucht des Lotos, der wollte nicht mehr zurück Meldung bringen noch heimkehren, sondern an Ort und Stelle wollten sie unter den Lotophagenmännern den Lotos rupfen und bleiben und der Heimkehr vergessen. Diese führte ich weinend mit Gewalt zu den Schiffen und zog sie in den gewölbten Schiffen unter die Deckbalken und band sie. Aber die andern geschätzten Gefährten trieb ich, daß sie sich eilen und die schnellen Schiffe besteigen sollten, damit keiner auf irgendeine Weise von dem Lotos äße und der Heimkehr vergäße. Und sie stiegen alsbald ein und setzten sich auf die Ruderbänke, und als sie sich der Reihe nach gesetzt, schlugen sie die graue Salzflut mit den Riemen.

Von dort fuhren wir weiter, betrübten Herzens, und kamen zum Lande der Kyklopen, der übergewaltigen, gesetzlosen, die, sich auf die Götter verlassend, die unsterblichen, weder Gewächse pflanzen mit den Händen, noch pflügen, sondern das wächst alles ungesät und ungepflügt: Weizen und Gerste und Reben, die einen Wein von großen Trauben tragen, und der Regen des Zeus mehrt es ihnen. Und sie haben weder ratspflegende Versammlungen noch auch Gesetze, sondern bewohnen die Häupter der hohen Berge in gewölbten Höhlen, und ein jeder setzt die Satzungen fest für seine Kinder und seine Weiber, und sie kümmern sich nicht umeinander.

Alsdann erstreckt sich da querab vom Hafen eine flache Insel, weder nah am Land der Kyklopen noch weit ab, eine bewaldete, und darauf leben unendliche wilde Ziegen. Denn kein Pfad der Menschen vertreibt sie, noch betreten die Insel Jäger, die im Walde Schmerzen leiden, wenn sie die Häupter der Berge durchstreifen. Weder von Herden ist sie eingenommen noch von Ackerbau, sondern unbesät und unbepflügt alle Tage ist sie von Menschen leer und nährt nur meckernde Ziegen. Denn den Kyklopen sind keine Schiffe zu Gebote mit mennigfarbenen Wangen, und auch keine Zimmermänner von Schiffen sind unter ihnen, die wohlverdeckte Schiffe bauen könnten, die da jegliches ausrichten, zu den Städten der Menschen fahrend, so wie vielfach die Männer auf Schiffen zueinander das Meer durchqueren. Diese hätten ihnen wohl auch die Insel zu einer gutbebauten machen können; denn sie ist gar nicht schlecht, und sie würde alles tragen nach der Jahreszeit. Denn auf ihr sind Wiesen an den Gestaden der grauen Salzflut, feuchte, weiche: da könnten recht wohl unvergängliche Reben sein. Und ebenes Ackerland ist darauf: dort könnte man recht wohl eine tiefe Saat jeweils zu den Zeiten der Ernte schneiden, denn sehr fett ist der Boden darunter. Und auf ihr ist ein Hafen, gut anzulaufen, wo kein Haltetau nötig ist und auch nicht nötig, Ankersteine auszuwerfen noch Hecktaue anzubinden, sondern man braucht nur aufzulaufen und eine Zeit zu warten, bis der Mut der Schiffer sie treibt und die Winde heranwehen. Doch am Kopf des Hafens fließt helles Wasser, eine Quelle, hervor aus einer Grotte, und Pappeln wachsen darum. Dort liefen wir an — und es ging ein Gott vor uns her — während der dunklen Nacht, und da zeigte sich nichts, das man sehen konnte. Denn ein tiefer Nebel war um die Schiffe, und auch der Mond schien nicht vom Himmel, sondern hielt sich verborgen in Wolken. Da sah keiner die Insel vor sich mit den Augen, und auch keine großen, ans trockene Land rollenden Wogen sahen wir, bis die gutverdeckten Schiffe aufliefen. Und als die Schiffe aufgelaufen waren, zogen wir alle Segel ein und stiegen auch selber aus an den Strand des Meeres. Dort schliefen wir und erwarteten das göttliche Frühlicht.

Als aber die frühgeborene erschien, die rosenfingrige Eos, sahen wir staunend die Insel und schweiften auf ihr umher. Und Nymphen, die Töchter des Zeus, des Aigishalters, trieben bergbewohnende Ziegen auf, damit die Gefährten die Mahlzeit nehmen könnten. Alsbald holten wir uns krumme Bögen und langschäftige Wurfspieße von den Schiffen, und in drei Gruppen geordnet schossen wir, und schnell gab ein Gott uns eine erwünschte Jagd. Zwölf Schiffe folgten mir, und auf jedes fielen neun Ziegen, zehn aber wählten sie aus für mich allein. So saßen wir da den ganzen Tag bis zur untergehenden Sonne und schmausten unendliches Fleisch und süßen Wein. Denn noch war den Schiffen der rote Wein nicht ausgegangen, sondern drinnen vorhanden, denn vielen hatten wir, jeder einzelne, in unsere Krüge eingefüllt, als wir die heilige Stadt der Kikonen eingenommen hatten. Und wir schauten hinüber zum Land der nahen Kyklopen und nahmen den Rauch von ihnen wahr und den Laut von Schafen und von Ziegen. Als die Sonne unterging und das Dunkel heraufkam, da schliefen wir am Ufer des Meeres. Als aber die frühgeborene erschien, die rosenfingrige Eos, da setzte ich eine Versammlung an und sprach unter ihnen allen:

«Ihr andern bleibt jetzt hier, mir geschätzte Gefährten! Ich aber will mit meinem Schiff und meinen eigenen Gefährten hingehen und diese Männer erkunden, wer sie sind: ob sie Unbändige sind und Wilde und nicht Gerechte, oder gastfreundlich und einen Sinn haben, der die Götter scheut.»

So sprach ich und stieg auf das Schiff und hieß die Gefährten auch selber einsteigen und die Hecktaue lösen. Die aber stiegen alsbald ein und setzten sich auf die Ruderbänke. Und als sie sich der Reihe nach gesetzt, schlugen sie die graue Salzflut mit den Riemen.

Doch als wir nun zu dem Platz gekommen waren, dem nahen, da sahen wir am äußersten Rande eine Höhle nah dem Meere, eine hohe, mit Lorbeerbäumen überdachte. Dort pflegte viel Kleinvieh, Schafe und auch Ziegen, die Nacht zu verbringen. Und herum war eine Hofmauer hoch erbaut mit eingegrabenen Steinen und großen Fichtenstämmen und hochbelaubten Eichen. Da pflegte der Mann zu nächtigen, der ungeheure, der ganz allein das Vieh, fernab, zu weiden pflegte, und nicht mit anderen verkehrte er, sondern hielt sich abseits und hegte Gesetzloses in seinem Sinne. War er doch auch geschaffen als ein Wunder, ein ungeheures, und glich nicht einem brotessenden Manne, sondern einer bewaldeten Felsenkuppe von hohen Bergen, die sichtbar ist für sich allein, entfernt von andern. Da befahl ich den anderen geschätzten Gefährten, daß sie an dem Orte bei dem Schiffe bleiben und das Schiff bewachen sollten. Ich aber las von den Gefährten die zwölf besten aus und schritt dahin. Und einen Ziegenschlauch nahm ich mit voll schwarzen Weines, süßen, den mir Maron gegeben hatte, des Euanthes Sohn, der Priester des Apollon, der Ismaros schützend umwandelt, weil wir ihn beschirmt hatten mit seinem Sohne und seinem Weibe, in Scheu, denn er wohnte in dem baumreichen Hain des Phoibos Apollon. Der gab mir glänzende Gaben: gab mir sieben Pfunde gutbearbeiteten Goldes und gab mir einen Mischkrug ganz aus Silber und sodann einen Wein, den er einfüllte in zwölf Krüge im ganzen, süß, ungemischt, einen göttlichen Trank; und es wußte keiner von ihm unter

113

den Knechten und Mägden im Hause, sondern nur er selbst und seine Gattin und die eine Beschließerin allein. Und wenn sie ihn trinken wollten, den honigsüßen roten Wein, so füllte er einen Becher auf zwanzig Maße Wasser und goß ein, und ein süßer Duft duftete von dem Mischkrug auf, ein göttlicher: da wäre dir, dich zu enthalten, nicht lieb gewesen! Von diesem füllte ich einen großen Schlauch und nahm ihn mit und dazu auch Speisen in einem Korbe. Denn es ahnte mir sogleich der mannhafte Mut, daß ich an einen Mann kommen würde, angetan mit großer Stärke, einen wilden, der weder Recht noch Satzungen gehörig kannte.

Und schnell gelangten wir zu der Höhle. Jedoch wir fanden ihn nicht drinnen, sondern er weidete auf der Weide sein fettes Vieh. Und wir gingen in die Höhle und betrachteten jedes Einzelne. Da strotzten Darren von Käse, und Pferche waren gedrängt voll von Lämmern und Zicklein. Und abgesondert voneinander waren sie, jegliche für sich, eingesperrt: an ihrem Orte die ersten Würfe, an ihrem Orte die mittleren und an ihrem Ort hinwieder die Spätlinge. Und es troffen von Molken alle Gefäße, Kübel und Eimer: Gefertigtes, wohinein er melkte. Da flehten mich die Gefährten an mit Worten, daß wir zuerst von den Käsen nehmen und wieder gehen, dann aber geschwind die Zicklein und die Lämmer aus den Pferchen hinaus zu dem schnellen Schiffe treiben und fahren sollten auf die salzige See. Jedoch ich ließ mich nicht bereden — und es wäre doch viel besser gewesen! —, damit ich den Mann selber sähe und ob er mir Gastgeschenke gäbe. Doch sollte er, als er erschien, für die Gefährten nicht liebreich werden. Da zündeten wir ein Feuer an und opferten und nahmen selbst auch von den Käsen und aßen und warteten auf ihn, drinnen sitzend, bis er herankam, eintreibend. Und er trug eine gewaltige Last trockenen Holzes, damit es ihm für das Nachtmahl dienlich wäre, warf es hinein in die Höhle und machte ein Getöse. Wir aber stürzten vor Furcht hinweg in das Innerste der Höhle. Doch er trieb das fette Vieh in die weite Höhle, alles Stück für Stück, soviel er melken wollte, das männliche aber ließ er vor der Türe, die Widder und die Böcke, draußen in dem tiefen Hofe. Und setzte alsbald einen großen Türstein davor, den er hoch aufhob, einen gewaltigen. Den hätten nicht zweiundzwanzig Wagen, tüchtige, vierrädrige, wegwuchten können von dem Boden: einen so großen schroffen Stein setzte er vor die Türe. Und er setzte sich nieder und begann, die Schafe und die meckernden Ziegen zu melken, alles nach Gebühr, und legte einer jeden ihr Junges unter. Und alsbald ließ er die Hälfte von der weißen Milch gerinnen und stellte sie ab, nach-

dem er sie in geflochtenen Körben gesammelt hatte. Die andere Hälfte aber stellte er in Gefäßen auf, damit er davon nehmen und trinken könnte und sie ihm für das Nachtmahl dienlich wäre. Doch als
er nun geschäftig seine Arbeiten verrichtet hatte, da zündete er ein
Feuer an und erblickte uns und fragte uns:

«Fremde, wer seid ihr? von woher kommt ihr die feuchten Pfade
gefahren? eines Geschäftes wegen? oder schweift ihr nur so hin wie
Seeräuber über die Salzflut, die da umherschweifen und ihr Leben
daran setzen, indem sie Anderen Böses bringen?»

So sprach er. Aber uns zerbrach das liebe Herz, in Furcht vor seiner rauhen Stimme wie vor ihm selber, dem ungeheueren. Aber auch
so erwiderte ich und sagte zu ihm mit Worten:

«Wir sind zu dir von Troja her, Achaier, verschlagen von allfachen
Winden, über die große Meerestiefe, während wir heimwärts strebten, anderen Weges, andere Pfade hergekommen — so hat es Zeus
wohl beschließen wollen —, und Volk des Atreus-Sohnes Agamemnon rühmen wir uns zu sein, von dem jetzt die größte Kunde unter
dem Himmel ist, denn eine so große Stadt hat er zerstört und viele
Männer des Volks vernichtet. Wir aber, da wir hierher gelangt sind,
kommen schutzsuchend zu deinen Knien, ob du wohl gastliche Bewirtung reichen oder auch sonst eine Gabe geben mögest, wie sie
unter Gastfreunden Brauch ist. So scheue denn, Bester, die Götter!
Schutzsuchende sind wir dir. Ist Zeus der Rächer doch der Schutzsuchenden und der Fremden, der Gastliche, der mit den Gästen ist,
denen Scheu gebührt.»

So sprach ich. Und er erwiderte mir alsbald mit ungerührtem
Mute:

«Kindisch bist du, Fremder, oder von weit hergekommen, der du
mich die Götter fürchten oder scheuen heißest. Denn die Kyklopen
kümmern sich nicht um Zeus, den Aigishalter, noch auch um die
seligen Götter, da wir wahrhaftig viel stärker sind. Auch ich würde
aus Scheu vor der Feindschaft des Zeus weder dich noch deine Gefährten schonen, wenn mich der Mut nicht dazu treibt. Aber sage mir: wohin hast du, als du kamst, dein gutgebautes Schiff gelenkt? irgend
an ein entlegenes Gestade oder hier in die Nähe? daß ich es weiß.»

So sprach er und suchte mich auszuhorchen. Doch entging es mir
nicht, der ich viel erfahren hatte, sondern, es ihm zurückgebend,
sagte ich zu ihm mit listigen Worten:

«Das Schiff hat mir Poseidon, der Erderschütterer, zerschlagen, es
gegen die Felsen werfend an den äußersten Enden eures Landes,
nachdem er es an eine Klippe herangetragen: der Wind trieb es

vom Meere her. Ich aber entkam mit diesen hier dem jähen Verderben.»

So sprach ich. Doch er erwiderte mir nichts mit ungerührtem Mute, sondern sprang auf und streckte nach den Gefährten die Hände aus und packte zwei auf einmal und schlug sie wie junge Hunde gegen die Erde. Da floß das Gehirn aus auf den Boden und benetzte die Erde, und nachdem er sie Glied für Glied zerschnitten, bereitete er sie sich zum Nachtmahl und aß sie wie ein bergernährter Löwe und ließ nichts übrig, nicht Eingeweide noch Fleisch noch markerfüllte Knochen. Wir aber weinten und erhoben zu Zeus die Hände, als wir die gräßlichen Werke sahen, und Ohnmacht hielt unseren Mut befangen. Doch als sich der Kyklop den großen Wanst gefüllt mit dem Fraß von Menschenfleisch und dazu ungemischte Milch getrunken, lag er in der Höhle drinnen, hingestreckt, unter den Schafen. Da gedachte ich in meinem großherzigen Mute, an ihn heranzutreten und, das scharfe Schwert gezogen von der Hüfte, es ihm in die Brust zu stoßen, da wo das Zwerchfell die Leber umschlossen hält, nachdem ich die Stelle mit der Hand ertastet. Doch eine andere Regung hielt mich. Denn auch wir wären dort in jähem Verderben umgekommen: vermochten wir doch nicht, von den hohen Türen den gewaltigen Stein mit den Händen hinwegzustoßen, den er vorgesetzt. So warteten wir da seufzend auf das göttliche Frühlicht.

Doch als die frühgeborene erschien, die rosenfingrige Eos, da zündete er ein Feuer an und begann, das herrliche Vieh zu melken, alles nach Gebühr, und legte einer jeden ihr Junges unter. Doch als er nun geschäftig seine Arbeiten verrichtet hatte, da packte er wieder zwei auf einmal und bereitete sie sich zum Mahle. Und als er die Mahlzeit gehalten hatte, trieb er das fette Vieh aus der Höhle, nachdem er leicht den großen Türstein weggenommen. Doch setzte er ihn dann wieder vor, wie wenn man den Deckel auf einen Köcher setzt, und trieb sein fettes Vieh mit vielem Pfeifen bergwärts, der Kyklop.

Ich aber blieb zurück, tief über Schlimmem sinnend, ob ich es ihn könnte irgend büßen lassen und mir Athene Ruhm verleihe. Und dies schien mir in meinem Sinne der beste Rat: Da lag von dem Kyklopen ein großer Knüttel bei dem Pferch, grün, von Olivenholz: den hatte er geschnitten, um ihn zu tragen, wenn er getrocknet wäre. Den schätzten wir, als wir ihn betrachteten, so groß wie den Mastbaum eines zwanzigrudrigen schwarzen Schiffes, eines breiten Lastschiffs, das die große Tiefe überquert: so groß war er an Länge, so groß an Dicke anzuschauen. Zu dem trat ich heran und schlug von ihm ein Stück, so groß wie eine Klafter, ab und legte es den Gefährten hin und befahl ihnen, es abzuschaben, und die machten es glatt. Ich aber trat heran und spitzte es oben zu und nahm es und brannte es alsbald hart am flammenden Feuer, und verwahrte es gut, unter dem Mist verborgen, der hoch aufgehäuft war durch die Höhle hin, genugsam viel. Jedoch den anderen befahl ich, über sich das Los zu werfen, wer das Wagnis unternehmen sollte, mit mir zusammen den Pfahl aufzunehmen und ihm in das Auge zu bohren, wenn der süße Schlaf über ihn kam. Da fiel das Los eben auf die, die ich mir selber gewünscht hätte auszuwählen: vier, und ich zählte mich unter ihnen als der fünfte.

Des Abends aber kam er und trieb die schönhaarigen Schafe ein. Und trieb sogleich das fette Vieh in die weite Höhle, alles, Stück für Stück, und ließ nichts draußen in dem tiefen Hofe — ob er nun etwas ahnte oder auch ein Gott ihn so getrieben hatte. Dann hob er den großen Türstein in die Höhe und setzte ihn davor, nachdem er ihn hoch aufgehoben, und setzte sich nieder und begann die Schafe und die meckernden Ziegen zu melken, alles nach Gebühr, und legte einer jeden ihr Junges unter. Doch als er geschäftig seine Arbeiten verrichtet hatte, da packte er wieder zwei auf einmal und bereitete sie sich zum Nachtmahl. Da trat ich dicht vor den Kyklopen und sagte zu ihm, einen Napf voll schwarzen Weines in den Händen haltend:

«Da, Kyklop! trinke den Wein, nachdem du das Menschenfleisch gegessen, damit du siehst, welch einen Trank da unser Schiff verwahrt gehalten! Dir habe ich ihn gebracht zur Spende, ob du dich meiner erbarmen und mich nach Hause senden mögest. Doch du rasest nicht mehr erträglich. Schrecklicher! wie wird ein anderer noch späterhin zu dir gelangen wollen von den vielen Menschen! da du nicht nach Gebühr gehandelt.»

So sprach ich. Und er empfing ihn und trank ihn aus und freute sich gewaltig, den süßen Trank zu trinken, und forderte von mir wieder zum zweitenmale:

«Gib mir noch einmal gütig und sage mir deinen Namen, jetzt auf der Stelle, daß ich dir ein Gastgeschenk gebe, an dem du dich freuen wirst! Denn auch den Kyklopen trägt die nahrunggebende Ackerscholle einen Wein von großen Trauben, und der Regen des Zeus mehrt ihn ihnen. Aber dies ist ein Ausfluß von Ambrosia und Nektar!»

So sprach er. Und ich reichte ihm noch einmal den funkelnden Wein. Dreimal brachte und gab ich ihm, und dreimal trank er ihn aus im Unverstande. Doch als der Wein dem Kyklopen die Sinne umfangen hatte, da sagte ich zu ihm mit schmeichelnden Worten:

«Kyklop! du fragst nach meinem berühmten Namen. Nun denn! so will ich ihn dir sagen! Du aber gib mir das Gastgeschenk, so wie du es versprochen hast! *Niemand* ist mein Name, und *Niemand* rufen mich Vater und Mutter und all die anderen Gefährten.»

So sprach ich. Der aber erwiderte mir alsbald mit ungerührtem Mute:

«Den Niemand werde ich als letzten verspeisen unter seinen Gefährten, die anderen zuvor: das soll dein Gastgeschenk sein!»

Sprach es und lehnte sich zurück und fiel hintenüber, und lag alsdann, den feisten Hals zur Seite geneigt, und der Schlaf ergriff ihn, der Allbezwinger. Und aus seinem Schlunde brach Wein hervor und Brocken von Menschenfleisch, und er erbrach sich, weinbeschwert. Da stieß ich den Pfahl unter die Asche, die viele, bis er sich erhitzte, und sprach mit Worten allen Gefährten Mut zu, daß keinen die Furcht befiele und er entwiche. Doch als sich nun der Ölbaumpfahl schon bald im Feuer entzünden wollte, so grün er war, und fürchterlich durch und durch zu glühen anfing, da trug ich ihn aus dem Feuer heran, und um ihn stellten sich die Gefährten, und große Kühnheit hauchte uns der Daimon ein. Sie ergriffen den Ölbaumpfahl, den an der Spitze geschärften, und stemmten ihn in das Auge, aber ich stemmte mich von oben her auf ihn und drehte. Wie wenn ein Mann einen Schiffsbalken anbohrt mit dem Bohrer, und die andern fassen zu auf beiden Seiten und wirbeln ihn unten herum mit dem Riemen, er aber läuft beharrlich fort und fort: so faßten wir den feuergespitzten Pfahl und drehten ihn in seinem Auge, und Blut quoll um ihn herum, den heißen. Und alle Wimpern rings und Brauen versengte ihm die Glut des Augapfels, der brannte, und es prasselten im Feuer seine Wurzeln. Und wie ein Mann, ein Schmied, eine große Axt oder ein Schlichtbeil in kaltes Wasser eintaucht, um es, das gewaltig zischende, zu frischen — das ist dann wieder die Kraft des Eisens —: so zischte sein Auge rings um den Olivenpfahl. Und schrecklich brüllte er laut auf, und es erscholl ringsum der Felsen, wir aber stoben vor Furcht davon. Er aber riß sich den Pfahl aus dem Auge, den mit vielem Blut besudelten, und warf ihn alsbald von sich, wild mit den Händen um sich fahrend, und rief laut nach den Kyklopen, die in der Runde um ihn her in Höhlen zwischen den windigen Kuppen wohnten. Die kamen, als sie seinen Ruf gehört, herbei, der eine von hier-, der andere von dorther, und stellten sich um die Höhle und fragten, was ihn bekümmere:

«Was hat dich, Polyphem! so Großes betroffen, daß du so gerufen durch die Nacht, die ambrosische, und hast uns schlaflos gemacht?
Es treibt doch keiner der Sterblichen dir gegen den Willen die Schafe
fort? oder es erschlägt dich selbst doch keiner mit List oder auch mit
Gewalt?»

Da sagte hinwieder aus der Höhle zu ihnen der starke Polyphemos:

«Freunde! Niemand erschlägt mich mit List und nicht mit Gewalt!»

Da erwiderten sie und sprachen die geflügelten Worte:

«Wenn dir denn niemand Gewalt antut, und du allein bist: nun!
einer Krankheit von dem großen Zeus her ist auf keine Weise zu
entrinnen. Da bete du nur zu deinem Vater, dem Herrn Poseidon.»

So sprachen sie und gingen davon. Mir aber lachte mein liebes
Herz, wie sie mein Name getäuscht hatte und der untadelige Einfall.

Der Kyklop aber, stöhnend und sich in stechenden Schmerzen
windend, nahm, mit den Händen tastend, den Stein von den Türen
und setzte sich selbst in die Türen, beide Arme ausgebreitet: ob er
vielleicht einen ergriffe, wenn er mit den Schafen zur Tür hinaus-
schritte, denn er wähnte wohl in seinem Sinne, daß ich derart tö-
richt wäre. Doch ich überlegte, wie es am weit besten geschehen
möchte, daß ich für die Gefährten und für mich selber eine Lösung
von dem Tode fände. Und alle Listen und Anschläge wob ich, wie
nur, wenn es um das Leben geht — denn es war ein großes Übel
nahe —, und dieses schien mir in dem Gemüte der beste Rat: Da
waren männliche Schafe, wohlgenährte, mit dicker Wolle, schön und
groß, und hatten ein veilchendunkles Vlies. Diese schloß ich in aller
Stille zusammen mit gutgedrehten Weidenruten, auf denen der Kyklop zu schlafen pflegte, der ungeheure, der nur gesetzlose Dinge
wußte, indem ich immer drei zusammennahm: der in der Mitte trug
den Mann, die beiden anderen aber gingen zu beiden Seiten und
deckten die Gefährten. Drei Hammel trugen je einen Mann. Ich
selber aber — denn da war ein Schafbock, der bei weitem beste von
allen Schafen — griff diesem in den Rücken, wälzte mich unter den
wolligen Bauch und lag so, und, mit den Händen in das ungeheure
Geflock verwickelt, hielt ich mich unablässig mit ausdauerndem Mut.
So warteten wir da seufzend auf das göttliche Frühlicht. Doch als
die frühgeborene erschien, die rosenfingrige Eos, da trieb er alsbald
die männlichen Schafe aus zur Weide, die weiblichen aber blökten
ungemolken rings in den Pferchen, denn ihre Euter waren straff
gespannt. Ihr Herr jedoch, von bösen Schmerzen aufgerieben, be-

fühlte die Rücken von allen Schafen, so wie sie aufrecht dastanden. Das aber gewahrte der Törichte nicht, wie sie ihm unter die Brust der Schafe mit den wolligen Vliesen gebunden waren. Als letzter schritt unter dem Vieh der Schafbock durch die Tür hinaus, beengt von der Wolle und von mir, der ich Vielfältiges bedachte. Da betastete ihn der starke Polyphemos und sagte zu ihm:

«Lieber Widder! was läufst du mir so als letzter von den Schafen durch die Höhle? Sonst bleibst du nicht zurück hinter der Herde, sondern weidest als weit erster die zarten Blumen des Grases, weit ausschreitend, kommst als der erste zu den Strömungen der Flüsse und strebst als erster in den Stall des Abends wieder heimzukehren; jetzt aber bist du der allerletzte. Gewiß vermißt du das Auge deines Herrn, den der böse Mann ganz blind gemacht hat mit den erbärmlichen Gefährten, nachdem er mir den Sinn mit Wein bezwungen: der Niemand, der, so sage ich, noch nicht entronnen ist vor dem Verderben. Wenn du doch gleich mir denken und Sprache zu mir gewinnen könntest, daß du sagtest, wo jener sich meiner Kraft entzieht: dann würde das Gehirn ihm hierhin und dorthin durch die Höhle spritzen, wenn er auf den Boden geschmettert würde, und es würde mein Herz erleichtert werden von den Übeln, die dieser Garnichts mir bereitet hat: der Niemand!»

So sprach er und ließ den Widder von sich zur Tür hinausgehen. Doch als wir von der Höhle und dem Hofe ein kleines Stück hinweggekommen waren, da löste ich zuerst mich von dem Schafbock und löste auch die Gefährten darunter los. Und eilig trieben wir die Schafe, die streckfüßigen, dick von Fett, uns vielfach umwendend, dahin, bis daß wir zu dem Schiff gelangten. Und wir erschienen unseren Gefährten willkommen, die wir dem Tod entronnen waren, die andern aber beklagten sie mit Stöhnen. Allein, ich ließ es nicht zu und winkte einem jeden mit den Augenbrauen, daß er nicht weinen sollte, sondern befahl, schnell die schönhaarigen Schafe, die vielen, in das Schiff zu werfen und auf das salzige Wasser hinauszufahren. Und sie stiegen alsbald ein und setzten sich auf die Ruderbänke, und als sie sich der Reihe nach gesetzt, schlugen sie die graue Salzflut mit den Riemen. Doch als das Schiff soweit entfernt war, wieweit ein Rufender reicht mit der Stimme, da rief ich den Kyklopen an mit höhnenden Worten:

«Kyklop! nicht eines kraftlosen Mannes Gefährten hast du in der gewölbten Höhle verzehren sollen mit überlegener Gewalttat! So sollten freilich deine schlimmen Werke über dich kommen, Schrecklicher! da du die Gäste nicht gescheut hast in deinem Haus, daß du sie äßest. Darum hat es dich Zeus wie auch die anderen Götter büßen lassen.»

So sprach ich. Doch der ergrimmte darauf noch mehr im Herzen, riß ab die Kuppe von einem großen Berge, schleuderte sie, und nieder schlug sie vorn vor dem Schiff mit dem dunklen Bug. Da wallte das Meer auf unter dem herniederfahrenden Felsen, und zurück zum Lande trug es die rückbrandende Woge, die Flutwelle aus dem Meer, und versetzte es, daß es an das trockene Land gelangte. Ich aber ergriff mit den Händen eine gar lange Stange, stieß es querab und trieb die Gefährten und hieß sie sich in die Riemen legen, damit wir dem Unheil entrinnen könnten, indem ich ihnen mit dem Kopf zunickte. Sie aber fielen nach vorne aus und ruderten. Doch als wir über die Salzflut fahrend nun doppelt so weit abgekommen, da wollte ich den Kyklopen anreden. Jedoch die Gefährten um mich her suchten, der eine hier, der andere dort, mich mit schmeichelnden Worten zurückzuhalten:

«Schrecklicher! warum willst du den wilden Mann reizen, der schon jetzt, sein Geschoß auf das Meer hin werfend, das Schiff zum festen Land zurückgetrieben, und wir meinten schon, daß wir dort verderben würden. Doch hört er erst, wie irgendeiner einen Laut ertönen läßt oder redet, so wird er auch schon unsere Köpfe und die Balken des Schiffs zerschmettert haben, mit einem scharfkantigen Blocke werfend, denn so weit schleudert er!»

So sprachen sie. Doch beredeten sie nicht meinen großherzigen Mut, sondern zurückgewendet sprach ich zu ihm noch einmal mit ergrimmtem Mute:

«Kyklop! wofern dich einer der sterblichen Menschen befragen wird nach deines Auges unwürdiger Blendung, so sage, daß Odysseus, der Städtezerstörer, dich blind gemacht hat, der Sohn des Laertes, der auf Ithaka die Häuser hat.»

So sprach ich. Er aber brüllte auf und erwiderte mir mit der Rede:

«Nein doch! ereilen mich wahrhaftig doch altgesagte Göttersprüche! War hier am Orte einst ein Seher-Mann, tüchtig und groß: Telemos, Sohn des Eurymos, der ausgezeichnet war in Wahrsagung und wahrgesagt hat den Kyklopen bis ins Alter. Der sagte mir, daß dieses alles sich künftighin erfüllen würde: daß ich von des Odysseus Händen verlustig gehen würde des Gesichts. Doch habe ich immer angenommen, es werde herkommen ein Mann, ein großer und schöner, angetan mit großer Stärke. Jetzt aber ist es ein Geringer und Nichtiger und Schwächlicher, der mich am Auge blind gemacht hat, nachdem er mich mit Wein bezwungen. Doch auf! hierher, Odysseus!

daß ich dir Bewirtung vorsetze und den ruhmvollen Erderschütterer bewege, dir ein Heimgeleit zu geben. Denn dessen Sohn bin ich, und mein Vater rühmt er sich zu sein. Er wird auch, wenn er will, mich heilen, und keiner sonst, weder von den seligen Göttern noch von den sterblichen Menschen!»

So sprach er. Aber ich antwortete und sagte zu ihm:

«Wenn ich dich doch so gewiß der Seele und des Lebens verlustig machen und in das Haus des Hades schicken könnte, wie nie dein Auge heilen wird auch nicht der Erderschütterer!»

So sprach ich. Der aber betete sogleich zu dem Herrn Poseidon, die Arme zu dem bestirnten Himmel streckend:

«Höre, Poseidon! Erdbeweger, mit der schwarzen Mähne! Bin ich wahrhaftig dein und rühmst du dich, daß du mein Vater bist: gib, daß Odysseus, der Städtezerstörer, nicht heimgelange, des Laertes Sohn, der auf Ithaka die Häuser hat! Doch ist sein Teil, daß er die Seinen sieht und in sein wohlgebautes Haus und in sein väterliches Land gelangt: spät komme er heim auf schlimme Weise, nachdem er verloren alle die Gefährten, auf einem fremden Schiff, und finde Leiden in seinem Hause!»

So sprach er und betete, und ihn hörte der mit der schwarzen Mähne. Doch er erhob von neuem einen viel größeren Stein, warf ihn, nachdem er ihn herumgewirbelt, und legte eine unermeßliche Kraft hinein. Und nieder fuhr er um ein kleines hinter dem schwarzbugigen Schiff, und wenig fehlte, daß er das Ende des Steuerruders getroffen hätte. Da wallte das Meer auf unter dem hierniederfahrenden Felsen, doch voran trug es die Woge und versetzte es, daß es an das trockene Land gelangte.

Doch als wir nun zu der Insel kamen, wo die andern gutgedeckten Schiffe alle miteinander geblieben waren und rings die Gefährten jammernd saßen und uns beständig erwarteten, da ließen wir, dorthin gekommen, das Schiff auflaufen auf dem Sande und stiegen auch selber aus an den Strand des Meeres und nahmen die Schafe des Kyklopen aus dem gewölbten Schiff und verteilten sie unter uns, so daß mir keiner des gleichen Anteils verlustig ginge. Den Schafbock aber gaben mir allein die gutgeschienten Gefährten als Sondergabe von den verteilten Schafen. Den opferte ich an dem Gestade dem Zeus, dem schwarzwolkigen, dem Kronos-Sohn, der über alle Herr ist, und verbrannte ihm die Schenkel. Der aber achtete des Opfers nicht, sondern sann darauf, wie alle gutgedeckten Schiffe und die mir geschätzten Gefährten zugrunde gingen. So saßen wir da den ganzen Tag bis zur untergehenden Sonne und schmausten unendliches Fleisch und süßen Wein. Als aber die Sonne untergegangen war und das Dunkel heraufkam, da schliefen wir an dem Strand des Meeres. Als aber die frühgeborene erschien, die rosenfingrige Eos, da trieb ich die Gefährten und befahl ihnen, selber einzusteigen und die Hecktaue zu lösen. Und sie stiegen alsbald ein und setzten sich auf die Ruderbänke, und als sie sich der Reihe nach gesetzt, schlugen sie die graue Salzflut mit den Riemen. Und wir fuhren von dort weiter, betrübten Herzens, froh dem Tod entronnen, verlustig lieber Gefährten.

ZEHNTER GESANG

Odysseus fährt in der Erzählung seiner Abenteuer fort.
Aiolos-Insel. Laistrygonen. Kirke.

Und wir gelangten zur Aiolos-Insel. Dort wohnte Aiolos, Hippotes'
Sohn, ein Freund den unsterblichen Göttern, auf einer schwimmenden Insel. Ganz um sie herum ist eine Mauer, eine eherne, unzerbrechliche, und springt glatt der Fels auf. Ihm waren auch zwölf
Kinder in den Hallen geboren worden: sechs Töchter und sechs Söhne,
die standen in Jugendreife. Da gab er die Töchter den Söhnen, daß
sie ihnen Lagergenossinnen wären. Die aber schmausen immer bei
dem lieben Vater und der sorgsamen Mutter, und ihnen stehen zehntausend Speisen bereit, und erfüllt von Fettdampf erschallt das Haus
rings von Flötenspiel die Tage über; die Nächte aber ruhen sie bei
ihren ehrsamen Gattinnen in Decken und gurtdurchzogenen Betten.
Und wir gelangten zu ihrer Stadt und den schönen Häusern, und
während eines ganzen Mondes tat er mir Liebes an und fragte mich
aus nach all und jedem: nach Ilion und den Schiffen der Argeier und
der Heimkehr der Achaier, und ich erzählte ihm alles nach Gebühr.
Doch als ich nun auch um die Fahrt bat und verlangte, daß er mich
geleiten sollte, da weigerte jener es nicht und bereitete mir das Geleit und gab mir einen Schlauch von einem neunjährigen Rind, nachdem er es abgezogen. Da band er die Pfade der heulenden Winde
hinein; denn ihn hatte zum Verwalter über die Winde Kronion gemacht, daß er entweder stillte oder erregte, wen er wollte. Und er
band ihn fest in dem gewölbten Schiff mit einer Schnur, einer schimmernden, von Silber, damit nichts nebenher herausblase auch nur
ein wenig. Mir aber ließ er den Hauch des Westwinds wehen, damit
er die Schiffe und uns selber trage. Doch sollte er es nicht vollenden,
denn durch unsere eigenen Torheiten richteten wir uns zugrunde.

Neun Tage fuhren wir in einem fort die Nächte hindurch und auch
am Tage. Am zehnten aber zeigte sich schon das väterliche Land, und
nahe sahen wir schon die Feuerwachen. Da kam ein süßer Schlaf über
mich, den ermatteten. Denn immer hatte ich das Ruder des Schiffs
geführt und es keinem andern gegeben unter den Gefährten, damit
wir um so schneller in das väterliche Land gelangten. Da aber sprachen die Gefährten zueinander mit Worten und meinten, daß ich
Gold und Silber mit mir nach Hause führte als Gaben von Aiolos,
dem großherzigen Sohn des Hippotes. Und einer sah den andern
neben sich an und sagte so:

«Nein doch! wie dieser allen Menschen lieb und wert ist, in wessen Stadt und Land er auch gelangt! Viele schöne Kostbarkeiten führt er schon aus Troja mit sich von der Beute, wir aber, die wir denselben Weg vollendet, kehren nach Haus zurück und haben alle miteinander leere Hände. Und jetzt hat ihm dieses, gefällig in Freundschaft, Aiolos gegeben. Doch auf! laßt uns geschwind zusehen, was das wohl ist: wieviel da Gold und Silber in dem Schlauch ist!»

So sprachen sie, und der schlimme Rat der Gefährten siegte. Sie lösten den Schlauch, und alle Winde fuhren heraus, und alsogleich packte sie ein Wirbel und trug sie auf das Meer hinaus, weinend, hinweg von dem väterlichen Lande. Ich aber erwachte und überlegte in meinem untadeligen Mute, ob ich mich aus dem Schiffe werfen und in dem Meer zugrunde gehen oder schweigend aushalten und noch unter den Lebenden bleiben sollte. Doch hielt ich aus und blieb und verhüllte mich und lag in dem Schiffe. Die Schiffe aber wurden von dem bösen Wirbelwind wieder zur Aiolosinsel getragen, und es stöhnten die Gefährten. Dort stiegen wir an Land und schöpften uns Wasser, und geschwind nahmen die Gefährten bei den schnellen Schiffen die Mahlzeit. Doch als sie von Speise und Trank genossen hatten, da nahm ich mir einen Herold und einen Gefährten zum Begleiter und schritt zu des Aiolos berühmten Häusern. Und ich traf ihn, wie er bei seiner Gattin und seinen Kindern speiste. Und wir gingen ins Haus und setzten uns neben den Pfosten auf die Schwelle. Die aber verwunderten sich in dem Gemüt und fragten:

«Wie bist du gekommen, Odysseus? welch schlimmer Daimon hat dich angefallen? Haben wir dich doch fürsorglich fortgeleitet, damit du in dein Vaterland und dein Haus gelangtest und wohin es dir sonst wohl lieb ist.»

So sprachen sie. Ich aber hob an vor ihnen betrübten Herzens:

«Ins Unheil brachten mich die Gefährten, die schlimmen, und dazu der Schlaf, der unerbittliche! Aber macht es wieder gut, Freunde! denn die Macht dazu ist bei euch.»

So sprach ich und ging sie an mit sanften Worten. Die aber waren stumm, und der Vater erwiderte mit der Rede:

«Fahr hin von der Insel, schleunigst, Schändlichster derer, die da leben! Denn nicht erlaubt ist mir, zu pflegen und mit Geleit hinwegzuschicken *den* Mann, der den Göttern, den seligen, verhaßt ist. Fahr hin! da du als ein den Göttern Verhaßter in dies Haus gekommen!»

So sprach er und schickte mich hinweg aus den Häusern, den schwer Stöhnenden. Und wir fuhren von dort weiter, betrübten Herzens, und der Mut der Männer wurde aufgerieben durch die schmerzliche Ruderarbeit um unserer Verblendung willen, denn nicht mehr zeigte sich ein Heimgeleit. Sechs Tage fuhren wir immerfort die Nächte hindurch und auch am Tage. Am siebenten aber gelangten wir zu der steilen Burg des Lamos, nach Telepylos im Laistrygonen-lande, wo der Hirt den Hirten anruft, wenn er eintreibt, und der, der austreibt, auf ihn hört. Da könnte ein Mann ohne Schlaf sich wohl doppelten Lohn verdienen: den einen als Rinderhirte, den anderen, weiße Schafe weidend, denn nahe sind dort die Pfade der Nacht wie auch des Tages. Als wir dort in den herrlichen Hafen kamen, um den sich rings der Fels hinzieht, steil aufsteigend, fort und fort auf beiden Seiten, und vorspringende Gestade ragen vor, einander gegen-über an der Mündung, und schmal ist die Einfahrt — da lenkten die anderen alle die beiderseits geschweiften Schiffe ins Innere hinein. Die wurden drinnen im hohlen Hafen dicht beieinander festgebun-den. Denn niemals wuchs die Flut in ihm heran, weder groß noch gering, sondern rings war lichte Meeresglätte. Nur ich allein hielt draußen das schwarze Schiff daselbst zurück am äußersten Rande und band die Taue an einen Felsen, stieg dann empor und betrat einen schroffen Ausguck. Da zeigten sich weder die Werke von Rin-dern noch von Menschen, einen Rauch nur sahen wir, der vom Bo-den aufstieg. Da schickte ich Gefährten voraus, die hingehen und erkunden sollten, welches die Männer seien, die in dem Lande das Brot äßen, wählte zwei Männer aus und gab einen Herold mit als dritten. Die stiegen aus und gingen einen ebenen Weg, auf welchem Wagen von den hohen Bergen das Holz zur Stadt hinunterführten. Und trafen eine Jungfrau vor der Stadt, die Wasser holte: die starke Tochter des Laistrygonen Antiphates. Die war zur Quelle hinabge-stiegen, der schönfließenden: Artakïe, denn von dort holten sie zur Stadt das Wasser. Und sie traten zu ihr heran und redeten sie an und fragten, wer über die Menschen hier König sei und über welche er gebiete. Und sie wies ihnen alsogleich das hochbedachte Haus des Vaters. Doch als sie in die berühmten Häuser gekommen waren, da fanden sie die Frau, so groß wie das Haupt eines Berges, und sie entsetzten sich vor ihr. Die aber rief alsbald den berühmten Anti-phates, ihren Gatten, aus der Versammlung. Der sann ihnen ein trauriges Verderben. Gleich packte er einen von den Gefährten und bereitete ihn sich zum Mahle, die zwei andern aber eilten davon und gelangten flüchtend zu den Schiffen. Doch der ließ den Ruf durch die Stadt ergehen, und sie, als sie ihn vernommen, kamen herbei, die starken Laistrygonen, der eine von hier-, der andere von dorther, Zehntausende, nicht Männern gleichend, sondern Riesen. Die warfen mit Feldsteinen, von denen jeder einen Mann schwer belastet hätte, von den Felsen, und alsbald erhob sich ein schlimmes Getöse auf den Schiffen von Männern, die zugrunde gingen, und Schiffen zugleich, die zerbrachen. Und wie Fische spießten sie sie auf und trugen sie mit sich fort zur unlieblichen Mahlzeit. Indessen sie diese vernichteten im Innern des vieltiefen Hafens, derweil zog ich das scharfe Schwert von der Hüfte und hieb mit ihm die Haltetaue des schwarzbugigen Schiffes ab und trieb geschwind meine eigenen Gefährten und hieß sie sich in die Riemen werfen, daß wir aus dem Unheil entrinnen möchten. Die wirbelten alle die Salzflut auf, in der Furcht vor dem Verderben, und glücklich entkam mein Schiff auf das offene Meer von den überhängenden Felsen. Doch die andern gingen alle miteinander daselbst zugrunde.

Von dort fuhren wir weiter, betrübten Herzens, froh dem Tode entronnen, verlustig lieber Gefährten. Und wir kamen zur Insel Aia. Dort wohnte Kirke, die flechtenschöne, die furchtbare Göttin, begabt mit Sprache, die leibliche Schwester des bösgesonnenen Aietes. Beide waren dem Helios entsprossen, der den Sterblichen scheint, und ihre Mutter war Perse, die Okeanos als Tochter zeugte. Da liefen wir mit dem Schiff in Stille an dem Gestade in einen schiffbergenden Hafen ein, und irgendein Gott ging uns voran. Dort stiegen wir aus und lagen zwei Tage und zwei Nächte und verzehrten unseren Mut zugleich in Ermattung und in Schmerzen. Doch als nun die flechten-schöne Eos den dritten Tag vollendet hatte, da ergriff ich meine Lanze und das scharfe Schwert und stieg eilig von dem Schiff auf einen Platz mit weiter Umschau, ob ich irgend die Werke von Sterblichen sehen und ihren Ruf vernehmen möchte. Und ich stieg hinauf und betrat einen schroffen Ausguck, und es zeigte sich mir ein Rauch, der aufstieg von der weiträumigen Erde, in den Hallen der Kirke, durch das dicke Gehölz und den Wald. Da überlegte ich in dem Sinn und in dem Gemüte, ob ich hingehen und es erkunden sollte, nachdem ich den schimmernden Rauch gesehen. Und so schien es mir, da ich mich bedachte, klüger zu sein: daß ich zuerst zu dem schnellen Schiff und zu dem Ufer des Meeres ginge und den Gefähr-ten die Mahlzeit gäbe und sie ausschickte, Kunde zu holen. Doch als ich dahinging und war dem beiderseits geschweiften Schiff schon nahe, da erbarmte sich einer der Götter meiner, des Einsamen: der sandte mir einen hochgehörnten Hirsch, einen großen, grade auf den Weg. Der wollte von der Weide des Waldes zum Fluß hinuntersteigen, um zu trinken, denn schon ruhte auf ihm die Macht der Sonne. Den traf ich, wie er herausschritt, ins Rückgrat mitten in den Rücken,

und der eherne Speer drang auf der anderen Seite hervor, und er
stürzte in den Staub und klagte, und es entflog ihm der Lebensmut.
Und ich trat auf ihn und zog den ehernen Speer aus der Wunde. Ihn
legte ich auf die Erde und ließ ihn dort, ich aber riß mir Gerten ab
und Weidenruten, und nachdem ich mir ein Seil, eine Klafter lang,
ein gutgedrehtes, von beiden Seiten zurechtgeflochten, band ich die
Läufe des gewaltigen Ungetüms zusammen und ging, es quer über
dem Nacken tragend, zum schwarzen Schiff, mich auf die Lanze stüt-
zend, denn es ging auf keine Weise an, es auf der Schulter mit einer
Hand zu tragen, denn es war ein gar großes Tier. Dann warf ich es
vorne vor das Schiff und rief die Gefährten auf mit sanften Worten,
herantretend an einen jeden Mann:

«Freunde! Noch werden wir nicht, und sind wir auch bekümmert,
hinunter in des Hades Häuser tauchen, bevor der Schicksalstag herangekommen. Darum auf! solange in dem schnellen Schiff Speise
und Trank ist, laßt uns der Speise gedenken und uns nicht quälen
mit dem Hunger!»

So sprach ich. Und schnell gehorchten sie meinen Worten, warfen
am Strand des unfruchtbaren Meeres die Verhüllungen ab und staunten über den Hirsch, denn es war ein gar großes Tier. Doch als sie
sich ergötzt hatten, ihn zu sehen mit den Augen, wuschen sie sich die
Hände und bereiteten eine herrliche Mahlzeit. So saßen wir da den
ganzen Tag bis zur untergehenden Sonne und schmausten unendliches Fleisch und süßen Wein. Als aber die Sonne untergegangen
war und das Dunkel heraufkam, da schliefen wir am Ufer des Meeres. Als aber die frühgeborene erschien, die rosenfingrige Eos, da
setzte ich eine Versammlung an und sprach unter ihnen allen:

«Freunde! wir wissen ja nicht, wo das Dunkel ist und nicht, wo
Morgen, auch nicht, wo Helios, der den Sterblichen scheint, unter
die Erde geht und wo er wieder heraufkommt. So laßt uns schleunigst überlegen, ob noch irgendein Rat ist. Doch ich meine, es ist
keiner! Denn ich sah, auf einen schroffen Ausguck hinaufgestiegen,
eine Insel, die rings im Kreis ein unendliches Meer umgibt. Sie selber liegt flach da, und einen Rauch erblickte ich mit den Augen in
ihrer Mitte durch das dichte Gehölz und den Wald.»

So sprach ich. Und denen zerbrach das liebe Herz, da sie der Taten
des Laistrygonen Antiphates gedachten und der Gewalt des Kyklopen,
des unbändigen, des Menschenfressers. Und sie weinten hell und
vergossen quellende Tränen. Allein, es war nichts damit ausgerichtet,
daß sie klagten. Ich aber zählte alle gutgeschienten Gefährten ab,
gesondert in zwei Haufen, und bestellte für beide einen Führer: die

einen führte ich, die anderen der gottgleiche Eurylochos. Dann schüttelten wir schnell Lose in einem erzgefügten Helm, und heraus sprang
das Los des großherzigen Eurylochos. Und er schritt hin und ging,
und zugleich mit ihm zweiundzwanzig Gefährten, weinend, und ließen uns klagend zurück. Und sie fanden in den Tälern die Häuser
der Kirke, aus behauenen Steinen gebaut auf einem umschauenden
Platze, und um sie waren Bergwölfe und Löwen, welche sie selbst
verzaubert hatte, nachdem sie ihnen böse Kräuter gegeben. Doch die
drangen nicht auf die Männer ein, sondern standen auf und umwedelten sie mit den langen Schwänzen. Und wie wenn um den Herrn
die Hunde wedeln, wenn er vom Mahl kommt, denn immer bringt
er Labsale des Herzens: so umwedelten diese die starkkralligen Wölfe
und die Löwen; sie aber fürchteten sich, als sie die schrecklichen Un-
tiere sahen. Und sie traten in das Vortor der flechtenschönen Göttin
und hörten drinnen Kirke singen mit schöner Stimme, während sie
an einem Gewebe hin- und herschritt, einem großen, unsterblichen,
so wie der Göttinnen feine und liebliche und prangende Werke sind.
Und es begann unter ihnen die Reden Polites, der Anführer der
Männer, der mir der vertrauteste und der sorgsamste unter den Gefährten war:
«Freunde! da schreitet eine drinnen an einem großen Gewebe hin
und her und singt gar schön — und davon hallt rings der ganze Boden —: eine Göttin oder eine Frau. So laßt uns eiligst rufen!»
So sprach er, und sie erhoben ihre Stimme und riefen. Die aber
kam alsbald heraus und öffnete die Türen, die schimmernden, und
rief, und sie folgten alle im Unverstand. Nur Eurylochos blieb zurück: ihm ahnte, daß es ein böser Anschlag war. Und sie ließ sie,
als sie sie hereingeführt, auf Sessel und Stühle niedersitzen und
rührte ihnen Käse und Gerstenmehl und gelben Honig mit pramneï-
schem Weine an, doch mischte sie in die Speise böse Kräuter, daß sie
des väterlichen Landes ganz vergäßen. Und als sie es gegeben und
sie ausgetrunken, schlug sie sie alsogleich mit einer Gerte und sperrte
sie in Kofen ein. Sie aber hatten Köpfe, Stimme und auch Haare von
Schweinen, wie auch die Gestalt, doch ihr Verstand war beständig
so wie früher. So waren sie weinend eingesperrt, und Kirke warf
ihnen Eicheln, Bucheckern und die Frucht der wilden Kirsche vor zum
essen, dergleichen Schweine, sich am Boden sielende, immer essen.
Eurylochos aber kam zu dem schnellen schwarzen Schiff zurück,
um Botschaft über die Gefährten und ihr schmähliches Los zu sagen.
Und er konnte kein Wort hervorbringen, so sehr er es begehrte, so
getroffen war er durch den großen Kummer in dem Herzen, und es

waren die Augen ihm mit Tränen erfüllt, und der Mut war ihm gestimmt zur Wehklage. Doch als wir uns alle über ihn verwunderten und ihn befragten, da erzählte er der andern Gefährten Verderben:

«Wir gingen, wie du es befahlst, durch das Gehölz, strahlender Odysseus! Wir fanden in den Tälern schöne Häuser aus behauenen Steinen gebaut, auf einem umschauenden Platze. Und dort sang eine hell, die an einem großen Gewebe hin- und herschritt: eine Göttin oder eine Frau. Und sie erhoben ihre Stimme und riefen. Die aber kam alsbald heraus und öffnete die Türen, die schimmernden, und rief, und sie folgten alle im Unverstand. Ich aber blieb zurück, mir ahnte, daß es ein böser Anschlag sei. Die aber blieben verschwunden alle miteinander, und keiner mehr von ihnen wurde sichtbar, und lange saß ich dort und spähte.»

So sprach er. Doch ich warf mir das Schwert, beschlagen mit Silbernägeln, um die Schultern, das große, eherne, nahm den Bogen um, und befahl ihm, wiederum den gleichen Weg voranzugehen. Der aber faßte mit beiden Händen meine Knie und flehte mich an und sprach jammernd zu mir die geflügelten Worte:

«Führe mich nicht dorthin wider meinen Willen, Zeusgenährter! sondern laß mich hier! Denn ich weiß, du kommst weder selber wieder, noch wirst du irgendeinen andern von deinen Gefährten bringen. Sondern laß uns mit diesen hier eiligst davonfahren! dann könnten wir noch dem schlimmen Tag entrinnen.»

So sprach er. Aber ich erwiderte ihm und sagte zu ihm:

«Eurylochos! nun, so bleibe du denn hier an diesem Platze, und iß und trink bei dem hohlen Schiff, dem schwarzen! Ich aber werde gehen, denn für mich ist es harte Notwendigkeit.»

Als ich so gesprochen hatte, ging ich von dem Schiffe und dem Meer landeinwärts. Doch als ich nun dahinging durch die heiligen Täler und fast bei dem großen Haus der Kirke, der an Zauberkräutern reichen, angelangt war, da kam mir Hermes mit dem goldenen Stab entgegen, während ich dem Hause zuschritt: einem jugendlichen Manne gleichend, einem, der im ersten Barte steht, bei dem am anmutigsten die Jugend ist. Und er legte seine Hand fest in die meine und sprach das Wort und benannte es heraus:

«Wohin gehst du nur wieder, Unseliger, allein durch die Bergeskuppen, unkundig der Gegend? Und deine Gefährten sind dir hier im Haus der Kirke eingesperrt als Schweine und sind verwahrt in festen Kofen! Kommst du hierher, um diese zu befreien? Doch sage ich, du wirst auch selber nicht heimkehren, sondern auch du wirst bleiben, dort, wo die anderen sind. Doch auf! ich will dich von den Übeln erlösen und will dich bewahren. Da! nimm dies gute Kraut und gehe zu der Kirke Häusern: es wird vom Haupt dir abwehren den schlimmen Tag. Doch will ich dir die trüglichen Listen der Kirke alle sagen: bereiten wird sie dir ein Mus und Zauberkräuter in die Speise werfen, wird dich jedoch auch so nicht bezaubern können, nicht zulassen wird es das Kraut, das gute, welches ich dir gebe. Doch will ich dir jegliches sagen: wenn Kirke dich schlagen wird mit der gar langen Gerte, dann ziehe das scharfe Schwert von der Hüfte und dringe auf Kirke ein, als ob du sie zu töten strebtest. Sie aber wird sich fürchten und dich heißen, daß du zum Lager kommst. Da verweigere du alsdann nicht mehr der Göttin Lager, auf daß sie dir die Gefährten löse und dich selber pflege, sondern heiße sie, daß sie dir den großen Eidschwur der Seligen schwöre, daß sie gegen dich kein anderes schlimmes Übel sinnen werde, daß sie dich nicht, wenn du entblößt bist, untüchtig und unmännlich macht.»

Als er so gesprochen hatte, reichte er mir das Kraut, der Argostöter, nachdem er es aus der Erde gezogen hatte, und er wies mir seinen Wuchs: schwarz war es an der Wurzel, aber der Milch vergleichbar war die Blüte, und Moly nennen es die Götter. Schwer ist es für sterbliche Männer zu ergraben, die Götter aber können alles. Darauf schritt Hermes über die bewaldete Insel hinweg zu dem großen Olympos.

Ich aber ging zu den Häusern der Kirke, und viel wogte mir das Herz, während ich dahinging. Und ich trat in die Türen der flechtenschönen Göttin und rief, dort hingetreten, und die Göttin hörte meine Stimme. Und kam alsbald heraus und öffnete die schimmernden Türen und rief, ich aber folgte, besorgten Herzens. Und sie setzte mich, nachdem sie mich hineingeführt, auf einen Stuhl, beschlagen mit Silbernägeln, einen schönen, kunstreich gefertigten, und darunter war ein Schemel für die Füße. Und bereitete mir ein Mus in einem goldenen Becher, daß ich es tränke, und warf hinein das Zauberkraut, Böses in dem Gemüte sinnend. Und als sie es gegeben und ich ausgetrunken, sie aber mich nicht bezaubert hatte, schlug sie mich mit der Gerte und sprach das Wort und benannte es heraus:

«Gehe jetzt in den Kofen und lege dich zu den anderen Gefährten!»

So sprach sie. Ich aber zog das scharfe Schwert von der Hüfte und drang auf Kirke ein, als ob ich sie zu töten strebte. Da schrie sie laut und unterlief mich und faßte meine Knie und sprach jammernd zu mir die geflügelten Worte:

«Wer bist du und woher unter den Männern? wo ist deine Stadt und deine Eltern? Ein Staunen faßt mich, daß du diese Kräuter getrunken hast und wurdest nicht verzaubert! Denn niemals, nie hat sonst ein Mann diese Kräuter ausgehalten, der sie getrunken und dem sie einmal über das Gehege der Zähne gekommen. Dir aber ist in deiner Brust ein Sinn, der ist nicht zu bezaubern! Wahrhaftig, Odysseus bist du, der vielgewandte, von dem mir immer der Träger des goldenen Stabes, der Argostöter, gesagt, daß er kommen werde, wenn er vom Troerlande in dem schnellen, schwarzen Schiff heimwärts führe. Doch auf! stecke das Schwert in die Scheide und laß uns beide alsogleich auf unser Lager steigen, daß wir, in Lager und Liebe vereinigt, zueinander Vertrauen fassen!»

So sprach sie. Aber ich erwiderte und sagte zu ihr:

«Kirke! wie kannst du mich heißen, daß ich dir freundlich sein soll? die du mir die Gefährten in den Hallen zu Schweinen gemacht hast und mich selbst hier festhältst und arglistig von mir forderst, daß ich ins Schlafgemach gehe und dein Lager besteige, damit du mich, wenn ich mich entblößt, untüchtig und unmännlich machst. Doch bin ich nicht gewillt, dein Lager zu besteigen, wenn du mir nicht bereit bist, Göttin! daß du mir einen großen Eid schwörst, daß du gegen mich selber nicht ein anderes schlimmes Übel ersinnen wirst.»

So sprach ich, und sie schwur sogleich, wie ich verlangte. Doch als sie geschworen und den Eid geleistet hatte, da bestieg ich der Kirke gar schönes Lager.

Doch waren Dienerinnen unterdessen beschäftigt in den Hallen, vier, die ihr in dem Hause Arbeitsmägde sind. Diese stammen aus Quellen und von Hainen und aus den heiligen Strömen, die in die Salzflut fließen. Von diesen legte eine schöne Decken, purpurne, auf die Stühle, oben darüber, und legte darunter Linnentücher. Die andere stellte vor den Stühlen silberne Tische auf und setzte auf sie goldene Körbe. Die dritte mischte in einem Mischkrug von Silber honigsinnigen Wein, süßen, und verteilte die goldenen Becher. Die vierte brachte Wasser und zündete ein starkes Feuer unter dem großen Dreifuß an, und es erwärmte sich das Wasser. Doch als das Wasser in dem blanken Erze kochte, setzte sie mich in die Wanne und übergoß mich aus dem großen Dreifuß, nachdem sie ein erquickendes Gemisch bereitet, über Haupt und Schultern, bis daß sie mir die mutverzehrende Ermattung aus den Gliedern nahm. Als sie mich aber gewaschen und glatt gesalbt hatte mit dem Öle, warf sie einen schönen Mantel um mich und einen Leibrock und führte mich hinein und setzte mich auf einen Lehnstuhl, beschlagen mit Silbernägeln, einen schönen, kunstreich gefertigten, und darunter war ein Schemel für die Füße. Und Handwasser brachte eine Magd in einer Kanne, einer schönen, goldenen, und goß es zum Waschen über ein silbernes Bekken und stellte vor mir einen geglätteten Tisch auf. Und die ehrbare Beschließerin brachte Brot und setzte es vor und tat viele Speisen dazu, gefällig von dem, was da war, und hieß mich essen. Jedoch behagte es nicht meinem Mute, sondern ich saß und hatte anderes im Sinn, und Schlimmes ahnte meinem Mute. Als Kirke aber gewahrte, wie ich saß und nicht die Hände nach der Speise streckte und wie ich harten Kummer hatte, trat sie heran und sagte zu mir die geflügelten Worte:

«Was sitzt du so, Odysseus, gleich einem Stummen, dein Herz verzehrend, und rührst nicht Speise an und auch nicht Trank? Argwöhnst du etwa eine andere List? Allein das brauchst du nicht zu fürchten, habe ich es dir doch schon mit starkem Eid verschworen!»

So sprach sie, doch ich erwiderte und sagte zu ihr:

«O Kirke! welcher Mann wohl, der rechtschaffen wäre, möchte es über sich gewinnen, daß er von Speise und von Trank eher kostete, ehe er die Gefährten gelöst hätte und sie mit den Augen sähe? Darum, wenn du mich ernstlich zu trinken und zu essen heißest, löse sie, daß ich die geschätzten Gefährten mit den Augen sehe.»

So sprach ich. Da schritt Kirke durch die Halle hinaus, in der Hand die Gerte haltend, und öffnete die Türen des Schweinekofens und trieb sie heraus, Mastschweinen gleichend, neunjährigen. Dann stellten sie sich einander gegenüber, und sie schritt zwischen ihnen hindurch und strich ein anderes Zauberkraut auf einen jeden. Da fielen ihnen die Borsten von den Gliedern, die vorher das böse Kraut hatte wachsen lassen, das ihnen gereicht hatte die Herrin Kirke. Und sie wurden wieder Männer, jünger als sie zuvor gewesen und viel schöner und größer anzusehen. Und sie erkannten mich und faßten mich fest an den Händen, ein jeder, und alle durchdrang sehnsuchtsvolle Klage, und rings erdröhnte das Haus gewaltig. Die Göttin jammerte es auch selber, und sie trat dicht zu mir heran und sagte zu mir, die hehre unter den Göttinnen:

«Zeusentsproßter Laertes-Sohn, reich an Erfindungen, Odysseus! Gehe jetzt zu dem schnellen Schiff und dem Ufer des Meeres! Zieht zu allererst das Schiff an Land und schafft die Güter und auch alle Geräte in Höhlen, und komme selbst zurück und bringe die geschätzten Gefährten.»

So sprach sie, und mir ließ sich der mannhafte Mut bereden. Und ich schritt hin und ging zu dem schnellen Schiff und dem Ufer des Meeres. Da fand ich bei dem schnellen Schiff die geschätzten Gefährten, zum Erbarmen jammernd und quellende Tränen vergießend. Und wie wenn Kälber in einem Viehhof auf dem Lande um die Herdenkühe, die zum Stalle kommen, wenn sie sich am Grase sattgefressen, alle zugleich umherspringen, ihrer ansichtig, und keine Zäune halten sie mehr, sondern fort und fort muhend laufen sie um die Mütter — so strömten jene, als sie mich mit Augen sahen, weinend heran, und es wähnte ihnen der Mut, daß es so sei, als wenn sie in das Vaterland und zur Stadt der rauhen Ithaka selbst gekommen wären, wo sie aufgezogen und geboren wurden. Und jammernd sprachen sie zu mir die geflügelten Worte:

«Daß du wiedergekehrt bist, Zeusgenährter! darüber freuen wir uns so, als wären wir nach Ithaka ins väterliche Land gekommen. Doch auf! erzähle von dem Verderben der andern Gefährten!»

So sprachen sie. Doch ich sagte zu ihnen mit sanften Worten:

«Laßt uns zu allererst das Schiff an Land ziehen und die Güter und alles Gerät in Höhlen schaffen. Ihr selber aber eilt euch, daß ihr alle zusammen mit mir kommt, damit ihr seht, wie die Gefährten in den heiligen Häusern der Kirke trinken und essen, denn auf das ganze Jahr hin haben sie es.»

So sprach ich, und schnell folgten sie meinen Worten. Einzig Eurylochos versuchte mir alle Gefährten zurückzuhalten, und er hob an und sagte zu ihnen die geflügelten Worte:

«Ah! Elende! wohin gehen wir? was habt ihr Verlangen nach diesen Übeln, daß ihr zu der Halle der Kirke gehen wollt, die uns allgesamt zu Schweinen oder Wölfen oder Löwen machen wird, daß wir ihr das große Haus, ob auch gezwungen, bewachen mögen — so wie der Kyklop sie eingesperrt hat, als sie zu ihm in sein Gehege kamen: unsere Gefährten, und es war dieser kühne Odysseus mit ihnen! denn durch dessen Vermessenheit sind auch jene umgekommen!»

So sprach er. Doch ich erwog in meinem Sinne, ob ich, das langschneidige Schwert gezogen von der starken Hüfte, ihm damit den Kopf abschlüge und zu Boden legte, ob er gleich ein gar naher Verwandter war. Allein die Gefährten hielten mich mit sanften Worten zurück, der eine von dieser, der andere von jener Seite:

«Zeusentsproßter! lassen wir diesen, wenn du so befiehlst, hier bei dem Schiffe bleiben und das Schiff bewachen! Uns aber gehe du voran zu den heiligen Häusern der Kirke!»

So sprachen sie und gingen von dem Schiff und dem Meere landeinwärts. Und auch Eurylochos blieb nicht bei dem hohlen Schiffe, sondern folgte, denn er fürchtete meine gewaltige Drohung. Indessen hatte in den Häusern Kirke die anderen Gefährten sorgsam gewaschen und glatt gesalbt mit Öl, und sie legte ihnen wollene Mäntel um und Leibröcke, und wir fanden sie alle, wie sie gut in den Hallen speisten. Und sie, als sie einander gesehen und wahrgenommen hatten von Angesicht, klagten und weinten, und rings erscholl davon das Haus. Sie aber trat zu mir heran und sagte, die hehre unter den Göttinnen:

«Zeusentsproßter Laertes-Sohn, reich an Erfindungen, Odysseus! Erregt nicht weiter jetzt die quellende Klage! Weiß ich doch selber auch, wieviele Schmerzen ihr auf dem fischreichen Meer gelitten, und wieviel euch feindliche Männer Schaden getan auf dem festen Lande. Doch auf! eßt die Speise und trinkt den Wein, bis ihr von neuem in der Brust Lebensmut faßt, wie damals, als ihr zuallererst das väterliche Land der rauhen Ithaka verlassen. Jetzt aber seid ihr abgezehrt und mutlos, und denkt beständig an die harte Irrfahrt, und nie ist euch der Mut in Frohsinn, da ihr, wahrhaftig! gar viel ausgestanden!»

So sprach sie, und uns ließ sich der mannhafte Mut bereden. Da saßen wir alle Tage auf ein volles Jahr hin und schmausten unendliches Fleisch und süßen Wein. Doch als es nun ein Jahr war und die Jahreszeiten sich wendeten, während die Monde dahinschwanden und im Kreislauf die langen Tage vollendet wurden, da riefen mich die geschätzten Gefährten hinaus und sagten:

«Unseliger! gedenke endlich jetzt deines väterlichen Landes, wenn dir durch Götterspruch bestimmt ist, daß du gerettet wirst und in dein Haus, das gutgebaute, und dein väterliches Land gelangst.»

So sprachen sie, und mir ließ sich der mannhafte Mut bereden. So saßen wir da den ganzen Tag bis zur untergehenden Sonne und schmausten unendliches Fleisch und süßen Wein. Als aber die Sonne untergegangen war und das Dunkel heraufkam, da schliefen sie in den schattigen Hallen. Ich aber bestieg der Kirke gar schönes Lager und flehte sie an bei ihren Knien, und die Göttin hörte auf meine Rede. Und ich begann und sagte zu ihr die geflügelten Worte:

«Kirke! vollende mir das Versprechen, das du mir versprochen: daß du mir ein Heimgeleit nach Hause gäbest! Der Mut ist mir schon bewegt wie auch den anderen Gefährten, die mir das liebe Herz hinschwinden machen mit Wehklagen um mich her, wenn du nur irgendwo entfernt bist.»

So sprach ich. Und sie erwiderte mir alsbald, die hehre unter den Göttinnen:

«Zeusentsproßter Laertes-Sohn, reich an Erfindungen, Odysseus! Nicht länger sollt ihr wider euren Willen jetzt hier in meinem Hause bleiben. Doch gilt es einen andern Weg zuvor zu vollenden und zu gelangen in die Häuser des Hades und der schrecklichen Persephoneia, um die Seele des Thebaners Teiresias zu befragen, des blinden Sehers, dem die Sinne beständig geblieben sind. Ihm hat Persephoneia auch im Tode Einsicht gegeben, daß er allein bei Verstand ist, die anderen aber schwirren umher als Schatten.»

So sprach sie. Aber mir zerbrach das liebe Herz, und ich saß in dem Bett und weinte, und es wollte das Herz mir nicht mehr leben und das Licht der Sonne sehen. Doch als ich mich an Weinen und Wälzen gesättigt hatte, da erwiderte ich mit Worten und sagte zu ihr:

«Kirke! wer wird mir Führer sein auf diesem Wege? Ist doch noch keiner in den Hades gekommen mit dem schwarzen Schiffe!»

So sagte ich, sie aber erwiderte alsbald, die hehre unter den Göttinnen:

«Zeusentsproßter Laertes-Sohn, reich an Erfindungen, Odysseus! Laß das Verlangen nach einem Führer bei deinem Schiff dich nicht bekümmern! sondern hast du den Mastbaum aufgestellt und die weißen Segel ausgebreitet, so sitze hin, und das Schiff wird dir der Atem des Nordwinds tragen. Doch wenn du nun mit deinem Schiff den Okeanos durchmessen hast, dorthin, wo das flache Gestade und die Haine der Persephoneia und die großen Pappeln und die Weiden sind, denen die Frucht verdirbt, so laß dein Schiff daselbst auffahren an dem Okeanos mit den tiefen Wirbeln und gehe selbst in das Haus des Hades, das modrige. Dort fließen in den Acheron Pyriphlegethon und Kokytos, der von dem Wasser der Styx ein Ausfluß ist, und ist ein Fels und der Zusammenfluß der beiden Ströme, der stark dröhnenden. Dort, Heros! wenn du, wie ich dir befehle, nahe herangedrungen bist, so grabe alsdann eine Grube, eine Elle lang hierhin und dorthin, und gieße um sie den Weihguß für alle Toten: zuerst von Honiggemisch, hernach von süßem Weine, zum dritten hinwieder von Wasser, und streue darüber weiße Gerste! Und gelobe, vielfach flehend zu den kraftlosen Häuptern der Toten, daß du, wenn du nach Ithaka gelangt bist, ein unfruchtbares Rind, das nur immer das beste ist, darbringen werdest in den Hallen und einen Scheiterhaufen anfüllen mit edlen Dingen, und daß du dem Teiresias gesondert einen Schafbock opfern werdest, ihm allein, einen ganz schwarzen, der hervorsticht unter euren Schafen. Doch wenn du die berühmten Völker der Toten angefleht hast mit Gelübden, so opfere daselbst ein Schaf, ein männliches, und ein weibliches schwarzes, zum Erebos sie wendend, du selber aber kehre dich ab nach den Strömungen des Flusses hin. Da werden viele Seelen der dahingestorbenen Toten kommen. Dann treibe alsbald die Gefährten, und heiße sie, daß sie die Schafe, die schon mit dem erbarmungslosen Erze geschlachtet am Boden liegen, abhäuten und verbrennen und dabei zu den Göttern beten mögen: dem starken Hades und der schrecklichen Persephoneia. Doch selber ziehe das scharfe Schwert von der Hüfte und sitze hin und lasse die kraftlosen Häupter der Toten nicht dem Blute näher kommen, ehe du den Teiresias befragt. Dort wird alsbald zu dir der Seher kommen, Herr der Völker! der dir ansagen wird den Weg und die Maße der Fahrt und den Heimweg, wie du über das fischreiche Meer gelangst!»

So sprach sie, und alsbald kam die goldthronende Eos. Und sie tat mir Mantel und Leibrock zur Gewandung an. Sie selber aber, die Nymphe, legte ein großes schimmerndes Gewand an, ein zartes und anmutiges, und schlang sich einen Gürtel um die Hüfte, einen schönen, goldenen, und setzte sich auf das Haupt die Haube. Aber ich ging durch die Häuser und trieb die Gefährten mit sanften Worten, herantretend an einen jeden Mann:

«Liegt jetzt nicht weiter und schlaft den süßen Schlummer! Sondern laßt uns gehen: schon hat mir Weisung erteilt die Herrin Kirke.»

So sprach ich, und denen ließ sich der mannhafte Mut bereden. Doch führte ich die Gefährten auch von dort nicht unbeschädigt hinweg. War da ein Elpenor, der jüngste von uns, nicht allzu wehrhaft im Kampf noch auch so recht gefügt in seinen Sinnen. Der hatte sich mir fern von den Gefährten auf Kirkes heiligen Häusern niedergelegt, weil ihn nach Kühlung verlangte, beschwert vom Weine. Doch als er nun den Lärm und das Getöse von den aufbrechenden Gefährten hörte, sprang er plötzlich auf und vergaß in seinem Sinne, zurückzugehen und die breite Treppe hinabzusteigen, sondern stürzte gerade vor sich vom Dach herab, und es ward ihm der Hals herausgebrochen aus den Wirbeln, und seine Seele ging hinab zum Hades. Zu denen aber, die sich auf den Weg machten, sagte ich die Rede:

«Ihr meint jetzt wohl, daß es nach Hause zur eigenen väterlichen Erde gehe. Doch hat uns Kirke einen anderen Weg gewiesen: in die Häuser des Hades und der schrecklichen Persephoneia, daß wir die Seele befragen des Teiresias von Theben.»

So sprach ich. Und denen zerbrach das liebe Herz, und sie setzten sich auf der Stelle nieder und klagten und rauften sich die Haare. Allein es war nichts damit ausgerichtet, daß sie klagten. Doch als wir nun zu dem schnellen Schiff und dem Ufer des Meeres schritten, bekümmert, quellende Tränen vergießend, ging Kirke indessen hin und band bei dem schwarzen Schiff ein männliches Schaf und ein weibliches schwarzes an, indem sie leicht an uns vorübereilte. Wer könnte wohl einen Gott, wenn er es nicht will, mit Augen sehen, wie er hierhin oder dorthin geht?

ELFTER GESANG

Odysseus fährt weiter in der Erzählung von seinen Abenteuern fort. Wie er in die Unterwelt hinabgestiegen und die Toten gesehen und die Seele des Sehers Teiresias befragt hat.

Als wir nun aber zu dem Schiff und dem Meer hinuntergekommen waren, da zogen wir zu allererst das Schiff in die göttliche Salzflut und legten Mastbaum und Segel in das schwarze Schiff hinein und nahmen die Schafe und führten sie hinein und stiegen auch selber hinauf, bekümmert, quellende Tränen vergießend. Und es schickte uns hinter dem schwarzbugigen Schiffe her einen günstigen Fahrwind, der das Segel füllte, als guten Gefährten Kirke, die flechtenschöne, die furchtbare Göttin, begabt mit Sprache. Und nachdem wir uns mit jeglichem Gerät zu schaffen gemacht hatten auf dem Schiffe, saßen wir, und dieses lenkte der Wind und der Steuermann. Und den ganzen Tag waren seine Segel gespannt, während es das Meer durchquerte. Und die Sonne ging unter, und überschattet wurden alle Straßen. Und das Schiff kam zu den Grenzen des tiefströmenden Okeanos, wo Gau und Stadt der Kimmerischen Männer ist. In Dunst und Wolken sind sie eingehüllt, und niemals blickt der leuchtende Helios auf sie herab mit seinen Strahlen, weder wenn er zum gestirnten Himmel aufsteigt, noch wenn er sich vom Himmel her wieder zurück zur Erde wendet, sondern böse Nacht ist über die armen Sterblichen gebreitet.

Dort angekommen, ließen wir das Schiff auflaufen, schafften die Schafe heraus und gingen selbst hinwieder die Strömung des Okeanos entlang, bis wir zu dem Platze hingelangten, den Kirke gewiesen hatte. Da hielten Perimedes und Eurylochos die Opfertiere fest. Ich aber zog das scharfe Schwert von der Hüfte und grub eine Grube, eine Elle lang hierhin und dorthin, und um sie goß ich den Weihguß für alle Toten: zuerst von Honiggemisch, hernach von süßem Weine, zum dritten hinwieder von Wasser, und streute darüber weiße Gerste. Und gelobte, vielfach zu den kraftlosen Häuptern der Toten flehend, daß ich, nach Ithaka gekommen, ein unfruchtbares Rind, das nur immer das beste wäre, darbringen würde in den Hallen und einen Scheiterhaufen anfüllen mit edlen Dingen, und daß ich dem Teiresias gesondert einen Schafbock opfern würde, ihm allein, einen ganz schwarzen, der hervorsticht unter unseren Schafen. Doch als ich die Völker der

Toten mit Gelübden und Gebeten angefleht, ergriff ich die Schafe und durchschnitt ihnen den Hals über der Grube, und es strömte das schwarzwolkige Blut. Da versammelten sich von unten aus dem Erebos die Seelen der dahingestorbenen Toten: junge Frauen und junge Männer, Greise, die viel erduldet hatten, und noch kindliche Mädchen mit jungem Gram im Herzen, und viele, verwundet von erzbeschlagenen Lanzen: Männer, im Kriege gefallen, mit blutverkrusteten Rüstungen. Die kamen und gingen um die Grube, viele, der eine von hier-, der andere von dorther, mit unaussprechlichem Geschrei, und mich ergriff die blasse Furcht. Da trieb ich alsdann die Gefährten und hieß sie, daß sie die Schafe, die schon geschlachtet mit dem erbarmungslosen Erz am Boden lagen, abhäuten und verbrennen und dabei zu den Göttern beten sollten: dem starken Hades und der schrecklichen Persephoneia. Doch selbst zog ich das scharfe Schwert von der Hüfte und saß hin und ließ die kraftlosen Häupter der Toten nicht dem Blute näher kommen, bis ich den Teiresias befragt.

Da kam als erste die Seele des Elpenor, meines Gefährten, denn er war noch nicht begraben unter der weiträumigen Erde. Denn wir hatten seinen Leib in der Halle der Kirke zurückgelassen, unbeweint und unbestattet, da andere Mühsal drängte. Als ich ihn sah, kamen mir die Tränen, und ich erbarmte mich in dem Gemüte, und begann und sagte zu ihm die geflügelten Worte:

«Elpenor! wie bist du hinab in das dunstige Dunkel gekommen? Bist du eher zu Fuß da als ich mit dem schwarzen Schiffe?»

So sprach ich, der aber seufzte und erwiderte mir mit der Rede:

«Zeusentsproßter Laertes-Sohn, reich an Erfindungen, Odysseus! Ins Unheil hat mich die schlimme Schickung des Daimon gestürzt und der übermäßige Wein. Da hatte ich mich auf Kirkes Halle niedergelegt und nicht daran gedacht, zurückzugehen und hinten die breite Treppe hinabzusteigen, sondern bin gerade vor mir vom Dach gestürzt, und es ward mir der Hals herausgebrochen aus den Wirbeln, die Seele aber ging hinab zum Hades. Jetzt aber flehe ich dich an bei jenen hinten in der Heimat, die nicht hier sind: bei deinem Weibe und dem Vater, der dich ernährt hat, als du klein warst, und bei Telemachos, den du als einzigen Sohn in den Hallen zurückgelassen — denn ich weiß, du wirst von hier, wenn du aus dem Haus des Hades hinweggegangen, das gutgebaute Schiff zur Insel Aia lenken —: dort heiße ich dich, Herr! daß du alsdann meiner gedenken mögest: daß du nicht dahingehst und mich unbestattet, unbeweint dahinten zurückläßt und dich von mir wendest, daß ich dir nicht Ursache für den Zorn der Götter werde. Sondern verbrenne mich mit den Waffen, so viele ich habe, und schütte mir ein Mal auf an dem Gestade des grauen Meeres — eines unseligen Mannes Mal, auch für die Künftigen zu erfahren. Dieses erfülle mir und befestige auf dem Grabhügel das Ruder, mit dem ich auch im Leben gerudert habe unter meinen Gefährten.»

So sprach er, und ich erwiderte und sagte zu ihm:

«Dies werde ich dir, Unseliger! vollenden und werde es verrichten.»

So saßen wir beide und tauschten miteinander traurige Reden: ich diesseits, das Schwert über das Blut haltend, von drüben herüber aber sprach das Schattenbild des Gefährten Vieles.

Und es kam die Seele meiner Mutter herauf, der dahingestorbenen: die Tochter des großherzigen Autolykos, Antikleia, die ich lebend verlassen hatte, als ich in die heilige Ilion ging. Als ich sie sah, kamen mir die Tränen, und ich erbarmte mich in dem Gemüte. Allein, auch so ließ ich sie nicht, so dicht bekümmert ich auch war, dem Blute näher kommen, ehe ich den Teiresias befragt.

Und es kam herauf die Seele des Teiresias von Theben, ein goldenes Szepter haltend, und er erkannte mich und sagte zu mir:

«Zeusentsproßter Laertes-Sohn, reich an Erfindungen, Odysseus! Warum, Unseliger, hast du nun wieder das Licht der Sonne verlassen und bist gekommen, daß du die Toten siehst und den unlieblichen Ort? Doch weiche von der Grube und halte das scharfe Schwert hinweg, damit ich von dem Blute trinke und dir Unfehlbares verkünde.»

So sprach er. Ich aber wich zurück und steckte das Schwert, beschlagen mit Silbernägeln, in die Scheide. Doch er, als er das schwarze Blut getrunken hatte, da sprach er mit Worten zu mir, der untadelige Seher:

«Nach der Heimkehr verlangt dich, der honigsüßen, strahlender Odysseus! Aber diese wird dir ein Gott beschwerlich machen! Denn nicht wirst du verborgen bleiben dem Erderschütterer, denke ich, der gegen dich in dem Gemüt einen Groll gefaßt hat, darüber zürnend, daß du ihm den eigenen Sohn geblendet. Doch mögt ihr auch so noch, wenn auch Schlimmes leidend, heimwärts gelangen, wenn du deinem Mut und dem der Gefährten Einhalt tun wolltest, sobald du mit dem gutgebauten Schiff, dem veilchenfarbenen Meer entronnen, die Insel Thrinakia anläufst und ihr die weidenden Rinder und die feisten Schafe des Helios findet, der alles sieht und alles hört. Wenn du diese unversehrt läßt und auf deine Heimfahrt bedacht bist, dann mögt ihr, wenn auch Schlimmes leidend, wohl noch nach Ithaka gelangen. Doch wenn du sie verletzen solltest, dann sage ich dir für dein Schiff und für die Gefährten Verderben an. Und wenn du selbst wohl auch entrinnen möchtest, wirst du spät heimkehren, auf schlimme Weise, nachdem du verloren alle die Gefährten, auf einem fremden Schiff, und wirst in deinem Hause Leiden finden: gewalttätige Männer, die dir das Lebensgut verzehren, während sie um die gottgleiche Gemahlin freien und Brautgeschenke geben. Allein, wahrhaftig! diese wirst du für die Gewalttaten büßen lassen, sobald du heimgekommen! Doch hast du die Freier in deinen Hallen mit dem scharfen Erz getötet, sei es mit List, sei es offenkundig, so sollst du ein handliches Ruder nehmen und alsdann hingehen, bis du zu solchen Männern kommst, die nichts von dem Meere wissen noch mit Salz gemischte Speise essen. Diese kennen auch nicht Schiffe mit purpurnen Wangen noch handliche Ruder, die für die Schiffe die Flügel sind. Doch will ich dir ein Zeichen sagen, ein gar deutliches, und es wird dir nicht entgehen: sobald dir ein anderer Wanderer begegnet und sagt, daß du auf der glänzenden Schulter einen Hachelverderber hast (dies aber ist: Worfschaufel), so hefte du alsdann das handliche Ruder in die Erde und bringe dem Herrn Poseidon richtige Opfer dar: Schafbock und Stier und einen die Schweine bespringenden Eber, und gehe alsdann hinweg nach Hause und opfere heilige Hundertopfer den unsterblichen Göttern, die den breiten Himmel innehaben, allen miteinander nach der Reihe. Und es wird ein Tod dir außerhalb des Meeres kommen, ein so ganz gelinder, der dich töten wird, entkräftet in einem von Salben glänzenden Alter, und es werden um dich die Männer des Volkes gesegnet sein. Dieses verkündige ich dir unfehlbar.»

So sprach er. Und ich erwiderte ihm und sagte zu ihm:

«Teiresias! dies haben die Götter wohl selber so gesponnen! Doch auf! sage mir dieses und berichte es mir zuverlässig: dort sehe ich die Seele meiner Mutter, der dahingestorbenen, und sie sitzt schweigend bei dem Blut und vermag nicht, ihrem Sohn ins Antlitz zu schauen und ihn anzureden. Sprich, Herr! wie könnte sie mich wohl erkennen, der ich am Leben bin?»

So sprach ich, und er antwortete mir alsbald und sagte zu mir:

«Leicht kann ich dir die Rede sagen und in den Sinn legen. Wen du von den dahingestorbenen Toten dem Blute näherkommen läßt, der wird dir Untrügliches sagen; doch wem du es verwehrst, der wird dir nach hinten zurückgehen.»

Als sie so gesprochen, schritt die Seele des Herrn Teiresias in das Haus des Hades, nachdem sie die Göttersprüche verkündet hatte. Ich

142

aber blieb am Orte dort beständig, bis die Mutter herankam und das
Blut, das schwarzwolkige, trank. Und alsbald erkannte sie mich und
sprach jammernd zu mir die geflügelten Worte:

«Mein Kind! wie bist du als ein Lebender in das dunstige Dunkel
hinabgekommen? Schwer ist es für Lebende, diese Dinge hier zu
sehen! Bist du von Troja jetzt mit deinem Schiff und den Gefährten
hierher gelangt, nachdem du lange Zeit umhergeirrt? Und kamst
noch nicht nach Ithaka und hast in den Hallen dein Weib gesehen?»

So sprach sie, und ich antwortete und sagte zu ihr:

«Meine Mutter! die Not hat mich in den Hades hinabgeführt, daß
ich die Seele befrage des Teiresias von Theben. Denn noch bin ich
nicht in die Nähe des Achaierlandes gekommen und habe noch nicht
unser Land betreten, sondern irre immerfort umher in Trübsal, seitdem ich zuerst dem göttlichen Agamemnon in das rossegute Ilion
gefolgt bin, damit ich mit den Troern kämpfte. Aber auf! sage mir
dieses und berichte es mir zuverlässig: welch ein Geschick des stark-
schmerzenden Todes hat dich bezwungen? eine langwierige Krankheit? oder ist mit ihren sanften Geschossen die pfeilschüttende
Artemis über dich gekommen und hat dich getötet? Und sage mir
von dem Vater und dem Sohn, den ich zurückließ: ob noch mein
Königsamt bei ihnen liegt oder es schon ein anderer der Männer hat
und sie sagen: ich kehre nicht mehr heim? Und sage mir Rat und
Sinn meines ehelichen Weibes: ob sie noch bei dem Sohne ausharrt
und alles unverrückt bewahrt, oder ob sie schon einer zur Frau genommen, der von den Achaiern der beste ist?»

So sprach ich, und sie antwortete alsbald, die hehre Mutter:

«Gewiß harrt jene aus in deinen Hallen mit ausdauerndem Mute,
und jammervoll schwinden ihr die Nächte und die Tage immer dahin, der Tränen Vergießenden. Dein schönes Amt jedoch hat noch
keiner, sondern in Ruhe verwaltet Telemachos das Königsgut und
schmaust die gebührenden Schmäuse, wie sie zu halten einem recht-
sprechenden Manne zukommt, denn alle rufen ihn dazu. Dein Vater
aber bleibt draußen auf dem Land und kommt nicht in die Stadt
herab, und hat als Lager nicht Bett und Decken und schimmernde
Tücher, sondern schläft im Winter im Hause, wo die Knechte schlafen, in dem Staub beim Feuer und ist mit schlechten Kleidern angetan am Leibe. Doch wenn der Sommer kommt und die üppige Zeit
der Ernte, dann sind ihm überall am Hang des weintragenden Gartens von gefallenen Blättern Lager am Boden aufgeschüttet. Da liegt
er bekümmert und mehrt gewaltig das Leid in seinem Herzen, deine
Heimkehr ersehnend: hart kam über ihn das Alter. So bin auch ich

143

zugrunde gegangen und dem Schicksal gefolgt. Weder kam über mich in den Hallen die gutspähende Pfeilschütterin mit ihren sanften Geschossen und hat mich getötet, noch hat eine Krankheit mich befallen, wie sie mit böser Abzehrung zumeist die Lebenskraft aus den Gliedern nimmt, sondern die Sehnsucht nach dir, und deine klugen Gedanken, strahlender Odysseus! und deine Sanftmut haben mir den honigsüßen Lebensmut geraubt.»

So sprach sie. Ich aber, schwankend in dem Herzen, wollte die Seele meiner Mutter, der dahingestorbenen, ergreifen. Und dreimal schickte ich mich an, und es befahl mir der Mut, sie zu ergreifen. Dreimal jedoch entflog mir jene aus den Armen, einem Schatten gleich oder auch einem Traume. Mir aber wurde jedesmal das Leid noch schärfer in dem Herzen. Und ich begann und sagte zu ihr die geflügelten Worte:

«Meine Mutter! warum bleibst du mir nicht, wenn ich dich zu ergreifen trachte, damit wir uns auch im Hades, unsre Arme um einander geworfen, beide ergötzen mögen an der schauervollen Klage? Oder hat mir die erlauchte Persephoneia nur ein Schattenbild in dir geschickt, damit ich noch mehr jammere und stöhne?»

So sprach ich, sie aber erwiderte alsbald, die hehre Mutter:

«O mir! mein Kind! Unseliger vor allen Männern! Nicht täuscht dich Persephoneia, des Zeus Tochter! Sondern dieses ist die Weise der Sterblichen, wenn einer gestorben ist! Denn nicht mehr halten dann die Sehnen das Fleisch zusammen und die Knochen, sondern diese bezwingt die starke Kraft des brennenden Feuers, sobald einmal der Lebensmut die weißen Knochen verlassen hat, die Seele aber fliegt umher, davongeflogen wie ein Traum. Du aber strebe schnellstens hin zum Licht und wisse dieses alles, auf daß du es auch künftig deinem Weibe sagest.»

So sprachen wir beide mit Worten zueinander.

Und es kamen die Frauen — denn es trieb sie die erlauchte Persephoneia —, soviele der Helden Weiber und Töchter waren. Und sie versammelten sich um das schwarze Blut in Scharen. Ich aber überlegte, wie ich eine jede befragen möchte, und es schien mir dieses in meinem Sinne der beste Rat: ich zog das langschneidige Schwert von der starken Hüfte und ließ sie nicht alle zugleich das schwarze Blut trinken. Doch kamen sie einzeln nacheinander heran, und jede nannte ihr Geschlecht, und ich fragte alle.

Ja, da sah ich als erste Tyro, die edelgebürtige. Die sagte, daß sie ein Sproß des untadeligen Salmoneus sei und sagte, daß sie die Gattin des Kretheus sei, des Sohns des Aiolos. Die hatte Liebe zu einem Strom gefaßt: dem göttlichen Enipeus, der als der weit schönste von den Strömen über die Erde zieht, und sie kam oftmals zu den schönen Fluten des Enipeus. Dessen Gestalt nahm der Erdbeweger, der Erderschütterer an und legte sich in den Mündungen des wirbelnden Stromes zu ihr, und rings blieb stehen die purpurne Woge, einem Berge gleichend, gewölbt, und verbarg den Gott und die sterbliche Frau. Und er löste ihr den jungfräulichen Gürtel und goß einen Schlaf herab. Doch als der Gott die Werke der Liebe vollendet hatte, legte er seine Hand fest in die ihre und sprach das Wort und benannte es heraus:

‹Freue dich, Frau! der Liebe! und ist ein Jahr herumgegangen, wirst du glänzende Kinder gebären. Denn nicht fruchtlos sind die Lager der Unsterblichen. Du aber sollst sie pflegen und auferziehen. Jetzt aber gehe zu dem Haus und halte an dich und sage nicht den Namen! Doch bin ich dir Poseidon, der Erderschütterer.›

So sprach er und tauchte unter das wogende Meer. Sie aber wurde schwanger und gebar den Pelias und den Neleus, die zu starken Dienern des großen Zeus wurden beide. Pelias wohnte in der weiträumigen Iolkos, der Herdenreiche, der andere aber in der sandigen Pylos. Die anderen Söhne aber gebar sie dem Kretheus, die Königin unter den Frauen: den Aison und den Pheres und den von Pferden kämpfenden Amythaon.

Nach dieser sah ich Antiope, des Asopos Tochter: die rühmte sich, daß sie sogar in den Armen des Zeus geruht. Und sie gebar zwei Söhne, den Amphion und den Zethos, die als erste den Sitz der siebentorigen Thebe gegründet und mit Mauern umgeben haben, da sie die weiträumige Thebe nicht unummauert bewohnen mochten, und waren sie auch beide stark.

Nach ihr sah ich Alkmene, die Gattin des Amphitryon, die den Herakles gebar, den kühn ausdauernden, löwenmutigen, nachdem sie sich in den Armen des großen Zeus mit diesem vereinigt hatte; und Megara, die Tochter des hochgemuten Kreon, die der Sohn des Amphitryon zur Frau gehabt, der an Kraft stets unaufreibbare.

Und die Mutter des Ödipus sah ich, die schöne Epikaste, die in dem Unverstande ihres Sinnes ein ungeheuerliches Werk getan, da sie sich dem eigenen Sohn vermählte. Der hatte seinen Vater getötet und sie zur Frau genommen. Und alsbald machten es die Götter den Menschen ruchbar. Doch jener herrschte, Schmerzen leidend, nach der Götter verderblichen Ratschlüssen in der gar lieblichen Thebe weiter über die Kadmeer. Sie aber ging in das Haus des Hades, des übergewaltigen Pförtners, nachdem sie sich steil von dem hohen

Dach herab eine Schlinge gebunden, von ihrem Kummer überwältigt. Ihm aber ließ sie gar viele Schmerzen zurück, soviele nur der Mutter Rachegeister vollenden mögen.

Und Chloris sah ich, die gar schöne, die einst Neleus wegen ihrer Schönheit zur Frau genommen, nachdem er zehntausend Brautgeschenke dargereicht: die jüngste Tochter des Amphion, des Sohnes des Iasos, der voreinst in Orchomenos, dem Minyeïschen, mit Kraft gebot. Sie aber war Königin von Pylos und gebar ihm glänzende Kinder: den Nestor und den Chromios und Periklymenos, den stolzen, und nach diesen gebar sie die starke Pero, ein Wunder den Sterblichen, um die alle freiten, die in der Runde siedelten. Doch wollte sie Neleus keinem geben, der nicht die krummgehörnten, breitstirnigen Rinder, die der Gewalt des Iphikles gehörten, aus Phylake herbeitriebe, die beschwerlichen. Diese versprach allein der untadelige Seher Melampus fortzutreiben. Jedoch es fesselten ihn des Gottes schwere Schickung und schmerzliche Bande und die Rinderhirten auf dem Feld. Doch als nun die Monde und die Tage des sich wieder umwendenden Jahres vollendet waren und es kamen herauf die Frühlingszeiten, da löste ihn die Gewalt des Iphikles, nachdem er ihm alle Göttersprüche verkündet hatte, und es vollendete sich der Rat des Zeus.

Und Leda sah ich, die Lagergefährtin des Tyndareos, die zwei starksinnige Söhne von Tyndareos geboren: Kastor, den Rossebändiger, und den mit der Faust tüchtigen Polydeukes. Diese nahm die getreidetreibende Erde beide lebend in sich auf. Sie haben auch unter der Erde Ehre von Zeus empfangen, und einen Tag um den anderen sind sie einmal am Leben, einmal wieder tot, und haben Ehre erlangt gleich Göttern.

Nach dieser' sah ich Iphimedeia, die Lagergefährtin des Aloeus. Die sagte, daß sie sich mit Poseidon vereinigt hatte, und sie gebar zwei Söhne, doch waren sie beide kurzlebig: den göttergleichen Otos und den weitberühmten Ephialtes. Die nährte die nahrunggebende Ackerscholle als die größten und die weit schönsten nach dem berühmten Orion. Denn mit neun Jahren waren sie schon neun Ellen groß an Breite und wurden an Größe neun Klafter hoch. Die drohten sogar den Unsterblichen, das Getümmel des vieltobenden Kriegs auf den Olymp zu tragen, und strebten, den Ossa auf den Olymp zu setzen und auf den Ossa den blätterschüttelnden Pelion, damit der Himmel ersteigbar wäre, und hätten es vollbracht, wenn sie zum Maß der Jugendreife gekommen wären. Doch es vernichtete sie beide der Sohn des Zeus, den die schönhaarige Leto geboren hatte, ehe der

Bartflaum ihnen unter den Schläfen erblühte und die Wangen mit
schönblühender Wolle dicht bedeckte.

Und Phaidra und Prokris sah ich und die schöne Ariadne, die
Tochter des bösgesonnenen Minos, die voreinst Theseus von Kreta
her zum Hügel Athens, des heiligen, führen wollte, doch hatte er
keinen Gewinn davon. Denn vorher tötete sie Artemis auf der umströmten Diö auf des Dionysos Zeugnisse hin.

Und Maira und Klymene sah ich und die verhaßte Eriphyle, die
teures Gold annahm für den eigenen Mann.

Indessen, nicht alle kann ich verkünden oder nennen: wieviele
Frauen und Töchter der Heroen ich sah — die unsterbliche Nacht
würde zuvor dahingehen! Doch ist es auch Zeit zu schlafen, sei es,
daß ich auf das schnelle Schiff zu den Gefährten gehe, oder auch
hier. Das Geleit möge den Göttern und euch am Herzen liegen!»

So sprach er. Die aber waren alle stumm in Schweigen und waren
von Bezauberung gefangen rings in den schattigen Hallen. Und es
begann die weißarmige Arete unter ihnen die Reden:

«Phaiaken! wie scheint euch dieser Mann zu sein an Aussehen
und Größe und richtigen Sinnen in dem Innern? Mein Gast ist er,
doch hat hier jeder Anteil an der Herrschaft. Darum beeilt euch
nicht, ihn fortzuschicken, und verkürzt dem Bedürftigen so nicht
die Geschenke! Denn viele Besitztümer liegen euch in den Hallen
nach der Götter Willen.»

Da sprach unter ihnen der alte Heros Echeneos, der früher geboren
war als die Phaiakenmänner:

«Freunde! nicht gegen unsere Absicht oder Meinung redet die
umsichtige Königin! darum folgt ihr! Jedoch bei Alkinoos hier steht
Werk und Wort!»

Da antwortete ihm hinwieder Alkinoos und begann:

«So soll es denn so gelten, dieses Wort! so wahr ich lebe und über
die ruderliebenden Phaiaken herrsche! Der Gast aber dulde es, so
sehr ihn nach der Heimkehr verlangt, daß er gleichwohl bis morgen
bleibe, bis ich ihm die ganze Beschenkung vollendet habe! Das
Heimgeleit wird die Sache der Männer sein, aller, und am meisten
meine, dem die Gewalt in dem Volke ist.»

Da antwortete und sagte zu ihm der vielkluge Odysseus:

«Alkinoos, Herrscher, Ausgezeichneter vor allen Männern des
Volkes! Und wenn ihr mich selbst bis übers Jahr bleiben hießet und
wolltet das Geleit betreiben und glänzende Gaben geben, so würde
ich auch dieses wollen! Auch wäre es viel vorteilhafter, wenn ich
mit vollerer Hand in das eigene Vaterland gelangte: ehrwürdiger

und lieber wäre ich dann allen Männern, die mich nach Ithaka heimgekehrt erblicken würden.»

Da antwortete ihm hinwieder Alkinoos und begann:

«Odysseus! so wie wir dich vor uns sehen, halten wir nicht dafür, daß du ein Lügner und Betrüger bist, wie derlei viele dicht gesät die schwarze Erde weidet: Menschen, die Lügen zubereiten, woher man es sich nicht versieht. Dir aber ist Gestalt der Worte gegeben, und es lebt in dir ein rechter Sinn, und deine Geschichte hast du wie ein Sänger mit kundigem Verstand erzählt: die Kümmernisse von allen Argeiern und von dir selbst, die traurigen. Doch auf! sage mir auch dieses und berichte es mir zuverlässig: ob du irgendwelche von den gottgleichen Gefährten gesehen hast, die mit dir zusammen nach Ilion zogen und dort dem Schicksal folgten. Sehr lang ist diese Nacht, unendlich, und noch ist nicht die Zeit, zu schlafen in der Halle, sondern erzähle mir die wunderbaren Werke! Auch bis zum göttlichen Frühlicht hielte ich wohl aus, wenn du bereit wärst in der Halle, mir deine Kümmernisse zu erzählen.»

Da antwortete der vielkluge Odysseus und sagte zu ihm:

«Alkinoos, Herrscher, Ausgezeichneter vor allen Männern des Volkes! Eine Zeit ist für viele Erzählungen, eine Zeit aber auch für den Schlaf. Doch wenn dich noch verlangt zu hören, so will ich es dir nicht verweigern, daß ich dir auch noch Anderes, Erbarmungswürdigeres als dies erzähle, die Kümmernisse meiner Gefährten, die hinterdrein zugrunde gingen: die zwar dem seufzerreichen Kampfgeschrei der Troer entronnen sind, bei der Heimkehr aber wegen des schlechten Weibes zugrunde gingen. —

Als aber die reine Persephoneia die Seelen der weiblicheren Frauen zerstreut hatte hierhin und dorthin, da kam die Seele des Atreus-Sohnes Agamemnon herauf, bekümmert, und um ihn waren die anderen Seelen versammelt, die mit ihm in dem Haus des Aigisthos gestorben waren und ihrem Schicksal folgten. Und jener erkannte mich sofort, als er mich mit den Augen sah, und weinte hell auf, quellende Tränen vergießend, und breitete gegen mich die Arme aus und trachtete nach mir zu greifen. Jedoch ihm war nicht mehr die Kraft noch auch die Stärke geblieben, wie sie zuvor war in den gebogenen Gliedern. Da kamen mir, wie ich ihn sah, die Tränen, und ich erbarmte mich in dem Gemüte und begann und sprach zu ihm die geflügelten Worte:

«Erhabenster Sohn des Atreus, Herr der Männer, Agamemnon! Welch ein Geschick des stark schmerzenden Todes hat dich bezwungen? hat dich Poseidon in den Schiffen bezwungen, nachdem er ein arges Blasen schlimmer Winde erregte? oder haben dir feindliche Männer auf dem festen Lande Schaden getan, während du Rinder und schöne Herden von Schafen abzuschneiden suchtest oder auch kämpftest um eine Stadt und um die Weiber?»

So sprach ich. Er aber antwortete mir alsbald und sagte zu mir:

«Zeusentsproßter Laertes-Sohn, reich an Erfindungen, Odysseus! Weder hat mich Poseidon in den Schiffen bezwungen, nachdem er ein arges Blasen schlimmer Winde erregte, noch haben mir feindliche Männer auf dem festen Lande Schaden getan, sondern es hat Aigisthos mir den Tod und den Untergang bereitet und mich erschlagen mit dem verfluchten Weibe, nachdem er mich in sein Haus gerufen und mich mit einem Mahl bewirtet, wie jemand ein Rind erschlägt an der Krippe. So starb ich eines elendigsten Todes, und um mich wurden die anderen Gefährten getötet unaufhörlich, wie weißzahnige Schweine, die in dem Hause eines reichen, großmögenden Mannes bei einer Hochzeit oder einem Schmaus auf eigenen Beitrag oder einem blühenden Fest getötet werden. Du warst schon bei dem Mord von vielen Männern zugegen, die im Einzelkampf und in der starken Feldschlacht getötet wurden, jedoch hättest du dieses gesehen, es hätte dich mehr als alles in dem Mut gejammert: wie wir rings um den Mischkrug und die vollen Tische in der Halle lagen, und der ganze Boden rauchte von Blut, und am erbärmlichsten hörte ich die Stimme der Tochter des Priamos Kassandra, die die arglistige Klytaimnestra über mir erschlug, und auf der Erde erhob ich die Hände und griff ihr noch sterbend in das Schwert. Doch sie, die Hundsäugige, wandte sich ab und gewann es nicht einmal über sich, mir, während ich in den Hades ging, mit den Händen die Augen zuzudrücken und den Mund zu schließen. So ist nichts Schrecklicheres sonst noch Hündischeres als ein Weib, das auf solche Werke verfällt in ihrem Sinne! so wie auch jene das unwürdige Werk ersonnen, daß sie dem ehelichen Gatten Mord schuf. Und hatte ich, wahrhaftig! doch gemeint, daß ich den Kindern und meinen Knechten willkommen nach Hause kehren würde. Doch sie, die vor allen arggesonnene, hat über sich selber wie auch über die künftig kommenden weiblicheren Frauen Schande ausgegossen, selbst wenn eine rechtschaffen wäre.»

So sprach er, doch ich erwiderte und sagte zu ihm:

«Nein! hat das Geschlecht des Atreus der weit umblickende Zeus wahrhaftig doch über die Maßen von Anfang an mit Haß verfolgt durch Weiberränke! Da sind wegen der Helena in Mengen *wir* dahingegangen, und *dir* hat Klytaimnestra den bösen Anschlag bereitet, während du ferne warst!»

So sprach ich, und er erwiderte alsbald und sagte zu mir:

«Darum solltest auch du jetzt niemals gar zu vertraulich sein mit deinem Weibe, noch ihr die ganze Rede kundtun, so gut du sie weißt, sondern nur das eine sage ihr, das andere bleibe ihr verborgen! Jedoch, Odysseus! dir wird nicht von deinem Weibe Mord geschehen, denn gar zu einsichtsvoll ist sie und weiß zu gut die Gedanken in ihrem Sinne: die Tochter des Ikarios, die umsichtige Penelopeia! Ja, da verließen wir sie als junge Frau, als wir in den Krieg gingen, und es lag ein Sohn ihr an der Brust, ein kleiner, der jetzt wohl unter der Zahl der Männer sitzt, der Glückliche: ihn wird sein Vater sehen, wenn er heimkommt, und jener sich an den Vater schmiegen, wie es der Brauch ist. Doch meine Gattin ließ mich nicht einmal mich an dem Sohne sättigen mit den Augen, sondern hat mich zuvor gar selbst getötet. — Doch noch ein anderes will ich dir sagen, du aber nimm es auf in deinen Sinn: lege mit deinem Schiff nicht offenkundig in deinem väterlichen Lande an! Denn es ist kein Verlaß mehr auf die Frauen! — Doch auf! sage mir dieses und berichte es mir zuverlässig: ob ihr wohl gehört habt von meinem Sohne, daß er noch lebt: ob in Orchomenos oder in der sandigen Pylos oder vielleicht bei Menelaos in der breiten Sparta. Denn noch ist er auf Erden nicht gestorben, der göttliche Orestes.»

So sprach er, und ich antwortete und sagte zu ihm:

«Atreus-Sohn! was fragst du mich dieses? ich weiß nicht, ob er lebt, oder schon gestorben, und übel ist es, leer daherzureden!»

So standen wir beide und tauschten traurige Reden miteinander, bekümmert, quellende Tränen vergießend. Und es kam die Seele des Peleus-Sohnes Achilleus herauf und des Patroklos und des untadeligen Antilochos und des Aias, der an Aussehen und Gestalt der beste war unter den anderen Danaern nach dem untadeligen Sohn des Peleus. Und es erkannte mich die Seele des schnellfüßigen Aiakiden und sprach wehklagend die geflügelten Worte:

«Zeusentsproßter Laertes-Sohn, reich an Erfindungen, Odysseus! Schrecklicher! was wirst du wohl für ein noch größeres Werk ersinnen im Herzen! Wie vermochtest du es, in den Hades hinabzusteigen, wo die Toten wohnen, die sinnberaubten, die Schatten der müde gewordenen Sterblichen?»

So sprach er, und ich antwortete und sagte zu ihm:

«Achilleus, Sohn des Peleus, weit bester unter den Achaiern! Wegen eines Begehrens an Teiresias bin ich gekommen, ob er mir wohl seinen Rat ansagte, wie ich zu der felsigen Ithaka gelangen möchte. Denn noch bin ich nicht in die Nähe des Achaier-Lands gekommen und habe unser Land noch nicht betreten, sondern habe nur immer Schlimmes. Aber glückseliger als du, Achilleus, war kein Mann vormals und wird künftig keiner werden! Denn vordem haben wir Achaier dich im Leben geehrt gleich Göttern, jetzt aber, wo du hier bist, herrschest du groß unter den Toten! Darum sei auch im Tode nicht betrübt, Achilleus!»

So sprach ich, und er antwortete alsbald und sagte zu mir:

«Suche mich nicht über den Tod zu trösten, strahlender Odysseus! wollte ich doch lieber als Ackerknecht Lohndienste bei einem anderen, einem Manne ohne Landlos leisten, der nicht viel Lebensgut besitzt, als über alle dahingeschwundenen Toten Herr sein! — Doch auf! sage mir ein Wort von meinem erlauchten Sohne: zog er mit in den Krieg, daß er ein Vorkämpfer sei, oder auch nicht? Und sage mir von dem untadeligen Peleus, wofern du es erfahren hast: hat er sein Amt noch unter den vielen Myrmidonen, oder mißachten sie ihn in Hellas und in Phthia, weil ihn das Alter an Händen und Füßen niederdrückt? Wenn ich doch unter den Strahlen der Sonne ein Helfer wäre, dergestalt, wie ich einst im breiten Troerlande das beste Volk getötet habe, während ich den Argeiern beistand — wenn ich dergestalt auch nur für ein Kleines in das Haus des Vaters kommen würde: ich würde machen, daß sich vor meiner Kraft und meinen unnahbaren Händen mancher von denen entsetzen sollte, die jenem Gewalt antun und ihn verdrängen aus seiner Ehre!»

So sprach er, und ich antwortete und sagte zu ihm:

«Wahrlich! von dem untadeligen Peleus habe ich nichts erfahren. Doch von Neoptolemos, deinem eigenen Sohn, will ich dir die ganze Wahrheit erzählen, so wie du mich heißest. Denn ich habe ihn selber auf dem hohlen, ebenmäßigen Schiff von Skyros zu den gutgeschienten Achaiern gebracht. Wenn wir, wahrhaftig! vor der Burg von Troja Rat pflogen, immer sprach er dann als erster und verfehlte nicht die Reden: wir beide nur, der gottgleiche Nestor und ich, waren ihm überlegen. Doch wenn wir nun in dem Feld der Troer mit dem Erze kämpften, blieb er niemals in der Menge der Männer und im Haufen, sondern sprang immer weit voraus und blieb hinter keinem zurück in seinem Drange. Viele Männer hat er in dem grausigen Kampf getötet. Alle kann ich nicht künden noch benennen, wieviel Volks er getötet, während er den Argeiern beistand, nur: wie er den Telephos-Sohn mit dem Erz zu Boden streckte, den Heros Eurypylos, und viele Gefährten, Keteier, um ihn her der Weibergeschenke wegen erschlagen wurden. Der war der Schönste, den ich nach dem göttlichen Memnon gesehen. Doch als wir in das Pferd gestiegen, das Epeios gefertigt hatte, die Besten der Argeier, und mir war alles aufgetragen: den festen Schlupfwinkel zu öffnen oder ihn zu schließen: da wischten sich die anderen Führer und Berater der Danaer die Tränen, und einem jeden zitterten die Glieder, ihn aber sah ich niemals mit den Augen: weder wie ihm die schöne Haut erblaßte noch daß er Tränen von den Wangen wischte, sondern er flehte mich gar vielfach an, daß ich ihn aus dem Pferde ließe, und faßte nach dem Griff des Schwertes und nach der erzbeschlagenen Lanze und sann den Troern schlimme Dinge. Doch als wir nun die steile Stadt des Priamos vernichtet hatten, da stieg er mit seinem Anteil an der Beute und einer guten Ehrengabe unversehrt auf das Schiff und war weder von dem scharfen Erz getroffen noch auch verletzt im Nahkampf, wie dergleichen im Kriege viel geschieht, denn ohne Unterschied rast Ares.»

So sprach ich. Da ging die Seele des schnellfüßigen Aiakiden weit ausschreitend die Asphodeloswiese hinab, erfreut, daß ich ihm von dem Sohne gesagt, daß er ein Ausgezeichneter gewesen.

Aber die anderen Seelen der hingestorbenen Toten standen bekümmert und erzählten eine jede von ihren Kümmernissen. Allein die Seele des Aias, des Sohnes des Telamon, stand abseits und grollte um des Sieges willen, den ich über ihn errungen hatte, als ich bei den Schiffen Recht einholte wegen der Waffen des Achilleus. Gesetzt hatte sie die hehre Mutter, und die Töchter der Troer und Pallas Athene waren Richter. Hätte ich doch nicht gesiegt um solchen Preis! Denn es barg die Erde ein solches Haupt um ihretwillen: Aias, der überlegen ebenso an Aussehen, wie überlegen auch an Werken vor den anderen Danaern geschaffen war, nach dem untadeligen Peleus-Sohne! Den sprach ich an mit sanften Worten:

«Aias! Sohn des untadeligen Telamon! Willst du mir nicht — auch nicht im Tode — den Zorn vergessen um der Waffen willen, der unseligen, die die Götter den Argeiern zum Unheil werden ließen? Warst du ihnen doch ein solcher Turm! und bist zugrunde gegangen, und es leiden wir Achaier um dich fort und fort wie um des Achilleus Haupt, des Peleus-Sohnes, nachdem du dahingeschwunden! Doch ist daran kein anderer schuld, sondern Zeus hat das Heer der streitbaren Danaer über die Maßen mit Haß verfolgt und über dich dies Teil gebracht. Doch auf! hierher, Herr! daß du ein Wort und die Rede von uns hören mögest. Bezwinge den Zorn und den mannhaften Mut!»

152

So sprach ich. Er aber gab mir keine Antwort, sondern ging den anderen Seelen der verstorbenen Toten nach in den Erebos. Da hätte er wohl dennoch zu mir gesprochen, obwohl er zürnte, oder ich zu ihm, jedoch es wollte der Mut in meiner Brust die Seelen der anderen Verstorbenen sehen.

Da sah ich, wahrhaftig! Minos, den strahlenden Sohn des Zeus: wie er ein goldenes Szepter hielt und saß und den Toten Satzungen erteilte. Die aber, im Kreise um ihn her, holten Rechtsweisungen bei dem Herrscher ein, sitzend wie stehend in dem weittorigen Haus des Hades.

Und nach ihm gewahrte ich Orion, den ungeheueren: wie er wilde Tiere zusammentrieb auf der Asphodeloswiese, die er selbst auf einsamen Bergen getötet hatte, und er hielt eine Keule in den Händen, ganz von Erz, unzerbrechlich immer.

Und Tityos sah ich, den Sohn der stark prangenden Erde, auf dem Boden liegend. Und er lag über neun Hufen hin, und es saßen neben ihm zu beiden Seiten zwei Geier und fraßen an seiner Leber, in das Bauchfell tauchend, und er konnte sie nicht abwehren mit den Händen. Denn Leto hatte er fortschleppen wollen, des Zeus prangende Lagergefährtin, als sie nach Pytho durch Panopeus mit den schönen Reigenplätzen ging.

Und weiter sah ich den Tantalos in harten Schmerzen, stehend in einem See, der aber schlug ihm bis ans Kinn. Und er gebärdete sich, als ob ihn dürste, und konnte ihn doch nicht erreichen, um zu trinken. Denn so oft der Alte sich bückte und zu trinken strebte, so oft verschwand das Wasser, zurückgeschlürft, und um seine Füße wurde die schwarze Erde sichtbar, und es legte sie ein Daimon trocken. Und hochbelaubte Bäume gossen ihm Frucht über das Haupt herab: Birnen, Granaten und Apfelbäume mit glänzenden Früchten, und Feigen, süße, und Oliven in vollem Saft. Doch so oft der Greis sich aufrichtete, um sie mit den Händen zu ergreifen, riß sie ein Wind zu den schattigen Wolken.

Und weiter sah ich den Sisyphos in gewaltigen Schmerzen: wie er mit beiden Armen einen Felsblock, einen ungeheueren, befördern wollte. Ja, und mit Händen und Füßen stemmend, stieß er den Block hinauf auf einen Hügel. Doch wenn er ihn über die Kuppe werfen wollte, so drehte ihn das Übergewicht zurück: von neuem rollte dann der Block, der schamlose, ins Feld hinab. Er aber stieß ihn immer wieder zurück, sich anspannend, und es rann der Schweiß ihm von den Gliedern, und der Staub erhob sich über sein Haupt hinaus.

Nach diesem gewahrte ich die Gewalt des Herakles, nur seinen

Schatten, er selber aber ergötzt sich unter den unsterblichen Göttern an Festlichkeiten und hat Hebe mit den schönen Fesseln, die Tochter des großen Zeus und der Hera mit dem goldenen Schuh. Um ihn war ein Geschrei der Toten, so wie von Vögeln, rings flüchtenden. Er aber, der schwarzen Nacht gleich, hielt den nackten Bogen und einen Pfeil auf der Sehne, furchtbar umherschauend, und glich einem, der immer schießen wollte. Und grausig lief ihm als Wehrgehenk um seine Brust ein goldenes Tragband, auf welchem herrlichen Werke gebildet waren: Bären und Wildschweine und freudig blickende Löwen, und Schlachten und Kämpfe und Morde und Tötungen von Männern. Schwerlich wird der, der dieses Tragband in seine Kunst hat aufgenommen, nachdem er es mit Kunst vollbracht, ein anderes vollbringen können. Und alsbald erkannte er mich, als er mich mit den Augen gesehen hatte, und sprach wehklagend zu mir die geflügelten Worte:

«Zeusentsproßter Laertes-Sohn, reich an Erfindungen, Odysseus! Ah! Armer! schleppst auch du ein böses Verhängnis mit dir, wie ich es unter den Strahlen der Sonne getragen habe? Der Sohn des Zeus zwar, des Kronos-Sohnes, war ich und hatte doch Trübsal, unermeßliche. Denn dienstbar war ich einem gar viel geringeren Mann, und der trug mir schwere Kämpfe auf und schickte mich voreinst hierher, daß ich den Höllenhund holen sollte: er meinte, daß kein anderer Kampf schwerer für mich als dieser wäre. Den habe ich hinaufgeschafft und aus dem Hades geführt, und Hermes geleitete mich und die helläugige Athene.»

Als er so gesprochen hatte, schritt er wieder hinein in das Haus des Hades. Ich aber wartete dort beständig, ob noch einer käme von den Heroenmännern, die vormals zugrunde gegangen waren, und hätte wohl auch noch die früheren Männer gesehen, die ich wollte: den Theseus und den Peirithoos, der Götter stark prangende Kinder. Doch kamen in Scharen zuvor die Völker der Toten, zehntausende, mit unsäglichem Geschrei heran, und mich ergriff die blasse Furcht, es möchte mir die erlauchte Persephoneia das Haupt der Gorgo, der schrecklichen, der ungeheueren, aus dem Hades schicken. Da ging ich alsbald zum Schiff und befahl den Gefährten, daß sie selbst hinaufsteigen und die Hecktaue lösen sollten. Und sie stiegen schnell hinein und setzten sich auf die Ruderbänke. Und das Schiff trug die Woge mit der Strömung den Okeanosstrom hinab, zuerst mit Ruderarbeit, dann war schöner Fahrwind.

ZWÖLFTER GESANG

Odysseus endigt die Erzählung von seinen Abenteuern. Sirenen. Skylla und Charybdis. Die Rinder des Sonnengottes, und
wie die Gefährten sie schlachteten und dafür alle im Meer
zugrunde gingen.

Als aber das Schiff die Strömung des Flusses Okeanos verlassen hatte
und auf das Gewoge des weitbahnigen Meeres und zur Insel Aia gekommen war, wo die Häuser und Reigenplätze der frühgeborenen
Eos und die Aufgänge des Helios sind: da ließen wir, dorthin gekommen, das Schiff auf dem Sande auflaufen und stiegen auch selber aus
auf dem Strand des Meeres. Und schliefen dort und erwarteten das
göttliche Frühlicht.

Als aber die frühgeborene erschien, die rosenfingrige Eos, da
schickte ich Gefährten aus zu den Häusern der Kirke, um den Toten,
den gestorbenen Elpenor, zu holen. Und nachdem wir schnell Holz
geschlagen hatten, bestatteten wir ihn dort, wo das Gestade am
weitesten vorsprang, bekümmert, quellende Tränen vergießend.
Als aber der Tote und die Rüstungen des Toten verbrannt waren,
schütteten wir einen Grabhügel auf und schleppten einen Grabstein
hinauf und befestigten zuoberst auf dem Grabhügel sein handliches
Ruder.

Wir nun besorgten dieses, all und jedes. Der Kirke aber blieb es
nicht verborgen, daß wir aus dem Hades gekommen waren, sondern
sie kam gar schnell, nachdem sie sich bereit gemacht, und ihr zur Seite
trugen Dienerinnen Brot und viel Fleisch und funkelnden roten Wein.
Sie aber trat in unsere Mitte und sagte, die hehre unter den Göttinnen:

«Verwegene! die ihr lebend in das Haus des Hades hinabgekommen! Zweimal Sterbende! während die andern Menschen nur einmal
sterben. Doch auf! eßt die Speise und trinkt den Wein am Orte hier
den ganzen Tag und geht zugleich mit dem sich zeigenden Frühlicht
in See. Ich aber will euch den Weg weisen und will euch alles Einzelne bezeichnen, damit ihr nicht durch einen schmerzlichen bösen Anschlag, sei es auf der Salzflut, sei es auf dem Lande, ein Unheil er-
leidet und Schmerzen haben werdet.»

So sprach sie, und uns ließ sich der mannhafte Mut bereden. So
saßen wir den ganzen Tag bis zur untergehenden Sonne und schmausten unendliches Fleisch und süßen Wein. Als aber die Sonne untergegangen war und das Dunkel heraufkam, da legten jene sich bei

den Hecktauen des Schiffes nieder. Sie aber nahm mich bei der Hand und ließ mich abseits von meinen Gefährten niedersitzen und legte sich zu mir und fragte nach all und jedem, ich aber erzählte ihr alles nach Gebühr. Da sprach zu mir mit Worten die Herrin Kirke:

«So ist denn dieses alles durchgeführt! Du aber höre, wie ich zu dir rede, und auch ein Gott selbst wird dich daran erinnern. Zuerst wirst du zu den Sirenen gelangen, die alle Menschen bezaubern, wer auch zu ihnen hingelangt. Wer sich in seinem Unverstande ihnen nähert und den Laut der Sirenen hört, zu dem treten nicht Frau und unmündige Kinder, wenn er nach Hause kehrt, und freuen sich seiner, sondern die Sirenen bezaubern ihn mit ihrem hellen Gesang, auf einer Wiese sitzend, und um sie her ist von Knochen ein großer Haufen, von Männern, die verfaulen, und es schrumpfen rings an ihnen die Häute ein. Du aber steuere vorbei und streiche über die Ohren der Gefährten Wachs, honigsüßes, nachdem du es geknetet, daß keiner von den anderen höre; selbst aber magst du hören, wenn du willst. Doch sollen sie dich in dem schnellen Schiff mit Händen und Füßen aufrecht an den Mastschuh binden — und es seien die Taue an ihm selber angebunden —, damit du mit Ergötzen die Stimme der beiden Sirenen hören magst. Doch wenn du die Gefährten anflehst und verlangst, daß sie dich lösen, so sollen sie dich alsdann mit noch mehr Banden binden! Doch wenn die Gefährten nun an diesen vorbeigerudert sind, dann werde ich dir nicht mehr weiter der Reihe nach ansagen, welcher von beiden Wegen der deine sein wird, sondern auch selber mußt du ihn in dem Gemüt bedenken. Doch will ich ihn dir in beiderlei Richtung sagen.

In der einen sind Felsen, überhängende, und gegen sie brandet groß die Woge der dunkeläugigen Amphitrite. Plankten nennen diese die seligen Götter (das ist: Felsen des Scheiterns). Da kommt nicht einmal das, was da fliegt, vorbei, auch nicht die schüchternen Tauben, die dem Vater Zeus die Ambrosia bringen. Sondern auch von ihnen nimmt immer eine der schroffe Felsen hinweg, doch schickt der Vater eine andere hinzu, damit sie wieder in der Zahl sei. Da ist noch kein Schiff der Männer entronnen, welches auch herankam, sondern durcheinander tragen Planken von Schiffen und Leiber von Männern die Wogen der Salzflut und des verderblichen Feuers Wirbel. Einzig ein meerbefahrendes Schiff fuhr dort vorbei: Argo, die alle in den Erzählungen beschäftigt, als sie von Aietes wegfuhr. Und auch sie hätte die Woge dort schnell an die großen Felsen geworfen, doch Hera geleitete sie vorbei, weil ihr Iason lieb war.

Auf dem anderen Wege sind zwei Klippen, die eine reicht mit

156

ihrem spitzen Haupt zum breiten Himmel, und eine Wolke umgibt sie, eine dunkle. Diese weicht niemals, und niemals umfängt Himmelsheitre ihr Haupt, weder im Sommer noch zur Erntezeit. Auch könnte kein sterblicher Mann hinaufsteigen noch sie betreten, und wenn ihm auch zwanzig Hände und Füße wären, denn der Fels ist glatt und gleicht einem rings behauenen. Und mitten in der Klippe ist eine dunstige Höhle, zum Dunkel nach dem Erebos hin gewendet, da wo ihr das gewölbte Schiff vorbei lenkt, strahlender Odysseus! Da könnte auch kein jugendkräftiger Mann mit einem Schuß mit dem Bogen aus dem gewölbten Schiff zu der hohlen Grotte hingelangen. Dort drinnen wohnt Skylla, die schrecklich bellende. Ja, sie hat eine Stimme wie die eines neugeborenen Hündchens, sie selber aber ist ein Ungetüm, ein schlimmes, und niemand würde sich freuen, der sie sähe, auch nicht wenn ein Gott ihr begegnete. Ja, und zwölf Füße hat sie, alle unförmig, und sechs Hälse, überlange, und auf jedem ein greuliches Haupt, und darinnen drei Reihen Zähne, dicht und gedrängt, erfüllt mit schwarzem Tode. Bis zur Mitte steckt sie in der hohlen Grotte, hält aber die Köpfe heraus aus der schrecklichen Grube, und fischt dort, rings um die Klippe tastend, Delphine und Hundsfische und wenn sie irgendein größeres Untier ergreifen mag, wie sie zehntausend ernährt die stark stöhnende Amphitrite. Noch niemals können sich Schiffer rühmen, daß sie an dieser unversehrt mit dem Schiff vorbei entronnen wären, sondern sie holt sich mit jedem Haupt einen Mann, ihn entraffend aus dem schwarzbugigen Schiffe.

Die andere Klippe wirst du flacher erblicken, Odysseus — nah sind sie beieinander, du könntest auch mit dem Pfeil hinüberschießen —: auf dieser ist ein Feigenbaum, ein großer, üppig in Blättern stehend. Unter diesem schlürft die göttliche Charybdis das schwarze Wasser ein. Denn dreimal sendet sie es empor am Tage und dreimal schlürft sie es ein, gewaltig: mögest du nicht gerade dort sein, wenn sie einschlürft! Denn es könnte dich aus dem Übel auch nicht der Erderschütterer erretten. Sondern halte dich ganz nahe an der Klippe der Skylla und treibe dort schnell dein Schiff vorbei, da es viel besser ist, sechs Gefährten in dem Schiffe einzubüßen, als alle miteinander.»

So sprach sie. Aber ich antwortete und sagte zu ihr:

«Auf! künde, Göttin, mir auch dieses unfehlbar: ob ich wohl irgendwie der bösen Charybdis entfliehen, mich der anderen aber erwehren möchte, wenn sie mir die Gefährten rauben will.»

So sprach ich. Und sie erwiderte alsbald, die hehre unter den Göttinnen:

«Schrecklicher! denkst du denn wieder auf kriegerische Werke
und auf Mühsal, und wirst auch nicht den unsterblichen Göttern
weichen? Diese ist dir nicht sterblich, sondern ist ein unsterb-
liches Übel, furchtbar und schmerzlich wie auch wild und unbekämpf-
bar, und da ist keine Abwehr: vor ihr zu fliehen ist das Beste. Denn
wenn du dich rüstest und dich bei dem Felsen verweilst, so fürchte
ich, wird sie dich abermals angreifen und mit ebensovielen Köpfen
ereilen und sich ebensoviele Männer holen. Sondern rudere vielmehr
kräftig und rufe laut zu der Krataiis, der Mutter der Skylla, die sie
zur Plage den Sterblichen geboren hat. Diese wird sie alsdann hin-
dern, daß sie hernach noch angreift.

Dann wirst du zur Insel Thrinakia gelangen. Da weiden viele Kühe
des Helios und feiste Schafe: sieben Herden von Rindern und ebensoviele schöne Herden von Schafen, je fünfzig Stück, und keinen Nach-
wuchs haben sie und schwinden doch niemals dahin. Göttinnen sind
ihre Hirtinnen, Nymphen, flechtenschöne: Phaethusa und Lampetië,
die dem Helios, dem Sohn der Höhe, die göttliche Neaira geboren.
Als diese die hehre Mutter auferzogen und geboren hatte, ließ sie sie
auf der Insel Thrinakia siedeln, daß sie in der Ferne wohnten, um
die väterlichen Schafe zu hüten und die krummgehörnten Rinder.
Wenn du diese unversehrt läßt und auf deine Heimfahrt bedacht bist,
dann mögt ihr, wenn auch Schlimmes leidend, wohl noch nach Ithaka
gelangen. Doch wenn du sie verletzen solltest, dann sage ich dir für
dein Schiff und für die Gefährten den Untergang voraus. Und wenn
du selbst auch wohl entrinnen solltest, wirst du spät heimkehren,
auf schlimme Weise, nachdem du verloren alle die Gefährten.»

So sprach sie, und alsbald kam die goldthronende Eos. Da schritt
sie hinweg, die Insel hinauf, die hehre unter den Göttinnen. Ich aber
ging zum Schiff und trieb die Gefährten, selbst hinaufzusteigen und
die Hecktaue zu lösen. Und sie stiegen alsbald ein und setzten sich
auf die Ruderbänke, und als sie sich der Reihe nach gesetzt, schlugen
sie die graue Salzflut mit den Riemen. Und es schickte uns hinter
dem schwarzbugigen Schiffe her einen günstigen Fahrwind, der das
Segel füllte, als guten Gefährten Kirke, die flechtenschöne, die furchtbare Göttin, begabt mit Sprache. Und alsbald, nachdem wir uns mit
jeglichem Gerät zu schaffen gemacht hatten auf dem Schiffe, saßen
wir, und dieses lenkte der Wind und der Steuermann. Da sprach ich
unter den Gefährten betrübten Herzens:

«Freunde! denn es ist not, daß nicht nur einer noch auch nur
zwei die Wahrsprüche wissen, die mir Kirke verkündet hat, die hehre
unter den Göttinnen, sondern ich will sie sagen, daß wir sie wissen

und entweder sterben oder auch den Tod und die Todesgöttin vermeiden und entrinnen mögen. Zuerst befahl sie, die Stimme der Sirenen, der göttlich Redenden, und die blumige Wiese zu vermeiden. Nur mich allein hieß sie die Stimme hören. Doch bindet mich in Bande, schmerzliche, daß ich an Ort und Stelle fest verharre, aufrecht an den Mastschuh, und es seien die Taue an ihm selber angebunden. Und wenn ich euch anflehe und verlange, daß ihr mich löst, so sollt ihr mich alsdann in noch mehr Bande zwängen.»

So sprach ich zu den Gefährten und wies ihnen all und jedes. Indessen aber gelangte das gutgebaute Schiff schnell zur Insel der beiden Sirenen, denn ein leidloser Fahrwind trieb es. Da hörte mit einem Mal der Wind auf, und es ward Meeresglätte, still vom Winde, und ein Daimon ließ sich die Wogen legen. Da standen die Gefährten auf und rollten die Segel des Schiffs zusammen und warfen sie in das gewölbte Schiff. Sie aber setzten sich an die Riemen und schlugen das Wasser weiß mit den geglätteten Fichtenrudern. Ich aber schnitt eine große runde Scheibe Wachs mit dem scharfen Erz in kleine Stücke und preßte sie mit den starken Händen, und alsbald erwärmte sich das Wachs, da der starke Druck es dazu trieb wie auch der Strahl des Helios, des Sohns der Höhe, des Gebieters. Und der Reihe nach strich ich es den Gefährten allen auf die Ohren, sie aber banden mich in dem Schiff zugleich mit den Händen und mit den Füßen aufrecht an den Mastschuh und banden die Taue an ihm fest, und setzten sich selber und schlugen die graue Salzflut mit den Riemen. Doch als wir so weit entfernt waren, wie ein Rufender reicht mit der Stimme, und geschwind dahintrieben, da entging jenen nicht, wie sich das schnellfahrende Schiff heranbewegte, und sie bereiteten einen hellen Gesang:

«Auf! hergekommen! vielgepriesener Odysseus! du große Pracht unter den Achaiern! Lege mit deinem Schiffe an, damit du unsere Stimme hörst! Denn noch ist keiner hier mit dem schwarzen Schiff vorbeigerudert, ehe er nicht die Stimme gehört, die honigtönende, von unseren Mündern, sondern heim kehrt er ergötzt und an Wissen reicher. Denn wir wissen dir alles, soviel in der weiten Troja Argeier und Troer sich gemüht nach der Götter Willen, wissen, wieviel nur geschehen mag auf der an Nahrung reichen Erde.»

So sagten sie und entsandten die schöne Stimme. Jedoch mein Herz wollte hören. Und ich hieß die Gefährten mich lösen und winkte ihnen mit den Augenbrauen. Die aber fielen nach vorn aus und ruderten, und alsbald standen Perimedes und Eurylochos auf und banden mich in noch mehr Bande und zwängten mich noch fester ein.

Doch als sie nun an ihnen vorbeigerudert waren, und wir alsdann
die Stimme der Sirenen und ihr Singen nicht mehr hörten, da nahmen sich die mir geschätzten Gefährten alsbald das Wachs ab, das
ich ihnen auf die Ohren gestrichen hatte, und machten mich aus den
Banden los.

Doch als wir nun die Insel verlassen hatten, sah ich alsbald darauf einen Rauch und eine große Brandungswelle und hörte ein Ge-
dröhn. Sie aber fürchteten sich, und aus ihren Händen flogen die
Riemen und rauschten alle in der Strömung hinterdrein. Und das
Schiff blieb daselbst liegen, weil sie nicht mehr die vorn geschärften
Ruder mit den Händen bewegten. Ich aber ging durch das Schiff und
trieb die Gefährten an mit sanften Worten, herangetreten an einen
jeden Mann:

«Freunde! Sind wir doch bislang nicht unerfahren in schlimmen
Dingen! Gewiß steht uns dort kein größeres Übel bevor als damals,
wo uns der Kyklop einschloß in der gewölbten Höhle mit übermäch-
tiger Gewalt. Doch auch von dort sind wir durch meine Tüchtigkeit:
meinen Rat wie wachen Sinn, entkommen. So werden wir uns auch
dessen hier, so denke ich, einmal erinnern. Doch auf jetzt! folgen
wir alle, wie ich es sage: Ihr schlagt mit den Rudern die tiefe Bran-
dung des Meeres, hinsitzend auf die Ruderbänke: ob Zeus es vielleicht gibt, daß wir diesem Verderben entrinnen und entschlüpfen
mögen. Dir aber, Steuermann! befehle ich so — du aber lege es dir in
den Sinn, da du das Ruder führst in dem gewölbten Schiffe —: von
diesem Rauch dort und der Brandungswelle dränge hinweg das Schiff
und halte auf die Klippe zu, damit es dir nicht unvermerkt nach dorthin abtreibt und du uns ins Unheil stürzest.»

So sprach ich, und sie folgten eilig meinen Worten. Doch von der
Skylla sagte ich nichts weiter: der Plage, gegen die nichts auszurichten, damit mir die Gefährten nicht in Furcht abließen von der Ruderarbeit und sich in dem Schiff zusammendrängten. Und da vergaß ich
nun der Kirke schmerzliche Weisung, daß sie mir befohlen, daß ich
mich nicht rüsten sollte, sondern tauchte in die herrliche Rüstung, ergriff zwei lange Speere mit den Händen und stieg am Bug auf das
Verdeck des Schiffes. Dort wartete ich, bis mir Skylla zuerst aus dem
Stein erscheinen würde, die mir Leid bringen sollte über die Gefährten. Doch konnte ich sie nirgendwo erblicken, und müde wurden mir
die Augen, während ich überall umher an dem dunstigen Felser
spähte.

So fuhren wir in die Enge, weheklagend: hier Skylla, drüben aber
schlürfte die göttliche Charybdis furchtbar das salzige Wasser de

Meeres ein. Wahrhaftig, und wenn sie es ausspie, so brodelte sie ganz auf wie ein Kessel auf vielem Feuer, herumstrudelnd, und hoch auf flog der Schaum bis auf die Spitzen der beiden Klippen. Doch wenn sie das salzige Wasser des Meeres wieder verschluckte, so wurde sie, herumstrudelnd, bis ganz nach innen hinein sichtbar, und ringsher brüllte fürchterlich der Fels, und unten wurde die Erde sichtbar, schwarz von Sand. Die aber ergriff die blasse Furcht. Wir blickten auf sie hin, in Furcht vor dem Verderben: unterdessen holte sich mir Skylla aus dem hohlen Schiffe sechs Gefährten, die an Armen und an Kraft die besten waren. Und als ich auf das schnelle Schiff und zugleich nach den Gefährten blickte, sah ich von ihnen schon die Füße und die Hände darüber, wie sie in die Höhe schwebten. Und sie erhoben ihre Stimme und riefen mich und nannten mich beim Namen, damals zum letztenmal, betrübten Herzens. Und wie wenn ein Meerfischer auf einem Vorsprung mit der gar langen Gerte den kleinen Fischen Bissen als Köder zuwirft und schleudert in das Meer das Röhrchen am Angelhaken, das aus dem Horn gemacht ist eines Rindes auf dem Viehhof, und wirft den zappelnden alsdann hinaus, sobald er ihn gefaßt hat: so schwebten sie zappelnd den Felsen hinauf. Und dort fraß diese sie an dem Eingang, die Schreienden, indessen sie die Arme nach mir streckten in dem schrecklichen Verderben. Das war das Jammervollste, das ich mit den Augen gesehen habe unter allem, soviel ich ausgestanden, während ich nach Durchfahrten auf der Salzflut forschte.

Doch als wir den Felsen und der furchtbaren Charybdis und der Skylla entgangen waren, gelangten wir alsbald darauf zu des Gottes untadeliger Insel. Dort waren die schönen breitstirnigen Rinder und die vielen fetten Schafe des Sohns der Höhe, Helios. Da hörte ich, während ich noch auf dem Meer war, in dem schwarzen Schiff das Muhen der Rinder, wie sie eingetrieben wurden, und das Geblök der Schafe. Und mir fiel das Wort des blinden Sehers Teiresias von Theben und der Kirke von Aia auf die Seele, die mir gar vielfach aufgetragen hatten, daß ich die Insel des Helios, der die Sterblichen erfreut, vermeiden sollte. Da sprach ich unter den Gefährten betrübten Herzens:

«Hört auf meine Reden, so schlimm es euch ergeht, Gefährten! damit ich euch die Wahrsprüche des Teiresias und der Kirke von Aia sage, die mir gar vielfach aufgetragen, daß wir die Insel des Helios, der die Sterblichen erfreut, vermeiden sollen. Denn dort, so sagten sie, sei für uns das schlimmste Unheil. Darum lenkt das schwarze Schiff vorbei an der Insel!»

So sprach ich. Denen aber zerbrach das liebe Herz, und alsbald erwiderte mir Eurylochos mit feindseliger Rede:

«Hart bist du, Odysseus! übermäßig deine Kraft, und nicht müde wirst du an den Gliedern! Wirklich! alles an dir ist eisern geschaffen! der du die Gefährten, die genug haben von Ermattung und von Übermüdung, das Land nicht betreten läßt, wo wir doch auf der umströmten Insel wieder einmal ein leckeres Nachtmahl bereiten könnten, sondern uns nur so hin durch die schnelle Nacht zu irren heißest, von der Insel abgetrieben, auf dem dunstigen Meer. Und aus den Nächten kommen doch die schweren Winde herauf, die die Verderber der Schiffe sind. Wie möchte einer dem jähen Untergang entgehen, wenn da mit eins ein Wirbelwind kommt, entweder von dem Süd oder dem West, dem schlimmwehenden, die am meisten ein Schiff zertrümmern, auch ohne den Willen der Götter, der Gebieter? Aber wahrhaftig! gehorchen wir jetzt der schwarzen Nacht und bereiten uns ein Nachtmahl und bleiben bei dem schnellen Schiffe! In der Frühe aber steigen wir hinauf und fahren auf die weite See.»

So sprach Eurylochos, und die anderen Gefährten gaben Beifall. Und da erkannte ich denn, daß ein Daimon Böses sann, und begann und sagte zu ihm die geflügelten Worte:

«Eurylochos! so zwingt ihr mich denn also, der ich allein bin! Doch auf jetzt! schwört mir alle den starken Eid, daß, wenn wir irgendeine Rinderherde oder einen großen Haufen von Schafen finden, dann keiner in schlimmen Verblendungen weder ein Rind noch irgendein Stück Kleinvieh schlachte. Sondern in Ruhe eßt die Speise, die die Unsterbliche dargereicht hat, Kirke.»

So sprach ich, und alsbald schworen sie, wie ich verlangte. Doch als sie geschworen und den Eid geleistet hatten, da legten wir das gutgebaute Schiff in einem ausgebuchteten Hafen an, nahe dem süßen Wasser, und es stiegen die Gefährten aus dem Schiffe und bereiteten alsdann kundig das Nachtmahl. Doch als sie sich das Verlangen nach Trank und Speise vertrieben hatten, da gedachten sie der lieben Gefährten und weinten um sie, die aus dem gewölbten Schiff sich Skylla geholt und gefressen hatte, und während sie weinten, kam über sie der tiefe Schlaf. Als aber noch ein Drittel der Nacht war und die Sterne hinübergegangen waren, da erregte einen heftig wehenden Wind der Wolkensammler Zeus mit schrecklichem Sturm, und er verhüllte mit Wolken Land zugleich und Meer, und herein vom Himmel her brach Nacht. Doch als die frühgeborene erschien, die rosenfingrige Eos, da legten wir das Schiff fest, nachdem wir es in eine hohle Grotte gezogen hatten. Dort waren die schönen Reigenplätze und Sitze der Nymphen. Da setzte ich eine Versammlung an und sagte unter ihnen die Rede:

«Freunde! es ist in dem schnellen Schiff ja Speise und Trank: jedoch der Rinder wollen wir uns enthalten, daß uns nicht etwas widerfahre. Denn eines gewaltigen Gottes sind diese Rinder und fetten Schafe: des Helios, der alles sieht und alles hört.»

So sprach ich, und ihnen ließ sich der mannhafte Mut bereden. Und es wehte den ganzen Mond hindurch unaufhörlich der Süd, und kam alsdann kein anderer auf von den Winden, außer dem Westwind und dem Süd. Doch sie, solange sie Brot hatten und roten Wein, solange enthielten sie sich der Rinder, bedacht auf ihr Leben. Doch als nun alle Speisen von dem Schiffe dahingeschwunden waren, da gingen sie auf Fang aus, in der Not umherstreifend, nach Fischen und nach Vögeln und was ihnen auch in die Hände kam, mit krummen Haken, und der Hunger zerrieb ihnen den Magen. Da schritt ich hinweg, die Insel hinauf, damit ich zu den Göttern riefe, ob einer mir einen Weg wiese fortzukommen. Doch als ich mich, durch die Insel gehend, entfernt hatte von den Gefährten, wusch ich mir die Hände, wo ein Schutz war vor dem Winde, und betete zu allen Göttern, die den Olympos innehaben. Sie aber gossen mir einen süßen Schlaf aus auf die Lider. Da aber hob Eurylochos mit dem schlechten Rat an unter den Gefährten:

«Hört auf meine Reden, so schlimm es euch ergeht, Gefährten! Verhaßt sind alle Tode den elenden Sterblichen, doch Hungers zu sterben, ist das Erbärmlichste, und so seinem Geschick zu folgen. Doch auf! treiben wir von den Rindern des Helios die besten herbei und opfern sie den Unsterblichen, die den breiten Himmel innehaben! Und wenn wir nach Ithaka ins väterliche Land gelangt sind, so werden wir gleich auf der Stelle dem Helios, dem Sohne der Höhe, einen fetten Tempel gründen und in ihm Prunkstücke aufstellen, viele und edle. Doch wenn er, zürnend um der aufrecht gehörnten Rinder willen, das Schiff gewillt ist zu vernichten, und es folgen ihm die anderen Götter, so will ich lieber den Mund aufsperren gegen das Gewoge und mit eins den Lebensmut verlieren, als lange hinzusiechen auf der öden Insel.»

So sprach Eurylochos, und es gaben die anderen Gefährten Beifall. Und alsbald trieben sie die besten von den Rindern des Helios von nah herbei, denn nicht weit weg vom Schiff mit dem dunklen Bug weideten die krummgehörnten, schönen, breitstirnigen Rinder. Und sie stellten sich um sie und beteten zu den Göttern, nachdem sie zarte Blätter gepflückt von der hochbelaubten Eiche, denn sie hatten nicht weiße Opfergerste auf dem gutverdeckten Schiff. Doch als sie gebetet und die Rinder geschlachtet und abgehäutet hatten, schnitten sie die Schenkel heraus und umwickelten sie mit Fett, nachdem sie es doppelt gefaltet hatten, und legten rohes Fleisch darauf. Doch hatten sie auch keinen Wein, um ihn den brennenden Opferstücken aufzuträufeln. Doch brachten sie den Weihguß mit Wasser dar und brieten alles Eingeweide. Als aber die Schenkel heruntergebrannt waren und sie von den inneren Teilen gekostet hatten, da zerstückelten sie das andere Fleisch und spießten es auf Bratspieße. Und da entwich mir der tiefe Schlaf von den Augenlidern, und ich schritt hin und ging zu dem schnellen Schiff und dem Ufer des Meeres. Doch als ich nun dahinging und war dem beiderseits geschweiften Schiff schon nahe, da umkam mich der süße Duft von Fettdampf. Da stöhnte ich auf und rief zu den unsterblichen Göttern:

«Zeus, Vater, und ihr andern seligen Götter, ihr immerseienden! Da habt ihr mich, wahrlich! zum Unheil gebettet in dem erbarmungslosen Schlafe! und derweil haben die Gefährten, die hier geblieben, ein ungeheures Werk ersonnen!»

Schnell aber kam zu Helios, dem Sohn der Höhe, als Botin die langgewandete Lampetië: daß wir ihm die Rinder getötet hätten. Und alsbald sprach er unter den Unsterblichen, zürnend in seinem Herzen:

«Zeus, Vater, und ihr anderen seligen Götter, ihr immerseienden! Büßen sollen es mir die Gefährten des Laertes-Sohns Odysseus, die mir die Rinder getötet freventlich, an denen ich mich immer freute, wenn ich hinaufstieg den gestirnten Himmel und wenn ich mich wieder vom Himmel zur Erde wandte. Doch büßen sie mir für die Rinder nicht den geziemenden Entgelt, so werde ich in das Haus des Hades tauchen und den Toten scheinen!»

Da erwiderte und sagte zu ihm der Wolkensammler Zeus:

«Helios! So scheine du nur unter den Unsterblichen und den sterblichen Menschen auf das nahrunggebende Ackerland! Doch denen will ich gar bald das schnelle Schiff mit dem weißglühenden Blitze treffen und es in kleine Stücke schlagen inmitten auf dem weinfarbenen Meer.»

Dies habe ich von Kalypso gehört, der schönhaarigen, und sie sagte, daß sie selbst es von Hermes, dem Geleiter, hörte.

Doch als ich nun zu dem Schiff und dem Meer hinabkam, da schalt ich sie, bald zu dem einen, bald zu dem andern hingetreten. Doch konnten wir keine Abhilfe finden, die Rinder waren schon tot. Doch ließen ihnen alsbald darauf die Götter Schreckenszeichen erscheinen: da krochen die Häute umher, und das Fleisch an den Bratspießen brüllte, gebraten wie auch roh, und wie von Rindern her kam eine Stimme.

Sechs Tage schmausten darauf die mir geschätzten Gefährten, nachdem sie sich von den Rindern des Sonnengottes die besten herbeigetrieben hatten. Doch als nun Zeus, der Sohn des Kronos, den siebenten Tag heraufgeführt, da legte sich alsdann der Wind, der im Sturme wütende, und wir stiegen alsbald auf das Schiff und fuhren auf die weite See, nachdem wir den Mastbaum aufgestellt und die weißen Segel aufgezogen. Doch als wir die Insel verlassen hatten, und da war kein anderes sichtbar von den Erdenländern, sondern nur Himmel und Meer, da stellte eine dunkelblaue Wolke Kronion über das gewölbte Schiff, und es verfinsterte sich unter ihr das Meer. Doch das lief nicht für gar lange Zeit dahin, denn es kam mit eins sausend der West, mit einem großen Sturmwind wütend, und der Wirbel des Windes zerriß die Vordertaue am Mastbaum beide, und der Mastbaum fiel nach hinten über und das Takelwerk ergoß sich alles hinunter in das Bodenwasser. Der aber schlug am Heck des Schiffs dem Steuermann auf das Haupt und schmetterte das Gebein des Hauptes zusammen alles miteinander, und er, einem Taucher gleichend, stürzte von dem Verdeck herab, und seine Gebeine verließ der mannhafte Lebensmut. Zeus aber donnerte zugleich und warf in das Schiff hinein den Blitz. Das wurde ganz herumgewirbelt, geschlagen von dem Blitz des Zeus, und es war voll von Schwefeldampf. Da fielen die Gefährten aus dem Schiffe und, Wasserkrähen gleichend, wurden sie rings um das schwarze Schiff getragen von den Wogen, und es raubte ihnen ein Gott die Heimkehr. Aber ich lief durch das Schiff hin und her, bis der Wogenschlag die Wandungen von dem Kiele löste — den trug die Woge nackt dahin — und aus ihm schleuderte er den Mastbaum zu dem Kiel hin. Doch war das hintere Tau auf ihn gefallen, das von Rinderhaut gefertigte. Mit diesem schnürte ich sie beide aneinander zusammen, Kiel wie Mastbaum, und setzte mich darauf und wurde getragen von den schlimmen Winden.

Ja, und da legte sich nun zwar der West, der im Sturme wütende, doch kam schnell der Süd herauf und brachte meinem Mute Schmerzen, auf daß ich noch einmal die böse Charybdis durchmessen sollte. Die ganze Nacht hindurch trug es mich, jedoch zugleich mit aufgehender Sonne kam ich zur Klippe der Skylla und der furchtbaren Charybdis. Die schlürfte das salzige Wasser des Meeres ein. Ich aber hob mich hoch hinauf zu dem großen Feigenbaum, klammerte mich an ihn und hielt mich wie eine Fledermaus und hatte nichts, mich irgendwo fest mit den Füßen anzustemmen noch darauf zu treten. Denn weitab lagen seine Wurzeln und hoch weg waren seine Äste, die langen, großen, und beschatteten die Charybdis. Jedoch ich hielt mich unablässig, bis sie hernach Mastbaum und Kielbalken wieder ausspie. Doch kamen sie mir, der ich sehnlich harrte, erst spät. Und zu der Zeit erst, wo ein Mann zum Nachtmahl von der Versammlung aufsteht, der viele Streitfälle entscheidet, wenn die jungen Männer ihr Recht einholen: zu der Zeit erst erschienen die Stämme aus der Charybdis. Da ließ ich mich von oben herab mit Händen und mit Füßen fallen und schlug dumpf mitten hinein, quer neben die gar langen Stämme, und setzte mich auf sie und ruderte durch mit meinen Händen. Die Skylla aber ließ mich nicht mehr der Vater der Menschen und der Götter sehen, sonst wäre ich dem jähen Verderben wohl nicht entronnen.

Von dorther trug es mich neun Tage, in der zehnten Nacht aber brachten mich die Götter zur Insel Ogygia, wo Kalypso wohnt, die flechtenschöne, die furchtbare Göttin, begabt mit Sprache, die mir Liebes antat und mich pflegte.

Was soll ich dies dir weitläufig erzählen? Schon gestern habe ich es dir im Hause erzählt, dir und der trefflichen Gemahlin. Und widerwärtig ist es mir, deutlich Gesagtes noch einmal zu erzählen.»

DREIZEHNTER GESANG

Wie Odysseus schlafend seine Heimat Ithaka erreicht und sie nicht erkennt. Wie ihm Athene begegnet, ihm über die Dinge in seinem Hause berichtet und ihn in einen alten Bettler verwandelt.

So sprach er. Die aber waren alle stumm in Schweigen und waren von Bezauberung gefangen rings in den schattigen Hallen. Doch Alkinoos antwortete ihm hinwieder und begann:

«Odysseus! da du zu meinem Haus mit der ehernen Schwelle gekommen bist, dem hochbedachten, so sollst du nicht wieder verschlagen werden, denke ich, wenn du von hier zurück nach Hause kehrst, und ist dir auch gar vieles widerfahren. Euch aber sage ich dieses und lege es einem jeden Manne auf, so viele ihr immer in meinen Hallen den funkelnden Wein der Ratsmänner trinkt und dem Sänger zuhört: Schon liegen die Gewänder für den Gast in der gutgeglätteten Truhe und das Gold, das kunstreich bearbeitete, und alle die anderen Geschenke, soviele die Ratgeber der Phaiaken hierher gebracht — doch auf! geben wir ihm einen großen Dreifuß und ein Becken, Mann für Mann! Wir aber werden es wieder beitreiben in dem Volk und es uns erstatten lassen. Denn hart wäre es, sollte der Einzelne ohne Entgelt die Gunst erweisen.»

So sprach Alkinoos, und denen gefiel die Rede. Und sie gingen, sich niederzulegen, ein jeder in sein Haus. Als aber die frühgeborene erschien, die rosenfingrige Eos, da eilten sie zu dem Schiff und brachten das mannhafte Erz. Und dieses legte die heilige Gewalt des Alkinoos, indem er selber durch das Schiff ging, gut nieder unter die Ruderbänke, damit es keinen der Gefährten beim Rudern behindere, wenn sie sich beeiferten mit den Riemen. Die aber gingen in das Haus des Alkinoos und besorgten die Mahlzeit, und es opferte für sie ein Rind die heilige Gewalt des Alkinoos dem Zeus, dem schwarzwolkigen, dem Kroniden, der über alle Herr ist. Und als sie die Schenkel verbrannt hatten, verspeisten sie das prangende Mahl mit Ergötzen. Und es spielte unter ihnen der göttliche Sänger Demodokos, der unter den Männern des Volkes Ehre hatte. Aber Odysseus wandte vielfach den Kopf zur Sonne, der hellscheinenden, denn es drängte ihn, daß sie unterginge, denn nunmehr verlangte ihn heimzukehren. Und wie wenn ein Mann nach dem Nachtmahl begehrt, dem den ganzen Tag zwei weinfarbene Rinder den festen Pflug über das Brachland zogen, und willkommen ging ihm das Licht der Sonne unter, daß er zum Nachtmahl davongehe, und geschwächt sind ihm die Knie, während er dahingeht: so willkommen ging dem Odysseus das Licht der Sonne unter. Und alsbald sprach er unter den ruderliebenden Phaiaken und sagte das Wort und wies es am meisten dem Alkinoos:

«Alkinoos, Herrscher, Ausgezeichneter vor allen Männern des Volkes! Geleitet mich, sobald ihr den Weihguß getan, nun ohne Schaden und freut euch selber! Denn nunmehr ist erfüllt, was mir mein Herz gewollt hat: ein Heimgeleit und freundliche Geschenke, die mir die Götter, die Himmelssöhne, mögen gedeihlich werden lassen! Und möge ich, wenn ich heimgekehrt bin, im Hause die untadlige Gattin finden zusammen mit den unversehrten Meinen! Ihr aber, die ihr hier bleibt, lebt zur Freude euren ehelichen Weibern und den Kindern, und mögen die Götter Gedeihen spenden, allfältiges, und keinerlei Übel in dem Volke sein!»

So sprach er. Die aber gaben alle Beifall und verlangten, daß man den Gast geleite, da er nach Gebühr gesprochen habe. Da sprach die Gewalt des Alkinoos zu dem Herold:

«Pontonoos! hast du gemischt den Mischkrug, so teile allen den Wein zu durch die Halle, auf daß wir, sobald wir zu Zeus, dem Vater, gebetet haben, den Gastfreund in sein väterliches Land geleiten!»

So sprach er. Und Pontonoos mischte den honigsinnigen Wein und teilte allen zu, an einen jeden herangetreten. Die aber taten den Weihguß für die Götter, die seligen, die den weiten Himmel innehaben, an Ort und Stelle von den Sitzen. Und es stand auf der göttliche Odysseus und gab der Arete den doppelt gebuchteten Becher in die Hand und begann und sagte zu ihr die geflügelten Worte:

«Freue dich mir, Königin, fort und fort, bis daß das Alter und der Tod kommt, die da über die Menschen kommen! Ich kehre heim. Du aber freue dich in diesem deinem Hause an deinen Kindern und den Männern des Volkes und Alkinoos, dem König!»

Als er so gesprochen hatte, schritt er über die Schwelle, der göttliche Odysseus. Und es schickte ihm die Gewalt des Alkinoos einen Herold mit, daß er vor ihm hergehe zu dem schnellen Schiff und dem Ufer des Meeres. Arete aber schickte ihm dienende Frauen mit: eine, die den gutgewaschenen Mantel und den Leibrock trug, und gab ihm eine zweite mit, um die feste Truhe hinzuschaffen, eine andere aber trug Speise und roten Wein.

Doch als sie hinab zu dem Schiff und dem Meer gekommen waren, da nahmen die erlauchten Geleiter alles in Empfang und legten es geschwind in dem gewölbten Schiff nieder, den Trank und alle Speise. Und breiteten für Odysseus eine Decke und ein Leinen aus auf dem Verdeck des gewölbten Schiffes, am Heck, damit er ohne zu erwachen schliefe. Und hinauf stieg er auch selbst und legte sich nieder in Schweigen. Sie aber setzten sich auf die Ruderbänke, ein jeder nach der Ordnung, und lösten das Haltetau von dem durchbohrten Steine. Dann schlugen sie, zurückgelehnt, die Salzflut auf mit dem Ruderblatt, und ihm fiel ein tiefer Schlaf auf die Augenlider, ein unerwecklicher, ganz süßer, dem Tode am nächsten gleichend. Das Schiff aber — wie im Felde vierspännige männliche Pferde, alle zugleich hinstrebend unter Peitschenhieben, sich hoch erhebend, schnell den Lauf vollbringen: so hob sein Bug sich empor, und hinterdrein rollte gewaltig die purpurne Woge des vieltosenden Meeres. Und es lief hin ganz ohne Fehl, beständig, und auch der Falke nicht, der Stößer, hätte es eingeholt, der leichteste unter den Vögeln. So lief es schnell dahin und zerschnitt die Meereswogen, und trug den Mann, der Gedanken gleich den Göttern hatte: der vorher gar viele Schmerzen gelitten hatte in seinem Mute, durchmessend die Kriege der Männer und die schmerzlichen Wogen — da schlief er nun ruhig, vergessend alles, was er gelitten hatte.

Als der Stern emporstieg, der leuchtendste, der am ehesten kommt und meldet das Licht der frühgeborenen Eos, da näherte sich das meerbefahrende Schiff der Insel.

Es ist aber eine Bucht des Phorkys, des Meeresalten, in dem Gau von Ithaka, und es sind an ihr zwei vorspringende Gestade, schroff abgebrochene, zu der Bucht hin flach abfallende. Die halten den großen Wogengang von schlimmwehenden Winden ab von außen, doch bleiben drinnen die gutgedeckten Schiffe ohne Vertäuung ruhig liegen, wenn sie auf Anlegeweite hingelangt sind. Doch am Kopf der Bucht ist ein blätterstreckender Ölbaum und dicht bei ihm eine anmutige, dämmrige Höhle, ein heiliger Ort der Nymphen, die Naiaden genannt sind. Darin sind Mischgefäße und doppelhenklige Krüge, steinerne, und es bereiten dort dann auch die Bienen ihre Nahrung. Und darinnen sind steinerne Webstühle, gar lange, auf denen die Nymphen ihre Tuche weben, die meerpurpurnen, ein Wunder anzusehen. Und darin sind Wasser, immer strömende. Und zwei Türen hat sie, die einen nach dem Nord zu, zugänglich für Menschen, die anderen nach dem Süd zu, göttlichere, und durch diese gehen nicht die Männer hinein, sondern der Weg der Unsterblichen ist es. Dort fuhren sie hinein, die sie von früher her darum wußten. Da lief das Schiff auf dem Lande auf bis auf die Hälfte der ganzen Länge, das eilende, denn von den Händen *solcher* Ruderer wurde es getrieben! Und sie stiegen aus dem gut durchjochten Schiff an Land und nahmen aus dem gewölbten Schiff zuerst den Odysseus auf, mitsamt dem Leintuch und der schimmernden Decke, und legten ihn auf dem Sande nieder, den vom Schlaf Bezwungenen. Und nahmen die Güter heraus, die ihm, als er heimfahren wollte, die erlauchten Phaiaken nach dem Willen der hochgemuten Athene gegeben hatten, und stellten sie alle miteinander an den Fuß des Ölbaums, abseits vom Wege, damit keiner der wandernden Menschen, ehe Odysseus aufgewacht, dazukäme und es rauben möchte. Und fuhren selber wieder zurück nach Hause.

Doch der Erderschütterer vergaß die Drohungen nicht, die er dem gottgleichen Odysseus zu Anfang angedroht hatte, und er erforschte den Rat des Zeus:

«Zeus, Vater! Nicht mehr werde ich unter den unsterblichen Göttern in Ehre stehen, wenn mich die Sterblichen gar nicht ehren, die Phaiaken, die doch von meinem eigenen Geschlecht sind! Da hatte ich gedacht, daß Odysseus jetzt nach Hause gelangen sollte, wenn er noch viele Leiden gelitten hätte — die Heimkehr wollte ich ihm niemals gänzlich nehmen, nachdem du sie einmal versprochen und zugenickt hast —: die aber haben ihn schlafend in dem schnellen Schiffe über das Meer geführt und auf Ithaka niedergelegt und haben ihm unermeßliche Geschenke gegeben: Erz und Gold genug und gewobene Gewandung, viel, wie Odysseus auch niemals von Troja davongetragen hätte, und wäre er auch unversehrt gekommen mit dem erlosten Anteil von der Beute.»

Da antwortete und sagte zu ihm der Wolkensammler Zeus:

«Nein doch! weitmächtiger Erderschütterer! wie hast du gesprochen! Die Götter nehmen dir nicht die Ehre. Schwer wäre es, den Ältesten und Besten mit Nichtachtung zu treffen! Wofern dich aber von den Männern einer, nachgebend seiner Kraft und Stärke, nicht ehrt, so liegt bei dir auch für hernach stets die Vergeltung. Tue, wie du willst und wie es dir im Mute lieb ist!»

Darauf erwiderte ihm Poseidon, der Erderschütterer:

«Gleich täte ich wohl, Schwarzwolkiger, wie du redest! doch scheue ich immer deinen Sinn und meide ihn. Jetzt aber will ich das gar schöne Schiff der Phaiaken, wenn es von dem Geleit zurückkehrt, in dem dunstigen Meer zerschmettern, auf daß sie nunmehr innehalten und ablassen von dem Geleit von Menschen, und will ihnen ein großes Gebirge ringsher um die Stadt ziehen.»

Da antwortete und sprach zu ihm der Wolkensammler Zeus:

«Lieber! so scheint es meinem Sinn am besten: wenn alle Männer des Volkes von der Stadt her sehen, wie das Schiff heranfährt, so mache es dicht am Land zu einem Stein, der einem schnellen Schiffe gleicht, damit die Menschen alle sich verwundern, und ziehe ihnen ein großes Gebirge um die Stadt!»

Als dies Poseidon gehört hatte, der Erderschütterer, schritt er hin und ging nach Scheria, wo die Phaiaken leben. Dort wartete er. Da kam das meerbefahrende Schiff ganz dicht in schnellem Lauf heran. Und dicht trat der Erderschütterer an es heran, machte es zu Stein und verwurzelte es in der Tiefe, indem er es schlug mit der nach unten gewandten Hand. Und ging hinweg.

Sie aber, die langrudrigen Phaiaken, die schiffsberühmten Männer, sprachen zueinander die geflügelten Worte, und einer sah den anderen neben sich an und sagte so:

«O mir! wer hat das schnelle Schiff, das heimwärtsfahrende, auf dem Meer gefesselt? und war es doch bereits ganz sichtbar!»

So sprach mancher. Das aber wußten sie nicht, wie das geschehen war. Da sprach unter ihnen Alkinoos und sagte:

«Nein doch! ereilen mich wahrhaftig die altgesagten Göttersprüche meines Vaters, der immer sagte, daß Poseidon es uns verargen werde, daß wir die leidlosen Geleiter sind von allen! Sagte er doch, er werde einstens ein gar schönes Schiff der Phaiakenmänner, wenn es von einem Geleit heimkehre, zerschmettern auf dem dunstigen Meere und uns ein großes Gebirge um die Stadt ziehen! So sprach der Greis, und das geht jetzt alles in Erfüllung. Doch auf! folgen wir alle, wie ich es sage! Laßt ab von dem Geleit von Sterblichen, wann immer einer in unsere Stadt kommt! Dem Poseidon aber wollen wir zwölf auserlesene Stiere schlachten, ob er sich erbarmen und uns nicht ringsher um die Stadt ein gar großes Gebirge ziehen möge.»

So sprach er. Die aber fürchteten sich und rüsteten die Stiere für das Opfer zu. So beteten zu dem Herrn Poseidon die Führer und Berater des Phaiakenvolkes, nachdem sie um den Altar getreten waren.

Er aber erwachte, der göttliche Odysseus, aus dem Schlaf in seinem väterlichen Lande. Und er erkannte es nicht, da er schon lange fort war. Denn es hatte ein Gott einen Nebel darüber ausgegossen: Pallas Athene, die Tochter des Zeus, damit sie ihn unkenntlich machen und ihm all und jedes erzählen könnte, daß ihn die Gattin und die Bürger und die Freunde nicht früher erkennen möchten, ehe er die Freier alle ihre Übertretung büßen ließe. Darum erschien dem Herrn alles andersartig: die fortlaufenden Pfade und die Häfen, die überall Ankerplätze boten, die schroffen Felsen und die Bäume, die

171

kräftig sprossenden. Und er sprang auf, trat hin und sah auf das
väterliche Land, und jammerte alsdann und schlug sich die beiden
Schenkel mit den nach unten gekehrten Händen und sprach das Wort
mit Wehklagen:

«O mir, ich! in das Land von welchen Sterblichen bin ich wieder
gekommen? Sind es Unbändige und Wilde und nicht Gerechte oder
gastfreundlich und haben sie einen Sinn, der die Götter scheut? Wohin nur bringe ich diese vielen Güter? und wohin irre ich auch selber? Wäre ich doch bei den Phaiaken dort geblieben! Dann hätte ich
zu einem anderen der übergewaltigen Könige kommen können, der
mir Liebes getan und mich heimgeleitet hätte. Jetzt weiß ich nicht,
wo stelle ich dieses hin? und kann es auch nicht hier am Orte lassen,
daß es mir nicht etwa anderen zur Beute werde! — Nein doch! so
waren also nicht in allem die Führer und Berater der Phaiaken verständig und gerecht, die mich in ein anderes Land hinweggeführt!
Und sagten sie wahrhaftig doch, sie würden mich führen in die
gut sichtbare Ithaka, haben es aber nicht erfüllt! Mag Zeus, der Herr
der Schutzsuchenden, sie strafen, der auch auf die anderen Menschen
hinblickt und jeden straft, der einen Fehl begeht! — Doch auf! ich
will die Güter zählen und sehen, ob sie mir davongefahren und etwas in dem hohlen Schiffe mitgeführt!»

Als er so gesprochen hatte, begann er, die gar schönen Dreifüße
und die Becken und das Gold und die schönen gewobenen Gewänder
zu zählen. Und er vermißte nichts daran, doch jammerte er um sein
väterliches Land und schlich entlang am Strand des vieltosenden
Meeres, viel wehklagend. Da aber kam Athene zu ihm heran, an
Gestalt einem jungen Manne gleichend, einem Hüter von Schafen,
einem noch ganz zarten, wie die Söhne der Herren sind, und hatte
um die Schultern einen doppelt gefalteten, schön gewirkten Mantel,
unter den schimmernden Füßen aber hatte sie Sohlen und in den
Händen einen Wurfspieß. Und Odysseus freute sich, als er sie sah,
und ging ihr entgegen und begann und sagte zu ihr die geflügelten
Worte:

«Freund! da ich dich zuerst antreffe in diesem Lande: freue dich,
und magst du mir nicht mit bösem Sinn begegnen! sondern rette
mir dieses hier, rette auch mich! denn zu dir flehe ich wie zu
einem Gotte und suche Schutz bei deinen Knien. Und sage mir
dies wahrhaftig, daß ich es gut weiß: welches Land ist dieses? welcher Gau? welche Männer sind darin geboren? Ist es eine von den
Inseln, eine gut sichtbare, oder erstreckt sich hier, ans Meer gelehnt,
ein Gestade von dem starkschollingen Festland?»

Da sagte hinwieder zu ihm die Göttin, die helläugige Athene:

«Kindisch bist du, Fremder, oder von weit hergekommen, wenn du nach diesem Lande fragst! Ist es doch nicht gar so namenlos, und wissen doch von ihm gar viele, sei es, die nach Morgen und zur Sonne wohnen, sei es die hinten nach dem dunstigen Dunkel hin. Freilich! rauh ist es und für Pferde nicht befahrbar, doch auch nicht gar zu armselig — wiewohl nun auch nicht weit geschaffen —, denn in ihm wächst Korn, unendliches, und in ihm Wein, und immer gibt es Regen und schwellenden Tau, und gut ist es zur Ziegen- und Rinderweide, und da ist Gehölz von aller Art, und auf ihm sind Tränken bei der Hand über das ganze Jahr. Darum ist, Fremder! von *Ithaka* der Name dir auch bis nach Troja hingedrungen, von dem sie sagen, daß es weit entfernt sei von dem Achaierlande.»

So sprach sie. Da frohlockte der vielduldende göttliche Odysseus, sich freuend seines väterlichen Landes, so wie es ihm genannt hatte Pallas Athene, die Tochter des Zeus, des Aigishalters. Und er begann und sagte zu ihr die geflügelten Worte — doch redete er nicht unverhohlen, sondern hielt das Wort zurück, der er ja immer in seiner Brust einen viellistigen Sinn bewegte:

«Habe ich doch von Ithaka auch auf der weiten Kreta vernommen, fern über dem Meer, bin aber jetzt auch selbst gekommen mit diesen Gütern da! Doch ließ ich ebensoviel noch den Söhnen und bin auf der Flucht, da ich den eignen Sohn des Idomeneus erschlagen: Orsilochos, den fußgeschwinden, der auf der weiten Kreta die erwerbsamen Männer stets besiegte mit schnellen Füßen — weil er mich um die ganze Beute von Troja hatte bringen wollen, um deretwillen ich Schmerzen litt in dem Gemüte, durchmessend die Kriege der Männer und die schmerzlichen Wogen — darum, daß ich nicht seinem Vater gefällig Dienste tat im Gau der Troer, sondern andere anführte als Gefährten. Den traf ich mit dem erzgefügten Speer, als er nach Hause ging vom Felde, nachdem ich mich nahe bei dem Wege auf die Lauer gelegt mit einem Gefährten. Eine Nacht aber, eine gar finstere, bedeckte den Himmel, und keiner der Menschen gewahrte uns, und unbemerkt raubte ich ihm das Leben. Jedoch nachdem ich diesen nun mit dem scharfen Erz erschlagen, ging ich sogleich zu einem Schiff und flehte erlauchte Phoiniker an und gab ihnen ihrem Mute zusagende Beute. Sie hieß ich, mich nach Pylos führen und an Bord nehmen oder in die göttliche Elis, wo die Epeier herrschen. Jedoch da trieb sie die Gewalt des Windes von dort ab, sehr wider Willen, sie wollten mich nicht betrügen; und von dort abgetrieben, kamen wir des Nachts hierher. Mit Mühe ruderten wir in den Hafen, doch kein Gedenken an das Nachtmahl war uns, so nötig wir auch hatten, es zu nehmen, sondern nachdem wir aus dem Schiff gestiegen, lagen wir alle nur so da. Da kam über mich Ermatteten der süße Schlaf. Sie aber nahmen meine Güter aus dem gewölbten Schiff und setzten sie dort nieder, wo ich auch selber auf dem Sande lag. Und stiegen auf und fuhren nach Sidonia, der wohlbebauten. Ich aber blieb zurück, betrübten Herzens.»

So sprach er. Da lächelte die Göttin, die helläugige Athene, und streichelte ihn mit der Hand und glich an Wuchs einer Frau, einer schönen und großen, und einer, die herrliche Werke weiß. Und hob an und sagte zu ihm die geflügelten Worte:

«Klug müßte der und diebisch sein, der dich überholen wollte in allen Listen, und träte auch ein Gott dir gegenüber! Du Schlimmer, Gedankenbunter, Unersättlicher an Listen! So wolltest du denn nicht einmal, wo du doch in *deinem* Lande bist, aufhören mit den Betrügereien und mit den Reden, den diebischen, die dir von Grund auf eigen sind? Doch auf! reden wir nicht mehr davon, die wir doch beide die Listen kennen! da *du* unter den Sterblichen allesamt der weitaus beste bist an Rat und Worten, *ich* aber unter allen Göttern berühmt durch Klugheit bin und Listen. Und doch erkanntest du nicht Pallas Athene, die Tochter des Zeus, die ich dir immer in allen Mühsalen zur Seite stehe und über dich wache und dich auch lieb gemacht habe allen Phaiaken? Doch jetzt bin ich hierher gekommen, daß ich mit dir einen Anschlag webe und die Güter verberge, so viele dir die erlauchten Phaiaken gegeben haben, als du nach Hause fuhrst, nach meinem Rat und Sinn, und daß ich dir sage, wieviele Kümmernisse dir bestimmt sind, in deinen gutgebauten Häusern zu ertragen. Doch mußt du es, wenn auch gezwungen, auf dich nehmen und keinem sagen, weder von den Männern noch den Weibern allen, daß du umirrend heimgekommen, sondern in Schweigen viele Schmerzen leiden, hinnehmend die Gewalttaten der Männer.»

Da antwortete und sagte zu ihr der vielkluge Odysseus:

«Schwer ist es, dich zu erkennen, Göttin, für einen Sterblichen, der dir begegnet, und wäre er auch noch so kundig! denn du verwandelst dich selber allem an. Das aber weiß ich gut, daß du mir früher immer hold gewesen, solange wir Söhne der Achaier in dem Troerlande kämpften. Doch als wir die Stadt des Priamos zerstört, die steile, und in den Schiffen abgezogen waren, und es zerstreute ein Gott die Achaier: da habe ich dich nicht mehr gesehen, Tochter des Zeus, und nicht gewahrt, daß du auf mein Schiff gestiegen wärest, damit du mir einen Schmerz abwehrtest. Sondern nur immer ein zerrissenes Herz in dem Innern hegend, trieb ich umher, bis mich die Götter aus dem Unheil lösten. Jetzt aber flehe ich zu dir, bei deinem Vater! denn ich glaube nicht, daß ich ins gut sichtbare Ithaka gekommen, sondern in einem anderen Land drehe und wende ich mich umher, und nur zum Spott, denke ich, sagst du dieses, damit du meinen Sinn betrügst —: sage mir, ob ich denn wahrhaftig ins eigene Vaterland gelangt bin!»

Da antwortete ihm die Göttin, die helläugige Athene:

«Immer ist dir doch in der Brust ein solcher Sinn! Darum kann ich dich auch nicht verlassen, wenn du im Unglück bist, weil du verständig bist und geistesschnell und einsichtsvoll. Ich aber habe nie daran gezweifelt, sondern ich wußte im Gemüte: du würdest heimkehren, nachdem du verloren alle die Gefährten. Allein ich wollte dir nicht mit Poseidon streiten, dem Vatersbruder, der gegen dich einen Groll gefaßt hat in dem Mute, zürnend, daß du ihm den eigenen Sohn geblendet. Doch auf! so will ich dir den Sitz zeigen von Ithaka, auf daß du überzeugt bist! Des Phorkys Bucht ist dies, des Meeresalten, und dies am Kopf der Bucht der blätterstrekkende Ölbaum, dies da die weite, überdachte Höhle, in der du viele vollgültige Hundertopfer den Nymphen dargebracht hast, und dies ist Neriton, der Berg, mit Wald bekleidet!»

So sprach die Göttin und zerstreute den Nebel, und es erschien das Land. Da frohlockte der vielduldende göttliche Odysseus, sich freuend seines Landes. Und er küßte die nahrunggebende Ackerscholle und betete auf der Stelle zu den Nymphen, die Hände erhebend:

«Nymphen, Naiaden, Töchter des Zeus! Niemals, so meinte ich, sähe ich euch wieder! Jetzt aber seid gegrüßt mit freundlichen Gebeten! Doch werden wir auch Gaben geben, so wie früher, wenn mich denn geneigten Sinns Zeus' Tochter, die Beutespenderin, wird leben und mir den eigenen Sohn gedeihen lassen.»

Da sagte zu ihm hinwieder die Göttin, die helläugige Athene:

«Getrost! laß dies dich nicht in deinem Sinn bekümmern! Jedoch die Güter laß uns jetzt alsbald ins Innere der göttlichen Höhle bringen, damit dir diese erhalten bleiben, und laß uns selber überlegen, wie es bei weitem am besten werde!»

Als die Göttin so gesprochen hatte, tauchte sie in die dämmrige Höhle, nach Schlupfwinkeln tastend durch die Höhle hin. Doch Odysseus trug alles herbei: das Gold und das unaufreibbare Erz und die Kleider, die schöngefertigten, die ihm die Phaiaken gegeben hatten. Und dieses legte er gut nieder, und einen Stein setzte vor die Türen

Pallas Athene, die Tochter des Zeus, des Aigishalters. Und sie setzten sich beide an den Stamm des heiligen Ölbaums und erwogen den übermütigen Freiern das Verderben. Und es begann die Reden unter ihnen die Göttin, die helläugige Athene:

«Zeusentsproßter Laertes-Sohn, reich an Erfindungen, Odysseus! überlege, wie du an die Freier, die unverschämten, die Hände legst, die dir drei Jahre schon rings in der Halle als Herren gebieten und um die gottgleiche Gemahlin freien und Brautgeschenke geben! Doch sie, immer nach deiner Heimkehr jammernd im Gemüte, macht allen Hoffnungen und gibt Versprechungen einem jeden Manne, indem sie Botschaften sendet, jedoch der Sinn steht ihr nach anderem.»

Da erwiderte und sagte zu ihr der vielkluge Odysseus:

«Nein doch! da hätte ich wohl gar den bösen Untergang des Agamemnon, des Atreus-Sohnes, in den Hallen gefunden, hättest nicht du mir, Göttin! all und jedes nach Gebühr gesagt! Doch auf! webe einen Anschlag, wie ich sie es büßen lasse, und stehe selber mir zur Seite, und gib mir die vielkühne Kraft ein, wie damals, als wir Trojas glänzendes Stirnband lösten! Wenn du mir so mit Eifer zur Seite stündest, Helläugige! so wollte ich auch gegen dreihundert Männer im Bunde mit dir streiten, Herrin, Göttin! wenn du mir bereitwillig helfen wolltest.»

Darauf antwortete ihm die Göttin, die helläugige Athene:

«Gar wohl werde ich dir zur Seite stehen, und nicht unbemerkt wirst du mir sein, wenn wir diese Dinge ausrichten werden. Und es wird mancher, denke ich, mit Blut und Hirn den unendlichen Boden besudeln von den Freiermännern, die dir das Lebensgut verzehren. — Doch auf! ich will dich unkenntlich machen für alle Sterblichen: will schrumpfen lassen die schöne Haut auf den gebogenen Gliedern, die braunen Haare von dem Haupte tilgen und dir einen Lumpen umtun, welchen man verabscheut, wenn man ihn erblickt an einem Menschen, will dir die beiden Augen trüben, die früher gar schönen, damit du garstig allen Freiern erscheinst und deiner Gattin und dem Sohn, den du in den Hallen zurückgelassen. Doch sollst du selber zu allererst zu dem Sauhirten gelangen, der dir der Hüter der Schweine ist und unverändert Holdes weiß und deinen Sohn liebt und die verständige Penelopeia. Du wirst ihn finden bei den Schweinen sitzend, die aber weiden beim Rabenfels und bei der Quelle Arethusa, die Eichel fressend, die dem Mute zusagt, und schwarzes Wasser trinkend, was alles den Schweinen kräftig nährt den Speck. Dort sollst du bleiben und, bei ihm sitzend, nach allem fragen, während ich nach Sparta, der Stadt der schönen Frauen, gehe, um den

Telemachos, deinen lieben Sohn, zu rufen, Odysseus! der dir in die weiträumige Lakedaimon zu Menelaos ausgegangen, um Kunde von dir einzuholen, ob du noch irgendwo am Leben bist.»

Da erwiderte und sagte zu ihr der vielkluge Odysseus:

«Warum hast du es ihm nicht gesagt, die du in deinem Sinne alles weißt? wohl, daß auch jener Schmerzen leide, umhergetrieben auf dem Meer, dem unfruchtbaren Meer, und andere verzehren ihm das Lebensgut?»

Darauf antwortete ihm die Göttin, die helläugige Athene:

«Möge dir jener nicht zu sehr auf der Seele liegen! Ich selber habe ihn geleitet, damit er dorthin käme und edlen Ruhm gewinne. Doch hat er keine Mühsal, sondern sitzt ruhig in den Häusern des Atreus-Sohnes, und alles steht ihm unerschöpflich zu Gebote. Zwar lauern ihm die jungen Männer mit dem schwarzen Schiffe auf und trachten, ihn zu töten, ehe er in das väterliche Land gelangt. Das aber glaube ich nicht. Zuvor wird noch manchen die Erde aufnehmen von den Freiermännern, die dir das Lebensgut verzehren.»

Als sie so gesprochen hatte, berührte sie ihn mit ihrem Stab, Athene: ließ schrumpfen ihm die schöne Haut auf den gebogenen Gliedern, tilgte vom Haupte hinweg die braunen Haare, legte um alle seine Glieder die Haut von einem betagten alten Manne, trübte ihm beide Augen, die früher gar schönen, warf einen anderen schlechten Lumpen um ihn sowie ein Wams, ein zerrissenes, schmutziges, vom bösen Rauche rußiges, tat ihm ein großes Fell von einem schnellen Hirsch um, ein kahles, und gab ihm einen Stecken und schäbigen Ranzen, dicht bei dicht zerrissen, und an ihm war eine Schnur als Tragband.

Als sie sich so beraten hatten, trennten sie sich. Sie ging alsdann in die göttliche Lakedaimon, um den Sohn des Odysseus aufzusuchen. —

Wie Odysseus zu dem Sauhirten Eumaios kommt und von
diesem hört, wie es in Ithaka und in seinem Hause zugeht.

Er aber schritt vom Hafen den rauhen Pfad zwischen den Kuppen
zu dem bewaldeten Platz hinauf, wo ihm Athene den göttlichen Sauhirten gewiesen hatte, der ihm am meisten für sein Lebensgut sorgte
unter den Hausleuten, die er erworben hatte, der göttliche Odysseus.
Und er fand ihn in der Vorhalle sitzend, wo ihm ein hoher Hof erbaut war auf einem umschauenden Platze, ein schöner, großer, der
rings umlief. Den hatte der Sauhirt selbst für die Schweine gebaut,
während der Herr in der Ferne war, ohne die Herrin und den Greis
Laertes, mit herangeschleppten Steinen, und hatte ihn oben mit wil-
dem Birnbaum eingefaßt, und außen durchgehend Pfähle gezogen,
hüben und drüben, dicht und gedrängt, nachdem er rings das Schwarze von der Eiche abgespalten. Drinnen aber im Hof hatte er zwölf
Schweinekofen gemacht, nahe beieinander, als Lagerstätten für die
Schweine, und in jedem waren fünfzig Schweine, sich am Boden sielende, eingeschlossen, weibliche, die geboren hatten. Die männlichen
ruhten draußen, viel weniger, denn diese verminderten ständig die
gottgleichen Freier, indem sie davon aßen. Denn dorthin sandte der
Sauhirt von allen wohlgenährten Mastebern immer den besten, und
sie waren dreihundertundsechzig. Und es ruhten bei ihnen ständig
Hunde, wilden Tieren ähnlich, vier, die der Sauhirt aufgezogen hatte,
der Vogt der Männer. Er selber aber war damit beschäftigt, sich an
die Füße Sohlen anzupassen, indem er eine schönfarbige Rindshaut
schnitt. Die anderen waren, der eine hier-, der andere dorthin, mit den
zusammengetriebenen Schweinen fortgegangen: drei, den vierten aber
hatte er zur Stadt fortgeschickt, um einen Eber, gezwungen, den gewalttätigen Freiern zuzuführen, damit sie ihn opferten und ihre Begierde an dem Fleische sättigten.

Auf einmal sahen die Hunde, deren Art es ist zu bellen, den
Odysseus. Da gaben sie Laut und liefen hinzu. Jedoch Odysseus
setzte sich nieder mit Bedacht, und es fiel ihm der Stab aus der Hand.
Da hätte er bei seinem eigenen Gehöft wohl unwürdigen Schmerz
erlitten, allein der Sauhirt war schleunigst hinterdrein mit schnellen
Füßen, lief durch die Vorhalle, und das Leder fiel ihm aus der Hand.
Er rief die Hunde an, verscheuchte sie mit häufigen Steinen, den
einen hier-, den andern dorthin, und sagte zu dem Herrn:

«Alter! da hätten dich, wenig gefehlt, die Hunde mit eins zerris-

sen, und du hättest Schande über mich ausgegossen! Und es haben
mir die Götter doch auch sonst Schmerzen und Seufzer gegeben! Da
sitze ich und jammere und härme mich um den gottgleichen Herrn
und ziehe für andere die fetten Eber auf zum essen, er aber irrt, wohl
gar nach Speise verlangend, bei andersredender Männer Gau und
Stadt umher — wenn er denn noch lebt und sieht das Licht der Sonne.
Doch folge mir, gehen wir in die Hütte, Alter! damit du dich an
Brot und Wein sättigen mögest nach Verlangen und auch selber sagst,
von wo du her bist und wieviele Kümmernisse du erduldet!»

So sprach er und ging zur Hütte voran, der göttliche Sauhirt, und
führte ihn hinein und hieß ihn niedersitzen und schüttete dichtes
Laubwerk auf und breitete das Fell einer langbärtigen wilden Ziege
darüber, die Einlage seines eigenen Bettes, groß und dicht. Und es
freute sich Odysseus, daß er ihn so empfing, und er sprach das Wort
und benannte es heraus:

«Mögen Zeus und die anderen unsterblichen Götter dir geben,
Fremder, was du am meisten wünschst, weil du mich freundlich aufgenommen!»

Da antwortetest du und sagtest zu ihm, Sauhirt Eumaios:

«Fremder! nicht recht wäre es von mir — und wäre auch ein Geringerer als du gekommen —, dem Fremden die Ehre zu verweigern!
Denn von Zeus her sind allgesamt die Fremden und die Bettler; und
so gering sie auch sei, ist lieb doch unsere Gabe! Denn das ist die
Weise der Knechte, die immer zu fürchten haben, wenn da die Jungen über sie als Herren gebieten. Denn *ihm*, wahrhaftig! haben die
Götter die Heimkehr unterbunden, der mir sorgsam Liebes getan
und einen Besitz verliehen hätte: Haus, Land und eine vielumworbene Frau — wie solches ein gütiger Herr seinem Diener gibt, der
sich viel für ihn gemüht hat, und es hat ihm ein Gott sein Werk ge-
mehrt. So mehrt sich auch mir dies Werk, bei dem ich ausdauere,
darum hätte mir der Herr wohl vieles angedeihen lassen, wenn er
hier am Ort gealtert wäre. Aber er ging zugrunde — wäre doch die
Sippschaft der Helena knielings zugrunde gegangen, da sie die Knie
vieler Männer löste! Ist doch auch er der Ehre des Agamemnon wegen ins rossegute Ilion gegangen, damit er mit den Troern kämpfte.»

So sprach er und schloß schnell den Rock mit dem Gurt zusammen,
schritt hin und ging zu den Kofen, wo die Völker der Ferkel eingeschlossen waren, nahm zwei dort fort, trug sie herbei und schlachtete
und sengte und zerhieb sie beide und steckte sie an Bratspieße. Und
als er alles gebraten hatte, trug er es herbei und setzte es dem Odysseus vor, noch heiß, mitsamt den Spießen, und streute weißes Ger-

stenmehl darüber und mischte honigsüßen Wein in einem Holznapf und setzte sich ihm selber gegenüber und forderte ihn auf und sagte zu ihm:

«Iß, Fremder, jetzt, was für die Knechte da ist: Gebratenes vom Ferkel — die fetten Schweine essen ja die Freier, die an keine göttliche Heimsuchung in ihrem Sinne und an kein Erbarmen denken! Freilich, die seligen Götter lieben keine frechen Werke, sondern schätzen das Recht und gebührliche Werke von den Menschen. Auch Bösgesonnene und Feindselige, die ein fremdes Land betreten haben, und Zeus gab ihnen Beute und sie füllten ihre Schiffe und fuhren davon, um nach Hause zu gelangen: auch denen fällt eine gewaltige Furcht vor der göttlichen Heimsuchung auf die Seele. *Die da* aber wissen sicherlich — sie hörten wohl von Gott her eine Stimme — von jenes Mannes traurigem Verderben: daß sie nicht auf rechte Weise freien und auf ihr Eigenes heimkehren wollen, sondern in guter Ruhe die Besitztümer verzehren maßlos, und da ist kein Sparen! Denn so viele Nächte und Tage von Zeus her kommen, opfern sie niemals *ein* Tier oder zwei nur, und machen, daß der Wein hinschwindet, indem sie maßlos davon schöpfen. Und hatte er doch Lebensgut, unendliches! Keiner hatte so viel von den Heroenmännern, nicht auf dem schwarzen Festland, noch hier auf Ithaka! Auch zwanzig Männer miteinander haben nicht soviel Reichtum! Ich will es dir herzählen: zwölf Herden Großvieh auf dem Festland, ebensoviele Haufen Schafe, ebensoviele Schweineherden, ebensoviele zerstreute Ziegenherden — die weiden fremde wie auch eigene Hirtenmänner! Hier aber weiden zerstreute Ziegenherden, elf insgesamt, im fernsten Teil der Insel, und tüchtige Männer wachen darüber. Von denen führt ein jeder ihnen tagtäglich ein Stück Vieh zu: *den* von den feistgenährten Böcken, der jeweils da der beste scheint. Ich aber hüte und hege diese Schweine und schicke ihnen den besten von den Ebern dahin, nachdem ich ihn gut ausgelesen.»

So sprach er. Der aber aß angelegentlich das Fleisch und trank den Wein in großen Zügen, wortlos, und pflanzte den Freiern Schlimmes. Doch als er sein Mahl gehalten und den Mut mit Speise gefestigt hatte, füllte der Sauhirt den Becher von Holz, aus dem er zu trinken pflegte, und gab ihm diesen, gefüllt mit Wein, und er empfing ihn und freute sich in dem Gemüte und begann und sagte zu ihm die geflügelten Worte:

«Freund! wer ist der Mann, der dich mit seinen Gütern gekauft hat: der gar so reiche und gewaltige, wie du redest? Du sagst, er sei dahingeschwunden um der Ehre des Agamemnon willen? Nenne

ihn mir — ob ich ihn irgendwo gekannt habe, einen solchen Mann!
Weiß doch dies Zeus vielleicht und die anderen unsterblichen Götter,
ob ich ihn gesehen habe und von ihm melden könnte! bin ich doch
weit umhergekommen!»

Da antwortete ihm der Sauhirt, der Vogt der Männer:

«Alter! kein Mann, der da umherstreicht und kommt und will von
ihm Meldung bringen, würde die Frau und den Sohn bereden können! Doch weil sie der Pflege bedürftig sind, die fahrenden Männer,
so lügen sie daher und wollen nicht wahre Dinge reden. Und wer da
auch durch die Lande streichend zum Gau von Ithaka gelangt, der geht
zu meiner Herrin und schwatzt betrügliche Dinge, und sie nimmt ihn
gut auf und bewirtet ihn und erkundigt sich nach all und jedem, und
schluchzt und die Tränen fallen ihr von den Wimpern, wie es sich für
die Frau gehört, wenn der Gatte anderswo zugrunde ging. Da würdest, Alter, wohl auch du dir schnell eine Geschichte zurechtzimmern,
wenn einer dir Mantel und Leibrock zur Bekleidung gäbe! Ihm aber
haben die Hunde und die schnellen Vögel wohl schon die Haut von
den Knochen gerissen, und seine Seele hat sie verlassen, oder es fraßen ihn im Meer die Fische, und seine Knochen liegen auf dem Festland und sind von vielem Sand umhüllt. So ist er dort zugrunde
gegangen, und Kümmernisse sind hernach den Seinen allen, am meisten aber mir entstanden. Denn einen andern so gütigen Herrn werde
ich nicht mehr finden, wo ich auch immer hingelange, und käme ich
auch wieder heim ins Haus des Vaters und der Mutter, wo ich zu
Anbeginn geboren wurde und sie mich selber aufgezogen! Doch
jammere ich um diese nicht mehr so viel, so sehr ich auch begehre, im väterlichen Land zu sein und sie zu sehen mit den Augen,
sondern die Sehnsucht nach Odysseus, dem Fortgegangenen, nimmt
mich gefangen. Ihn scheue ich mich, Fremder! auch wo er nicht da
ist, nur so beim Namen zu nennen — denn über die Maßen war er
freundlich zu mir und sorgte für mich in seinem Herzen —, sondern
den Lieben nenne ich ihn, auch wo er fern ist.»

Das sagte hinwieder zu ihm der vielduldende göttliche Odysseus:

«Freund! da du es ganz von dir weisest und sagst, daß er nicht
mehr wiederkomme, und immer ist dein Gemüt ungläubig — so will
ich es nicht so dahin, sondern mit meinem Eide sagen: heimkehren
wird Odysseus! Der Botenlohn mag mir auf der Stelle werden, wenn
jener kommt und in sein Haus gelangt: dann magst du mir Mantel
und Leibrock, schöne Kleider, antun! Doch will ich vorher nichts
empfangen, so sehr bedürftig ich auch bin. Denn widerwärtig gleich
wie des Hades Tore ist der mir, der, weil er der Armut nachgibt, be-

trügliche Dinge zusammenredet. Wisse es Zeus zuerst jetzt von den Göttern und der gastliche Tisch und der Herd des untadligen Odysseus, zu welchem ich gekommen bin: wahrhaftig! dieses wird dir alles vollendet werden, wie ich es sage! In diesem gleichen Sonnenumgang wird Odysseus hierher kommen. Noch während dieser Mond hinschwindet und der nächste zunimmt, wird er nach Hause kehren und es jeden büßen lassen, welcher hier sein Weib und seinen strahlenden Sohn verunehrt!»

Da antwortetest du und sagtest zu ihm, Sauhirt Eumaios:

«Alter! weder werde ich diesen Botenlohn bezahlen, noch wird Odysseus nach Hause kehren! Doch trinke du in Ruhe und lassen wir dieses beiseite und denken an anderes, und erinnere mich nicht an diese Dinge! Denn wirklich, der Mut betrübt sich mir in der Brust, wenn jemand mich an den sorgsamen Herrn erinnert. Den Eid jedoch, wahrhaftig, wollen wir dir erlassen! Odysseus aber möge kommen, wie ich es von ihm wünsche und Penelopeia und Laertes, der Greis, und der gottgleiche Telemachos! Jetzt aber klage ich unaufhörlich um den Sohn, den Odysseus gezeugt hat: Telemachos. Ihm hat, nachdem ihn die Götter aufgezogen wie einen jungen Baum und ich meinte, daß er unter den Männern nicht geringer sein werde als sein eigener Vater: staunenswert an Gestalt und Aussehen — da hat ihm einer der Unsterblichen oder auch einer von den Menschen die Sinne beschädigt in dem Innern, die ausgeglichenen, und er ist auf Kunde nach dem Vater gegangen in die heilige Pylos, und die erlauchten Freier lauern auf ihn, wenn er nach Hause kehrt, auf daß der Stamm des gottgleichen Arkeisios auf Ithaka namenlos zugrunde gehe! Allein, wahrhaftig! lassen wir ihn, ob er nun gefaßt werde oder auch entrinne und der Sohn des Kronos über ihn die Hand hält! — Doch auf! verkünde du mir, Alter, deine eigenen Kümmernisse, und sage mir dieses wahrhaftig, daß ich es gut weiß: wer bist du und woher unter den Männern? wo ist deine Stadt und deine Eltern? auf was für einem Schiff bist du gekommen? wie haben dich die Schiffsleute nach Ithaka geführt? wer rühmten sie sich, daß sie seien? Denn zu Fuß, denke ich, bist du wohl nicht hierher gekommen.»

Da antwortete und sagte zu ihm der vielkluge Odysseus:

«So will ich dir denn dieses ganz unverdreht berichten. Wäre jetzt für uns beide für eine Zeit Speise und süßer Wein vorhanden, während wir drinnen in der Hütte wären, daß wir in Ruhe schmausen möchten und andere gingen auf die Arbeit: leicht würde ich alsdann auf ein ganzes Jahr hin nicht bis ans Ende damit kommen, daß ich die Kümmernisse meines Herzens erzählte: wieviel ich mich alles miteinander nach der Götter Willen abgemüht. — Von Kreta her, dem weiten, rühme ich mich von Geschlecht zu sein, Sohn eines reichen Mannes. Doch wurden noch viele andere Söhne in der Halle aufgezogen und geboren, echtbürtige, von der Frau, doch mich gebar eine Gekaufte als Mutter, eine Kebse. Doch es achtete mich gleich den Rechtgeborenen Kastor, Hylakos' Sohn — von dessen Stamme rühme ich mich zu sein —, der damals unter den Kretern wie ein Gott geehrt wurde in dem Volke an Wohlstand und an Reichtum und prangenden Söhnen. Doch den trugen die Göttinnen des Todes in des Hades Häuser. Da teilten sie unter sich das Lebensgut, die hochgemuten Söhne, und warfen die Lose darüber, aber mir gaben sie nur gar wenig und teilten mir ein Haus zu. Doch führte ich eine Frau heim von Menschen mit reichem Landlos, dank meiner Tüchtigkeit. Denn ich war kein Schwächling oder einer, der Kämpfe scheut — nun aber ist alles dahingegangen, doch erkennst du es gleichwohl, denke ich, wenn du auch nur die Stoppel siehst, denn Elend, wahrlich! hält mich fest genugsam viel —: hatten, wahrhaftig! Mut mir doch Ares gegeben und Athene und Kraft, um die Reihen der Männer zu durchbrechen. Wenn ich für eine Lauer die besten Männer auslas und den Feinden Schlimmes pflanzte: nie sah der mannhafte Mut mir dann den Tod voraus, sondern anspringend als weit erster faßte ich *den* stets mit der Lanze von den Feindesmännern, der mir mit den Füßen unterlegen war. So einer war ich im Krieg! Die Arbeit aber war mir nie lieb, noch auch das Mehren des Hauses, das prangende Kinder nährt. Sondern mir waren immer beruderte Schiffe lieb und Kriege und wohlgeglättete Wurfspieße und Pfeile: die traurigen Dinge, die anderen grausig sind. Mir aber waren diese Dinge lieb, die hat mir wohl ein Gott in das Herz gelegt! Erfreut sich doch der eine Mann an diesen, der andere an anderen Werken! — Bevor nun die Söhne der Achaier das Troische Land betraten, führte ich neunmal Männer und schnellfahrende Schiffe gegen fremdländische Männer an, und jedesmal fiel mir gar viel zu. Davon las ich für mich aus, was mir behagte, und empfing auch viel hinterdrein bei der Verlosung, und schnell mehrte sich mein Hausgut, und ich wurde hernach gewaltig und geachtet bei den Kretern. Doch als der weitumblickende Zeus nun den verhaßten Zug ersann, der vielen Männern die Knie löste, da beriefen sie mich und den hochberühmten Idomeneus, daß wir auf den Schiffen Anführer wären nach Ilion; und da war kein Mittel, es zu verweigern, die schlimme Nachrede im Volke hielt uns. Da kämpften wir Söhne der Achaier neun Jahre, im zehnten aber, als wir die Stadt der Priamos vernichtet hatten, fuhren wir heimwärts mit den Schiffen, jedoch ein Gott zerstreute die Achaier. Mir Armen aber hatte Zeus, der Berater, Schlimmes zugedacht. Denn nur einen Monat harrte ich aus und erfreute mich an den Kindern und dem ehelichen Weib und an den Gütern, doch dann trieb mich der Mut, daß ich nach Aigypten mit den gottgleichen Gefährten zu Schiffe ginge, nachdem ich die Schiffe gut in Stand gesetzt. Neun Schiffe setzte ich in Stand, und schnell war die Mannschaft zusammengebracht. Da schmausten sechs Tage die mir geschätzten Gefährten, ich aber reichte viele Opfertiere dar, um sie den Göttern darzubringen und ihnen selber ein Mahl zu bereiten. Am siebenten aber gingen wir zu Schiff und fuhren hinweg von dem weiten Kreta mit einem Nordwind, einem scharfwehenden, schönen: leicht, so als ginge es einen Strom hinab, und keines von den Schiffen wurde mir beschädigt, sondern unversehrt und ohne Krankheit saßen wir, und die Schiffe lenkten der Wind und die Steuermänner. Doch am fünften Tage erreichten wir den schönfließenden Aigyptos, und ich legte in dem Aigyptosstrom die beiderseits geschweiften Schiffe an. Da befahl ich den geschätzten Gefährten, daß sie daselbst bei den Schiffen bleiben und die Schiffe bewachen sollten, und sandte Späher aus, daß sie auf Orte zur Umschau gingen. Doch die, dem Mutwillen nachgebend, hingerissen von ihrem Drange, zerstörten alsogleich der Aigyptermänner gar schöne Felder, führten die Weiber und die unmündigen Kinder fort und töteten sie selbst: die Männer. Doch schnell gelangte zur Stadt der Kriegsruf, und die, als sie den Ruf vernommen hatten, kamen zugleich mit dem aufgehenden Frühlicht, und erfüllt war das ganze Feld von Männern zu Fuß und Pferden und von dem Glanz des Erzes. Und Zeus, der Blitzfrohe, warf auf meine Gefährten einen schlimmen Schrecken, und keiner vermochte zu widerstehen und standzuhalten, denn rings stand Schlimmes auf von allen Seiten. Da erschlugen sie viele von uns mit dem scharfen Erz und führten die anderen lebend mit sich, daß sie gezwungen für sie Arbeit leisten sollten. Doch mir ließ Zeus selbst in dem Zwerchfell einen Gedanken von solcher Art entstehen — daß ich doch gestorben und dem Schicksal gefolgt wäre dort in Aigypten! denn Leiden erwartete mich nun ferner —: sofort nahm ich vom Haupt den Helm, den gutgefertigten, und den Schild von den beiden Schultern, warf den Speer aus der Hand und lief, so wie ich war, den Pferden des Königs entgegen und faßte und küßte seine Knie. Er aber nahm mich in seinen Schutz und erbarmte sich meiner und setzte mich auf seinen Wagen und führte mich heim, den Tränen Vergießenden. Wahrhaftig! da stürmten gar viele gegen mich mit den Eschenschäften und begehrten, mich zu töten — waren sie doch gar sehr ergrimmt! — jedoch er wehrte sie ab und scheute den Zorn des Zeus, des Gastherrn, der am meisten ahndet böse Werke. Da blieb ich sieben Jahre dort im Lande und brachte bei den Aigyptermännern viel Gut zusammen, denn alle gaben sie insgesamt. Doch als mir nun das achte umlaufende Jahr kam, da kam ein Phoinikischer Mann, der Betrügerisches im Sinne hatte, ein Gauner, der den Menschen schon viel Übles angetan. Der nahm mich mit, nachdem er mich beredet hatte mit seiner Klugheit, daß wir nach Phoinikien gelangten, wo seine Häuser und Besitztümer lagen. Da blieb ich bei ihm auf ein volles Jahr. Doch als nun die Monde und die Tage vollendet waren des sich wieder umwendenden Jahres, und es kamen herauf die Frühlingszeiten: da nahm er mich nach Libyen auf ein meerbefahrendes Schiff, nachdem er mir täuschend vorgeschlagen, daß ich mit ihm eine Ladung führen sollte — damit er mich indessen dort verkaufte und unendlichen Preis empfinge. Mit ihm ging ich zu Schiff, obgleich ich es ahnte, notgedrungen. Das lief im Nordwind, einem scharfwehenden, schönen, mitten durch das Meer über Kreta hinaus — Zeus aber sann ihnen Verderben. Doch als wir nun Kreta hinter uns gelassen hatten, und da war kein anderes sichtbar von den Erdenländern, sondern nur Himmel und Meer, da stellte Kronion eine dunkelblaue Wolke über das gewölbte Schiff, und es verfinsterte sich unter ihr das Meer. Und Zeus donnerte zugleich und schleuderte auf das Schiff den Blitz. Das wurde ganz herumgewirbelt, getroffen von dem Blitz des Zeus, und es war voll von Schwefeldampf. Und es fielen alle aus dem Schiff, und Wasserkrähen gleichend, wurden sie rings um das schwarze Schiff getragen auf den Wogen, und es nahm ihnen ein Gott die Heimkehr. Mir aber gab Zeus selbst, ob ich auch Schmerzen in dem Gemüte hatte, den Mastbaum, den gewaltigen, des schwarzbugigen Schiffes in die Hände, damit ich dem Unheil noch einmal entginge. An diesen geklammert, wurde ich getragen von den bösen Winden. Neun Tage wurde ich getragen, doch in der zehnten Nacht, der schwarzen, trieb wälzend mich die große Woge heran zum Lande der Thesproten. Da sorgte der Thesprotenkönig Pheidon, der Heros, für mich, ohne daß ich ihm den Loskauf zahlte. Denn es war sein eigener Sohn hinzugekommen und hatte den von Kälte und Ermattung Überwältigten heimwärts geführt, nachdem er ihn mit der Hand aufgerichtet, bis er zu den Häusern seines Vaters gelangte, und hatte mir Mantel und Leibrock zur Bekleidung angelegt. Dort hörte ich von Odysseus. Denn es sagte jener, daß er ihn bewirtet und ihm Liebes angetan, als er in sein väterliches Land ging, und zeigte mir die Güter alle, die Odysseus für sich angesammelt: Erz und Gold und vielbearbeitetes Eisen. Selbst bis ins zehnte Geschlecht noch könnte es den einen um den anderen ernähren, so viele Kostbarkeiten des Herrschers lagen ihm in den Hallen. Und er sagte, daß er nach Dodona gegangen war, damit er aus der hochbelaubten Eiche des Gottes den Rat des Zeus vernähme: auf welche Weise er in den fetten Gau von Ithaka heimkehren möchte, der er schon lange entfernt war: ob offen oder heimlich. Und er schwur mir selber zu, indem er den Weihguß tat in seinem Hause, es sei ein Schiff ins Wasser gezogen und fahrtbereit seien die Gefährten, die ihn in sein eigenes väterliches Land geleiten sollten. Doch mich sandte er zuvor hinweg, nämlich es traf sich, daß ein Schiff mit Thesprotenmännern nach Dulichion abging, dem weizenreichen. Dorthin befahl er mich zu geleiten, sorgsam, zu dem Könige Akastos — doch denen gefiel in den Sinnen ein schlimmer Ratschluß über mich, damit ich noch ganz in das Leiden des Elends käme. Als aber das meerbefahrende Schiff weit abgekommen war vom Lande, da begannen sie alsogleich, mir den Tag der Knechtschaft zu bereiten: zogen mir Mantel und Leibrock, die Kleider, aus und warfen mir einen anderen schlechten Lumpen und Rock um — die zerrissenen, die du auch selber mit Augen siehst. Des Abends aber gelangten wir zu den bebauten Ländereien des gut sichtbaren Ithaka. Da banden sie mich in dem gutverdeckten Schiff hart an mit einem gutgedrehten Tau und stiegen selber aus und nahmen eilig am Ufer des Meers die Abendmahlzeit. Mir aber bogen die Götter selbst die Fessel auf mit leichter Mühe, und nachdem ich mir den Lumpen um den Kopf gewickelt, stieg ich an dem geglätteten Steuerruder hinab und ließ mich mit der Brust ins Meer. Dann ruderte ich, mit beiden Händen schwimmend, und war gar geschwind hinaus, weit weg von ihnen. Dort stieg ich an Land, wo ein Dickicht des blütenreichen Waldes war, und lag geduckt. Sie aber murrten gewaltig und liefen hin und her, doch schien es ihnen klüger zu sein, nicht weiter weg zu suchen: sie gingen wieder auf das gewölbte Schiff zurück. Mich aber hielten die Götter selbst verborgen, leicht, und brachten mich zu dem Gehöft von einem verständigen Mann. Denn noch ist mir bestimmt wohl, daß ich lebe.»

Da antwortetest du und sagtest zu ihm, Sauhirt Eumaios:

«Ah! armer Fremder! wahrhaftig, sehr hast du mir das Gemüt bewegt, indem du mir dieses der Reihe nach erzählt hast: wieviel du gelitten hast und wieviel du umgetrieben wurdest. Allein, das finde ich nicht in der Ordnung — und da wirst du mich nicht bereden!

—, wie du von Odysseus gesprochen hast! Was hast du es nötig —
ein Mann, wie du bist! — ins Leere hinein daherzulügen? Weiß ich
recht wohl auch selbst doch von der Heimkehr meines Herrn: daß
er den Göttern allen ganz und gar verhaßt ist, da sie ihn nicht unter
den Troern bezwungen haben oder in den Armen der Seinen, nachdem er den Krieg abgewickelt. Dann hätten ihm die All-Achaier
doch einen Grabhügel errichtet, und er hätte auch seinem Sohne
große Kunde erworben für inskünftige. Jetzt aber haben ihn ohne
Kunde die Sturmvögel emporgerafft. Ich aber lebe abgeschieden bei
den Schweinen und gehe nicht zur Stadt, wenn nicht vielleicht die
umsichtige Penelopeia mir zu kommen befiehlt, wenn eine Botschaft
einmal von irgendwoher gekommen ist. Aber da sitzen sie dabei
und fragen nach all und jedem: jene, die sich um den lange entfernten Herrn betrüben, wie die auch, die sich freuen, sein Lebensgut
ohne Buße zu verzehren. Doch mir ist es nicht lieb, zu forschen und
zu fragen, seitdem mich ein Aitolischer Mann betrogen hat mit seiner Rede. Der hatte einen Mann erschlagen, war weithin umgeirrt
über die Erde und kam zu meinem Gehöft, und ich empfing ihn
freundlich. Und er sagte, daß er ihn unter den Kretern bei Idomeneus
gesehen habe, wie er seine Schiffe überholte, die ihm die Sturmwinde zerbrochen hatten; und sagte, daß er mit den gottgleichen
Gefährten kommen werde, sei es auf den Sommer, sei es auf den
Herbst hin, viele Güter führend. Auch du, Alter so voller Kummer!
da der Daimon dich zu mir geführt hat, suche mich nicht mit Lügen
zu gewinnen und mich zu bezaubern! Denn nicht deswegen werde
ich dich achten und dir Liebes antun, sondern weil ich Zeus, den
Gastherrn, fürchte und weil ich mich über dich selbst erbarme.»

Da antwortete und sagte zu ihm der vielkluge Odysseus:

«Wirklich! welch einen ungläubigen Mut du in der Brust hast,
daß ich dich sogar mit meinem Eid nicht dazu bringen und dich
überzeugen konnte! Doch auf! laß uns jetzt miteinander eine Abrede
treffen, und mögen hernach für uns beide die Götter Zeugen sein,
die den Olympos innehaben! Wenn er wird heimkehren, dein Herr,
in dieses Haus, sollst du mir Mantel und Leibrock zur Gewandung
antun und mich geleiten, daß ich nach Dulichion komme, wo es mir
im Herzen lieb ist. Doch kommt er nicht, dein Herr, wie ich es sage,
magst du die Knechte auf mich hetzen und mich hinab von dem
großen Felsen stürzen, damit sich auch ein anderer Bettler hüten
möge zu betrügen!»

Da antwortete und sagte zu ihm der göttliche Schweinepfleger:

«Fremder! auf diese Weise würde ich, wahrhaftig! einen guten

187

Ruf und Tugend bei den Menschen für jetzt wie auch für künftig haben: wenn ich dich, nachdem ich dich einmal in die Hütte geführt und dir Bewirtungen gegeben habe, dann wieder töten und dir das liebe Leben nehmen wollte! Recht hingegebenen Sinnes könnte ich dann zu Zeus, dem Kroniden, beten! — Jetzt aber ist es Zeit zum Nachtmahl. Gar bald werden mir die Gefährten heim sein, damit wir uns in der Hütte ein leckeres Nachtmahl bereiten mögen.»

So sprachen sie dergleichen miteinander. Und es kamen die Schweine herbei und die Männer, die Schweinehüter, und sperrten sie ein, daß sie an den gewohnten Stätten schliefen. Und ein unendliches Geschrei erhob sich von den Schweinen, wie sie eingetrieben wurden. Doch er rief seinen Gefährten zu, der göttliche Schweinepfleger:

«Bringt von den Ebern den besten herbei, damit ich ihn für den Fremden schlachte, der von ferne her ist! Überdies aber wollen auch wir es uns wohl sein lassen, die wir ja ewig unsere Plage haben, uns mühend um der weißzahnigen Schweine willen, und andere verspeisen unsere Mühe ohne Buße!»

Als er so gesprochen hatte, spaltete er Holz mit dem erbarmungslosen Erze. Sie aber führten einen Eber herein, einen gar fetten, fünfjährigen. Den stellten sie alsdann an den Herd. Doch der Sauhirt vergaß die Unsterblichen nicht — er hatte die rechte Gesinnung —, sondern warf als erste Weihegabe Haare vom Haupte des weißzahnigen Schweins ins Feuer und betete zu allen Göttern, daß in sein Haus heimkehren möge der vielverständige Odysseus. Und schlug dann zu, ausholend mit dem Kloben von der Eiche, den er beim Spalten zurückgelassen hatte, und den verließ der Lebensodem. Die anderen aber stachen ihn ab und sengten und zerstückelten ihn schnell. Er aber legte rohe Fleischstücke, der Sauhirt, die er als erste von allen Gliedern genommen hatte, auf das dicke Fett und warf sie ins Feuer, nachdem er sie mit dem Mehl der Gerste bestreut hatte. Dann schnitten sie das Übrige in Stücke und steckten es an die Bratspieße, brieten es sorgfältig und zogen alles herunter und warfen es auf Fleischbänke, alles miteinander. Und der Sauhirt stand auf, um einzuteilen, denn über die Maßen wußte er das Gebührliche in seinem Sinne. Und er teilte alles zu, indem er es aufteilte in sieben Teile: den einen Teil stellte er den Nymphen und dem Hermes, dem Sohn der Maja, hin und betete dazu, und wies die anderen einem jeden zu. Mit den durchlaufenden Rückenstücken des weißzahnigen Schweines aber ehrte er den Odysseus und ließ den Mut des Herrschers vor Freude schwellen. Und es begann und sagte zu ihm der vielkluge Odysseus:

«Wenn du, Eumaios! doch so lieb dem Vater Zeus wärst, wie du mir bist: da du mich — einen solchen! — ehrst mit guten Dingen!»

Da antwortetest du und sagtest zu ihm, Sauhirt Eumaios:

«Iß, Unseliger du unter den Fremden! und ergötze dich an diesem, wie es da ist! Der Gott aber wird das eine geben und das andere versagen, wie er es in seinem Sinne will, denn er kann alles.»

Sprach es und opferte die Weihestücke den Göttern, den für immer geborenen. Und nachdem er den Weihguß getan, gab er den funkelnden Wein dem Städtezerstörer Odysseus in die Hände. Der aber setzte sich zu seinem Anteil. Und Brot teilte ihnen Mesaulios zu, den der Sauhirt selbst für sich allein erworben hatte, während der Herr in der Ferne war, ohne die Herrin und den Greis Laertes: von den Taphiern hatte er ihn gekauft mit seinen eigenen Gütern. Und sie streckten die Hände aus nach den bereiten, vorgesetzten Speisen. Doch als sie sich das Verlangen nach Trank und Speise vertrieben hatten, räumte ihnen Mesaulios das Brot hinweg, und mit Brot und Fleisch gesättigt, wollten sie zur Ruhe eilen.

Doch eine Nacht kam herauf, eine schlimme, mit verdecktem Mond, und regnen ließ Zeus die ganze Nacht, und es wehte ein West, ein starker, immerzu, ein nasser. Da sprach Odysseus zu ihnen — er wollte den Sauhirt auf die Probe stellen, ob er wohl seinen Mantel ausziehen und ihm reichen oder es einem andern von den Gefährten befehlen würde, da er so sehr für ihn besorgt war —:

«Höre jetzt, Eumaios und alle ihr anderen Gefährten! Groß heraus will ich ein Wort sagen, der Wein gebietet es, der verwirrende, der auch den gar Vielverständigen zu singen und ausgelassen zu lachen antreibt und zu tanzen verführt und manches Wort hervortreibt, das gleichwohl ungesagt besser wäre. Doch bin ich nun einmal damit herausgefahren, so will ich es auch nicht verhehlen! Wäre ich doch so jung und wäre mir die Kraft geblieben wie damals, als wir einst vor Troja einen Hinterhalt bereiteten und anführten. Anführer waren Odysseus und der Atreus-Sohn Menelaos, und zusammen mit ihnen führte ich als dritter, denn selber hatten sie es befohlen. Als wir nun aber an die Burg und die steile Mauer gekommen waren, lagen wir um die Stadt unter dichtem Gesträuch, ein Röhricht und ein Moor entlang, unter unsere Waffen geduckt. Doch kam eine schlimme Nacht herauf mit einfallendem Nord, eine eisige, und von oben her entstand Schnee wie Reif, frostig, und an den Schilden gerann Eis. Da hatten die anderen alle ihre Mäntel und Leibröcke und schliefen in guter Ruhe, mit den Schilden an den Schultern zugedeckt. Ich aber hatte den Mantel, als ich ging, bei den Gefährten zurückgelassen im Unverstand, da ich durchaus nicht meinte, daß es frieren werde, sondern war einzig mit dem Schild und dem Schurz, dem schimmernden, mitgegangen. Doch als noch ein Drittel der Nacht war und die Sterne hinübergegangen waren, da sagte ich zu Odysseus — er lag dicht bei mir, und ich stieß ihn an mit dem Ellenbogen, der aber hörte augenblicklich —:

‹Zeusentsproßter Laertes-Sohn, reich an Erfindungen, Odysseus! Nicht länger werde ich dir unter den Lebenden sein, sondern die Kälte überwältigt mich! Ich habe keinen Mantel. Ein Daimon verleitete mich, daß ich nur im Rock ging, und nun ist kein Entrinnen mehr!›

So sprach ich. Er aber faßte alsbald diesen Gedanken in seinem Sinne — so wie er ja war im Rat wie auch im Kampfe — und hob an mit leiser Stimme und sagte zu mir die Rede:

‹Schweig jetzt, daß dich kein anderer von den Achaiern hört!›

Sprach es und stützte das Haupt auf den Ellenbogen und sagte die Rede:

‹Hört, Freunde! ein göttlicher Traum kam mir im Schlafe. Gar zu weit abgekommen sind wir von den Schiffen. So möge einer zur Stelle sein, daß er dem Atreus-Sohn, dem Agamemnon, dem Völkerhirten, sage, ob er nicht mehreren befehle, daß sie von den Schiffen kommen mögen!›

So sprach er. Und es sprang alsbald behende Thoas, der Sohn des Andraimon, auf und legte den Mantel ab, den purpurnen, und ging und lief zu den Schiffen. Ich aber lag in seinem Kleide, vergnügt, und es erschien die goldthronende Eos.

Wäre ich doch jetzt so jung und wäre mir die Kraft geblieben, dann würde mir wohl einer der Schweinepfleger in dem Gehöfte seinen Mantel geben, beides: aus Freundlichkeit wie auch Scheu vor einem tüchtigen Manne. Jetzt aber achten sie mich nicht, weil ich schlechte Kleider an dem Leibe habe.»

Da antwortetest du und sagtest zu ihm, Sauhirt Eumaios:

«Alter! die Geschichte, die du erzählt hast, ist ohne Tadel, und kein Wort hast du wider Gebühr unklug geredet! Darum soll es dir weder an Gewand noch an irgend etwas anderem fehlen, was sich gebührt, daß es der leidgeprobte Schutzsuchende empfange — für jetzt doch in der Frühe mußt du wieder deine eigenen Lumpen schwenken! Denn nicht viele Mäntel und Leibröcke sind zum Wechseln hier vorhanden, um sie anzuziehen, sondern nur einer für jeden Mann. Doch wenn der liebe Sohn des Odysseus kommt, wird er selber dir Mantel und Leibrock zur Gewandung geben und dich geleiten, wohin immer dich Herz und Mut treibt.»

Als er so gesprochen hatte, sprang er auf und stellte ihm dicht am Feuer ein Lager auf und warf Felle von Schafen und Ziegen darüber. Dort legte sich Odysseus nieder, und über ihn warf er einen Mantel, einen dichten und großen, der ihm stets zum Wechseln bereit lag, um ihn anzuziehen, wenn sich ein gewaltiger Sturm erhob.

So ruhte Odysseus dort, und neben ihm ruhten die jungen Männer. Doch gefiel dem Sauhirt nicht die Ruhe dort, daß er entfernt von den Schweinen ruhte, sondern er bereitete sich, um hinauszugehen, und es freute sich Odysseus, wie er ihm für sein Lebensgut Sorge trug, indessen er fern war. Zuerst warf er das scharfe Schwert um die starken Schultern, dann legte er einen Mantel an, der vor dem Winde schützte, einen gar dicken, nahm ein Fell auf von einer wohlgenährten Ziege, nahm auch den scharfen Speer, den Schutz gegen Hunde und gegen Männer, und schritt hin und ging, um sich dort niederzulegen, wo die weißzahnigen Schweine unter dem gewölbten Fels im Schutz vor dem Nordwind ruhten.

FÜNFZEHNTER GESANG

Wie Telemachos von Menelaos in Sparta entlassen wird und
sich der Seher Theoklymenos in seinen Schutz gibt. Wie der
Sauhirt Eumaios dem Odysseus seine Geschichte erzählt und
Telemachos auf Ithaka ankommt.

Sie aber ging in die weiträumige Lakedaimon, Pallas Athene, um
den strahlenden Sohn des hochgemuten Odysseus an die Heimkehr
zu erinnern und ihn anzutreiben, daß er zurückkehre. Und sie fand
den Telemachos und des Nestor strahlenden Sohn schlafend in dem
Vorhaus des prangenden Menelaos: den Nestor-Sohn vom sanften
Schlaf bezwungen, den Telemachos aber hielt der süße Schlaf nicht
fest, sondern die Sorgen um den Vater hielten ihn die ambrosische
Nacht hindurch wach in seinem Mute. Da trat die helläugige Athene
zu ihm heran und sagte zu ihm:

«Telemachos! nicht mehr ist es recht, daß du von deinen Häusern
weit entfernt umherstreifst, nachdem du deine Güter und die so
übermütigen Männer in deinen Häusern zurückgelassen: daß sie dir
nicht alles verzehren, nachdem sie deine Güter unter sich verteilt,
und du dann einen vergeblichen Weg gegangen! Aber treibe aufs
schnellste den guten Rufer Menelaos, daß er dich entsende, damit du
deine untadelige Mutter noch im Hause antriffst. Denn schon drängen sie ihr Vater und die Brüder, daß sie sich dem Eurymachos vermähle, denn der übertrifft alle Freier durch Geschenke und überbietet
sich mit Brautgaben. Daß jetzt nicht manches Gut gegen deinen Willen aus dem Hause getragen werde! Du weißt ja, wie der Sinn in
der Brust der Frau ist: dessen Haus will sie mehren, der sie heimführt; der früheren Kinder aber und des ehelichen Gatten denkt sie
nicht mehr, wenn er gestorben ist, und fragt nicht nach ihm. Aber
wenn du selber heimgekommen bist, vertraue all und jedes der unter
den Dienerinnen an, die dir die beste zu sein scheint, bis dir die
Götter eine prangende Gemahlin erscheinen lassen. Doch noch ein
anderes Wort will ich dir sagen, und du lege es dir in den Sinn: von
den Freiern lauern dir die besten in dem Sund von Ithaka und der
steinigen Samos eigens auf und trachten, dich zu töten, ehe du in
das väterliche Land gelangst. Doch das glaube ich nicht! zuvor wird
noch manchen die Erde aufnehmen von den Freiermännern, die dir
das Lebensgut verzehren. Aber halte das gutgebaute Schiff weit von
den Inseln ab und fahre ohne Unterbruch auch bei Nacht, und einen
Fahrwind wird dir der von den Unsterblichen hinterdrein schicken,

der über dich wacht und dich bewahrt. Doch wenn du zum nächstgelegenen Gestade von Ithaka gelangt bist, so sende das Schiff und alle Gefährten zur Stadt, selbst aber sollst du zuallererst zu dem Sauhirten kommen, der dir der Aufseher über die Schweine ist und dir stets in gleicher Weise zugetan ist. Dort verbringe die Nacht und schicke ihn in die Stadt hinein, daß er der umsichtigen Penelopeia Botschaft sage, daß du ihr wohlbehalten bist und von Pylos angekommen.»

Als sie so gesprochen hatte, ging sie hinweg zum großen Olympos. Er aber weckte den Nestor-Sohn aus dem süßen Schlaf, indem er ihn mit seinem Fuße anstieß mit der Ferse, und sagte zu ihm die Rede:

«Wache auf, Sohn des Nestor, Peisistratos! bringe die einhufigen Pferde und spanne sie an den Wagen, damit wir unseren Weg bewerkstelligen!»

Da entgegnete ihm hinwieder der Nestor-Sohn Peisistratos:

«Telemachos! das geht nicht an, so eilig wir es mit dem Wege haben, daß wir durch die finstere Nacht fahren, und bald wird Morgen sein. Sondern warte, bis der Heros, der Atreus-Sohn, der speerberühmte Menelaos, die Gaben bringt und sie auf den Wagen setzt und uns mit freundlichen Reden zuspricht und entsendet. Denn es erinnert der Gast sich alle Tage eines solchen Mannes und Gastgebers, der ihm Freundlichkeit darbietet.»

So sprach er, und alsbald kam die goldthronende Eos. Und zu ihnen heran kam der gute Rufer Menelaos, nachdem er vom Lager bei der schönhaarigen Helena aufgestanden. Als ihn der Sohn des Odysseus sah, tauchte er eilends mit dem Leib in den schimmernden Leibrock und warf sich den großen Mantel über die starken Schultern, der Heros, und ging zur Tür hinaus und trat zu ihm und sagte zu ihm:

«Atreus-Sohn Menelaos, Zeusgenährter, Herr der Völker! Entlasse mich nun jetzt in mein eigenes väterliches Land, denn nun verlangt meinem Mute, nach Hause zu gelangen.»

Da antwortete ihm der gute Rufer Menelaos:

«Telemachos! nicht will ich dich lange Zeit hier halten, wenn du die Heimkehr begehrst. Verarge ich es doch auch einem anderen Mann und Gastgeber, der übermäßig Freundlichkeit erweist und übermäßig mit seinem Haß verfolgt. Alles Gebührliche ist besser! Ein gleiches Übel, wahrhaftig! ist, wer den Gast, der noch nicht gehen will, forttreibt, und wer den Forteilenden zurückhält. Man soll dem Gast, wenn er da ist, Freundlichkeit erweisen, wenn er aber will, ihn fortlassen. Aber warte, bis ich die Geschenke bringe und auf den Wagen setze, die schönen, und du sie mit den Augen siehst und ich den Frauen sage, daß sie eine Mahlzeit in den Hallen richten von dem, was zur Genüge drinnen vorhanden ist. Denn darin liegt beides: Pracht und Glanz wie auch Erquickung, wenn man zuvor gespeist hat, ehe man weit über die grenzenlose Erde geht. Doch wenn du dich über Hellas hin und das mittlere Argos wenden willst, also daß ich dich dabei selbst begleite, so will ich dir die Pferde anspannen und dich zu den Städten der Menschen führen, und keiner wird uns mit leeren Händen hinwegschicken, sondern wird uns wenigstens *ein* Stück geben, daß wir es mitnehmen: einen Dreifuß aus gutem Erz oder ein Becken oder zwei Maultiere oder einen goldenen Becher.»

Da entgegnete ihm hinwieder der verständige Telemachos:

«Atreus-Sohn Menelaos, Zeusgenährter, Herr der Völker! Ich will nun heimkehren auf das Unsrige — denn keinen Wächter ließ ich, als ich fortging, hinter mir zurück über meinen Besitztümern —: daß ich nicht selber auf der Suche nach dem gottgleichen Vater umkomme oder mir ein edles Kleinod aus den Hallen verlorengehe.»

Als der gute Rufer Menelaos dieses hörte, befahl er alsbald seiner Gattin und den Dienerinnen, daß sie eine Mahlzeit in den Hallen richteten von dem, was zur Genüge drinnen vorhanden war. Und es kam zu ihm der Boëthos-Sohn Eteoneus, nachdem er von seinem Lager aufgestanden, da er nicht fern von ihm wohnte. Dem befahl der gute Rufer Menelaos, daß er ein Feuer anzünden und von dem Fleische braten sollte, und der war nicht ungehorsam, als er es hörte. Er selbst aber stieg hinab in die duftende Kammer, nicht allein, zusammen mit ihm ging Helena und Megapenthes. Als sie aber dorthin gekommen waren, wo ihm die Kostbarkeiten lagen, da ergriff der Atreus-Sohn alsbald einen doppelt gebuchteten Becher und befahl dem Sohne Megapenthes, den Mischkrug zu bringen, den silbernen. Helena aber trat zu den Truhen, wo ihr die allgemusterten Gewänder waren, die sie selber gefertigt hatte. Von denen nahm Helena eines auf und brachte es, die göttliche unter den Frauen, welches das schönste an bunten Mustern und das größte war, und es leuchtete wie ein Stern, es lag zuunterst unter den anderen. Und sie schritten hin und gingen nach vorn durch die Häuser, bis sie zu Telemachos gelangten, und der blonde Menelaos sagte zu ihm:

«Telemachos! wahrhaftig, es möge dir die Heimkehr, so wie du sie wünschst in deinem Sinne, Zeus vollenden, der starkdröhnende Gemahl der Hera! Unter den Kleinodien aber, so viele in meinem Hause liegen, will ich dir das zum Geschenke geben, was das Schönste und Werteste ist: will dir einen gefertigten Mischkrug geben, von Silber ist er ganz und gar, und es sind oben die Ränder mit Gold eingelegt. Ein Werk des Hephaistos ist er, und gereicht hat ihn mir Phaidimos, der Heros, der König der Sidonier, als sein Haus mich aufnahm, als ich dort auf meiner Heimfahrt hingelangte. Dir aber will ich diesen geben.»

So sprach er und gab ihm den doppelt gebuchteten Becher in die Hände, der Heros, der Atreus-Sohn. Doch er, der starke Megapenthes, brachte den schimmernden Mischkrug und setzte ihn vor ihn, den silbernen. Die schönwangige Helena aber trat zu ihm heran und hielt das Gewand in den Händen und sagte das Wort und benannte es heraus:

«Als Gabe gebe auch ich dir dieses, liebes Kind! ein Andenken aus den Händen der Helena, für die Zeit der vielersehnten Vermählung, daß es deine Gattin trage. Bis dahin soll es bei der lieben Mutter in der Halle liegen. Du aber komme mir frohgemut in das gutgebaute Haus und dein väterliches Land!»

So sprach sie und legte es ihm in die Hände, und er empfing es und freute sich. Und dies alles nahm der Heros Peisistratos in Empfang und tat es in den Wagenkorb und betrachtete alles staunend in seinem Mute. Dann führte sie der am Haupte blonde Menelaos zu dem Hause, und sie setzten sich alsbald auf Sessel und auf Stühle. Und Handwasser brachte eine Magd in einer Kanne, einer schönen, goldenen, und goß es zum Waschen über ein silbernes Becken und stellte vor ihnen einen geglätteten Tisch auf. Und die ehrbare Beschließerin brachte Brot und setzte es vor und tat viele Speisen dazu, gefällig von dem, was da war. Und daneben zerlegte der Boëthos-Sohn das Fleisch und verteilte die Anteile, und den Wein schenkte der Sohn des prangenden Menelaos. Und sie streckten die Hände aus nach den bereiten, vorgesetzten Speisen. Doch als sie sich das Verlangen nach Trank und Speise vertrieben hatten, da schirrten Telemachos und der strahlende Sohn des Nestor die Pferde an und stiegen auf den buntverzierten Wagen und fuhren aus dem Torweg und der stark dröhnenden Halle. Mit ihnen aber ging der Atreus-Sohn, der blonde Menelaos, und hielt Wein in der rechten Hand, honigsinnigen, in einem goldenen Becher, damit sie beide den Weihguß täten und dann gingen. Und er trat vor die Pferde, bot ihnen den Gruß und sagte zu ihnen:

«Freut euch, ihr Knaben! und sagt meinen Gruß auch Nestor, dem Völkerhirten! Denn er war zu mir so freundlich wie ein Vater, solange wir Söhne der Achaier im Troerlande kämpften.»

Da entgegnete ihm hinwieder der verständige Telemachos:

«Gar wohl werden wir ihm, Zeusgenährter! dieses alles, so wie du
redest, sagen, wenn wir hingekommen. Daß ich doch, wenn ich nach
Ithaka heimkehre, den Odysseus in dem Hause träfe und ihm ebenso
sagen könnte, wie ich von dir alle Freundlichkeit empfangen habe
und komme und viele und edle Kostbarkeiten bringe!»

Als er so gesprochen hatte, flog ihm zur Rechten ein Vogel auf,
ein Adler, der eine weiße Gans in den Klauen trug, eine gewaltige,
zahme vom Hofe, und schreiend folgten ihm Männer und Frauen.
Er aber, als er nahe zu ihnen heran gekommen, strich rechtsher vor
den Pferden hin, und sie freuten sich, als sie es sahen, und allen
erwärmte sich der Mut im Inneren. Da begann unter ihnen der Nestor-Sohn Peisistratos die Reden:

«Bedenke nun, Menelaos, Zeusgenährter, Herr der Völker! ob ein
Gott dieses Zeichen uns beiden hat erscheinen lassen oder dir selber.»

So sprach er. Da überlegte der Aresgeliebte Menelaos, wie er es
verstehen und ihm nach Gebühr ausdeuten sollte. Doch die langgewandete Helena kam ihm zuvor und sagte die Rede:

«Hört mich! und ich will es ausdeuten, wie es die Unsterblichen
mir in den Sinn legen und ich meine, daß es sich vollenden werde:
wie dieser die Gans geraubt hat, die im Hause aufgenährte, aus dem
Gebirge kommend, wo ihm sein Geschlecht und seine Brut ist — so
wird Odysseus, nachdem er vieles Schlimme gelitten hat und viel
umgetrieben wurde, nach Haus heimkehren und es sie büßen lassen,
oder auch: er ist bereits zu Haus und pflanzt allen Freiern Schlimmes.»

Da entgegnete ihr hinwieder der verständige Telemachos:

«So möge Zeus es denn jetzt geben, der starkdröhnende Gemahl
der Hera! Dann werde ich auch dort zu dir, so wie zu einem Gotte,
beten!»

Sprach es und schwang die Geißel über die beiden Pferde. Die
aber eilten gar schnell dahin und strebten durch die Stadt zur Ebene,
und den ganzen Tag schüttelten sie das Joch, das sie um ihre Nacken
hatten. Und die Sonne ging unter, und überschattet wurden alle
Straßen. Da kamen sie nach Pherai zu dem Haus des Diokles, des
Sohnes des Ortilochos, den Alpheios als Sohn gezeugt hatte. Dort
verbrachten sie die Nacht, und er setzte ihnen Bewirtungen vor. Als
aber die frühgeborene erschien, die rosenfingrige Eos, schirrten sie
die Pferde an und stiegen auf den buntverzierten Wagen und fuhren
aus dem Torweg und der stark dröhnenden Halle. Und er führte die
Geißel und trieb, und die beiden Pferde flogen gar willig dahin, und

schnell gelangten sie alsdann zur steilen Burg von Pylos. Da sprach Telemachos zu dem Sohne Nestors:

«Nestor-Sohn! könntest du mir wohl ein Wort gewähren und vollenden, das ich sage? Gastfreunde rühmen wir uns unentwegt zu sein von der Freundschaft unserer Väter her, und sind auch in dem gleichen Alter. Auch wird uns dieser Weg noch mehr zu einmütiger Gesinnung bringen. Führe mich nicht seitab vom Schiff weg, Zeusgenährter! sondern verlasse mich hier, damit mich nicht der Greis in seinem Hause wider Willen festhält, weil er mich zu bewirten wünscht, ich aber muß nun schleunigst heimgelangen.»

So sprach er. Da ging der Nestor-Sohn mit seinem Mut zu Rate, wie er es ihm nach Gebühr gewähren und vollenden möchte. Und so schien es ihm, da er sich bedachte, klüger zu sein: er wandte die Pferde zu dem schnellen Schiff und dem Strand des Meeres und lud die schönen Gaben an dem Heck des Schiffes ab: Gewand und Gold, die ihm Menelaos gegeben hatte, und trieb ihn an und sagte zu ihm die geflügelten Worte:

«Steige nun in Eile hinauf und treibe alle Gefährten, ehe ich nach Hause gekommen und es dem Greise gemeldet habe! Denn dieses weiß ich gut in dem Sinne und in dem Gemüte: gewaltsam, wie sein Mut ist, wird er dich nicht gehen lassen, sondern wird selbst hierher kommen, um dich zu rufen, und wird nicht leer zurückgehen, sage ich. Denn gar aufgebracht sein wird er freilich.»

Als er so gesprochen hatte, trieb er die schönhaarigen Pferde zurück zu der Stadt der Pylier und kam schnell bei den Häusern an. Telemachos aber trieb die Gefährten an und hieß sie:

«Macht die Geräte in dem schwarzen Schiff bereit, Gefährten! und laßt uns selbst hinaufsteigen, daß wir den Weg vollenden!»

So sprach er, und sie hörten gut auf ihn und gehorchten, und stiegen alsbald ein und setzten sich auf die Ruderbänke. Ja, da verrichtete er dieses und betete und opferte der Athene an dem Heck des Schiffes.

Da aber kam zu ihm ein Mann heran, einer von weither, auf der Flucht aus Argos, nachdem er einen Mann getötet: Ein Seher war er und von Geschlecht ein Nachfahr des Melampus, der früher einst in Pylos wohnte, der Mutter der Schafe, und als ein über die Maßen großbegüterter Mann unter den Pyliern die Häuser bewohnte. Dieser war damals in den Gau von anderen gekommen, auf der Flucht aus der Heimat und vor dem hochgemuten Neleus, dem erlauchtesten von den Lebenden. Der hatte ihm auf ein ganzes Jahr viele Güter mit Gewalt vorenthalten. Doch er lag unterdessen in den Hallen des

Phylakos in schmerzlichen Banden und litt harte Schmerzen, um der Tochter des Neleus und der schweren Beirrung willen, die ihm die harttreffende Göttin in den Sinn gesetzt hatte, die Erinys. Jedoch er entfloh der Todesgöttin und trieb die starkbrüllenden Rinder aus Phylake nach Pylos und ließ für das unwürdige Werk den gottgleichen Neleus büßen und führte das Weib dem Bruder in die Häuser. Er aber kam in den Gau von anderen, ins pferdenährende Argos, denn dort war es ihm bestimmt zu wohnen und über viele Argeier zu gebieten. Dort führte er eine Frau heim und baute ein hochbedachtes Haus und zeugte den Antiphates und Mantios, zwei starke Söhne. Antiphates zeugte Oikles, den hochgemuten, und Oikles den völkererregenden Amphiaraos. Den liebten Zeus, der Aigishalter, und Apollon im Herzen über die Maßen mit allfacher Liebe. Doch kam er nicht zu der Schwelle des Greisenalters, sondern ging in Thebe zugrunde, um der Weibergeschenke willen. Dessen Söhne waren Alkmaon und Amphilochos. Mantios hinwieder zeugte Polypheides wie auch Kleitos. Aber den Kleitos entraffte, wahrhaftig! die goldthronende Eos um seiner Schönheit willen, daß er unter den Unsterblichen wäre. Doch den hochgemuten Polypheides machte Apollon zu dem weit besten Seher unter den Sterblichen, nachdem Amphiaraos gestorben war. Der wanderte, dem Vater zürnend, nach Hyperesia aus. Dort wohnte er und weissagte allen Sterblichen.

Dessen Sohn kam heran: Theoklymenos war sein Name, der damals zu Telemachos herantrat. Und er traf ihn, wie er den Weihguß tat und bei dem schnellen schwarzen Schiffe betete, und er begann und sagte zu ihm die geflügelten Worte:

«Freund! da ich dich beim Opfern treffe an diesem Platze, so flehe ich bei den Opfern und dem Daimon und alsdann bei deinem eigenen Haupte und dem der Gefährten, die dir folgen: sage mir, dem Fragenden, unfehlbar und verhehle es nicht: wer und woher bist du unter den Männern? wo ist deine Stadt und deine Eltern?»

Da entgegnete ihm hinwieder der verständige Telemachos:

«So will ich es dir, Fremder, ganz unverdreht berichten. Von Ithaka bin ich nach meiner Herkunft, mein Vater aber ist Odysseus — wenn er denn je war! Aber jetzt ist er schon zugrunde gegangen in traurigem Verderben. Deswegen habe ich jetzt die Gefährten und ein schwarzes Schiff genommen und bin auf Kunde nach dem lange abwesenden Vater ausgezogen.»

Da sagte hinwieder zu ihm der gottgleiche Theoklymenos:

«So bin auch ich dir hinweg von meiner Heimat, nachdem ich einen Mann von dem gleichen Geschlechte erschlagen habe. Viele

Brüder aber und Anverwandte sind ihm in dem rossenährenden Argos, und gewaltig herrschen sie über die Achaier. Um von diesen den Tod und die schwarze Todesgöttin zu vermeiden, bin ich nun auf der Flucht, da es mir bestimmt ist, unter den Menschen umherzuirren. Doch gib mir einen Platz auf deinem Schiff, denn als ein Flüchtling gebe ich mich in deinen Schutz, daß sie mich nicht erschlagen. Denn ich denke, daß sie mich verfolgen.»

Da entgegnete ihm hinwieder der verständige Telemachos:

«Nicht werde ich dich, da du es willst, von dem ebenmäßigen Schiff hinwegstoßen, sondern komm mit, und es soll dort dir Liebes geschehen, so wie wir es haben!»

So sprach er und nahm ihm die eherne Lanze ab und legte sie auf dem Verdeck des beiderseits geschweiften Schiffes nieder. Und stieg auch selbst auf das meerdurchfahrende Schiff, setzte sich alsdann am Heck nieder und setzte den Theoklymenos neben sich. Und sie lösten die Hecktaue, und Telemachos trieb die Gefährten und hieß sie das Gerät ergreifen. Und sie gehorchten eilig und hoben den fichtenen Mast empor und stellten ihn in die Höhlung des Mittelbalkens und banden ihn mit den Vordertauen unten fest und zogen die weißen Segel auf an gutgedrehten Lederriemen. Und es schickte ihnen einen günstigen Fahrwind die helläugige Athene, einen ungestümen, der durch den Äther daherfuhr, damit das Schiff aufs schnellste in seinem Lauf des Meeres salziges Wasser durchmessen sollte. Und die Sonne ging unter, und überschattet wurden alle Straßen. Das Schiff aber hielt auf Pheai zu, dahineilend unter dem Fahrwind des Zeus, und vorbei an der göttlichen Elis, wo die Epeier herrschen. Von dort aus aber steuerte er hinwieder geradeaus auf die schnellen Inseln zu, sorgend, ob er dem Tod entrinnen möchte oder ob er ergriffen werde. —

Die beiden aber hinwieder, Odysseus und der göttliche Schweinepfleger, nahmen in der Hütte das Nachtmahl, und bei ihnen nahmen das Nachtmahl auch die anderen Männer. Als sie sich aber das Verlangen nach Trank und Speise vertrieben hatten, da sagte Odysseus unter ihnen, indem er den Sauhirten auf die Probe stellte, ob er ihn noch weiter sorgsam bewirten und auffordern werde, dort in dem Gehöft zu bleiben, oder zur Stadt forttreiben werde:

«Höre jetzt, Eumaios und alle ihr anderen Gefährten! Morgen in der Frühe wünsche ich, zur Stadt zu gehen, um dort zu betteln, damit ich dich nicht aufreibe und die Gefährten. So rate mir denn gut und gib mir einen tüchtigen Führer mit, der mich dorthin führen möge. In der Stadt will ich, notgedrungen, selbst umhergehen: ob mir wohl einer einen Napf mit Wein und einen Laib Brot reichen möge.

Und komme ich zu den Häusern des göttlichen Odysseus, so könnte ich der umsichtigen Penelopeia eine Botschaft sagen und mich unter die übergewaltigen Freier mischen: ob sie mir eine Mahlzeit geben möchten, die sie doch Speisen zehntausende haben. Gut könnte ich dann alsbald unter ihnen alle Dienste verrichten, die sie wollen. Denn ich sage dir heraus, und du habe darauf acht und höre auf mich: durch die Gunst des Geleiters Hermes, der den Arbeiten von allen Menschen Anmut und Gedeihen gibt, vermag kein anderer Sterblicher mit mir an Dienstleistung zu streiten: Feuer gut aufzuschütten und trockenes Holz zu spalten, vorzuschneiden wie auch zu braten und Wein zu schenken, wie es die geringeren Leute den Edlen als Dienste verrichten.»

Da sagtest du gar unwillig zu ihm, Sauhirt Eumaios:

«O mir! Fremder! was ist dir dieser Gedanke in den Sinn gekommen? Ja, verlangt dich denn dort ganz und gar zugrunde zu gehen, wenn du in den Haufen der Freier tauchen willst, deren Übermut und Gewalttat bis zu dem eisernen Himmel reicht! Sind, wahrlich! doch die Bediensteten von denen nicht so wie du, sondern junge Burschen, fein angetan mit Leibröcken und Mänteln, und stets gesalbt die Köpfe und die hübschen Gesichter! Die tun ihnen Dienste, und da müssen die wohlgeglätteten Tische immer beladen sein mit Brot und Fleisch und Wein! Darum bleibe! keiner wird hier beschwert durch deine Gegenwart: nicht ich noch auch ein anderer von den Gefährten, die ich habe. Wenn aber der liebe Sohn des Odysseus kommt, wird er dir Mantel und Leibrock zur Gewandung antun und dich dorthin geleiten, wohin dich immer Herz und Mut treibt.»

Darauf anwortete ihm der vielduldende göttliche Odysseus:

«Wenn du, Eumaios! doch so lieb dem Vater Zeus wärst, wie du mir bist, weil du mir ein Ende der Irrsal und des schrecklichen Jammers gebracht hast! Gibt es doch nichts Schlimmeres für die Sterblichen, als das durch die Lande Streifen! Aber um des verderblichen Bauches willen tragen die Männer schlimme Kümmernisse, über wen nur immer Irrsal und Leid und Schmerz gelangt. Doch da du mich jetzt festhältst und mich jenen erwarten heißest: auf! sage mir von der Mutter des göttlichen Odysseus und seinem Vater, den er an der Schwelle des Greisenalters zurückließ, als er wegging: ob sie wohl noch unter den Strahlen der Sonne leben oder schon tot und in den Häusern des Hades sind.»

Da sagte hinwieder zu ihm der Sauhirt, der Vogt der Männer:

«So will ich dir dieses, Fremder, ganz unverdreht berichten. Laertes lebt zwar noch, doch betet er immer zu Zeus, daß ihm die Lebenskraft aus den Gliedern in seinen Hallen schwinden möge. Denn über die Maßen jammert er um den Sohn, der hinwegging, wie auch um die eheliche Gattin, die kluggesonnene, die ihn am meisten betrübte, als sie dahinschwand, und in ein frühzeitiges Alter brachte. Sie aber ist vor Leid um ihren prangenden Sohn dahingeschwunden, eines elenden Todes, so wie keiner sterben möge, der mir hier wohnt und lieb ist und Liebes antut. Solange sie nun, wenn auch im Gram, noch lebte, solange war es mir immer lieb, nach irgend etwas zu forschen und zu fragen, da sie mich selber zusammen mit der langgewandeten Ktimene aufgezogen, ihrer stattlichen Tochter, die sie als jüngste von den Kindern geboren hatte. Mit dieser zusammen wurde ich aufgezogen, und wenig achtete sie mich nur geringer. Aber als wir beide zur vielersehnten Jugendreife gekommen waren, da gaben sie diese nach Samos und erhielten zehntausend Brautgeschenke. Mir aber zog jene Mantel und Leibrock an, gar schöne Kleider, und gab mir Sohlen für die Füße und schickte mich aufs Land und liebte mich noch mehr im Herzen. Jetzt aber muß ich dieses nun entbehren. Allein, es mehren mir die seligen Götter das Werk, bei dem ich ausdauere: davon habe ich gegessen und getrunken und denen gegeben, die man scheuen muß. Von der Herrin aber ist nichts Mildes zu erfahren, weder Wort noch Werk, da Übel über das Haus hereingefallen: die gewalttätigen Männer! Und es verlangen die Knechte doch sehr danach, vor der Herrin zu reden und jegliches zu erfahren und zu essen und zu trinken und alsdann auch etwas mit sich aufs Land zu nehmen, dergleichen den Knechten immer den Mut erwärmt.»

Da antwortete und sagte zu ihm der vielkluge Odysseus:

«Nein! wie du doch, noch so klein, Sauhirt Eumaios! so weit weg von der Heimat und den Eltern verschlagen wurdest! Doch auf! sage mir dieses und berichte es mir zuverlässig: wurde die weitstraßige Stadt eurer Männer zerstört, in der dein Vater und deine hehre Mutter wohnten, oder haben dich, als du bei den Schafen oder bei den Rindern allein warst, feindselige Männer auf Schiffen ergriffen und zu den Häusern dieses Mannes, verkauft, der aber gab ihnen den gebührenden Kaufpreis?»

Da sagte hinwieder zu ihm der Sauhirt, der Vogt der Männer:

«Fremder! da du mich dieses fragst und danach forschest, merke jetzt auf in Schweigen und ergötze dich und sitze und trinke den Wein! Diese Nächte sind unermeßlich lang! da mag man schlafen, man mag aber auch, wenn man daran Freude hat, zuhören. Auch brauchst du dich nicht, ehe es Zeit ist, niederzulegen. Auch vieler Schlaf ist eine Plage. Von den anderen aber mag jeder, dem es das Herz und der Mut gebietet, hinausgehen und sich schlafen legen und zugleich mit dem aufgehenden Frühlicht, wenn er gespeist hat, hinausziehen mit den herrschaftlichen Schweinen! Wir beide aber wollen in der Hütte trinken und essen und uns an den traurigen Kümmernissen von uns beiden in der Erinnerung ergötzen. Denn hinterher ergötzt ein Mann sich auch an Schmerzen, wenn er gar viel gelitten hat und viel umhergetrieben wurde. Doch will ich dir sagen, was du mich fragst und wonach du forschest.

Da ist eine Insel, Syria genannt, wenn du vielleicht von ihr gehört hast, über Ortygia hinaus, wo die Wenden der Sonne sind: nicht übermäßig bevölkert, doch ein gutes Land, eine gute Rinderweide, gut für Schafe, voll Weines, reich an Weizen. Nie kommt je Hungersnot über das Volk, noch fällt sonst irgendeine böse Krankheit die armen Sterblichen an, sondern sind die Stämme der Menschen in der Stadt alt geworden, so naht der Silberbogner Apollon zusammen mit Artemis und tötet sie, indem er sie mit seinen sanften Geschossen überkommt. Da sind zwei Städte, und alles ist unter ihnen zwiefach aufgeteilt. Über sie beide war mein Vater König, Ktesios, Ormenos' Sohn, den Unsterblichen vergleichbar. Da kamen Phoiniker, schiffsberühmte Männer, Gauner, und führten zehntausendfachen Tand bei sich in ihrem schwarzen Schiffe. Doch war in meines Vaters Hause eine phoinikische Frau, eine schöne und große, die sich auf herrliche Arbeiten verstand. Diese verführten die vielgeriebenen Phoiniker. Zuerst vereinigte sich einer mit ihr, als sie zum Waschen ging, bei dem hohlen Schiff in Lager und Liebe, wie dieses ja den weiblicheren Frauen den Sinn verführt, und wenn eine auch rechtschaffen ist. Dann fragte er sie, wer sie sei und von wo sie komme, und sie nannte ihm alsogleich das hochbedachte Haus ihres Vaters:

‹Von dem erzreichen Sidon rühme ich mich zu sein, und die Tochter des Arybas bin ich, der reich ist im Überfluß. Doch haben taphische Räubermänner mich fortgeschleppt, als ich vom Felde kam, und mich, nachdem sie mich hierher gebracht, in die Häuser dieses Mannes verkauft, und der gab den gebührenden Kaufpreis.›

Da sagte hinwieder der Mann zu ihr, der sich mit ihr heimlich vereinigt hatte:

‹Möchtest du jetzt wohl wieder zusammen mit uns zurück nach Hause kommen, daß du das hochbedachte Haus des Vaters und der Mutter und sie selber siehst? Denn sie sind noch am Leben und werden reich genannt.›

Da sagte hinwieder die Frau zu ihm und antwortete mit der Rede:

‹Auch dieses möchte wohl sein, wenn ihr euch mir mit einem Eid verpflichten wolltet, Schiffer, daß ihr mich unversehrt nach Hause führt.›

So sprach sie, und sie schwuren alle, wie sie forderte. Doch als sie geschworen und den Eid geleistet hatten, da sagte unter ihnen hinwieder die Frau und antwortete mit der Rede:

‹Still jetzt! daß mich von euren Gefährten keiner mit Worten anspricht, wenn er mich auf der Straße oder wohl auch am Brunnen trifft: damit keiner zum Haus geht und es dem Alten sagt, und der es argwöhnt und mich in schmerzhafte Fesseln bindet, euch aber das Verderben sinnt. Sondern bewahrt das Wort in eurem Sinne und eilt euch mit dem Einkauf eurer Rückfracht. Wenn euer Schiff aber voll von Lebensgut ist, so möge mir alsdann geschwind eine Botschaft in die Häuser kommen. Denn auch Gold will ich bringen, was mir auch unter die Hand kommt. Und auch noch anderes könnte ich euch, sofern ich wollte, zum Fährgeld geben. Denn ich ziehe den Knaben des edlen Mannes in den Hallen auf, einen recht geweckten, der mit mir aus dem Haus läuft. Den brächte ich wohl auf das Schiff, und er mag euch zehntausendfachen Kaufpreis bringen, wo ihr ihn auch bei andersredenden Menschen verkaufen möget.›

Als sie so gesprochen hatte, ging sie hinweg zu den schönen Häusern. Sie aber blieben ein ganzes Jahr dort bei uns und handelten sich viel Lebensgut ein in dem gewölbten Schiffe. Doch als ihnen das hohle Schiff befrachtet war, um zurückzukehren, da schickten sie einen Boten, der es dem Weibe melden sollte. Da kam ein gar schlauer Mann zu den Häusern meines Vaters und hatte eine goldene Kette, und sie war mit Bernstein durchreiht. Diese betasteten die Mägde und die hehre Mutter in der Halle mit den Händen und besahen sie mit den Augen, und boten einen Kaufpreis. Er aber nickte jener zu in Schweigen und ging, als er ihr zugenickt hatte, zu dem hohlen Schiffe. Sie aber nahm mich bei der Hand und führte mich aus den Häusern zur Tür hinaus. Doch fand sie in dem Vorhaus Becher und Tische von schmausenden Männern, die immer um meinen Vater beschäftigt waren. Die waren zur Sitzung und Besprechung in dem Volke hinausgegangen. Da verbarg sie geschwind drei Becher im Bausch des Gewandes und trug sie hinaus. Ich aber folgte ihr im Unverstand. Und die Sonne ging unter, und überschattet wurden alle Straßen. Wir aber gingen schnell dahin und kamen zu dem berühmten Hafen. Dort war das schnellfahrende Schiff der Phoinikermänner. Die stiegen alsbald hinauf und fuhren über die feuchten Pfade, nachdem sie uns beide hinaufgenommen, und Zeus schickte einen guten Fahrwind. Sechs Tage fuhren wir in einem fort die Nächte hindurch und auch am Tage. Als aber nun Zeus, der Sohn des Kronos, den siebenten Tag heraufgeführt, da traf das Weib die pfeilschüttende Artemis, und sie fiel und schlug dumpf hinab in das Bodenwasser wie ein Seehuhn. Und sie warfen sie hinaus, daß sie den Robben und Fischen zur Beute würde, ich aber blieb zurück mit betrübtem Herzen. Die aber trug Wind und Wasser und brachte sie nach Ithaka, dort kaufte mich Laertes mit seinen Gütern. So sah ich dieses Land hier mit den Augen.»

Da antwortete ihm hinwieder der zeusentsproßte Odysseus mit der Rede:

«Eumaios! wahrhaftig, sehr hast du mir das Gemüt bewegt im Innern, indem du mir dieses der Reihe nach erzählt hast: wie viele Schmerzen du gelitten hast in dem Mute. Doch hat dir Zeus zu dem Üblen, wahrhaftig! auch Gutes gegeben, da du, nachdem du vieles ausgestanden, zu den Häusern eines gütigen Mannes gelangt bist, der dir sorgsam Speise und Trank gewährt hat, und du lebst ein gutes Leben. Aber ich bin viel bei den Städten der Sterblichen umhergeirrt, ehe ich hierher gelangte.»

So sprachen sie dergleichen miteinander. Dann schliefen sie beide, nicht lange Zeit, sondern nur ein wenig, denn alsbald kam die gutthronende Eos. —

Sie aber, die Gefährten des Telemachos, lösten unter Lande die Segel und legten behende den Mastbaum um und ruderten das Schiff mit den Rudern weiter bis zur Anfurt und warfen Ankersteine aus und banden die Hecktaue an. Und sie stiegen auch selbst hinaus auf den Strand des Meeres und bereiteten die Mahlzeit und mischten funkelnden Wein. Doch als sie sich das Verlangen nach Trank und Speise vertrieben hatten, da begann der verständige Telemachos unter ihnen die Reden:

«Ihr rudert das schwarze Schiff jetzt hin zur Stadt! Ich aber will auf das Land und zu den Hirten gehen. Am Abend komme ich zur Stadt hinab, wenn ich nach meinen Äckern gesehen habe. Morgen aber will ich euch zum Reiselohn ein gutes Mahl mit Fleisch und süß zu trinkendem Weine geben.»

Da sagte hinwieder zu ihm der gottgleiche Theoklymenos:

«Und wohin soll ich gehen, liebes Kind? zu wessen Häusern soll ich mich wenden von den Männern, die in der steinigen Ithaka gebieten? Oder soll ich geradeswegs zu deiner Mutter und zu deinem Hause gehen?»

Da antwortete ihm hinwieder der verständige Telemachos:

«Sonst würde ich dir empfehlen, wohl auch in unser Haus zu gehen, denn an Bewirtungen ist kein Mangel. Doch wäre es für dich selber weniger gut, da ich dir nicht da sein werde und auch die Mutter dich nicht sehen wird. Denn nicht häufig zeigt sie sich den Freiern in dem Hause, sondern webt von ihnen entfernt in dem oberen Stockwerk an einem Gewebe. Doch will ich dir einen anderen Mann weisen, zu dem du dich wenden könntest: Eurymachos, den prangenden Sohn des kluggesonnenen Polybos. Auf den blicken die Ithakesier jetzt gleich wie auf einen Gott, denn er ist auch der weit beste Mann und trachtet am meisten danach, meine Mutter heimzuführen und das Amt des Odysseus einzunehmen. Aber das weiß Zeus, der Olympier, der im Äther wohnt, ob er ihm vor der Hochzeit wohl den Unheilstag vollenden wird!»

Als er so gesprochen hatte, kam ihm von rechts her ein Vogel geflogen, ein Falke, der schnelle Bote des Apollon, und hielt eine Taube in den Fängen und zauste sie und streute ihre Federn auf den Boden herab zwischen dem Schiff und Telemachos selber. Da rief ihn Theoklymenos beiseite von den Gefährten, legte seine Hand fest in die seine, sprach das Wort und benannte es heraus:

«Telemachos! nicht ohne einen Gott kam dir von rechts her dieser Vogel geflogen! Denn als ich zu ihm hinblickte, erkannte ich, daß er ein Schicksalsvogel war: kein anderes ist königlicher als euer Geschlecht in dem Volke von Ithaka, sondern immer werdet ihr die Macht besitzen!»

Da entgegnete ihm hinwieder der verständige Telemachos:

«Wenn doch, Fremder! dieses Wort vollendet würde! Dann solltest du alsbald Freundlichkeit und viele Geschenke von mir sehen, also daß jeder, der mit dir zusammenträfe, dich glücklich priese!»

Sprach es und sagte zu Peiraios, dem zuverlässigen Gefährten:

«Peiraios, Sohn des Klytios! du folgst mir auch in anderem am meisten von meinen Gefährten, die mit mir zusammen nach Pylos gingen: führe mir auch jetzt den Fremden in deine Häuser und bewirte ihn sorgsam und halte ihn in Ehren, bis ich komme.»

Da entgegnete ihm hinwieder der speerberühmte Peiraios:

«Telemachos! und wenn du auch lange Zeit dort bleiben solltest: ich will diesen pflegen, und es soll ihm an Bewirtungen kein Mangel sein.»

So sprach er und stieg auf das Schiff und befahl den Gefährten, selbst hinaufzusteigen und die Hecktaue zu lösen. Und sie stiegen alsbald ein und setzten sich auf die Ruderbänke. Telemachos aber band sich unter die Füße die schönen Sohlen und nahm die wehrhafte Lanze, gespitzt mit dem scharfen Erze, vom Verdeck des Schiffes. Die aber lösten die Hecktaue, stießen ab und fuhren zur Stadt, wie es Telemachos befohlen hatte, der liebe Sohn des göttlichen Odysseus. Ihn aber trugen die Füße, während er schnell ausschritt, bis er zu dem Hof gelangte, wo ihm die Schweine waren, gar Zehntausende, bei denen der Sauhirt weilte, der wackere, der seinen Herren zugetan war.

SECHZEHNTER GESANG

Wie Telemachos zu der Hütte des Sauhirten kommt und
Odysseus sich dem Sohn zu erkennen gibt. Ankunft des
Schiffes des Telemachos in Ithaka, und wie die Freier es auf-
nehmen, daß ihnen Telemachos entgangen ist.

Die beiden aber hinwieder, Odysseus und der göttliche Schweinepfleger, bereiteten sich in der Hütte das Frühmahl im Morgengrauen,
nachdem sie ein Feuer angezündet hatten, und schickten die Hirten
aus mit den zusammengetriebenen Schweinen. Den Telemachos aber
umwedelten die Hunde, deren Art es ist zu bellen, und bellten ihn
nicht an, als er herankam. Da bemerkte es der göttliche Odysseus,
wie die Hunde wedelten, und es umkam ihn ein Schall von Füßen,
und alsbald sprach er zu Eumaios die geflügelten Worte:

«Eumaios! gewiß! da kommt irgendein Gefährte oder auch ein anderer Bekannter zu dir, da die Hunde nicht bellen, sondern ihn um-
wedeln. Auch höre ich ein Geräusch von Füßen.»

Noch war das Wort nicht ganz gesprochen, als ihm der eigene
Sohn in das Vortor trat. Da sprang überrascht der Sauhirt auf, und
die Gefäße fielen ihm aus den Händen, mit denen er sich zu schaffen
machte, um den funkelnden Wein zu mischen. Und er lief seinem
Herrn entgegen, küßte ihm das Haupt und die beiden schönen Augenlichter und die beiden Hände, und quellende Tränen brachen ihm
hervor. Und wie ein Vater seinen Sohn liebevoll willkommen heißt,
der aus einem fernen Lande kommt, im zehnten Jahre, den einzigen,
spätgeborenen, um den er viele Schmerzen ausgestanden — so umfing damals der göttliche Schweinepfleger den gottgleichen Telemachos am ganzen Leibe und küßte ihn, wie einen vom Tode Entron-
nenen, und sprach jammernd zu ihm die geflügelten Worte:

«Gekommen bist du, Telemachos, süßes Licht! Und ich meinte, ich
würde dich nicht mehr wiedersehen, nachdem du im Schiff nach Pylos fortgegangen. Doch auf! komm herein jetzt, liebes Kind! damit
ich mich ergötze in dem Gemüte, dich anzusehen, wie du hier drinnen
bist, eben aus der Fremde gekommen. Denn du kommst nicht häufig
aufs Land zu den Hirten, sondern bleibst in der Stadt, denn es behagt
dir ja in deinem Mute, den verhaßten Schwarm der Freiermänner zu
sehen!»

Da entgegnete ihm hinwieder der verständige Telemachos:

«Schon gut, Väterchen! Deinetwegen komme ich hierher, damit ich
dich mit den Augen sehe und von dir die Rede höre, ob die Mutter

mir noch in den Hallen ausharrt, oder sie schon irgendein anderer Mann heimgeführt hat, und das Lager des Odysseus leer von Bettzeug dasteht und böse Spinngewebe hat.»

Da sagte hinwieder zu ihm der Sauhirt, der Vogt der Männer:

«Gewiß harrt jene aus in deinen Hallen mit ausdauerndem Mute, und jammervoll schwinden ihr die Nächte und die Tage immer dahin, der Tränen Vergießenden.»

Als er so gesprochen hatte, nahm er ihm die eherne Lanze ab. Der aber ging hinein und überschritt die steinerne Schwelle. Da wich, als er hereinkam, sein Vater Odysseus vor ihm von dem Sitz. Telemachos aber auf der anderen Seite hielt ihn zurück und begann:

«Bleibe sitzen, Fremder! wir werden auch sonst noch einen Sitz in unserem Gehöfte finden! Der Mann ist da, der ihn hinstellen wird.»

So sprach er, und der ging wieder hin und setzte sich nieder. Für ihn aber schüttete der Sauhirt grüne Blätter auf und ein Fell darüber. Dort setzte sich alsdann der liebe Sohn des Odysseus. Und der Sauhirt stellte ihnen Platten mit Fleisch hin, gebratenem, das sie am Tage zuvor übrig gelassen hatten, als sie aßen, und häufte emsig Brot in Körben auf und mischte in einem Holznapf honigsüßen Wein und setzte sich selbst dem göttlichen Odysseus gegenüber. Und sie streckten die Hände aus nach den bereiten, vorgesetzten Speisen. Doch als sie sich das Verlangen nach Trank und Speise vertrieben hatten, da sprach Telemachos zu dem göttlichen Sauhirten:

«Väterchen! von woher ist dieser Fremde zu dir gekommen? Wie haben ihn die Schiffsleute nach Ithaka geführt? wer rühmten sie sich, daß sie seien? Denn zu Fuß, denke ich, ist er wohl nicht hierhergekommen!»

Da antwortetest du und sagtest zu ihm, Sauhirt Eumaios:

«So will ich dir alles, Kind! denn unverhohlen sagen. Von Kreta her, dem weiten, rühmt er sich von Geschlecht zu sein, und sagt, daß er verschlagen wurde, und sei bei vielen Städten der Sterblichen umhergeirrt, denn so hat ihm dies ein Daimon zugesponnen. Jetzt aber ist er von einem Schiff von Thesprotenmännern entlaufen und zu meinem Gehöft gekommen. Ich aber übergebe ihn dir. Tu wie du willst! Als Schutzsuchenden erklärt er sich dir!»

Da entgegnete ihm hinwieder der verständige Telemachos:

«Eumaios! wahrhaftig, ein herzkränkendes Wort hast du da gesprochen! Wie soll ich wohl den Fremden aufnehmen in dem Hause? Ich selbst bin jung und vertraue noch nicht meinen Händen, um einen Mann abzuwehren, wenn einer als erster beschwerlich wird. Meiner

Mutter aber bedenkt der Mut sich hin und her in ihrem Sinne, ob sie am Orte bei mir bleiben und das Haus besorgen und das Lager des Gatten und das Gerede des Volkes scheuen, oder ob sie nunmehr dem folgen soll, der als der beste Mann unter den Achaiern um sie in den Hallen wirbt und das meiste darreicht. Aber gewiß, den Fremden, da er in dein Haus gelangt ist, will ich mit Mantel und Leibrock bekleiden zur schönen Gewandung, will ihm ein zweischneidiges Schwert und Sohlen für die Füße geben und ihn dahin schicken, wohin das Herz und der Mut ihn treibt. Doch wenn du es willst, so behalte ihn in dem Gehöft und pflege ihn. Die Kleider werde ich hierher schicken und alles Brot, um davon zu essen, damit er dich nicht aufreibe und die Gefährten. Doch dorthin unter die Freier möchte ich ihn nicht gehen lassen — denn einen gar zu freventlichen Mutwillen haben sie —: daß sie ihn nicht verhöhnen, und mir wird es ein schrecklicher Kummer sein. Schwer ist es, unter mehreren etwas auszurichten, sogar für einen starken Mann, denn, wirklich! gar zu überlegen sind sie!»

Da sagte hinwieder zu ihm der vielduldende göttliche Odysseus:

«Freund! da mir doch wohl erlaubt ist, zu erwidern: wahrhaftig! es zerreißt mir das Herz, wenn ich höre, was für frevle Dinge, wie ihr sagt, die Freier gegen deinen, eines solchen Mannes Willen in den Hallen verüben! Sage mir, unterwirfst du dich freiwillig? oder hassen dich die Männer des Volks in dem Lande, der Stimme eines Gottes folgend? oder bist du mit deinen Brüdern uneins, denen ein Mann als Mitstreitern vertraut, auch wenn sich ein großer Zwist erhebt? Wenn ich doch so jung wäre bei diesem meinem Mute, oder ich wäre ein Sohn des untadeligen Odysseus oder er selber: dann sollte mir auf der Stelle ein fremder Mann das Haupt abschneiden, wenn ich nicht jenen allen zum Unheil würde, sobald ich in die Halle des Laertes-Sohns Odysseus träte! Wenn sie mich aber, den Einzelnen, durch ihre Menge überwältigten, so wollte ich lieber erschlagen in meinen Hallen tot sein, als immer diese schmählichen Werke erblicken: die Fremden gestoßen und die dienenden Frauen schmählich herumgezogen in den schönen Häusern, der Wein bis zum Grunde ausgeschöpft und das Brot gegessen, nur so darauflos, ziellos, zu einem Werke ohne Ende!»

Da entgegnete ihm hinwieder der verständige Telemachos:

«So will ich dir, Fremder! ganz unverdreht berichten: weder hegt das ganze Volk einen Haß gegen mich und wird mir beschwerlich, noch bin ich mit den Brüdern uneins, denen ein Mann als Mitstreitern vertraut, auch wenn sich ein großer Zwist erhebt. Denn so hat

Kronion immer nur auf einen unser Geschlecht gestellt: als einzigen
Sohn erzeugte Arkeisios den Laertes, als einzigen dieser als Vater
wieder den Odysseus, Odysseus aber ließ mich, den er als einzigen
gezeugt, zurück in den Hallen und hatte nichts von mir. Darum sind
jetzt wohl gar zehntausend Bösgesinnte in dem Hause. Denn so
viele Edle auf den Inseln herrschen, auf Dulichion und Same und
der bewaldeten Zakynthos, und so viele über die steinige Ithaka
gebieten: so viele werben um meine Mutter und reiben das Haus
auf. Sie aber sagt weder nein zu der verhaßten Hochzeit, noch vermag sie ein Ende zu machen. Die aber richten mit Essen mein Haus
zugrunde, bald werden sie auch mich selbst zerreißen. Aber dies,
wahrhaftig! liegt in dem Schoß der Götter! — Doch, Väterchen!
mache dich schnell auf den Weg und sage der verständigen Penelopeia, daß ich ihr wohlbehalten bin und bin aus Pylos zurückge-
kommen. Ich bleibe hier. Du aber kehre hierher zurück, wenn du es
ihr allein berichtet hast. Von den anderen Achaiern darf es niemand
erfahren, denn viele stiften böse Dinge gegen mich an.»

Da antwortetest du und sagtest zu ihm, Sauhirt Eumaios:

«Ich sehe, weiß schon! habe begriffen, was du von mir forderst!
Doch auf! sage mir dieses und berichte es mir zuverlässig: soll ich
desselben Wegs auch zu Laertes als Bote gehen, dem Unseligen, der
so lange, um Odysseus schwer bekümmert, nach den Feldern schaute
und unter den Knechten in dem Hause trank und aß, wenn es der
Mut in seiner Brust befahl, jetzt aber, seitdem du im Schiff nach
Pylos fortgegangen, sagen sie, daß er nicht mehr in gleicher Weise
esse und trinke und nicht nach den Feldern schaue, sondern mit
Seufzern und Klagen sitzt er jammernd, und es schwindet die Haut
ihm hin über den Knochen.»

Da entgegnete ihm hinwieder der verständige Telemachos:

«Um so schmerzlicher! doch gleichwohl, lassen wir ihn, so bekümmert wir auch sind. Denn hätten die Sterblichen in allem die eigene
Wahl, so würden wir zuerst den Heimkehrtag des Vaters wählen.
Doch hast du es ausgerichtet, so komme zurück und schweife nicht auf
den Feldern umher, um ihn zu suchen, sondern sage zur Mutter, daß
sie heimlich aufs schnellste die dienende Beschließerin sende: die mag
es dem Alten melden!»

Sprach es und trieb ihn an, den Schweinepfleger. Der ergriff mit
den Händen seine Sohlen, band sie sich unter die Füße und ging
stadtwärts. Doch entging es der Athene nicht, wie Eumaios, der
Schweinepfleger, von dem Gehöfte wegging, sondern sie kam heran
und glich an Wuchs einer Frau, einer schönen und großen, und einer,

die herrliche Werke weiß. Und sie trat der Türe gegenüber vor die Hütte, dem Odysseus sichtbar, doch sah sie Telemachos nicht vor sich noch bemerkte er sie, denn die Götter erscheinen nicht allen sichtbar. Doch Odysseus und die Hunde sahen sie, und sie bellten nicht, sondern entwichen furchtsam mit Gewinsel durch das Gehöft auf die andere Seite. Sie aber winkte mit den Augenbrauen, und der göttliche Odysseus bemerkte es, trat aus der Halle, ging vor die große Mauer des Hofes und trat vor sie. Da sagte Athene zu ihm:

«Zeusentsproßter Laertes-Sohn, reich an Erfindungen, Odysseus! Sage nun jetzt deinem Sohn das Wort und verhehle es ihm nicht, damit ihr beide den Freiern den Tod und das Verhängnis fügt und zu der ringsberühmten Stadt geht. Ich selber werde euch nicht lange fern sein, da es mich danach verlangt, zu kämpfen!»

Sprach es und berührte ihn mit dem goldenen Stab, Athene. Zuerst legte sie ihm einen gutgewaschenen Mantel und Leibrock um die Brust und mehrte seine Gestalt und seine Jugend. Und seine Hautfarbe wurde wieder braun, seine Wangen strafften sich, und schwarz wurden die Kinnhaare an dem Kinn. Als sie so getan hatte, ging sie wieder, Odysseus aber trat in die Hütte. Da staunte über ihn sein Sohn und wandte die Augen zur Seite in Furcht, daß er ein Gott sei, und begann und sagte zu ihm die geflügelten Worte:

«Anders als vorher erscheinst du mir auf einmal, Fremder! Andere Kleider hast du an, und es ist deine Haut nicht mehr die gleiche! Wahrhaftig! du bist ein Gott, wie sie den weiten Himmel innehaben! Doch sei mir gnädig! damit wir dir gefällige Opfer und goldene Gaben geben, gefertigte, und schone unser!»

Da antwortete ihm der vielduldende göttliche Odysseus:

«Nicht bin ich dir ein Gott! was vergleichst du mich den Unsterblichen? sondern dein Vater bin ich, um dessentwillen du mit Seufzen viele Schmerzen leidest, und die Gewalttaten der Männer hinnimmst.»

So sprach er und küßte seinen Sohn und ließ die Tränen von den Wangen zu Boden fallen, zuvor hatte er sie unablässig immer zurückgehalten. Telemachos aber — denn er glaubte noch nicht, daß es sein Vater wäre — antwortete ihm von neuem mit Worten und sagte zu ihm:

«Du bist nicht Odysseus, mein Vater, sondern ein Daimon bezaubert mich, damit ich noch mehr jammere und stöhne! Denn niemals könnte ein sterblicher Mann dieses mit seinem eigenen Verstand bewerkstelligen, wo nicht ein Gott selber käme und ihn leicht jung oder alt machte, wie er es will. Warst du, wahrhaftig! doch noch eben ein Greis und unwürdig gekleidet, und gleichst jetzt den Göttern, die den weiten Himmel innehaben!»

Da antwortete und sagte zu ihm der vielkluge Odysseus:

«Telemachos! nicht ziemt es sich für dich, wo doch dein eigener Vater in dem Haus ist, dich über die Maßen zu wundern und zu zweifeln. Denn kein anderer Odysseus wird dir noch hierher kommen, sondern so wie ich hier vor dir stehe, bin ich, nachdem ich Schlimmes gelitten habe und vielfach umgetrieben wurde, im zwanzigsten Jahr in das väterliche Land gekommen. Doch dies ist dir ein Werk der Beutespenderin Athene, die mich so gemacht hat, wie sie will — denn sie kann es —: bald einem Bettler gleich und bald hinwieder zu einem Mann, der jung ist und schöne Kleider an dem Leib hat. Leicht ist es für die Götter, die den weiten Himmel innehaben, einen sterblichen Menschen groß und prangend oder auch gering zu machen.»

Als er so gesprochen hatte, setzte er sich nieder. Telemachos aber umfing den edlen Vater und jammerte, Tränen vergießend, und erregte ihnen beiden die Lust zur Klage. Da weinten sie hell auf, heftiger als Vögel: Seeadler oder krummklauige Lämmergeier, denen Jäger die Kinder herausgenommen haben, ehe sie flügge wurden. So vergossen sie zum Erbarmen Tränen unter den Augenbrauen. Und da wäre den Jammernden wohl das Licht der Sonne untergegangen, wenn nicht Telemachos sogleich zu seinem Vater gesprochen hätte:

«In was für einem Schiffe, lieber Vater! haben dich jetzt die Schiffsleute hierher nach Ithaka geführt? wer rühmten sie sich, daß sie seien? denn zu Fuß, denke ich, bist du wohl nicht hierhergekommen!»

Da sagte hinwieder zu ihm der vielduldende göttliche Odysseus:

«So will ich dir denn, Kind! die Wahrheit berichten. Die schiffsberühmten Phaiaken haben mich hergeführt, die auch die anderen Menschen geleiten, wer immer zu ihnen hingelangt. Und nachdem sie mich schlafend im schnellen Schiff über das Meer hierhergeführt, haben sie mich auf Ithaka niedergelegt und mir glänzende Gaben gegeben: Erz und Gold genug und gewebte Gewandung. Und dieses liegt in einer Höhle nach dem Rat der Götter. Doch jetzt hinwieder bin ich auf die Weisungen der Athene hierher gekommen, damit wir Rat pflegen wegen des Mordes an den Feinden. Doch auf! zähle mir die Freier her und nenne sie mir, damit ich sehe, wie viele sie sind und welche Männer, und mich in meinem untadligen Mut bedenke und überlege, ob wir beide imstande sind, uns ihnen allein entgegenzuwerfen, ohne andere, oder ob wir noch andere suchen sollen.»

Da entgegnete ihm hinwieder der verständige Telemachos:

«Vater! habe ich über dich doch stets, wahrhaftig! die große Kunde gehört, daß du an Händen ein Lanzenkämpfer bist wie auch verständig im Rat. Jedoch etwas gar zu Großes hast du gesprochen! heilige Scheu faßt mich! Kann es doch nicht sein, daß zwei Männer mit vielen und starken kämpfen! Denn da sind an Freiern nicht gerade zehn oder zweimal zehn nur, sondern viel mehr, gleich sollst du die Zahl hier auf der Stelle wissen: aus Dulichion zweiundfünfzig auserlesene junge Edle, und sechs Knechte folgen ihnen. Aus Same sind es vierundzwanzig Männer. Aus Zakynthos aber sind es zwanzig junge Edle der Achaier, und aus Ithaka selbst zwölf, alles die besten. Und bei ihnen ist der Herold Medon und der göttliche Sänger und zwei Diener, erfahren in der Kunst des Vorschneidens. Wenn wir allen denen im Hause begegnen werden — daß es nicht für dich selber gar bitter und schrecklich ausgehe, wenn du kommst und sie die Gewalttaten büßen läßt! Darum bedenke, ob du irgendeinen Helfer ersinnen kannst, der uns beiden beistünde mit geneigtem Sinne.»

Da sagte hinwieder zu ihm der vielduldende göttliche Odysseus:

«So will ich es dir sagen, du aber habe acht und höre auf mich und bedenke, ob Athene zusammen mit Zeus dem Vater uns hinreichend ist, oder ich auf irgendeinen anderen Helfer sinnen soll.»

Da entgegnete ihm hinwieder der verständige Telemachos:

«Trefflich, gewiß! sind diese beiden Helfer, die du nennst, so hoch sie auch ihren Sitz in den Wolken haben. Die beiden sind auch unter den anderen gewaltig, den Männern wie auch unter den unsterblichen Göttern.»

Da sagte hinwieder zu ihm der vielduldende göttliche Odysseus:

«Nun! diese beiden werden nicht lange Zeit dem mächtigen Getümmel fern sein, wenn zwischen den Freiern und uns in meinen Hallen die Kraft des Ares entschieden wird. Du aber gehe jetzt zugleich mit dem aufgehenden Frühlicht heim und geselle dich zu den übermütigen Freiern! Mich aber soll der Sauhirt später zur Stadt führen, einem elenden Bettler und alten Manne ähnlich. Doch wenn sie mir Schimpf antun im Hause, so bleibe dein liebes Herz fest in der Brust, wenn ich auch Übles erfahre! Und ob sie mich auch an den Füßen durchs Haus zur Tür hinausschleifen oder mit Würfen treffen mögen: du halte an dich, wenn du es siehst! Aber heiße sie immerhin innehalten in ihrem wahnsinnigen Tun, indem du ihnen mit sanften Worten zuredest. Doch werden sie dir in keiner Weise folgen, denn schon kommt auf sie zu der Schicksalstag. Doch etwas anderes noch will ich dir sagen, du aber lege es in deinen Sinn:

Wenn es mir die vielen Rates kundige Athene in den Sinn legt,
werde ich dir zunicken mit dem Haupte, du aber merke alsdann
darauf, und so viele kriegerische Waffen dir in den Hallen liegen,
nimm auf und lege sie alle miteinander in dem Inneren der hohen
Kammer nieder! Die Freier aber berede mit sanften Worten, wenn
sie sie vermissen und dich danach fragen: ‹Vor dem Rauche habe ich
sie verwahrt, denn sie sahen jenen nicht mehr ähnlich, wie sie Odysseus einst zurückließ, als er nach Troja ging, sondern sind entstellt,
soweit der Hauch des Feuers reichte. Überdies aber hat mir der Kronos-Sohn noch dies Größere in den Sinn gelegt: daß ihr nicht etwa,
wenn ihr vom Wein berauscht seid und unter euch einen Streit anhebt, einander verwundet und dem Mahl und der Freite Schande
macht! Denn es zieht das Eisen von selbst den Mann an.› — Für uns
beide allein aber behalte zwei Schwerter zurück und zwei Speere
und zwei Stierhautschilde, mit den Händen zu ergreifen, daß wir
uns darauf werfen und sie ergreifen können. Über sie aber wird alsdann Pallas Athene einen Zauber werfen und der Berater Zeus. Und
noch ein anderes sage ich dir, du aber lege es in deinen Sinn. Wenn
du wirklich der meine bist und aus meinem Blute: daß alsdann keiner höre, daß Odysseus in dem Haus ist! Weder darf es Laertes wissen, noch der Sauhirt, noch einer von den Leuten im Hause, noch
Penelopeia selbst, sondern wir wollen allein, du und auch ich, die
Gesinnung der Weiber erkunden und so manchen von den dienenden
Männern noch auf die Probe stellen: wer uns beide wohl ehrt und
scheut im Mute, oder wer sich nicht um uns kümmert und dich
mißachtet, der du ein solcher bist.»

Da antwortete und sagte zu ihm der strahlende Sohn:

«Vater! gewiß sollst du noch künftig, denke ich, meinen Mut erkennen, denn kein schlaffer Sinn hält mich befangen! Doch meine
ich, dieses wird für uns beide kein Vorteil sein, und heiße dich es
überlegen. Denn willst du jeden einzelnen erforschen, so wirst du
lange umhergehen müssen, um sie zu suchen auf den Feldern, jene
aber verzehren unterdessen in den Hallen ruhig dein Gut maßlos,
und da ist kein Sparen! Die Weiber freilich heiße ich dich erforschen:
sie, die dich entehren, wie jene, die schuldlos sind. Die Männer aber
sollten wir nicht auf den Gehöften auf die Probe stellen, sondern uns
diese Mühe später machen, wenn du wirklich ein Wunderzeichen
weißt von Zeus, dem Aigishalter.»

So sprachen sie dergleichen miteinander. Alsbald aber lief das gutgebaute Schiff in Ithaka an, das den Telemachos und alle seine Gefährten von Pylos gebracht hatte. Als sie aber in den vieltiefen Ha-

fen gekommen waren, zogen sie das schwarze Schiff an Land, und
die Waffen trugen ihnen die hochgemuten Diener hinweg. Und sogleich trugen sie die gar schönen Geschenke in das Haus des Klytos-
Sohnes und schickten einen Herold voraus zu dem Hause des Odysseus, der der umsichtigen Penelopeia die Botschaft sagen sollte, daß
Telemachos draußen auf dem Lande sei: das Schiff aber habe er befohlen zur Stadt zu fahren, damit sich die treffliche Königin nicht in
ihrem Sinne fürchte und zarte Tränen vergieße. Da trafen beide, der
Herold und der göttliche Schweinepfleger, mit derselben Botschaft
zusammen, um sie der Frau zu sagen. Doch als sie in das Haus des
göttlichen Königs gekommen waren, sprach der Herold mitten unter
den Dienerinnen:

«Schon ist dir, Königin, dein Sohn von Pylos angekommen!»

Der Sauhirt aber trat dicht zu Penelopeia heran und sagte ihr alles,
was ihm ihr Sohn zu verkünden aufgetragen. Und als er seinen ganzen Auftrag ausgerichtet hatte, schritt er hin und machte sich auf
den Weg zu den Schweinen und verließ die Umfriedung und die
Halle.

Die Freier aber waren bestürzt und niedergeschlagen in ihrem
Mute. Und sie gingen aus der Halle vor die große Mauer des Hofes
und setzten sich dort vor den Türen nieder. Und Eurymachos, des
Polybos Sohn, begann unter ihnen zu sprechen:

«Freunde! Ist da, wahrhaftig! doch ein großes Werk voll Übermut
mit diesem Wege von Telemachos vollendet worden! Wir aber meinten, es werde ihm nicht vollendet werden! Doch auf! ziehen wir ein
schwarzes Schiff, so gut es nur sein mag, in das Wasser und sammeln wir Seeleute als Ruderer dafür, die auf das schnellste denen da
draußen melden mögen, daß sie eilends wieder nach Hause kommen!»

Noch war es nicht alles ausgesprochen, als Amphinomos, der sich
von seinem Platz aus umwandte, das Schiff schon drinnen im vieltiefen Hafen sah: wie sie die Segel einzogen und die Ruder in den
Händen hielten. Da brach er in ein vergnügtes Lachen aus und sagte
unter seinen Gefährten:

«Schicken wir keine Botschaft mehr! Da sind sie im Hafen! ob nun
der Götter einer ihnen dies gesagt hat, oder sie haben selbst gesehen,
wie das Schiff vorüberfuhr, konnten es aber nicht ereilen.»

So sprach er. Die aber standen auf und gingen zum Gestade des
Meeres. Und alsbald zogen sie das schwarze Schiff an das Gestade,
und die Waffen trugen ihnen die hochgemuten Diener hinweg. Sie
selber aber gingen alle miteinander zum Markt und ließen nicht zu,

daß ein anderer, jung oder alt, sich zu ihnen setzte. Und Antinoos sprach unter ihnen, des Eupeithes Sohn:

«Nein! wie doch die Götter diesen Mann gerettet haben aus dem Unheil! Da saßen die Tage über Späher auf den windigen Kuppen und lösten immer einander ab, und niemals legten wir uns mit untergehender Sonne die Nacht über auf dem Land zur Ruhe, sondern erwarteten immer, auf dem Meer im schwarzen Schiff umherkreuzend, das göttliche Frühlicht auf der Lauer nach Telemachos, um ihn zu ergreifen und zu töten. Ihn aber hat indessen ein Daimon nach Haus geführt! Doch laßt uns ihm nun hier den bitteren Untergang beschließen, dem Telemachos, und er soll uns nicht entrinnen! Denn ich denke, solange dieser lebt, werden wir diese Werke nicht zu Ende bringen. Denn selbst ist er kundig im Rat wie auch im Denken, die Männer des Volkes aber bringen uns nicht mehr durchaus Gunst entgegen. Darum auf! bevor er die Achaier zum Markt versammelt — denn ich denke, er wird nicht nachlassen, sondern wird fortzürnen und unter allen aufstehen und sagen, daß wir ihm den jähen Mord gewoben haben, konnten ihn aber nicht ereilen, und diese werden es nicht billigen, wenn sie von den schlimmen Werken hören; daß sie uns nichts Übles tun und uns aus unserem Lande stoßen und wir in das Land von anderen gelangen müssen! — darum besser, wir kommen ihm zuvor und ergreifen ihn fern von der Stadt auf dem Lande oder auf dem Wege und haben selbst das Lebensgut und die Besitztümer, nachdem wir sie nach Gebühr unter uns verteilt, und geben die Häuser hinwieder seiner Mutter, damit diese sie habe und jener, der sie heimführt. Wenn euch aber dieses Wort mißfällt und ihr wollt, daß er lebe und alles väterliche Gut behalte, so laßt uns nicht weiter hier zusammenkommen und ihm die herzerfreuenden Güter aufzehren in Menge, sondern dann möge jeder von der eigenen Halle aus werben und sie mit Brautgeschenken zu gewinnen suchen, sie aber alsdann dem als Gattin folgen, der das meiste darreicht und bestimmt vom Schicksal kommt!»

So sprach er, die aber waren alle stumm in Schweigen. Doch Amphinomos sprach und sagte unter ihnen, der strahlende Sohn des Nisos, des Sohns des Aretos, des Herrschers, der der Anführer der Freier von dem weizenreichen, grasreichen Dulichion war — er gefiel der Penelopeia am meisten durch seine Reden, denn er besaß die rechte Gesinnung —: der sprach wohlmeinend unter ihnen und sagte:

«Freunde! ich für mein Teil mag den Telemachos nicht töten! Ist es doch furchtbar, königliches Geschlecht zu töten! Sondern laßt uns zuerst nach den Ratschlüssen der Götter fragen! Und wenn die Weisungen des großen Zeus es billigen, so will ich selbst ihn töten und es allen anderen befehlen. Wenn die Götter es aber verwehren, so heiße ich damit aufhören!»

So sprach Amphinomos, und ihnen gefiel die Rede. Und sie standen alsbald auf und gingen zu dem Hause des Odysseus, und als sie dort angekommen waren, setzten sie sich auf die geglätteten Stühle. Doch auf etwas anderes dachte hinwieder die umsichtige Penelopeia: daß sie sich den Freiern zeige, den Männern voll gewalttätigen Übermuts. Denn sie hatte von dem Untergang erfahren, der ihrem Sohn in den Hallen drohte. Der Herold Medon hatte es ihr gesagt, der die Anschläge erfahren hatte. Und sie schritt hin und ging mit ihren dienenden Frauen zur Halle. Doch als sie zu den Freiern gekommen war, die göttliche unter den Frauen, trat sie an den Pfeiler des festgezimmerten Daches und zog ihr schimmerndes Kopftuch vor die Wangen und schalt den Antinoos, sprach das Wort und benannte es heraus:

«Antinoos! Gewalttätiger! Übelstifter! und da sagen sie von dir in dem Volk von Ithaka, du seist der beste unter den Genossen deines Alters an Rat und Worten, doch hast du dich nicht erwiesen als ein solcher! Wahnsinniger! was webst du dem Telemachos Tod und Verhängnis und achtest die Hilflosen nicht, für die doch Zeus der Zeuge ist? Doch ist es kein frommes Tun, gegeneinander schlimme Dinge zu weben! Oder weißt du nicht, wie dein Vater damals als Flüchtender, in Furcht vor dem Volk, hierhergekommen? Denn es war erzürnt über die Maßen, weil er, taphischen Seeräubern zugesellt, den Thesproten Schaden getan hatte, die aber waren mit uns verbündet. Vernichten wollten sie ihn und ihm sein Herz herausreißen und sein Lebensgut verzehren, das dem Mute zusagende, viele. Doch Odysseus hielt sie zurück und tat ihnen Einhalt, so sehr sie es begehrten. Dessen Haus verzehrst du jetzt ohne Entgelt und wirbst um die Frau und tötest den Sohn und bekümmerst mich gewaltig. Doch befehle ich dir: höre auf und heiße es auch die anderen!»

Da entgegnete ihr hinwieder Eurymachos, des Polybos Sohn:

«Tochter des Ikarios, umsichtige Penelopeia! Getrost! laß dies dich nicht in deinem Sinn bekümmern! Der Mann lebt nicht und wird nicht sein noch geboren werden, der an Telemachos, deinen Sohn, die Hände legen wird, solange ich lebe und das Licht sehe auf der Erde! Denn so sage ich es heraus und wird es, wahrhaftig! vollendet werden: sofort soll sein schwarzes Blut unseren Speer umströmen! da, wahrhaftig, der Städtezerstörer Odysseus auch mich oftmals auf seine Knie gesetzt und mir gebratenes Fleisch in die Hände gegeben und hingehalten hat den roten Wein. Darum ist mir Telemachos der weit liebste unter allen Männern, und er soll mir, sage ich, nicht vor dem Tode zittern, zumindest nicht von den Freiern her. Von Gott her ist er ja nicht zu vermeiden!»

So sprach er und ermutigte sie, und bereitete ihm doch selber das Verderben. Da stieg sie zum oberen Stockwerk hinauf, dem schimmernden, und weinte alsdann um Odysseus, den eigenen Gatten, bis ihr den Schlaf, den süßen, auf die Lider warf die helläugige Athene.

Am Abend kam der göttliche Schweinepfleger zu Odysseus und seinem Sohn. Die standen da und bereiteten sich das Nachtmahl, und schlachteten einen einjährigen Eber. Doch Athene trat dicht zu dem Laertes-Sohn Odysseus heran, schlug ihn mit dem Stabe und machte ihn wieder zu einem alten Mann und bekleidete ihn mit elenden Kleidern an dem Leibe, damit ihn der Sauhirt, wenn er ihn ansähe, nicht erkenne und hinginge und es der verständigen Penelopeia berichte und es nicht in seinem Sinn bewahrte. Und zu ihm sagte als erster Telemachos die Rede:

«Gekommen bist du, göttlicher Eumaios! Wie ist in der Stadt die Kunde? sind die mannhaften Freier schon wieder daheim von dem Hinterhalt, oder spähen sie dort noch nach mir aus, daß ich nach Hause käme?»

Da antwortetest du und sagtest zu ihm, Sauhirt Eumaios:

«Nicht war es meine Sache, durch die Stadt zu streifen und danach zu forschen und zu fragen! Der Mut befahl mir auf das schnellste, nachdem ich meine Botschaft ausgerichtet, wieder hierher zurückzukehren. Doch traf mich ein schneller Bote von deinen Gefährten: ein Herold, der das Wort schon als erster deiner Mutter berichtete. Doch weiß ich dir überdies noch dieses — ich habe es gesehen mit den Augen —: schon ging ich oberhalb der Stadt dahin, wo der Hermes-Hügel ist, da sah ich, wie ein schnelles Schiff in unseren Hafen einlief. Viele Männer waren auf ihm, und schwer beladen war es mit Schilden und oben und unten gespitzten Lanzen. Und ich dachte mir, daß sie es seien, doch weiß ich es nicht.»

So sprach er. Da lächelte die heilige Gewalt des Telemachos, während er den Vater mit den Augen ansah, den Schweinepfleger aber mied er. Doch als sie ihre Arbeit nun beendigt und die Mahlzeit bereitet hatten, da speisten sie, und es war für ihr Verlangen an dem gebührenden Mahl kein Mangel. Doch als sie sich die Begierde nach Trank und Speise vertrieben hatten, gedachten sie der Ruhe und empfingen des Schlafes Gabe.

Wie Odysseus mit dem Sauhirten Eumaios zur Stadt geht
und von dem Ziegenhirten Melanthios mißhandelt wird. Wie
er sein Haus und seinen alten Hund sieht. Wie er in seiner
eigenen Halle bei den Freiern bettelt und Antinoos ihm einen
Schemel in den Rücken wirft.

Als aber die frühgeborene erschien, die rosenfingrige Eos, da band
er sich unter die Füße die schönen Sohlen, Telemachos, der Sohn des
göttlichen Odysseus, ergriff die wehrhafte Lanze, die ihm in die
Hände paßte, und machte sich auf zur Stadt und sagte zu seinem
Sauhirten:

«Väterchen! so gehe ich dir denn zur Stadt, damit mich die Mutter
sieht. Denn nicht früher, denke ich, wird sie aufhören mit dem bitteren Weinen und der tränenreichen Klage, ehe sie mich nicht selbst
gesehen hat. Dir aber trage ich dieses auf. Führe den armen Fremden in die Stadt, damit er sich dort sein Mahl erbettle, und geben
wird ihm, wer da mag, einen Laib Brot und einen Napf mit Wein!
Für mich ist es nicht möglich, mir alle Menschen aufzuladen, habe
ich doch selber Schmerzen in dem Gemüte! Und ist der Fremde deswegen gar gekränkt, wird es um so schmerzlicher für ihn selbst sein.
Denn es ist meine Art, daß ich die Wahrheit sage!»

Da antwortete und sagte zu ihm der vielkluge Odysseus:

«Lieber! ich wünsche auch selbst nicht, hier zurückzubleiben. Für
einen Bettler ist es besser, in der Stadt als auf dem Lande um sein
Mahl zu betteln, und geben wird mir, wer da mag. Denn um auf
dem Hof zu bleiben, dazu bin ich nicht mehr in dem Alter: um einem
Aufseher, der mir Aufträge gibt, in allem zu gehorchen. Aber gehe
nur! mich wird dieser Mann führen, dem du es befiehlst, sobald ich
mich an dem Feuer gewärmt habe und die Sonnenwärme kommt —
denn diese schrecklich schlechten Kleider habe ich nur —: daß mich
der Reif am Morgen nicht bezwinge, und sagt ihr doch, daß die Stadt
weit weg sei.»

So sprach er. Und Telemachos ging durch das Gehöft hinweg,
schnell ausschreitend mit den Füßen, und pflanzte den Freiern Schlimmes. Als er aber zu den gutbewohnten Häusern gelangt war, stellte
er die Lanze angelehnt an den hohen Pfeiler und ging selbst hinein
und überschritt die steinerne Schwelle.

Da sah ihn als weit erste die Pflegerin Eurykleia, während sie Felle
ausbreitete auf den kunstreich gearbeiteten Stühlen. Da lief sie wei-

nend auf ihn zu, und die anderen Mägde des duldemütigen Odysseus versammelten sich um ihn und küßten ihm zum Willkomm Haupt und Schultern. Sie aber kam aus der Kammer, die umsichtige Penelopeia, der Artemis gleichend oder der goldenen Aphrodite, und warf weinend um den lieben Sohn die Arme und küßte ihm das Haupt und die beiden schönen Augenlichter und sprach wehklagend zu ihm die geflügelten Worte:

«Gekommen bist du, Telemachos! süßes Licht! Und ich meinte, ich würde dich nicht mehr wiedersehen, da du im Schiff nach Pylos fortgegangen: heimlich, wider meinen Willen, auf Kunde nach deinem Vater. Doch auf! erzähle mir, wie du es von Angesicht angetroffen.»

Da entgegnete ihr hinwieder der verständige Telemachos:

«Meine Mutter! errege mir nicht die Wehklage und bewege mir das Herz nicht in der Brust, bin ich doch dem jähen Untergang entronnen! Doch wasche dich und lege dir reine Kleider an dem Leibe an und steige ins obere Stockwerk hinauf mit den dienenden Frauen und gelobe allen Göttern vollgültige Hundertopfer darzubringen, falls Zeus vielleicht Werke zur Wiedervergeltung schaffen möge. Ich aber will zum Markte gehen, damit ich den Gastfreund rufe, der mir von dorther gefolgt ist, als ich herkam. Den habe ich mit den gottgleichen Gefährten vorausgesandt, und habe dem Peiraios befohlen, daß er ihn in sein Haus führe und ihn sorgsam bewirte und in Ehren halte, bis ich käme.»

So sprach er. Der aber blieb die Rede unbeflügelt, und sie wusch sich und legte sich reine Kleider am Leibe an und gelobte allen Göttern, vollgültige Hundertopfer darzubringen, falls Zeus vielleicht Werke zur Wiedervergeltung schaffen möge.

Telemachos aber ging alsdann hinaus zur Halle, die Lanze haltend, und es folgten ihm zwei schnelle Hunde, und über ihn goß göttliche Anmut aus Athene. Da staunte alles Volk über ihn, wie er herankam, und um ihn scharten sich die mannhaften Freier und redeten Gutes, sannen tief in ihrem Inneren aber Böses. Doch er vermied darauf ihren großen Haufen, sondern dort, wo Mentor saß und Antiphos und Halitherses, die ihm seit Anbeginn vom Vater her Gefährten waren, dort ging er hin und saß nieder, und sie fragten ihn nach allem. Und der speerberühmte Peiraios kam heran zu ihnen und führte den Fremden durch die Stadt zum Markte. Da hielt sich Telemachos nicht mehr lange von dem Gastfreund fern, sondern trat heran, und Peiraios sagte als erster zu ihm die Rede:

«Telemachos! schicke schnell die Weiber zu meinem Hause, damit ich dir die Geschenke zurücksende, die dir Menelaos gegeben hat!»

Da entgegnete ihm hinwieder der verständige Telemachos:

«Peiraios! wir wissen ja nicht, wie diese Dinge gehen werden! Wenn mich die mannhaften Freier heimlich in den Hallen töten und alles väterliche Gut verteilen sollten, so will ich lieber, daß du es selber behalten und den Genuß davon haben mögest, als einer von diesen da. Wenn ich aber denen Mord und Todesschicksal pflanze, dann sollst du es mir zu meiner Freude freudig zu den Häusern bringen!»

So sprach er und führte den leiderprobten Gast ins Haus. Doch als sie in die wohlbewohnten Häuser gekommen waren, legten sie die Mäntel nieder auf Sessel und auf Stühle und stiegen in die gutgeglätteten Wannen und wuschen sich. Und als die Mägde sie gewaschen und gesalbt hatten mit dem Öle, legten sie ihnen wollene Mäntel und Leibröcke an, und, aus den Wannen gestiegen, setzten sie sich auf Sesseln nieder. Und Handwasser brachte eine Magd in einer Kanne, einer schönen, goldenen, und goß es zum Waschen über ein silbernes Becken und stellte vor ihnen einen geglätteten Tisch auf. Und die ehrbare Beschließerin brachte Brot und setzte es vor und tat viele Speisen dazu, gefällig von dem, was da war. Die Mutter aber setzte sich ihnen neben dem Pfeiler der Halle gegenüber, in einen Sessel gelehnt, und drehte feine Wolle auf der Spindel. Und sie streckten die Hände aus nach den bereiten, vorgesetzten Speisen. Doch als sie sich das Verlangen nach Trank und Speise vertrieben hatten, da begann unter ihnen die Reden die umsichtige Penelopeia:

«Telemachos! nun, so werde ich ins obere Stockwerk hinaufgehen und mich auf das Lager legen, das mir gewirkt ist als ein seufzerreiches, immer befleckt von meinen Tränen, seitdem Odysseus mit den Atreus-Söhnen nach Ilion hinweggegangen. Gewinnst du es mir doch nicht über dich, ehe die mannhaften Freier zu diesem Hause kommen, mir genau von der Heimkehr deines Vaters zu berichten, ob du wohl davon gehört hast!»

Da entgegnete ihr hinwieder der verständige Telemachos:

«So will ich dir denn, Mutter, die Wahrheit sagen. Wir gingen nach Pylos und zu Nestor, dem Völkerhirten, und er nahm mich in den hohen Häusern auf und tat mir sorgsam Liebes an, wie ein Vater seinem Sohne, der nach langer Zeit eben wieder von anderswoher kommt. So pflegte jener mich sorgsam mit seinen prangenden Söhnen. Doch von dem duldemütigen Odysseus sagte er, daß er niemals von einem der Erdenbewohner über ihn gehört habe, ob er lebe oder tot sei. Doch geleitete er mich weiter zu dem Atreus-Sohn, dem speerberühmten Menelaos, mit Pferden und einem gefugten Wagen. Da sah ich die Argeierin Helena, um derentwegen die Argeier und die Troer viel ausgestanden nach der Götter Willen. Und es fragte mich alsbald darauf der gute Rufer Menelaos, mit welchem Begehren ich in die göttliche Lakedaimon gekommen. Doch ich erzählte ihm die ganze Wahrheit. Da antwortete er und sagte zu mir mit Worten: ‹Nein doch! da haben sie sich, wahrhaftig! im Bette eines starksinnigen Mannes betten wollen, die sie doch selber kraftlos sind! Jedoch wie wenn in einem Gehölze, dem Lager eines starken Löwen, eine Hirschkuh ihre Kälber gebettet hätte, die neugeborenen, milchsaugenden, und nun den Bergwald und die grasigen Täler weidend durchsucht, doch dann ist der zu seinem Lager gekommen und hat über beide ein unziemliches Schicksal gebracht: so wird Odysseus über jene ein unziemliches Schicksal bringen. Wenn doch, Zeus Vater und Athene und Apollon! er dergestalt, wie er voreinst auf der wohlbegründeten Lesbos, zum Wettkampf herausgefordert, aufstand und mit Philomeleides rang und ihn mit Übergewalt zu Boden warf, und es freuten sich alle Achaier — wenn dergestalt Odysseus doch unter die Freier träte: ihnen allen würde ein schneller Tod und eine bittere Hochzeit werden! Doch dies, was du mich fragst und worum du mich anflehst, da will ich dir nicht, zur Seite ausweichend, anderes sagen noch dich betrügen, sondern was mir gesagt der untrügliche Meeresalte, davon will ich dir kein Wort verbergen noch verhehlen. Er sagte, daß er ihn auf einer Insel gesehen habe, wie er harte Schmerzen hatte in den Hallen einer Nymphe: der Kalypso, die ihn mit Zwang festhält und er kann nicht in sein väterliches Land gelangen. Denn nicht sind ihm Schiffe mit Rudern und Gefährten zu Gebote, die ihn über die breiten Rücken des Meeres geleiten könnten.› So sprach der Atreus-Sohn, der speerberühmte Menelaos. Als ich dieses vollendet hatte, bin ich heimgekehrt, und es gaben mir einen guten Fahrwind die Unsterblichen, die mich schnell in das eigene Vaterland geleiteten.»

So sprach er und bewegte ihr den Mut in der Brust. Da aber sprach auch der gottgleiche Theoklymenos unter ihnen:

«Ehrwürdige Frau des Laertes-Sohns Odysseus! Wahrhaftig! er weiß es nicht richtig, doch habe acht auf meine Rede! Unverdreht will ich dir weissagen und es nicht verhehlen. Wisse es Zeus zuerst jetzt von den Göttern und der gastliche Tisch und Herd des untadeligen Odysseus, zu welchem ich gekommen bin: daß, wahrlich! Odysseus schon in dem väterlichen Land ist, ob er nun irgendwo sitzt oder umherschleicht, während er diesen schlimmen Werken nachfragt, den Freiern aber allen Böses pflanzt. Gewahrte ich doch auf dem gutverdeckten Schiffe sitzend einen solchen Vogel und habe es dem Telemachos verkündet.»

Da sagte hinwieder zu ihm die umsichtige Penelopeia:

«Wenn dieses Wort doch, Fremder, vollendet würde! Dann solltest du alsbald Freundlichkeit und viele Geschenke von mir sehen, also daß jeder, der mit dir zusammenträfe, dich glücklich priese!»

So sprachen sie dergleichen zueinander. Die Freier aber ergötzten sich vor der Halle des Odysseus und warfen mit Wurfscheiben und Speeren auf einem bereiteten Boden, wo sie es auch vordem taten, voll Mutwillen. Doch als Essenszeit war, und es kam das Vieh von allen Seiten von den Feldern heran, und es führten es die, die es auch früher taten: da sagte Medon zu ihnen — dieser nämlich gefiel ihnen am meisten unter den Herolden und war stets bei ihnen bei der Mahlzeit —:

«Ihr jungen Herren! da ihr nun alle euren Sinn ergötzt habt mit den Spielen, geht zu den Häusern, daß wir die Mahlzeit richten! Denn weit besser ist es, rechtzeitig das Mahl zu nehmen!»

So sprach er. Die aber standen auf, gingen und folgten seinem Worte. Doch als sie zu den wohlbewohnten Häusern gekommen waren, legten sie die Mäntel ab auf Sessel und auf Stühle und schlachteten große Schafe und fette Ziegen, schlachteten Mastschweine und ein Herderind, um die Mahlzeit zu bereiten.

Die aber machten sich auf, um vom Lande zur Stadt zu gehen, Odysseus und der göttliche Schweinepfleger. Und unter ihnen begann die Reden der Sauhirt, der Vogt der Männer:

«Fremder! da du heute alsdann zur Stadt zu gehen wünschst, wie es mein Herr dir aufgetragen, — freilich, ich wollte lieber, daß du hier am Orte zurückbliebst als des Hofes Hüter, allein ich achte und fürchte ihn, daß er hernach nicht mit mir schelte: und sind doch hart die Scheltworte der Herren —: darum auf! laß uns jetzt gehen! Denn schon ist der Tag zumeist dahingegangen, und bald wird es dir auf den Abend zu kälter werden.»

Da antwortete und sagte zu ihm der vielkluge Odysseus:

«Ich sehe, weiß schon! habe begriffen, was du von mir forderst! So laß uns gehen! du aber gehe alsdann immer voraus! Und gib mir, wenn dir irgendwo ein Stecken geschnitten ist, daß ich mich darauf stütze, da ihr ja sagt, es sei der Weg sehr schlüpfrig.»

Sprach es und warf sich den schäbigen Ranzen um die Schultern, den dicht bei dicht zerrissenen, und an ihm war eine Schnur als Tragband. Eumaios aber gab ihm einen Stab, der ihm zusagte. Sie beide gingen. Den Hof aber schützten die Hunde und die Hirtenmänner, die zurückblieben. Er aber führte den Herrn zur Stadt, einem elenden Bettler und alten Manne gleichend, der am Stabe ging und war mit armseligen Kleidern angetan am Leibe.

Doch als sie nun, während sie den steinigen Weg hinunterstiegen, der Stadt schon nahe waren und an den Brunnen kamen, den ausgebauten, schönfließenden, von wo sich die Bürger das Wasser holten — ihn hatte Ithakos gemacht und Neritos wie auch Polyktor, und um ihn war von Pappeln, die sich von Wasser nähren, ein Hain, ringsum im Kreis, und kaltes Wasser floß hoch herab von einem Felsen nieder, und ein Altar war darüber gebaut für die Nymphen, wo alle Wanderer zu opfern pflegten —: da traf sie der Sohn des Dolios Melantheus, der immer die Ziegen, die unter allen Ziegenherden hervorstachen, den Freiern zur Mahlzeit brachte, und es gingen zusammen mit ihm zwei Hirten. Der schalt sie, als er sie sah, sprach das Wort und benannte es heraus, das ungeheuerliche und schmähliche, und es brachte das Herz des Odysseus auf:

«Führt jetzt so recht ein Übler doch einen Üblen! wie stets der Gott den Gleichen hinführt zu dem Gleichen! Wohin führst du dies Dreckschwein, armseliger Sauhirt! den widerwärtigen Bettler, der allen Abfall bei den Mählern abräumt? der an viele Türpfosten hintritt und sich an ihnen die Schultern abreibt, um Brocken bettelnd nicht um Schwerter oder Kessel? Gäbest du ihn mir, daß er in meinem Gehöft ein Wächter wäre, den Stall mir fegte und Laub der jungen Ziegen brächte: er sollte Molken trinken und sich ein großes Gesäß schaffen! Doch weil er nur üble Werke kennt, wird er nicht an die Arbeit gehen wollen, sondern hockt lieber in dem Volk herum um mit Betteln seinen Bauch zu weiden, den nimmersatten. Doch sag ich dir heraus, und das wird auch vollendet werden: kommt er zu den Häusern des göttlichen Odysseus, so werden ihm viele Scheme um das Haupt aus den Händen der Männer fliegen und ihm die Seiten wundstoßen, wenn sie in dem Haus nach ihm werfen!»

So sprach er und trat ihm, während er vorüberging, in seinem Unverstande mit der Ferse in die Hüfte, doch stieß er ihn nicht von dem Fußsteig, sondern er hielt stand ohne Wanken. Da überlegt Odysseus, ob er ihm nacheilen und ihm mit dem Stecken das Leben rauben oder ihn, um den Leib gepackt und hochgehoben, mit dem Kopf gegen die Erde schlagen sollte. Allein er hielt an sich und faßte sich in seinem Mute. Der Sauhirt aber sah ihn an und schalt und betete laut, die Hände erhebend:

«Ihr Quellnymphen! Töchter des Zeus! hat euch jemals Odysseus Schenkel, in dickes Fett gehüllt, von Lämmern oder Zicklein verbrannt, so laßt mir diesen Wunsch in Erfüllung gehen: daß er kommen möge, jener Mann, und ihn ein Daimon herführe! Dann würde er dir die ganze Herrlichkeit vertreiben, die du jetzt mutwillig zur Schau trägst, während du immer in der Stadt herumstreichst, und schlechte Hirten machen dein Vieh zuschanden!»

Da sagte hinwieder zu ihm Melanthios, der Hirt der Ziegen:

«Nein doch! wie der Hund redet, voller Tücke in dem Sinne! Den werde ich noch einmal auf einem gutverdeckten schwarzen Schiff von Ithaka weit weg führen, dahin, wo er mir viel Lebensgut eintragen könnte. Wenn doch der Silberbogner Apollon so den Telemachos noch heute in den Hallen träfe oder er von den Freiern bezwungen würde, wie Odysseus in der Ferne den Heimkehrtag verloren hat!»

So sprach er und ließ sie dort hinter sich zurück, die gemächlich dahergingen. Er aber schritt aus und gelangte gar schnell zu den Häusern des Herrschers, ging alsbald hinein und setzte sich unter den Freiern nieder, gegenüber dem Eurymachos, denn diesen liebte er am meisten. Ihm setzten einen Anteil an Fleisch vor, die die Arbeit taten, und die ehrbare Beschließerin brachte Brot und setzte es ihm vor zu essen.

Da aber kamen auch Odysseus und der göttliche Sauhirt heran und blieben stehen. Da umkam sie der Schall der gewölbten Leier, denn Phemios hob vor jenen an mit einem Vorspiel, um zu singen. Da faßte er den Sauhirt am Arm und sagte zu ihm:

«Eumaios! wirklich, das sind die schönen Häuser des Odysseus! Leicht herauszukennen sind sie auch unter vielen, wenn man sie sieht! Eines reiht sich an das andere, und ein Hof ist ihm daran gebaut mit Mauer und Gesimsen, und gut verschließbare Türen sind davor, zweiflügelige: kein Mann könnte sie überwinden. Doch gewahre ich, daß viele Männer darin ein Gastmahl halten, denn Fettdampf breitet sich aus, und drinnen ertönt die Leier, die die Götter dem Mahl geschaffen haben zur Gefährtin.»

Da antwortetest du und sagtest zu ihm, Sauhirt Eumaios:

«Leicht hast du es bemerkt, da du auch sonst nicht ohne Einsicht bist. Doch auf! überlegen wir, wie diese Werke geschehen sollen! Entweder gehe du zuerst in die wohlbewohnten Häuser und tauche unter die Freier und ich bleibe hier zurück. Wenn du aber willst, so warte ein wenig und ich werde vorangehen. Aber zögere nicht lange, damit dich nicht einer draußen bemerkt und nach dir wirft oder dich schlägt! Dies heiße ich dich zu bedenken!»

Da antwortete ihm der vielduldende göttliche Odysseus:

«Ich sehe, weiß es, habe begriffen, was du von mir forderst! Doch

225

gehe voraus, ich bleibe hier zurück, denn ich bin nicht unbekannt mit Schlägen oder Würfen. Mein Herz ist standhaft, da ich viel Schlimmes erlitten habe auf den Wogen und im Kriege. Möge nach diesem denn auch *das* geschehen! Den Magen freilich kann man nicht verhehlen, wenn er Verlangen hat, der verderbliche! der der Menschen viel Schlimmes schafft, um dessentwillen auch gutgejochte Schiffe ausgerüstet werden, daß sie über das unfruchtbare Meer den Feinden Böses bringen.»

So sprachen sie dergleichen miteinander. Da richtete ein Hund, der da lag, den Kopf auf und die Ohren: Argos, der Hund des duldemütigen Odysseus. Den hatte er einst selbst gezogen, hatte aber nichts von ihm gehabt, sondern war vorher in die heilige Ilios davongefahren. Ihn hatten die jungen Männer früher oftmals zur Jagd geführt auf wilde Ziegen und auf Hirsche und auf Hasen: da aber lag er verwahrlost, während der Herr entfernt war, in vielem Mist, der dort in Menge vor den Türen von Maultieren und Rindern aufgehäuft war, bis ihn die Knechte des Odysseus wegführten, um das große Königsgut damit zu düngen. Dort lag der Hund Argos, über und über bedeckt mit Hundeläusen. Da wedelte er, als er den Odysseus nahe bei sich stehen sah, mit dem Schwanz und legte die beiden Ohren an. Doch konnte er nicht mehr nahe zu seinem Herrn kommen. Der aber blickte zur Seite und wischte sich eine Träne ab, verbarg es leicht vor Eumaios und fragte ihn gleich mit dem Worte:

«Eumaios! wahrlich, zum Erstaunen, daß dieser Hund da auf dem Mist liegt! Schön ist er von Gestalt, doch erkenne ich dieses nicht genau: ob er auch schnell im Lauf war bei diesem Aussehen, oder nur so wie die Tischhunde der Männer sind, und nur des Glanzes wegen halten sie die Herren.»

Da antwortetest du und sagtest zu ihm, Sauhirt Eumaios:

«Ja freilich! dies ist ja der Hund des Mannes, der in der Ferne gestorben ist! Wenn er so wäre an Gestalt wie auch an Werken, wie ihn Odysseus, als er nach Troja ging, zurückließ: du würdest alsbald staunen, wenn du seine Schnelligkeit und Stärke sähest! Denn es entkam kein Wild in den Tiefen des tiefen Waldes, wenn er es verfolgte. Auch auf Fährten verstand er sich über die Maßen! Doch jetzt liegt er im Elend, und sein Herr ist fern von der Heimat zugrunde gegangen, und die achtlosen Weiber pflegen ihn nicht. Wollen doch die Knechte, wenn ihnen die Herren nicht mehr befehlen, alsdann auch nicht mehr das Gebührliche verrichten! Denn es nimmt der weitumblickende Zeus dem Manne die Hälfte seines Wertes, wenn ihn der Tag der Knechtschaft ergriffen hat.»

Als er so gesprochen hatte, ging er hinein in die wohlbewohnten Häuser und schritt geradeswegs durch die Halle zu den mannhaften Freiern. Den Argos aber ergriff das Schicksal des schwarzen Todes sogleich, als er den Odysseus gesehen hatte im zwanzigsten Jahre.

Doch ihn sah als weit erster der gottgleiche Telemachos, wie er durch das Haus ging, den Sauhirten, und winkte ihm darauf schnell und rief ihn zu sich. Der aber schaute umher und ergriff einen Stuhl, der dort stand und auf dem der Zerleger zu sitzen pflegte, wenn er den Freiern das viele Fleisch zerlegte, wenn sie in dem Hause speisten. Den trug er herbei und stellte ihn an den Tisch dem Telemachos gegenüber und setzte sich dort selber nieder. Und der Herold ergriff einen Anteil, nahm aus dem Korbe Brot und setzte es ihm vor.

Dicht hinter ihm aber trat Odysseus in die Häuser, einem elenden Bettler und alten Manne ähnlich, am Stabe gehend, und war mit armseligen Kleidern angetan am Leibe. Und er setzte sich auf die eschene Schwelle in den Türen und lehnte sich an den Zypressenpfosten, den einst der Zimmermann kundig geglättet und nach der Richtschnur aufgerichtet hatte. Telemachos aber rief den Sauhirten zu sich und sagte zu ihm, nachdem er ein ganzes Brot aus dem gar schönen Korb und soviel Fleisch ergriffen hatte, soviel ihm die Hände umspannen und fassen konnten:

«Bringe dies dem Fremden und gib es ihm! und heiße ihn, daß er zu allen Freiern miteinander hintrete und Gaben heische. Scham taugt nicht für einen bedürftigen Mann, daß er sie habe!»

So sprach er. Und der Schweinepfleger ging hin, als er das Wort gehört hatte, trat zu ihm heran und sprach die geflügelten Worte:

«Telemachos gibt dir dieses, Fremder! und heißt dich, daß du zu allen Freiern miteinander hintreten sollst und Gaben heischen. Scham, sagte er, tauge nicht für einen Bettelmann.»

Da antwortete und sagte zu ihm der vielkluge Odysseus:

«Zeus, Herrscher! möge Telemachos mir gesegnet sein unter den Männern, und ihm alles werden, soviel er begehrt in seinem Sinne!»

So sprach er und empfing es mit beiden Händen und legte es dort vor seinen Füßen auf dem schäbigen Ranzen nieder und aß, solange der Sänger in den Hallen sang. Als er die Mahlzeit gehalten und der göttliche Sänger geendigt hatte, und es lärmten die Freier durch die Hallen: da trat Athene zu dem Laertes-Sohn Odysseus heran und trieb ihn, daß er unter den Freiern Brocken sammeln und erkennen sollte, welche gebührlich und welche gesetzlos wären: doch sollte sie auch so keinen vor dem Unheil bewahren. Da schritt er

227

hin und ging, um nach rechtshin bei jedem einzelnen Mann zu heischen, indem er die Hand nach allen Seiten streckte, als ob er von je ein Bettler gewesen wäre. Die aber erbarmten sich und gaben und verwunderten sich über ihn und befragten einander, wer er wäre und woher er käme. Da sprach unter ihnen auch Melanthios, der Hirt der Ziegen:

«Hört mich, Freier der hochberühmten Königin, des Fremden wegen, denn ich habe ihn vorher gesehen. Hat ihm wahrhaftig doch der Sauhirt den Weg hierher gewiesen! Von ihm selber aber weiß ich nicht genau, woher er sich rühmt, daß er von Geschlecht sei.»

So sprach er. Da schalt Antinoos den Sauhirten mit den Worten:

«O du unvergleichlicher Sauhirt! was hast du diesen zur Stadt geführt? haben wir nicht auch andere Herumstreicher genug, lästige Bettler, Abfallvertilger bei den Mählern? Da schiltst du darüber, daß sie dir hier versammelt das Lebensgut deines Herrn verspeisen, rufst aber auch noch den dazu?»

Da antwortetest du und sagtest zu ihm, Sauhirt Eumaios:

«Antinoos! das war nicht recht gesprochen, und bist du auch ein Edler! Denn wer geht wohl selber hin und ruft einen Fremden von anderswoher herbei, außer solche, die Meister in dem Volke sind: einen Seher oder einen Arzt, der Übel heilt, oder einen Zimmermann, der Balken behaut, oder auch einen göttlichen Sänger, der ergötzt mit Singen? Diese beruft man unter den Sterblichen auf der grenzenlosen Erde. Doch einen Bettler ruft keiner herbei, der eine Plage sein wird für ihn selber! Jedoch du bist immer hart vor allen Freiern gegen die Knechte des Odysseus, vor allem aber gegen mich. Ich aber achte es nicht, solange mir die verständige Penelopeia in den Hallen lebt und der gottgleiche Telemachos!»

Da entgegnete ihm hinwieder der verständige Telemachos:

«Schweige! erwidere mir nicht diesem viel mit Worten! Antinoos ist gewohnt, immer mit harten Reden schlimm aufzureizen, und er ermuntert auch die anderen.»

Sprach es und sagte zu Antinoos die geflügelten Worte:

«Antinoos! wahrhaftig, schön sorgst du für mich, wie ein Vater für den Sohn, der du den Fremden von der Halle mit gewaltsamem Wort hinwegzujagen heißest! Möge dieses nicht ein Gott vollenden! Nimm denn und gib ihm, ich karge nicht! wahrhaftig, ich heiße es dich selber! Scheue dich deswegen nicht vor meiner Mutter noch irgend einem von den Dienern, die in den Häusern des göttlichen Odysseus sind! Doch ist ja wahrlich die Gesinnung in deiner Brust nicht derart: denn du willst viel lieber selber essen, als einem anderen geben!»

Da antwortete hinwieder Antinoos und sagte zu ihm:

«Telemachos, großer Redner! Unbändiger in deinem Drange! Was hast du gesagt! Wollten ihm alle Freier *soviel* reichen, so würde er für drei Monate von dem Hause wegbleiben!»

So sprach er und langte nach einem Schemel und brachte ihn unter dem Tisch zum Vorschein, der dort stand und auf den er während des Schmausens die glänzenden Füße zu stützen pflegte. Die anderen aber gaben alle, und sie füllten ihm den Ranzen mit Brot und Fleisch. Und Odysseus wollte schon alsbald wieder zur Schwelle gehen und von der Gabe der Achaier kosten, trat aber noch zu Antinoos und sagte zu ihm die Rede:

«Gib, Freund! scheinst du mir unter den Achaiern doch nicht der schlechteste zu sein, sondern der beste, da du einem König gleichsiehst! Darum solltest du noch reichlicher als die anderen von dem Brote geben. Ich aber will dich rühmen auf der grenzenlosen Erde. Denn auch ich bewohnte einst im Wohlstand ein reiches Haus unter den Menschen und pflegte viel dem Umherstreifenden zu geben, so wie er war und wessen bedürftig er daherkam. Und Diener hatte ich an die zehntausend und anderes vieles, wovon man gut lebt und reich genannt wird. Allein, Zeus, der Kronide hat es hinweggenommen — er wollte es wohl! —, der mich anreizte, zusammen mit viel umherkreuzenden Seeräubern nach Aigypten zu gehen den langen Weg, auf daß ich dort zugrunde ginge. Und ich legte in dem Aigyptosstrom die beiderseits geschweiften Schiffe an. Da befahl ich den geschätzten Gefährten, daß sie daselbst bei den Schiffen bleiben und die Schiffe bewachen sollten und sandte Späher aus, daß sie auf Orte zur Umschau gingen. Doch sie, dem Mutwillen nachgebend, hingerissen von ihrem Drange, zerstörten alsogleich der Aigyptermänner gar schöne Felder, führten die Weiber und die unmündigen Kinder fort und töteten sie selbst, die Männer. Doch schnell gelangte der Kriegsruf zur Stadt, und die, als sie den Ruf vernommen hatten, kamen zugleich mit dem aufgehenden Frühlicht, und erfüllt war das ganze Feld von Männern zu Fuß und Pferden und von dem Glanz des Erzes. Und Zeus, der blitzfrohe, warf auf meine Gefährten einen schlimmen Schrecken, und keiner vermochte zu widerstehen und standzuhalten, denn rings stand Schlimmes auf von allen Seiten. Da erschlugen sie viele von uns mit dem scharfen Erz und führten die anderen lebend mit sich, daß sie gezwungen für sie Arbeit leisten sollten. Mich aber gaben sie nach Kypros hin, einem Gastfreund, der gerade dort eintraf: Dmetor, dem Sohn des Iasos, der über Kypros mit Kraft gebot. Von dort bin ich nun jetzt hierher in dieses Haus gekommen, Leiden leidend.»

Da antwortete ihm hinwieder Antinoos und begann:

«Welch ein Daimon hat diese Plage hierher geführt, um uns die Mahlzeit zu verleiden? Tritt da in die Mitte, hinweg von meinem Tische! daß du nicht gar bald ein bitteres Aigypten und Kypros zu sehen bekommst! Was bist du für ein dreister, unverschämter Bettler! trittst hin zu allen der Reihe nach, und sie geben blindlings, denn da ist kein Einhalt und kein Erbarmen: mildtätig zu sein von fremdem Gut! Ist doch für jeden einzelnen viel vorhanden!»

Da wich der vielkluge Odysseus vor ihm zurück und sagte zu ihm:

«Nein doch! so hast du also nicht auch Verstand zu diesem deinem Aussehen! Würdest du doch von deinem Hausgut dem, der an dich herantritt, auch kein Salzkorn geben, der du es jetzt, wo du bei fremdem Gut sitzt, nicht über dich gewinnst, ein wenig von dem Brot hinwegzunehmen und mir zu geben, und es ist doch viel vorhanden.»

So sprach er. Da aber erzürnte Antinoos noch mehr im Herzen, und er sah ihn von unten herauf an und sagte zu ihm die geflügelten Worte:

«Jetzt denke ich, wirst du nicht mehr gut nach hinten durch die Halle hinaus entweichen, da du sogar noch Schmähungen redest!»

So sprach er und ergriff den Schemel und warf ihm diesen an die rechte Schulter, zuhinterst gegen den Rücken hin. Er aber stand festgewurzelt wie ein Felsen, und der Wurf des Antinoos machte ihn nicht wanken, sondern er bewegte stumm sein Haupt, tief über Bösem sinnend. Und ging zur Schwelle zurück und setzte sich und legte den wohlgefüllten Ranzen auf den Boden und sagte zu den Freiern:

«Hört mich, Freier der hochberühmten Königin! daß ich sage, was mir der Mut in der Brust befiehlt. Wahrhaftig! kein Schmerz und auch kein Kummer ist im Herzen, wenn ein Mann getroffen wird, der um seine Güter, um Rinder oder weiße Schafe, kämpfen muß. Mich aber hat Antinoos getroffen um des armseligen Magens willen, des verfluchten, der den Menschen viele Übel schafft. Allein, wenn auch für Bettler irgend Götter und Rachegeister sind, so möge den Antinoos noch vor der Hochzeit das Ende des Todes ereilen!»

Da sagte zu ihm hinwieder Antinoos, des Eupeithes Sohn:

«Sitz hin und iß in Ruhe, Fremder! oder gehe anderswohin! damit dich für das, was du da redest, nicht die jungen Männer am Fuß oder auch am Arm durch die Häuser schleifen, und dich abschinden am ganzen Leibe!»

So sprach er. Die aber schalten alle über die Maßen, und so sprach mancher von den hochmütigen jungen Männern:

«Antinoos! das war nicht recht, daß du nach dem armen Herumstreicher geworfen hast! Unseliger! wenn er nun vielleicht irgendein Gott vom Himmel ist! Durchwandern die Götter doch, Fremdlingen gleichend, die von weit her sind, in mancherlei Gestalt die Städte und blicken auf den Frevel der Menschen und ihr Wohlverhalten.»

So sprachen die Freier, er aber achtete nicht auf ihre Reden. Dem Telemachos aber wuchs die Bekümmernis gewaltig in dem Herzen, weil er getroffen worden war, doch ließ er keine Träne aus den Lidern zu Boden fallen, sondern wiegte schweigend sein Haupt, tief über Bösem sinnend. Als nun aber die umsichtige Penelopeia von ihm hörte, daß er getroffen war in der Halle, sprach sie unter den dienenden Frauen:

«Wenn dich selbst doch so der bogenberühmte Apollon träfe!»

Da sagte zu ihr hinwieder die Beschließerin Eurynome die Rede:

«Wahrhaftig! wenn es nach unseren Verwünschungen seinen Ausgang nähme, so würde keiner von diesen bis zu der gutthronenden Eos gelangen.»

Da sagte hinwieder zu ihr die umsichtige Penelopeia:

«Mütterchen! verhaßt sind alle, da sie böse Dinge ins Werk setzen, Antinoos aber gleicht am meisten der schwarzen Todesgöttin! Ein unglückseliger Fremdling irrt umher im Hause und bettelt bei den Männern, denn der Mangel gebietet es. Da haben alle anderen ihm vollauf gereicht und gegeben, doch der hat ihm den Schemel hinten gegen die rechte Schulter geworfen!»

So sprach sie zu den dienenden Frauen, in der Kammer sitzend. Er aber hielt sein Mahl, der göttliche Odysseus. Sie aber rief den göttlichen Schweinepfleger zu sich und sagte zu ihm:

«Geh, göttlicher Eumaios! laufe und heiße den Fremden zu kommen, damit ich mich an ihn wende und ihn frage, ob er wohl etwas von dem duldemütigen Odysseus erfahren oder ihn mit den Augen gesehen hat. Scheint es doch, er ist viel herumgekommen!»

Da antwortetest du, Sauhirt Eumaios, und sagtest zu ihr:

«Wenn dir doch, Königin, die Achaier stille schweigen würden! Was der für Dinge erzählt: dein Herz würde bezaubert werden! Denn drei Nächte hatte ich ihn in meiner Hütte und hielt ihn drei Tage dort zurück — denn zu mir kam er als erstem, nachdem er von einem Schiff entlaufen war —, doch ist er noch nicht an das Ende damit gekommen, seine Leiden zu erzählen. Und wie ein Mann auf einen Sänger schaut, der, von den Göttern belehrt, den Sterblichen liebliche Geschichten singt und sie begehren, wenn er singt, ihm unablässig zuzuhören — so hat er mich bezaubert, während er bei mir in den Hallen saß. Doch sagt er, daß er von Odysseus vom Vater her ein Gastfreund ist und wohnt auf Kreta, wo das Geschlecht des Minos lebt. Von dort ist er jetzt hierher in dies Haus gekommen, Leiden leidend, indem er sich weiter und weiter schleppte. Und er will von Odysseus gehört haben, daß er schon nahe sei, im fetten Gau der Thesprotenmänner, und lebe und bringe viele Kostbarkeiten mit in sein Haus.»

Da sagte hinwieder zu ihm die umsichtige Penelopeia:

«Gehe! rufe ihn her, damit er selbst es mir ins Angesicht sage! Die aber mögen sich entweder vor den Türen sitzend belustigen, oder auch hier im Hause, weil ihnen das Herz vergnügt ist. Denn ihre eigenen Güter liegen unversehrt in dem Hause, Brot und süßer Wein: das essen ihre Hausleute. Jedoch bei uns, da gehen sie aus und ein alle Tage, opfern Rinder und Schafe und fette Ziegen und schmausen und trinken den funkelnden Wein nur so hin, und das geht dahin in Mengen! Steht doch kein Mann darüber, wie Odysseus war, um den Verderb von dem Hause abzuwehren! Doch wenn Odysseus käme und in sein väterliches Land gelangte, alsbald würde er zusammen mit seinem Sohn für die Gewalttaten der Männer Buße nehmen!»

So sprach sie. Da nieste Telemachos gewaltig, und mächtig erscholl rings das Haus. Da lachte Penelopeia und sagte alsbald zu Eumaios die geflügelten Worte:

«Geh mir! rufe den Fremden hierher vor mich. Siehst du nicht, wie der Sohn mir geniest hat zu allen Worten? So wird auch der Tod den Freiern nicht unvollendet bleiben, allen miteinander, und keiner wird dem Tod und den Todesgöttinnen entrinnen! Doch noch etwas will ich dir sagen, du aber lege es dir in den Sinn: wenn ich finde, daß er alles untrüglich sagt, werde ich ihn mit Mantel und Leibrock bekleiden zur schönen Gewandung.»

So sprach sie. Und der Sauhirt ging, als er die Rede gehört hatte, und trat zu ihm heran und sagte die geflügelten Worte:

«Fremder, Vater! es ruft dich die umsichtige Penelopeia, die Mutter des Telemachos. Ihr Herz treibt sie, dich wegen des Gatten zu befragen, so sehr sie auch Kümmernisse erfahren hat. Wenn sie aber findet, daß du alles untrüglich redest, will sie dich mit Mantel und Leibrock bekleiden, deren du am meisten bedarfst. Um Brot aber mußt du in dem Volke betteln, um deinen Magen zu weiden, und es wird dir geben, wer da will.»

Da sagte zu ihm hinwieder der vielduldende göttliche Odysseus:

«Eumaios! gleich könnte ich der Tochter des Ikarios, der umsichtigen Penelopeia, alles unfehlbar sagen, denn gut weiß ich um ihn Bescheid, haben wir doch gleiche Trübsal empfangen. Jedoch ich fürchte den Haufen der bösartigen Freier, deren Mutwille und Gewalttat bis an den eisernen Himmel reicht. Denn auch jetzt, wo dieser Mann, als ich durchs Haus ging und nichts Böses tat, nach mir geworfen und mir Schmerzen bereitet hat, hat weder Telemachos noch ein anderer es verhindert. Darum heiße jetzt Penelopeia in den Hallen warten, so sehr es sie drängt, bis die Sonne untergegangen ist. Dann mag sie mich wegen ihres Gatten, nach dem Tag seiner Heimkehr befragen, nachdem sie mich nahe an das Feuer gesetzt. Denn Kleider habe ich, wahrhaftig! nur armselige, du weißt es auch selbst, da ich dich zuerst um Schutz gebeten.»

So sprach er. Da ging der Schweinepfleger hin, nachdem er das Wort vernommen hatte. Und als er über die Schwelle schritt, sagte Penelopeia zu ihm:

«Bringst du ihn nicht, Eumaios? Was hat der Herumstreicher sich dabei gedacht? Hat er etwa vor jemandem Furcht über Gebühr oder hat er sonst eine Scheu im Hause? Doch ist es nicht gut, daß ein fahrender Mann sich scheue!»

Da antwortetest du und sagtest zu ihr, Sauhirt Eumaios:

«Er redet nach Gebühr, wie auch ein anderer denken möchte: den Mutwillen der übergewaltigen Männer will er meiden. Doch heißt er dich warten, bis die Sonne untergegangen. So ist es auch für dich selber viel schöner, Königin! daß du allein ein Wort zu dem Fremden sagst und von ihm hörst!»

Da sagte zu ihm hinwieder die umsichtige Penelopeia:

«Nicht unverständig ist der Fremde: er denkt daran, wie es wohl kommen könnte. Denn noch haben keine Männer unter den sterblichen Menschen so mutwillig frevle Dinge ins Werk gesetzt!»

So sprach sie. Doch er, der göttliche Schweinepfleger, ging hinweg zu dem Haufen der Freier, nachdem er alles ausgerichtet. Und sagte alsbald zu Telemachos die geflügelten Worte, dicht das Haupt an das seine haltend, damit die anderen es nicht hörten:

«Lieber! ich gehe hinweg, um die Schweine und die Dinge dort zu bewahren, dein Lebensgut wie auch das meine. Dies alles hier mag deine Sorge sein! Doch vor allem bewahre du dich selber und sei darauf bedacht in dem Mute, daß dir nichts widerfährt! Viele von den Achaiern sinnen böse Dinge: möge Zeus sie verderben, bevor sie uns zum Unheil werden!»

Da entgegnete ihm hinwieder der verständige Telemachos:

«Schon gut, Väterchen! Gehe nur, nachdem du das Vesperbrot gegessen! Doch komme morgen in der Frühe und bringe die schönen Opfertiere! Dies alles hier wird meine und der Unsterblichen Sorge sein.»

So sprach er. Der aber setzte sich wieder auf den gutgeglätteten Stuhl, und nachdem er seinen Mut mit Speise und Trank gesättigt hatte, schritt er hin und machte sich auf den Weg zu den Schweinen und verließ die Umfriedung und die Halle, die voll war von Schmausenden. Sie aber ergötzten sich am Tanz und Gesang, denn schon war auch der nachmittägliche Tag heraufgekommen.

ACHTZEHNTER GESANG

Wie Odysseus mit dem Bettler Iros einen Faustkampf auf-
führt und den Freier Amphinomos warnt. Wie Penelope sich
den Freiern zeigt und von ihnen beschenkt wird, und Odysseus sie in ihrer Schönheit und Klugheit sieht. Wie er den Eurymachos reizt, und dieser mit einer Fußbank nach ihm wirft.

Da kam der Bettler des Orts herbei, der in der Stadt Ithaka zu betteln pflegte und sich durch seinen gierigen Bauch hervortat mit
unablässigem Essen und Trinken. Doch hatte er weder Spannkraft
noch Gewalt, war aber von Ansehen gar groß anzuschauen. Arneios
war sein Name. Den hatte ihm die hehre Mutter bei der Geburt gegeben, doch riefen ihn die Jungen alle Iros (weil Iris die Botin der
Götter ist), weil er ging und Botschaften ausrichtete, wenn irgend
jemand ihn dazu bestellte. Der kam und wollte den Odysseus von
seinem eigenen Haus vertreiben, und schalt und sagte zu ihm die
geflügelten Worte:

«Geh·von der Tür weg, Alter! daß man dich nicht noch alsbald
beim Fuß hinausschleppt! Bemerkst du nicht, wie mir alle zublinzeln
und mich aufmuntern, dich hinauszuschleppen? Allein, das scheue
ich doch. Aber fort! damit es nicht alsbald unter uns noch zum Kampf
mit den Händen komme!»

Da sah der vielkluge Odysseus ihn von unten herauf an und
sagte zu ihm:

«Unseliger! ich tue und sage dir nichts Böses, noch neide ich es,
daß dir einer gibt, und nimmt er auch viel vom Tisch auf. Diese
Schwelle kann uns beide fassen. Auch hast du es nicht nötig, neidisch
zu sein bei fremdem Gute! Scheinst du mir doch ein Fahrender zu
sein wie ich! doch Reichtum geben, das steht bei den Göttern. Doch
fordere mich nicht mit den Händen zu sehr heraus, daß du mich nicht
in Zorn bringst: daß ich dir nicht, und bin ich auch ein alter Mann,
Brust und Lippen mit Blut besudle! Dann hätte ich nur noch um so
mehr Ruhe morgen! Denn ich denke, du wirst dich kein zweites Mal
zurückwenden zur Halle des Laertes-Sohns Odysseus!»

Da wurde der Landstreicher Iros zornig und sagte zu ihm:

«Nein doch! was dieses Dreckschwein geläufig redet! so wie ein
altes Weib am Backtrog! Den werde ich übel bedenken, ihn dre-
schend mit beiden Händen, und ihm alle Zähne aus den Kiefern zu
Boden schlagen, wie einer Sau, die im Saatfeld weidet! Gürte dich
jetzt, damit auch alle diese Zeugen sein mögen, wie wir kämpfen

werden! Doch wie willst *du* wohl mit dem jüngeren Mann streiten?»

So stachelten die sich vor den hohen Türen auf der geglätteten Schwelle an, in voller Wut. Doch vernahm die beiden die heilige Gewalt des Antinoos, und er brach in ein vergnügtes Lachen aus und begann unter den Freiern:

«Freunde! dergleichen ist bislang noch nicht geschehen: die Lustbarkeit, die ein Gott in dieses Haus führt! Der Fremde und Iros fordern einander heraus, daß sie mit den Händen kämpfen! Nun! treiben wir sie schleunigst aufeinander!»

So sprach er. Die aber sprangen alle auf und lachten und scharten sich um die schlechtgekleideten Bettler. Und Antinoos sprach unter ihnen, des Eupeithes Sohn:

«Hört mich, mannhafte Freier, daß ich etwas sage! Da liegen Mägen von Ziegen auf dem Feuer, die wir für das Nachtmahl hingelegt, nachdem wir sie mit Fett und Blut gefüllt. Wer von den beiden siegt und überlegen sein wird, soll aufstehen und sich selbst von diesen den nehmen dürfen, den er will, und soll hier immer bei uns speisen, und keinen anderen Bettler werden wir zu uns hereinkommen lassen, um zu betteln!»

So sprach Antinoos, und ihnen gefiel die Rede. Aber der vielkluge Odysseus sagte unter ihnen mit listigem Sinne:

«Freunde! unmöglich ist es, daß ein alter Mann, der vom Elend entkräftet ist, mit einem jüngeren Manne streite! Allein der Bauch treibt mich, der Übeltäter, daß ich mich mit Schlägen überwinden lasse. Doch auf! schwört ihr mir alle jetzt den starken Eid, daß keiner dem Iros zu Gefallen mich freventlich schlage mit schwerer Hand und mich diesem mit Gewalt erliegen lasse!»

So sprach er. Die aber schworen alle, wie er verlangte. Doch als sie geschworen und den Eid geleistet hatten, da sagte hinwieder unter ihnen die heilige Gewalt des Telemachos:

«Fremder! wenn dich dein Herz und der mannhafte Mut treibt, diesen abzuwehren, so fürchte du keinen von den anderen Achaiern! denn wer dich schlägt, der wird mit mehreren streiten müssen. Dein Gastgeber bin ich, und es pflichten die Könige, Antinoos und Eurymachos mir bei, verständig beide.»

So sprach er, und alle gaben ihm Beifall. Doch Odysseus gürtete sich mit seinen Lumpen um die Lenden und ließ seine Schenkel sehen, die schönen, großen, und sichtbar wurden seine breiten Schultern und die Brust und die starken Arme. Doch Athene trat zu ihm heran und ließ die Glieder dem Hirten der Männer schwellen, und die Freier alle verwunderten sich gewaltig. Und einer sah den anderen neben sich an und sagte so:

«Wahrhaftig! bald wird Iros Iros *gewesen* sein und sich sein Übel zugezogen haben: was da der Alte aus den Lumpen für eine Lende zum Vorschein bringt!»

So sprachen sie. Dem Iros aber wurde der Mut schlimm aufgeregt. Aber auch so gürteten ihn die Diener mit Gewalt und führten ihn herbei, den sich Fürchtenden, und es zitterte ihm das Fleisch um die Glieder. Antinoos aber schalt und sagte das Wort und benannte es heraus:

«Daß du stiermäßiger Prahler jetzt nicht lebtest noch geboren wärst, wenn du vor diesem zitterst und dich gewaltig fürchtest: einem alten Mann, der von dem Elend entkräftet ist, das ihn ankam! Doch sage ich dir heraus, und das wird auch vollendet werden: besiegt dich dieser und ist dir überlegen, so werfe ich dich in ein schwarzes Schiff und schicke dich auf das feste Land zum König Echetos, dem Schinder von allen Sterblichen, daß er dir die Nase und die Ohren abschneide mit dem erbarmungslosen Erze und dir die Schamteile ausreiße und sie den Hunden roh zu fressen gebe!»

So sprach er. Da erfaßte ihm das Zittern noch mehr die Glieder. Doch führten sie ihn in die Mitte, und sie erhoben beide ihre Hände. Da überlegte der vielduldende göttliche Odysseus, ob er zuschlagen sollte, daß er auf der Stelle hinfiele und ihn das Leben verließe, oder ihn nur gelinde schlüge und hinstreckte auf die Erde. Und so schien es ihm, als er sich bedachte, klüger zu sein: daß er nur gelinde zuschlüge, damit die Achaier nicht seiner gewahr würden. Da holten sie beide aus, und jener, der Iros, schlug ihm gegen die rechte Schulter. Er aber schlug ihn an den Hals unter dem Ohre und zerbrach ihm die Knochen darinnen, und sogleich kam ihm das rote Blut aus dem Munde, und er fiel plärrend nieder in den Staub und schlug die Zähne aufeinander und stieß die Erde mit den Füßen. Die erlauchten Freier aber erhoben ihre Hände und starben gar vor Lachen. Doch Odysseus ergriff ihn am Fuß und schleppte ihn durch das Vorhaus hinaus, bis er in den Hof gelangte und zu den Türen am Torweg draußen, und setzte ihn angelehnt an die Mauer des Hofes und legte ihm einen Stab in die Hand und begann und sagte zu ihm die geflügelten Worte:

«Hier sitze jetzt und wehre die Schweine und die Hunde ab! doch wolle nicht Herr der Fremden und der Bettler sein, du Jämmerlicher! daß du nicht wohl gar noch ein größeres Übel kostest!»

Sprach es und warf sich den schäbigen Ranzen um die Schultern, den dicht bei dicht zerrissenen, und an ihm war eine Schnur als Tragband, und ging zurück zur Schwelle und setzte sich nieder. Die aber gingen hinein und lachten vergnügt und grüßten ihn mit den Worten:

«Mögen Zeus und die anderen unsterblichen Götter dir geben, Fremder, was du am meisten wünschst und dir lieb ist in deinem Sinne! der du diesem Nimmersatt sein Umherstreichen in dem Volk verlegt hast. Denn bald werden wir ihn zum festen Land zum König Echetos, dem Schinder von allen Sterblichen, schicken!»

So sprachen sie. Da freute sich der göttliche Odysseus des guten Worts. Antinoos aber legte neben ihn einen großen Magen, gefüllt mit Fett und Blut. Doch Amphinomos nahm aus dem Korb zwei Brote und tat sie dazu und bot ihm den goldenen Becher zum Gruß und sagte:

«Freue dich, Vater, Fremder! Möge dir für künftig Segen werden! Jetzt freilich bist du beladen mit vielen Übeln!»

Da antwortete und sagte zu ihm der vielkluge Odysseus:

«Amphinomos! gar verständig scheinst du mir zu sein! Bist du doch auch von einem solchen Vater! Denn ich habe die gute Kunde gehört, daß Nisos von Dulichion so tüchtig ist wie reich: von diesem, sagen sie, seist du entstammt, und siehst mir aus wie ein besonnener Mann. Darum will ich dir sagen, aber du merke auf und höre auf mich: Nichts Armseligeres nährt die Erde als den Menschen unter allem, was auf der Erde Atem hat und kriecht. Da meint er, niemals werde ihm hernach ein Übel widerfahren, solange die Götter Gedeihen geben und sich seine Knie regen! Jedoch wenn die seligen Götter auch Bitteres vollenden, trägt er auch dies nur widerwillig mit bedrücktem Mute. Denn immer nur so ist der Sinn der Erdenmenschen, wie den Tag herauführt der Vater der Menschen und der Götter. Auch ich konnte einst unter den Männern glücklich sein. Allein, ich beging viel frevelhafte Dinge, meiner Gewalt und Überlegenheit nachgebend, vertrauend auf meinen Vater und meine Brüder. Darum möge sich gar nie ein Mann von dem, was Brauch und Satzung ist, entfernen, sondern in Schweigen wahre er die Gaben der Götter, was sie auch geben mögen! — Was sehe ich die Freier für frevle Dinge verüben: daß sie das Gut kahlscheren und die Gattin des Mannes mißachten, der nicht mehr lange, sage ich, den Seinen und dem väterlichen Lande fern bleibt, nein, er ist ganz nahe! Doch möge dich der Daimon vor ihm hinweg nach Hause führen, und mögest du ihm nicht begegnen, wenn er heimkehrt in sein väterliches Land! Denn es werden nicht unblutig, denke ich, die

Freier und er auseinanderkommen, wenn er unter sein Dach getreten ist!»

So sprach er und trank, nachdem er den Weihguß getan, den honigsüßen Wein und legte den Becher zurück in die Hände dem Ordner der Männer. Der aber schritt durch das Haus, bedrückt in seinem Herzen, gesenkten Hauptes, denn schon ahnte ihm Schlimmes in seinem Mute. Doch auch so entrann er nicht der Todesgöttin, denn auch ihn fesselte Athene, daß er unter den Händen und der Lanze des Telemachos mit Kraft bezwungen würde. Und er setzte sich wieder auf den Lehnstuhl, von dem er aufgestanden war.

Ihr aber, der Tochter des Ikarios, der umsichtigen Penelopeia, legte in den Sinn die Göttin, die helläugige Athene, daß sie sich den Freiern zeigte, damit sie den Freiern den Sinn weit öffnete und sie noch geachteter würde vor dem Gatten und dem Sohne, als sie es zuvor war. Und sie lachte leichthin und sagte das Wort und benannte es heraus:

«Eurynome! das Herz verlangt mir, wie doch früher niemals, daß ich mich den Freiern, den Verhaßten, gleichwohl zeige. Auch sage ich dem Sohne wohl ein Wort, das klüger wäre: daß er sich nicht in allem mit den übermütigen Freiern einläßt, die zwar schön reden, doch hernach nur Übles sinnen.»

Da sagte die Beschließerin Eurynome hinwieder zu ihr die Rede:

«Ja, Kind! dies hast du alles nach Gebühr gesprochen. So gehe nur und sage deinem Sohn ein Wort und halte es nicht zurück, doch wasche dir zuerst die Haut und lege Salbe auf die Wangen und gehe nicht so tränenüberströmt im Antlitz! Denn schlimm ist es, zu trauern unterschiedlos immer. Schon ist dir der Sohn erwachsen, von dem du stets am meisten bei den Unsterblichen erfleht hast, daß du ihn im Barte sähest!»

Da sagte hinwieder zu ihr die umsichtige Penelopeia:

«Eurynome! rate mir dieses nicht, so sehr du auch für mich besorgt bist: daß ich mir die Haut wasche und mich salbe mit dem Salböl! Haben den Glanz mir doch die Götter, die den Olympos innehaben, zerstört, seit jener hinging in den hohlen Schiffen. Doch rufe mir Autonoë und Hippodameia, daß sie kommen mögen, damit sie mir zur Seite treten in den Hallen. Allein will ich nicht unter die Männer gehen, denn ich scheue mich.»

So sprach sie. Und die Alte ging durch die Halle, um es den Frauen zu sagen und sie zu treiben, daß sie kämen. Da aber dachte hinwieder auf anderes die Göttin, die helläugige Athene: sie goß auf die Tochter des Ikarios einen süßen Schlaf herab. Und sie schlief zu-

rückgelehnt, und es lösten sich ihr alle Gelenke, daselbst im Lehnstuhl. Indessen aber gab ihr die hehre unter Göttinnen unsterbliche
Gaben, daß die Achaier sie bewundern sollten: wusch ihr mit dem
Schönheitssaft zuerst das schöne Antlitz rein, dem ambrosischen,
mit dem sich die gutbekränzte Kythereia salbt, wenn sie zu dem
Reigen der Anmutgöttinnen geht, dem lieblichen, und machte sie
größer und voller anzusehen und machte sie weißer als gesägtes
Elfenbein. Und als sie so getan, ging sie hinweg, die hehre unter
den Göttinnen. Und es kamen die weißarmigen Mägde aus der
Halle herbei mit lautem Geschwätz. Da ließ der süße Schlaf sie los,
und sie strich sich mit den Händen über die Wangen und begann:

«Hat mich doch wirklich in meinem bitteren Leid ein sanfter
tiefer Schlaf umfangen! Daß mir doch einen so sanften Tod jetzt auf
der Stelle Artemis gebracht hätte, die reine! daß mir nicht mehr mit
Jammern in dem Gemüte mein Leben hinschwinde, in Sehnsucht
nach meines Gatten allfältiger Tüchtigkeit! denn überragend war er
unter den Achaiern.»

Als sie so gesprochen hatte, stieg sie hinab vom oberen Stockwerk, dem schimmernden, nicht allein: es gingen zugleich mit ihr
die beiden Dienerinnen. Doch als sie nun zu den Freiern kam, die
göttliche unter den Frauen, trat sie neben den Pfeiler des festgezimmerten Daches, zog sich das schimmernde Kopftuch vor die
Wangen, und neben sie trat zu beiden Seiten je eine der sorgsamen
Dienerinnen. Doch denen lösten sich auf der Stelle die Knie, und
von Verlangen wurde ihr Herz bezaubert, und alle begehrten sie,
bei ihr in dem Bett zu liegen.

Sie aber sprach hinwieder zu Telemachos, ihrem eigenen Sohne:

«Telemachos! nicht mehr sind dir die Sinne beständig und der
Gedanke! Selbst als du noch ein Knabe warst, hegtest du weit eher
kluge Dinge in deinem Sinne! Doch jetzt, wo du groß bist und gelangst zu dem Maß der Jugendreife, und einer sagen möchte, daß
du der Sproß von einem begüterten Manne sein mußt, der als ein
fremder Mann auf deine Größe und Schönheit blickte, sind dir nicht
mehr die Sinne gebührlich und der Gedanke. Was für ein Werk ist
da eben geschehen in den Hallen: der du es zugelassen, daß der
Fremde derart schmählich behandelt wurde! Wie nun, wenn dem
Fremden, während er saß in unseren Häusern, auf solche Weise
etwas widerfahren wäre bei dem schmerzhaften Schleifen? Dann
wäre dir Schmach und Schimpf geworden bei den Menschen!»

Da entgegnete ihr hinwieder der verständige Telemachos:

«Meine Mutter! daß du darum zürnst, will ich nicht tadeln. Allein,

ch sehe und weiß in meinem Mute all und jedes: das Gute und das
weniger Gute; vormals jedoch war ich noch kindisch. Doch kann ich
dir nicht an alles Verständige denken! Denn es verwirren mich diese
da, die bei mir sitzen, der eine hier, der andere dort, und auf Böses
sinnen, ich aber habe keine Helfer. Doch ist der Streit des Fremden
und des Iros nicht nach der Freier Willen ausgegangen, und es war
jener an Gewalt der Stärkere. Wenn doch, Zeus Vater und Athene
und Apollon! die Freier jetzt in unseren Häusern, überwältigt, derart mit den Köpfen schwanken wollten: die einen im Hof, die anderen im Hause drinnen, und es wären gelöst die Glieder einem jeden: so wie jetzt jener Iros an den Türen des Hofes sitzt und mit
dem Haupte schwankt, einem Trunkenen ähnlich, und kann nicht
aufrecht auf den Füßen stehen noch auch nach Haus heimkehren,
wohin ihm immer die Heimkehr ist, da seine Glieder ihm gelöst
sind.»

So sprachen sie dergleichen miteinander. Eurymachos aber redete
Penelopeia an mit Worten:

«Tochter des Ikarios, umsichtige Penelopeia! Wenn alle dich sehen
könnten rings im Iasischen Argos, die Achaier: so würden noch mehr
Freier morgen in euren Häusern speisen, da du die Erste bist der
Frauen an Aussehen und Größe und an ausgeglichenen Sinnen in
dem Inneren!»

Da antwortete ihm die umsichtige Penelopeia:

«Eurymachos! wahrhaftig, meinen Wert, Aussehen und Gestalt
haben die Unsterblichen vernichtet, als die Argeier zu Schiff nach
Ilion gingen, und mit ihnen ging mein Gatte Odysseus. Wenn jener
käme und mein Leben umhegte, mein Ruf wäre größer und schöner
so! Doch jetzt härme ich mich ab: so viele Übel hat über mich gebracht der Daimon! Ja, als er ging und ließ zurück die väterliche
Erde, ergriff er meine rechte Hand am Handgelenk und sagte zu mir:
‹O Frau! nicht alle gutgeschienten Achaier, denke ich, werden von
Troja gut heimkehren, unbeschädigt. Denn auch die Troer, sagen
sie, sind streitbare Männer: sei es als Lanzenkämpfer, sei es als Spanner der Bogen und Fahrer auf schnellfüßigen Gespannen, die am
schnellsten den großen Streit des Krieges, der keine Unterschiede
macht, entscheiden. So weiß ich nicht: wird mich der Gott heimkehren lassen, oder falle ich dort im Troerlande. Doch dir sei hier
alles anvertraut! Gedenke des Vaters und der Mutter in den Hallen,
wie jetzt oder noch mehr, wenn ich entfernt bin! Doch wenn du
dann den Sohn im Barte siehst, magst du als Gattin folgen, wem du
willst, und dein Haus verlassen!› So sprach er, dies wird sich nun

alles jetzt vollenden! Und die Nacht wird kommen, wo die verhaßte Hochzeit mir begegnet: der Fluchbeladenen, der Zeus das Glück geraubt hat. — Doch eins ist mir als schwere Kränkung über das Herz und den Mut gekommen: war dies doch vormals nicht die Art der Freier! Die eine edle Frau und Tochter eines reichen Mannes heimführen wollen und miteinander streiten, die bringen selber als Schuldigkeit Rinder herbei und fette Schafe zum Schmaus für der Jungfrau Anverwandte und geben glänzende Geschenke. Doch pflegen sie nicht anderes Gut ohne Entgelt aufzuzehren!»

So sprach sie. Da freute sich der vielduldende göttliche Odysseus, wie sie ihnen Geschenke zu entziehen wußte und ihnen den Mut bezauberte mit sanften Worten, jedoch der Sinn stand ihr nach anderem. Da sagte hinwieder Antinoos zu ihr, des Eupeithes Sohn:

«Tochter des Ikarios, umsichtige Penelopeia! Die Geschenke, wer von den Achaiern gewillt ist, sie hierherzubringen, nimm an! Denn nicht recht ist es, die Beschenkung zu verweigern. Wir aber gehen nicht eher auf unsere Güter oder irgend anders wohin, ehe du nicht dem als Gattin gefolgt bist, der unter den Achaiern der beste ist!»

So sprach Antinoos, und denen gefiel die Rede. Und um die Geschenke herbeizubringen, schickten sie jeder einen Herold. Für der Antinoos brachte er ein großes, gar schönes Prachtgewand, ein buntes, und es waren Spangen an ihm, zwölf insgesamt, von Gold, gefügt in wohlgebogene Ösen. Und eine Kette brachte er sogleich für Eurymachos, eine vielverzierte, von Gold, durchreiht mit Bernstein wie die Sonne. Und Ohrgehänge brachten Diener für Eurydamas zwei, mit drei Kugeln wie Augäpfel, maulbeerförmig: viel Anmut strahlte davon aus. Und aus dem Hause des Peisandros, des Polyktor-Sohns, des Herrschers, brachte ein Diener ein Halsband, ein gar schönes Schmuckstück. Und es brachte der eine von den Achaiern diese, der andere jene schöne Gabe. Darauf stieg sie empor ins obere Stockwerk, die göttliche unter den Frauen, und mit ihr gingen die Dienerinnen und trugen die gar schönen Gaben.

Die aber wandten sich dem Tanz und dem lieblichen Gesang zu, waren vergnügt und blieben, bis der Abend kam. Und während sie sich vergnügten, kam der schwarze Abend herauf. Da stellten sie sogleich drei Feuertöpfe in den Hallen auf, daß sie Licht geben sollten und legten rund herum Brennholz darauf, längst verdorrtes, ganz trockenes, eben gespalten mit dem Erze, und mischten Kienspäne darunter, und hellauf schürten es abwechselnd die Mägde des duldemütigen Odysseus. Da aber sagte er selbst zu ihnen, der zeusentsproßte vielkundige Odysseus:

«Mägde des Odysseus, des lange abwesenden Herrn! Geht in die
Wohnungen, wo die ehrwürdige Königin ist, dreht bei ihr die Wolle
auf den Spindeln und ergötzt sie, in der Halle sitzend, oder krem-
pelt die Wolle mit den Händen! Ich aber werde diese alle mit Licht
versorgen. Und wollten sie, wahrhaftig, bis zur gutthronenden Eos
bleiben: mich werden sie nicht zum Erliegen bringen! Bin ich doch
ein gar Ausdauernder!»

So sprach er. Da lachten sie und sahen einander an. Doch schalt
ihn schmählich die schönwangige Melantho. Die hatte Dolios gezeugt und Penelopeia hatte sie gepflegt: wie eine Tochter hatte sie sie
auferzogen und ihr Spielzeug gegeben nach Herzenslust. Jedoch auch
so trug sie nicht Leid in ihrem Sinne für Penelopeia, sondern vereinigte sich ständig mit Eurymachos und erwies ihm Liebe. Die schalt
den Odysseus mit schmähenden Worten:

«Armseliger Fremder! du bist ein am Geist Verrückter und willst
nicht, um zu schlafen, in eine Schmiede oder wohl auch in die Volks-
halle gehen, sondern schwätzt hier viel daher, dreist unter vielen
Männern, und zitterst nicht in deinem Mute. Wahrhaftig! der Wein
hält dir die Sinne gefangen, oder der Sinn ist dir immer so, daß du
windig redest! Oder bist du außer dich geraten, weil du den Landstreicher Iros besiegt hast? Daß nur nicht gegen dich gar bald ein
anderer, besserer als Iros aufsteht, der dich auf beiden Seiten ans
Haupt schlägt mit starken Händen und dich aus dem Hause fort-
schickt mit viel Blut besudelt!»

Da blickte der vielkluge Odysseus sie von unten herauf an und
sagte zu ihr:

«Gleich werde ich dort hingehen und dem Telemachos, Hündin!
sagen, wie du redest, daß er dich auf der Stelle Glied für Glied in
Stücke schneide!»

So sprach er und scheuchte die Weiber mit Worten auseinander.
Und sie schritten hin und gingen durch das Haus hinweg, und einer
jeden lösten sich die Glieder, in Furcht: sie meinten, er habe wahr
gesprochen. Er aber stand bei den brennenden Feuertöpfen, das Licht
besorgend, und schaute auf sie alle, das Herz aber bewegte ihm in
seinem Zwerchfell anderes, was nicht unvollendet bleiben sollte.

Die mannhaften Freier aber ließ Athene sich durchaus nicht des
herzkränkenden Schimpfs enthalten, damit die Erbitterung noch tiefer in das Herz des Laertes-Sohns Odysseus tauchte. Da begann
Eurymachos, der Sohn des Polybos, unter ihnen zu reden und den
Odysseus zu verhöhnen, und er erregte ein Lachen unter den Gefährten:

243

«Hört mich, Freier der hochberühmten Königin! daß ich sage, wozu der Mut in der Brust mich treibt! Nicht ohne einen Gott ist dieser Mann in des Odysseus Haus gekommen! Dünkt mich doch ganz und gar, es kommt der Schein der Fackeln von seinem Haupte, da er auf ihm nicht einmal auch nur die geringsten Haare hat!»

Sprach es und sagte zugleich zu Odysseus, dem Städtezerstörer:

«Fremder! wolltest du dich wohl verdingen, wenn ich dich annähme, daß du im äußersten Gebiet des Feldes — Lohn sollte dir hinreichend werden — Steine für einen Steinwall lesen und große Bäume pflanzen wolltest? Da würde ich dir Brot aufs Jahr hinaus gewähren, dir Kleider antun und Sohlen für die Füße geben. Doch weil du nur üble Werke kennst, wirst du nicht an die Arbeit gehen wollen, sondern hockst lieber in dem Volk herum, damit du hast, um deinen nimmersatten Bauch zu weiden!»

Da antwortete und sagte zu ihm der vielkluge Odysseus:

«Eurymachos! wenn es doch zwischen uns zum Wettstreit in der Arbeit käme, zur Frühlingszeit, wenn lang die Tage werden, im Heu, und ich hätte eine gutgebogene Sichel und auch du hättest eine solche: daß wir uns versuchten an der Arbeit, nüchtern bis spät ins Dunkel, und Gras wäre vorhanden; oder auch Rinder wären anzutreiben, die nur immer die besten wären: rotbraune, große, beide vom Grase sattgefressen, gleichaltrige, gleich stark im Ziehen, und ihre Kraft wäre unerschöpflich, und da wäre ein Viermorgenstück und die Scholle gäbe nach unter dem Pfluge: dann solltest du mich sehen, ob ich die Furche hinschnitte in einem Zuge! oder auch, es erregte der Kronide von irgendwoher einen Krieg noch heute, und mir wäre ein Schild und auch zwei Speere und eine Haube ganz von Erz, den Schläfen angepaßt: dann solltest du mich sehen, wie ich mich vorn unter die ersten Kämpfer mischte, und würdest nicht Reden führen und mir den Bauch verhöhnen! Doch du bist gar gewalttätig und hast einen unfreundlichen Sinn, und meinst wohl, daß du ein Großer bist und Starker, weil du mit Geringen und mit Untüchtigen umgehst! Doch wenn Odysseus käme und ins väterliche Land gelangte: schnell würden dir diese Türen da, so gar weit sie auch sind, zu enge werden, wenn du dann durch den Torweg hinaus zur Türe fliehen wolltest!»

So sprach er. Da erzürnte Eurymachos noch mehr im Herzen und blickte ihn von unten herauf an und sagte zu ihm die geflügelten Worte:

«Ah! Elender! wahrhaftig, gleich werde ich dir ein Übel vollenden dafür, wie du redest, dreist unter vielen Männern, und nicht zitterst in deinem Mute. Wahrhaftig! der Wein hält dir die Sinne gefangen, oder der Sinn ist dir immer so, daß du windig redest. Oder bist du außer dich geraten, weil du den Landstreicher Iros besiegt hast?»

So sprach er und griff nach der Fußbank. Doch Odysseus setzte sich an den Knien Amphinomos', des Dulichiers, nieder, in Furcht vor Eurymachos. Der aber traf den Weinschenken an die rechte Hand, und dröhnend fiel die Schöpfkanne zu Boden, und er schrie auf und fiel hintenüber in den Staub. Und die Freier schrien durcheinander im den schattigen Hallen, und der eine sah den anderen neben sich an und sagte so:

«Wenn doch der Fremde, während er herumstrich, sonstwo zugrunde gegangen wäre, ehe er hierherkam! dann hätte er uns nicht solchen Lärm gebracht. Jetzt streiten wir der Bettler wegen, und keine Freude wird an dem guten Mahl sein, wenn das Gemeinere die Oberhand hat!»

Da sagte unter ihnen die heilige Gewalt des Telemachos:

«Unselige! rasend seid ihr und verbergt nicht mehr im Mute, daß ihr gegessen und getrunken habt! Einer der Götter reizt euch auf! Doch habt ihr gut gespeist, so geht nach Haus und legt euch nieder, wann das Herz euch treibt. Fortjagen aber will ich keinen.»

So sprach er. Die aber gruben alle die Zähne in die Lippen und staunten über Telemachos, wie kühnlich er geredet hatte. Doch sprach zu ihnen Amphinomos und sagte, der strahlende Sohn des Nisos, des Aretos-Sohns, des Herrschers:

«Freunde! wenn etwas mit Recht gesagt ist, wird keiner darüber zürnen und mit feindseligen Worten schelten! Mißhandelt weder den Fremden, noch irgendeinen anderen der Diener, die in den Häusern des göttlichen Odysseus sind! Doch auf! es fülle der Weinschenk die Becher zum Weihguß, daß wir den Weihguß tun und heimgehen und uns niederlegen! Den Fremden lassen wir in den Hallen des Odysseus: mag Telemachos für ihn sorgen! Denn in dessen Haus ist er gekommen.»

So sprach er, und denen allen gefiel das Wort, das er gesprochen. Und es mischte ihnen den Mischkrug Mulios, der Heros, der Herold von Dulichion — ein Diener war er des Amphinomos — und teilte allen zu, an sie herangetreten. Doch sie, nachdem sie den seligen Göttern gespendet hatten, tranken den honigsüßen Wein. Doch als sie den Weihguß getan und getrunken hatten, soviel ihr Herz wollte, schritten sie hin und gingen, sich niederzulegen, ein jeglicher zu seinen Häusern.

NEUNZEHNTER GESANG

Wie Odysseus als Bettler des Abends in der Halle mit Penelope spricht, und die Pflegerin Eurykleia ihn beim Waschen seiner Füße erkennt. Wie Penelope ihm von der Bogenprobe berichtet, die sie den Freiern auferlegen will, und er es gutheißt.

Er aber blieb in der Halle zurück, der göttliche Odysseus, und bedachte den Mord an den Freiern mit Athene. Und alsbald sprach er zu Telemachos die geflügelten Worte:

«Telemachos! es tut not, die kriegerischen Waffen allesamt drinnen zu verwahren und die Freier mit sanften Worten zu bereden, wenn sie sie vermissen und dich danach fragen: ‹Vor dem Rauche habe ich sie verwahrt, denn sie sahen jenen nicht mehr ähnlich, wie sie Odysseus einst zurückließ, als er nach Troja ging, sondern sind entstellt, soweit der Hauch des Feuers reichte. Überdies aber hat mir ein Daimon noch dies Größere in den Sinn gelegt: daß ihr nicht etwa, wenn ihr vom Wein berauscht seid und unter euch einen Streit anhebt, einander verwundet und dem Mahl und der Freite Schande macht! Denn es zieht das Eisen von selbst den Mann an.›»

So sprach er. Und Telemachos gehorchte seinem Vater und rief die Pflegerin Eurykleia heraus und sagte zu ihr:

«Mütterchen! auf! halte mir die Frauen in den Gemächern zurück, bis ich die Waffen des Vaters in der Kammer niederlege, die schönen, die mir der Rauch im Hause ohne Pflege blind macht, seitdem der Vater hinweggegangen, ich aber war noch kindisch. Doch will ich sie jetzt niederlegen, wo der Hauch des Feuers nicht hingelangt.»

Da sagte hinwieder zu ihm die Pflegerin Eurykleia:

«Wenn du doch endlich, Kind! Vernunft annähmest, daß du für das Haus sorgen und alle Güter bewahren könntest! Doch auf! welche soll alsdann mitgehen und dir das Licht tragen? Den Mägden erlaubst du ja nicht, daß sie herauskommen, die dir leuchten könnten.»

Da entgegnete ihr hinwieder der verständige Telemachos:

«Dieser Fremde. Denn ich will nicht dulden, daß der untätig sein soll, der mir ins Kornmaß greift, und ist er auch von weit hergekommen!»

So sprach er. Ihr aber blieb die Rede unbeflügelt, und sie schloß die Türen der wohlbewohnten Hallen. Die beiden aber, Odysseus und sein strahlender Sohn, sprangen auf und trugen die Helme und die gebuckelten Schilde hinein und die gespitzten Lanzen. Vor ihnen

ber machte Pallas Athene, eine goldene Leuchte haltend, ein gar
chönes Licht. Da sagte alsbald Telemachos zu seinem Vater:

«Vater! wahrhaftig! ein großes Wunder sehe ich da mit den
Augen! Überall leuchten mir die Wände der Halle und die schönen
Mittelbalken und die fichtenen Sparren und die nach oben strebenden
Pfeiler vor den Augen, wie von einem brennenden Feuer. Gewiß! es
st ein Gott im Hause, von denen, die den weiten Himmel inne-
haben!»

Da antwortete und sagte zu ihm der vielkluge Odysseus:

«Schweige und halte deinen Gedanken an dich und frage nicht!
Das ist dir die Art der Götter, die den Olympos innehaben. Doch
lege du dich schlafen! Ich werde hierbleiben, damit ich noch die Mägde und deine Mutter reize, sie aber wird jammern und mich nach jedem Einzelnen befragen.»

So sprach er. Und Telemachos schritt durch die Halle, um sich
niederzulegen, unter brennenden Fackeln, in die Kammer, wo er auch
sonst zu ruhen pflegte, wenn über ihn der süße Schlaf kam. Dort
legte er sich auch jetzt und erwartete die göttliche Eos.

Er aber blieb in der Halle zurück, der göttliche Odysseus, und
bedachte den Mord an den Freiern mit Athene. Da kam die umsichtige Penelopeia aus der Kammer, der Artemis ähnlich oder der
goldenen Aphrodite. Ihr setzten sie den Lehnstuhl an das Feuer, auf
dem sie immer zu sitzen pflegte, mit Wirbeln von Elfenbein und
Silber. Den hatte einst der Zimmermann Ikmalios gemacht und einen
Schemel unten angebracht für die Füße, fest mit ihm verbunden, und
darüber war ein großes Fell geworfen. Dort setzte sich alsdann die
umsichtige Penelopeia nieder. Und es kamen die weißarmigen Mägde
aus der Halle und räumten das viele Brot hinweg und die Tische und
Becher, aus denen die übermütigen Männer getrunken hatten, und
warfen das Feuer aus den Feuertöpfen zu Boden und schichteten darauf viel anderes Holz, damit Licht sei und man es warm habe.

Da schalt den Odysseus Melantho zum zweiten Male wieder:

«Fremder! auch jetzt noch machst du dich hier lästig und streichst
die Nacht hindurch im Haus umher und gaffst nach den Weibern?
Auf! geh zur Tür hinaus, Jämmerlicher! und laß dir die Mahlzeit
wohl bekommen! Oder es trifft dich wohl gar ein Feuerbrand, und
du wirst schnell zur Tür hinaus sein!»

Da blickte der vielkluge Odysseus sie von unten herauf an und
sagte zu ihr:

«Unselige! Was fährst du so auf mich ein mit wütigem Sinne?
Wohl weil ich nicht gesalbt bin und bin mit schlechten Kleidern ange-

247

tan am Leibe und weil ich bettele in dem Volk? Die Not bedrängt
mich. So sind einmal die Bettler und die fahrenden Männer! Denn
auch ich bewohnte einst im Wohlstand ein reiches Haus unter den
Menschen und pflegte viel dem Umherstreifenden zu geben, so wie
er war und wessen bedürftig er daherkam. Und Diener hatte ich an
die zehntausend und anderes vieles, wovon man gut lebt und reich
genannt wird. Allein Zeus, der Kronide, hat es hinweggenommen:
er wollte es wohl. Daß darum jetzt nicht einst auch du, Frau, all
deinen Glanz verlierst, mit dem du jetzt prangst unter den Dienerinnen: daß nicht die Herrin irgendwie im Grolle mit dir hart verfahre,
oder Odysseus kommt, denn noch ist ja auch Grund zur Hoffnung.
Doch ist er derart zugrunde gegangen und gibt es für ihn keine
Heimkehr mehr, so ist nun nach dem Willen des Apollon sein Sohn,
Telemachos, ein solcher: dem wird nicht eine in den Hallen verborgen bleiben von den Weibern, wenn sie dreist ist, denn er ist nicht
mehr in dem Alter!»

So sprach er. Da hörte ihn die umsichtige Penelopeia, und sie
schalt die Dienerin, sprach das Wort und benannte es heraus:

«Auf keine Weise, du Freche! Hündin, schamlose! entgeht mir,
wie du ein verwegenes Werk treibst, das dir noch einmal auf dein
Haupt kommt! Wußtest du alles gut doch, da du es von mir selber
hörtest: daß ich den Fremden in meinen Hallen um den Gatten befragen wollte, da ich über und über bekümmert bin.»

Sprach es und sagte zu Eurynome, der Beschließerin, die Rede:

«Eurynome! bringe einen Sessel und ein Fell auf ihm, damit der
Fremde sich setze und ein Wort sage und von mir höre! Ich will ihn
befragen.»

So sprach sie. Die aber brachte gar geschäftig einen gutgeglätteten
Sessel, stellte ihn hin und warf ein Fell darüber. Dort setzte sich alsdann der vielduldende göttliche Odysseus nieder, und es begann
unter ihnen die Reden die umsichtige Penelopeia:

«Fremder! zuerst will ich dich selber dieses fragen: wer und woher
bist du von den Männern? wo ist deine Stadt und wo sind deine
Eltern?»

Da antwortete und sagte zu ihr der vielkluge Odysseus:

«O Frau! keiner der Sterblichen auf der grenzenlosen Erde wird
dich tadeln, denn dein Ruf, wahrhaftig! reicht bis zum breiten Himmel: so wie von einem untadligen König, der in Scheu vor den Göttern unter vielen und starken Männern herrscht und die guten Rechtsweisungen hochhält, und es trägt die schwarze Erde Weizen und
Gerste, beladen sind die Bäume mit Frucht, und es gebären beständig

die Schafe und das Meer gibt Fische dar, wegen der guten Herrschaft, und es gedeihen unter ihm die Männer des Volkes. Darum forsche mich jetzt aus über alles andere in deinem Hause, doch frage nicht nach meinem Geschlecht und meinem väterlichen Lande, daß du mir nicht den Mut noch mehr erfüllst mit Schmerzen, wenn ich daran denke, denn ich bin ein gar Seufzerreicher! Und geht es doch nicht an, daß ich in einem fremden Haus sitze und jammere und wehklage, denn schlimm ist es, zu trauern unterschiedlos immer: daß mich keine von den Mägden schelte — oder auch du selber — und sage, ich segele einher in Tränen, weil mir der Sinn vom Wein beschwert ist!»

Darauf antwortete ihm die umsichtige Penelopeia:

«Fremder! wahrhaftig, meinen Wert, Aussehen und Gestalt haben die Unsterblichen vernichtet, als die Argeier zu Schiff nach Ilion gingen, und mit ihnen ging mein Gatte Odysseus. Wenn jener käme und mein Leben umhegen wollte, mein Ruf wäre größer und schöner so. Jetzt aber härme ich mich ab: so viele Übel hat über mich gebracht der Daimon! Denn so viele auf den Inseln gebieten als die Besten: auf Dulichion und Same und der bewaldeten Zakynthos, und die Ithaka selbst, die gut sichtbare, rings bewohnen: die werben um mich gegen meinen Willen und reiben das Haus auf. Darum gebe ich nichts auf Fremde noch Schutzsuchende noch Herolde, die in dem Dienst des Volkes stehen, sondern, mich nach Odysseus sehnend, schmelze ich dahin in meinem Herzen. Die aber drängen auf die Hochzeit, ich aber wickele ein Knäuel von Listen. Zuerst blies mir der Daimon in den Sinn, ein großes Gewebe aufzustellen in den Hallen und ein Tuch zu weben, ein feines und übermäßiges. Und alsbald sagte ich zu ihnen: ‹Ihr Männer, meine Freier! da denn der göttliche Odysseus tot ist, wartet, so sehr ihr drängt auf meine Hochzeit, bis ich das Tuch vollendet habe, damit mir nicht das Garn umsonst verderbe: als Bahrtuch für den Heros Laertes, wenn ihn das böse Schicksal des stark schmerzenden Todes ergreift — daß keine mich von den Achaierfrauen in dem Volk schelte, wenn er ohne Bahrtuch liegt, der er viel besessen!› So sprach ich, und denen ließ sich der mannhafte Mut bereden. Da wob ich denn des Tages an dem großen Tuch, aber in den Nächten löste ich es wieder, nachdem ich mir Fackeln hingestellt. So trieb ich es unbemerkt drei Jahre und beredete die Achaier. Doch als das vierte Jahr kam, und es kamen herauf die Frühlingszeiten, indessen die Monde schwanden und im Kreislauf viele Tage vollendet wurden — da kamen sie hinzu mit Hilfe der Mägde, der Hündinnen, die nichts kümmert, und faßten mich und schrien auf mich ein mit Worten. So habe ich dieses denn vollendet, und ob ich es auch nicht wollte, unter Zwang. Jetzt aber kann ich der Vermählung nicht entgehen, noch finde ich irgendeinen anderen Rat mehr. Sehr drängen die Eltern, daß ich mich vermähle, unmutig ist der Sohn darüber, wie sie sein Lebensgut verzehren, der zur Erkenntnis kommt, denn schon ist er ein Mann, vollauf im Stande, für das Haus zu sorgen als einer, dem Zeus die volle Kraft verleiht. — Allein, auch so: sage mir dein Geschlecht, von wo du her bist! Denn du bist doch nicht, nach der alten Sage, vom Eichbaum oder auch vom Felsen.»

Da antwortete und sagte zu ihr der vielkluge Odysseus:

«O Frau, ehrwürdige, des Laertes-Sohns Odysseus! so läßt du nicht mehr ab, nach meinem Geschlecht zu fragen? Nun denn, so will ich es dir sagen, und übergibst du mich auch Leiden mehr noch als die, von denen ich ergriffen bin! Denn so geht es, wenn ein Mann von seiner Heimat soviel Zeit entfernt ist wie ich jetzt: viel umgetrieben zu den Städten der Sterblichen, Schmerzen leidend. Allein auch so will ich das sagen, was du mich fragst und wonach du forschest.

Kreta ist ein Land mitten in dem weinfarbenen Meer, ein schönes und fettes, rings umflossen. Darauf sind Menschen viele, unendliche, und neunzig Städte, und die Sprache der einen diese, der anderen jene, gemischt. Darauf sind Achaier und darauf die großherzigen Urkreter, und darauf Kydonen und die dreistämmigen Dorier und die göttlichen Pelasger. Und unter den Städten darauf ist Knossos, die große Stadt, wo Minos als König geherrscht hat, der sich in jedem neunten Jahre vertraut mit dem großen Zeus besprach: meines Vaters Vater, des hochgemuten Deukalion. Deukalion aber erzeugte mich und Idomeneus, den Herrscher. Doch der ging in den geschweiften Schiffen ins Ilische, zusammen mit den Atreus-Söhnen, mir aber ist der berühmte Name Aithon. Der jüngere bin ich im Geschlecht, er aber der ältere und bessere. Dort sah ich den Odysseus und gab ihm Gastgeschenke, denn auch ihn führte die Gewalt des Winds nach Kreta, die ihn, als er nach Troja strebte, am Maleiischen Vorgebirge abgetrieben. Und er legte im Amnisos-Strome an, wo eine Höhle der Eileithyia ist, in einem schwierigen Hafen, und entkam nur mit Mühe den Wirbelstürmen. Da fragte er alsbald nach Idomeneus, nachdem er zur Stadt hinaufgekommen, denn er sei ihm Gastfreund, sagte er, lieb und geehrt. Doch dem war schon die zehnte oder elfte Morgenröte dahingegangen, daß er mit den geschweiften Schiffen hinweg war in das Ilische. Da führte ich ihn zu den Häusern und bewirtete ihn gut und tat ihm mit Sorgfalt Liebes an von dem vielen,

das im Hause war. Und brachte ihm für die anderen Gefährten, die
zugleich mit ihm gekommen waren, aus dem Volke Gerste und funkelnden Wein zusammen und gab es, wie auch Rinder, sie zu opfern, daß sie sich ersättigten in ihrem Mute. Dort blieben zwölf Tage
die göttlichen Achaier, denn es drang ein Nordwind heran, ein großer, und ließ selbst auf dem Lande nicht zu, daß man stehen konnte:
ein harter Daimon hatte ihn erregt. Am dreizehnten aber fiel der
Wind ab, und sie gingen in See.»

Sprach es und reihte viel Trügerisches, dem Wahren ähnlich, aneinander. Ihr aber, als sie es hörte, flossen Tränen, und ihre Haut
schmolz hin. Und wie der Schnee hinschmilzt auf hochstrebenden
Bergen, den der Ostwind hinschmolz, wenn der West ihn herabge-
schüttet, und von dem schmelzenden füllen sich die Flüsse, die strömenden: so schmolzen ihr dahin die schönen Wangen, wie sie die
Träne vergoß, wehklagend um den eigenen Mann, der bei ihr saß.
Den Odysseus aber erbarmte es im Mute, wie sie jammerte, die
eigene Frau, jedoch die Augen standen ihm wie Horn oder Eisen
unbeweglich in den Lidern, und mit klugem Bedacht hielt er zurück
die Tränen. Doch sie, als sie nun ausgenossen die tränenreiche Klage,
antwortete ihm von neuem mit Worten und sagte zu ihm:

«Jetzt, Fremder, denke ich, werde ich dich auf die Probe stellen,
ob du in Wahrheit dort zusammen mit den gottgleichen Gefährten
meinen Gatten in den Hallen bewirtet hast, wie du redest. Sage mir,
mit was für Kleidern er am Leibe bekleidet war und wie er selbst
war, und die Gefährten, die ihm folgten!»

Da antwortete und sagte zu ihr der vielkluge Odysseus:

«Frau! Schwer ist es, einen, der so viel Zeit von uns getrennt ist,
anzusagen: denn schon ist es ihm das zwanzigste Jahr, daß er von
dort aufbrach und von meinem Vaterlande fort ist. Doch will ich
ihn dir sagen, wie er meinem Herzen vorschwebt. Einen Mantel,
einen purpurnen, von Wolle hatte der göttliche Odysseus, einen
doppelten, und es war die Spange ihm von Gold gefertigt mit doppelten Hülsen. Vorn aber war ein Bildwerk: da hielt in seinen Vor-
derläufen ein Hund ein buntgeschecktes Rehkalb, ein zappelndes, in
das er sich verbissen. Das sahen alle insgesamt mit Staunen: wie,
beide von Gold, sich jener in das Rehkalb verbissen hatte und es
würgte, dies aber zu entkommen strebte und mit den Läufen zap-
pelte. Den Leibrock aber sah ich an seinem Leibe, glänzend, wie über
die Schale einer trockenen Zwiebel hin, so zart war er, und leuch-
tend war er wie die Sonne. In Mengen, wirklich! staunten über ihn
die Frauen! Doch noch ein anderes will ich dir sagen, du aber merke

darauf in deinem Sinn — nicht weiß ich, ob Odysseus diese Kleider
schon zu Hause an seinem Leibe trug, oder ob sie ihm von den Gefährten einer gab, als er auf das schnelle Schiff ging, oder wohl auch
ein Gastfreund, da Odysseus immer vielen lieb war, denn wenige
unter den Achaiern waren ihm ähnlich; auch ich gab ihm ein ehernes
Schwert und einen doppelten Mantel, einen schönen, purpurnen, und
einen gesäumten Leibrock, und ließ ihn mit Ehren hinziehen auf dem
gutverdeckten Schiff —: indessen, es folgte ihm auch ein Herold, ein
wenig früher geboren als er selber. Von dem auch will ich dir sagen,
wie er war: rund an den Schultern, dunkelhäutig, ein Krauskopf, Eu-
rybates war sein Name, und es ehrte ihn ausnehmend vor seinen anderen Gefährten Odysseus, da ihm dieser von Herzen zugetan war.»

So sprach er und erregte ihr noch mehr die Lust zur Klage, als sie
die Zeichen erkannte, die Odysseus ihr unumstößlich gewiesen hatte.
Doch als sie nun ausgenossen die tränenreiche Klage, da antwortete
sie ihm mit Worten und sagte zu ihm:

«Jetzt sollst du mir, Fremder, warst du bisher mir mitleidswürdig,
in meinen Hallen lieb und geachtet sein! Denn selber habe ich ihm
diese Kleider gereicht, wie du sie sagst, nachdem ich sie gefaltet
hatte, aus der Kammer, und ich tat die Spange, die schimmernde,
dazu, daß sie für ihn ein Schmuckstück wäre. Ihn aber werde ich
nicht mehr wieder empfangen, daß er nach Hause heimkehrt in sein
väterliches Land! Ist darum doch mit einem schlimmen Schicksal
Odysseus im hohlen Schiff dahingegangen, um das Unglücks-Ilion
zu sehen, das nicht zu nennende!»

Da antwortete und sagte zu ihr der vielkluge Odysseus:
«O Frau, ehrwürdige, des Laertes-Sohns Odysseus! Nicht mehr
zerstöre jetzt deine schöne Haut, noch laß deinen Mut dahinschmel-
zen, um den Gatten jammernd! Zwar tadle ich dich darum nicht:
mag manche doch um einen geringeren Mann jammern, wenn sie
ihn verlor — den Ehegatten, mit dem in Liebe vereint sie Kinder
zeugte — als Odysseus, von dem sie sagen, daß er den Göttern ähnlich sei. Jedoch laß ab von deiner Klage und habe acht auf meine
Rede! Denn unfehlbar will ich dir sagen und nicht verhehlen, daß
ich von der Heimkehr des Odysseus gehört habe, daß er schon nahe
ist, im fetten Gau der Thesprotenmänner, lebendig, und er führt mit
sich viele und edle Kostbarkeiten, die er erbittet rings im Volke.
Doch hat er die geschätzten Gefährten und das gewölbte Schiff verloren in dem weinfarbenen Meere, als er von der Insel Thrinakia
hinwegging, denn es zürnten ihm Zeus wie auch Helios, denn dessen Rinder töteten die Gefährten. Die gingen alle im vielfluten-

Meer zugrunde, doch ihn warf auf dem Kiel des Schiffes die Woge ans Festland, an das Land der Phaiaken, die götternah geboren sind. Die ehrten ihn wie einen Gott in ihrem Herzen und gaben ihm viel und wollten ihn selber unversehrt nach Haus geleiten. Und längst wohl könnte Odysseus hier sein, allein es schien ihm klüger in dem Gemüte, weit über die Erde zu gehen und Güter einzusammeln. Kennt derart Odysseus doch über die Maßen viel Vorteile vor den sterblichen Menschen, da könnte kein anderer Sterblicher mit ihm streiten! So sagte mir der Thesprotenkönig Pheidon und schwur mir selber zu, indem er den Weihguß tat in seinem Hause: es sei ein Schiff in das Wasser gezogen und fahrtbereit seien die Gefährten, die ihn in sein eigenes väterliches Land geleiten sollten. Doch mich sandte er zuvor hinweg, nämlich es traf sich, daß ein Schiff mit Thesprotenmännern abging nach Dulichion, dem weizenreichen. Und er wies mir die Güter, die Odysseus gesammelt hatte: selbst bis ins zehnte Geschlecht noch könnte es den einen um den anderen ernähren, so viele Kostbarkeiten des Herrschers lagen ihm in den Hallen. Und er sagte, daß er nach Dodona gegangen war, damit er aus des Gottes hochbelaubter Eiche den Rat des Zeus vernähme: auf welche Weise er heimkehren möchte in sein väterliches Land, der er schon lange entfernt war, ob nun offen oder heimlich. So ist er denn also heil und wird kommen, ist ganz in der Nähe, und wird nicht mehr lange weit von den Seinen und dem väterlichen Lande fern sein. Doch will ich dir gleichwohl einen Eid darauf leisten! Wisse es Zeus zuerst jetzt, der höchste und beste von den Göttern, und der Herd des untadeligen Odysseus, zu dem ich gelangt bin: wahrhaftig! dieses wird dir alles vollendet werden, wie ich es sage. In diesem gleichen Sonnenumgang wird Odysseus hierher gelangen, noch während dieser Mond abnimmt und der nächste zunimmt.»

Da sagte hinwieder zu ihm die umsichtige Penelopeia:

«Wenn, Fremder, dieses Wort doch vollendet würde! Dann solltest du alsbald Freundlichkeit und viele Geschenke von mir sehen, also daß jeder, der mit dir zusammenträfe, dich glücklich priese. Jedoch mir ahnt im Herzen, so wie es auch sein wird: nicht mehr wird Odysseus nach Hause kommen, noch wirst du ein Geleit erlangen! Denn da sind keine solchen Herren im Hause, wie Odysseus unter den Männern war — wenn er denn je war! — daß sie die Fremden mit Ehren hinweggeleiten wie auch empfangen. — Aber, ihr Mägde! wascht ihn und stellt ein Lager auf: eine Bettstatt und Decken und schimmernde Tücher, daß er gut erwärmt die goldthronende Eos erreiche! Doch morgen in der Frühe badet ihn und salbt ihn, damit er drinnen sitzend bei Telemachos des Mahls gedenke in der Halle. Für den aber um so schlimmer, der ihn von jenen plagt, daß es ihm an das Leben geht! Kein Werk wird er mehr hier zu schaffen haben, und ob er noch so schrecklich zürne! Wie solltest du denn, Fremder! an mir erkennen, ob ich irgend den anderen Frauen überlegen bin an Verstand und umsichtigem Sinn, wenn du struppig, schlecht angetan, in den Hallen speist! Die Menschen sind von kurzer Dauer. Wer selber unhold ist und nur Unholdes weiß, dem wünschen alle Sterblichen Schmerzen für später in seinem Leben, und wenn er tot ist, schmähen sie ihn insgesamt. Doch wer untadelig an sich selbst ist und nur von Untadeligem weiß, von dem tragen die Fremden die Kunde weit umher zu allen Menschen, und viele nennen ihn einen Edlen.»

Da antwortete und sagte zu ihr der vielkluge Odysseus:

«O Frau, ehrwürdige, des Laertes-Sohns Odysseus! Wahrhaftig, Decken und schimmernde Tücher sind mir verhaßt, seitdem ich zuerst Kretas beschneite Berge verlassen habe und davonfuhr auf dem langrudrigen Schiffe. Mag ich denn liegen, so wie ich auch früher schlaflos die Nächte hingebracht! Denn viele Nächte habe ich schon auf unwürdigem Lager zugebracht und auf die gutthronende Eos, die göttliche, gewartet. Auch sind mir nicht Fußwaschungen für die Füße willkommen in dem Gemüte, und keine Frau soll unseren Fuß berühren von denen, die dir im Haus Dienstmägde sind — wenn da nicht irgendeine alte Frau ist, eine bejahrte, die Sorgsames weiß: die schon soviel gelitten hat im Herzen wie ich. Der würde ich es nicht verwehren, daß sie an meine Füße rühre!»

Da sagte hinwieder zu ihm die umsichtige Penelopeia:

«Lieber Fremder! denn noch nie ist ein so verständiger Mann unter den Fremden aus der Ferne, der mir lieber gewesen wäre, in mein Haus gekommen, wie du gar wohlüberlegt alles verständig redest: ja, da ist mir eine alte Frau, die kluge Gedanken im Sinn hat. Die hat ihn, den Unglückseligen, gut gepflegt und hat ihn aufgezogen, nachdem sie ihn in ihren Händen empfing, gleich als die Mutter ihn zu Anbeginn geboren hatte. Die soll dir die Füße waschen, ist sie auch gering an Kräften. — Doch komm, steh auf jetzt, umsichtige Eurykleia! wasche ihn, der im gleichen Alter mit deinem Herrn ist! Auch Odysseus ist vielleicht bereits ein solcher an Füßen und ein solcher an Händen. Denn es altern die Sterblichen schnell im Elend!»

So sprach sie. Da verbarg die Alte das Gesicht in ihren Händen und brach in heiße Tränen aus und sprach das Wort mit Jammern:

«O mir! um dich, Kind! ich Ratlose! Dich hat, wahrhaftig! Zeus über die Maßen gehaßt unter den Sterblichen, der du doch einen Sinn hattest, der die Götter scheut! Hat keiner je doch unter den Sterblichen dem blitzfrohen Zeus so viele fette Schenkel verbrannt und auserlesene Hundertopfer, wie du ihm gegeben, darum betend, daß du in ein von Salben glänzendes Alter gelangen und den strahlenden Sohn aufziehen mögest. Jetzt aber hat er dir allein den Tag der Heimkehr ganz und gar genommen. Vielleicht verhöhnen so auch ihn die Weiber unter den Fremden in der Ferne, wenn er zu jemandes berühmten Häusern kommt, wie dich hier diese Hündinnen allgesamt verhöhnen, von denen du jetzt den Schimpf wie auch die vielen Schmähungen vermeidest, daß du sie dich nicht waschen läßt. Doch mir hat es nicht gegen meinen Willen befohlen die Tochter des Ikarios, die umsichtige Penelopeia. Darum will ich dir die Füße waschen, um Penelopeias selber wie deinetwillen, da mir der Mut im Inneren bewegt ist von Kümmernissen. Doch auf! vernimm das Wort jetzt, das ich sage: schon viele leiderprobte Fremde sind hergekommen, aber noch keinen, sage ich, habe ich so ähnlich gesehen, wie du an Gestalt, an Stimme und an Füßen dem Odysseus ähnlich siehst!»

Da antwortete und sagte zu ihr der vielkluge Odysseus:

«Alte! so sagen alle, die uns beide mit Augen gesehen haben, daß wir einander sehr ähnlich seien, wie du es auch selber wahrgenommen hast und es aussprichst.»

So sprach er. Und die Alte ergriff die Wanne, die hellschimmernde, in der sie die Füße zu waschen pflegte, und goß viel Wasser hinein, kaltes, und schöpfte dann warmes darüber. Doch Odysseus setzte sich von dem Herde weg und wandte sich schnell in das Dunkel, denn ihm ahnte sogleich in dem Gemüte, daß sie, wenn sie ihn anfaßte, die Narbe gewahren und die Dinge offenkundig werden möchten. Sie aber trat heran und begann, ihren Herrn zu waschen, und alsbald erkannte sie die Narbe, die ihm einst ein Eber mit dem weißen Zahn schlug, als er zum Parnaß kam, zu Autolykos und seinen Söhnen, dem edlen Vater seiner Mutter, der ausgezeichnet war unter den Menschen in Diebeskunst und Kunst des Schwörens. Ein Gott selbst hatte es ihm gegeben: Hermes, denn diesem zu Gefallen hatte er die Schenkel verbrannt von Lämmern und jungen Ziegen, und der geleitete ihn freundlich. Allein, es war Autolykos zum fetten Gau von Ithaka gekommen und hatte den neugeborenen Knaben von seiner Tochter vorgefunden. Den legte ihm Eurykleia auf seine Knie, als er das Nachtmahl geendet hatte, und sagte das Wort und benannte es heraus:

«Autolykos! finde selber jetzt den Namen, den du dem lieben Sohn der Tochter gibst. Ist er dir doch ein Vielerflehter!»

Da antwortete ihr Autolykos hinwieder und begann:

«Eidam mein und Tochter! so gebt denn den Namen, den ich sage! Als einer, der ich vielen zürne, bin ich hierher gekommen, Männern und Frauen auf der vielnährenden Erde: darum soll ‹Odysseus›, ‹Zürner›, der Name sein, mit welchem er benannt ist. Ich aber will, wenn er herangewachsen ist und in das große mütterliche Haus kommt: zum Parnaß, wo mir die Güter sind, ihm davon geben und ihn hinwegschicken, daß er sich freue!»

Um dessentwillen war Odysseus gekommen, damit er ihm die prangenden Gaben reiche. Da hießen ihn Autolykos und die Söhne des Autolykos willkommen mit Armen und mit sanften Worten, und Amphitheë, seiner Mutter Mutter, umarmte den Odysseus und küßte ihm das Haupt und die beiden schönen Augenlichter. Und es befahl Autolykos den prangenden Söhnen, daß sie die Mahlzeit richteten, und sie hörten darauf, wie er sie antrieb, und führten auf der Stelle ein Rind herbei, ein männliches, fünfjähriges. Das zogen sie ab und machten sich damit zu schaffen und zerlegten das ganze und zerstückelten es kundig und spießten es auf die Bratspieße und brieten es sorgfältig und verteilten die Anteile. So speisten sie da den ganzen Tag bis zur untergehenden Sonne, und es war für ihr Verlangen an dem gebührenden Mahl kein Mangel. Als aber die Sonne unterging und das Dunkel heraufkam, gingen sie zur Ruhe und empfingen des Schlafes Gabe. Als aber die frühgeborene erschien, die rosenfingrige Eos, schritten sie hin und gingen auf die Jagd, die Hunde sowohl wie auch sie selber, die Söhne des Autolykos, und es ging unter ihnen der göttliche Odysseus. Und sie stiegen das steile Gebirge hinan, das waldbekleidete, des Parnassos und gelangten schnell in die windigen Schluchten. Da traf Helios eben die Fluren, herauf aus dem stillfließenden, tiefströmenden Okeanos. Sie aber gelangten in ein Waldtal, die Pirschenden. Und vor ihnen liefen die Hunde einher und spürten nach Fährten, hinterdrein aber die Söhne des Autolykos, unter ihnen aber ging der göttliche Odysseus nah bei den Hunden und schwang den langschattenden Speer. Da aber lag ein großer Eber in seinem dichten Lager. Dieses durchwehte nicht die Gewalt der feuchtwehenden Winde, noch traf es der leuchtende Helios mit seinen Strahlen, noch durchdrang es der Regen durch und durch, so dicht war es, und darin war vor Blättern eine genugsam reiche Schütte. Da drang von den Männern und den Hunden von allen Seiten zu ihm das Geräusch der Füße, als

sie pirschend herankamen. Und entgegen aus dem Gehölz, hochge-
sträubt den Kamm und Feuer mit den Augen blickend, stellte er sich
ihnen von ganz nahe. Und als erster stürmte Odysseus an, den langen
Speer hochhaltend in der starken Hand, voller Begierde zuzustoßen.
Doch der kam ihm zuvor, der Eber, und schlug ihn über dem Knie und
schöpfte ihm viel hinweg von dem Fleische mit dem Zahne, quer an-
dringend, kam aber nicht bis auf den Knochen des Mannes. Odysseus
aber stieß zu und traf ihn unter die rechte Schulter, und durch und
durch ging des schimmernden Speeres Spitze, und er stürzte klagend
nieder in den Staub und der Lebensmut entfloh ihm. Da machten die
lieben Söhne des Autolykos sich um ihn zu schaffen, die Wunde des
untadeligen Odysseus aber, des gottgleichen, banden sie kundig ab
und stillten das schwarze Blut mit Besprechungen und gelangten alsbald zu den Wohnungen ihres Vaters. Und nachdem Autolykos und
die Söhne des Autolykos ihn nun gut geheilt und ihm prangende
Gaben gegeben hatten, entließen sie ihn eilends liebreich, sich freuend den Erfreuten, nach Ithaka. Da freuten sich der Vater und die
hehre Mutter über den Heimgekehrten und befragten ihn nach all
und jedem, der Narbe wegen, was ihm widerfahren. Er aber erzählte
ihnen gut, wie ihn auf der Jagd ein Eber mit dem weißen Zahn geschlagen habe, als er zum Parnaß gekommen war mit den Söhnen
des Autolykos.

In diese griff die Alte mit den nach unten gewandten Händen, erkannte sie, als sie darüberstrich, und ließ den Fuß los, daß er herab-
fuhr. Da fiel das Bein in die Wanne, und es erdröhnte das Erz, und
sie neigte sich auf die andere Seite über, und das Wasser ergoß sich
auf die Erde. Sie aber ergriff zugleich Freude und Schmerz in ihrem
Sinne, und die beiden Augen füllten sich ihr mit Tränen und es
stockte ihr die heraufdringende Stimme. Und sie faßte das Kinn des
Odysseus und sagte zu ihm:

«Wahrhaftig! du bist Odysseus, liebes Kind! und doch erkannte
ich dich nicht eher, ehe ich nicht meinen Herrn ganz betastet hatte!»

Sprach es und blickte zu Penelopeia mit den Augen: sie wollte ihr
anzeigen, daß ihr eigener Gatte im Hause wäre. Die aber vermochte
nicht, zu ihr hinzublicken noch es gewahr zu werden, denn Athene
hatte ihr den Sinn abgewendet. Odysseus aber faßte zu und packte
sie mit der Hand, der rechten, an der Kehle und zog sie mit der anderen näher zu sich heran und sagte:

«Mütterchen! warum willst du mich verderben? Du hast mich
selbst genährt an deiner Brust, und jetzt, nachdem ich viele Schmerzen ausgestanden, bin ich im zwanzigsten Jahre in das väterliche

Land gekommen. Doch da du es gewahrtest und ein Gott hat es dir in den Sinn gelegt: schweige! damit es kein anderer in den Hallen erfahre. Denn so sage ich es heraus, und dieses wird auch vollendet werden: wenn denn ein Gott durch mich die erlauchten Freier überwältigt, so werde ich, und bist du auch meine Amme, vor dir nicht innehalten, wenn ich die anderen dienenden Frauen in meinen Hallen töten werde!»

Da sagte hinwieder zu ihm die umsichtige Eurykleia:

«Mein Kind! welch Wort entfloh dem Gehege deiner Zähne! Du weißt doch, wie mir die Seelenkraft beständig ist und nicht zu beugen. Fest werde ich sein wie ein harter Stein oder wie Eisen! Doch etwas anderes will ich dir sagen, du aber lege es dir in den Sinn: wenn denn durch dich ein Gott die erlauchten Freier überwältigt, dann will ich dir die Frauen in den Hallen herzählen, die dich mißachten und die schuldlos sind!»

Da erwiderte und sagte zu ihr der vielkluge Odysseus:

«Mütterchen! was willst du mir diese verkünden? Du brauchst es nicht! Recht werde ich auch selber eine jede bemerken und sie kennen. Aber bewahre du die Rede in Schweigen und überlasse es den Göttern!»

So sprach er. Da ging die Alte hinaus durch die Halle, um Fußwasser zu holen, denn das erste war verschüttet alles. Doch als sie ihn gewaschen und glattgesalbt hatte mit dem Öle, zog Odysseus den Sessel wieder näher an das Feuer, um sich zu wärmen, und verhüllte die Narbe unter seinen Lumpen. Da begann unter ihnen die Reden die umsichtige Penelopeia:

«Fremder! nur dieses Wenige noch will ich dich selber fragen. Denn bald wird Zeit sein für die erquickliche Ruhe, wen da der Schlaf ergreift, der süße, und wäre er noch so bekümmert. Aber mir hat nun gar eine unermeßliche Trauer gebracht der Daimon! Die Tage ergötze ich mich damit, daß ich wehklage, jammere, indessen ich nach meinen Werken schaue und denen der Dienerinnen in dem Hause. Doch wenn die Nacht kommt und alle ergreift die Ruhe, liege ich auf dem Lager, und scharfe Sorgen umdrängen mir das gepreßte Herz und peinigen mich, die Jammernde. Und wie wenn des Pandareos Tochter, die grünliche Nachtigall, schön singt, wenn neu der Frühling heraufgekommen, in den dichten Blättern der Bäume sitzend, und vielfach wechselnd gießt sie hin die vielhallende Stimme, um den Sohn wehklagend, Itylos, den lieben, den sie einst mit dem Erz getötet im Unverstand, den Knaben des Herrschers Zethos — so ist auch mir zwiefach der Mut bewegt hierhin und dorthin: ob ich bei dem Sohne bleibe und unverrückt alles bewahre, meinen Besitz: die Knechte und das hochbedachte große Haus, und scheue das Lager des Gatten und die Nachrede in dem Volke, oder ob ich nunmehr dem als Gatten folge, der als der Beste unter den Achaiern in den Hallen wirbt und bringt unermeßliche Brautgeschenke. Mein Sohn aber, solange er noch kindisch war und leichten Herzens, ließ mich nicht heiraten und des Gatten Haus verlassen. Doch jetzt, wo er nun groß ist und kommt zu dem Maß der Jugendreife, so wünscht er, daß ich wieder heimgehe aus der Halle, unmutig um des Besitzes willen, den die Achaier ihm verzehren. Doch auf! deute mir diesen Traum und höre! Gänse fressen mir in dem Hause, zwanzig, den Weizen aus dem Wasser, und ich erquicke mich an ihnen, sie anzusehen. Da kam vom Berge ein großer Adler mit krummem Schnabel und brach allen den Hals und tötete sie, sie aber lagen zu Hauf hingeschüttet in den Hallen. Er aber flog auf in den göttlichen Äther. Und ich klagte und schluchzte in dem Traume, und es versammelten sich um mich die flechtenschönen Achaierfrauen, wie ich erbärmlich wehklagte, daß mir der Adler die Gänse getötet hatte. Da kam er wieder und setzte sich auf das vorspringende Dach und verwehrte es mir mit menschlicher Stimme und begann: ‹Fasse Mut, Tochter des weitberühmten Ikarios! Kein Traum ist dieses, sondern richtige Wahrheit, die dir vollendet werden wird. Die Gänse sind die Freier, ich aber war dir vordem ein Adlervogel, jetzt aber hinwieder bin ich als dein Gatte gekommen, der ich über die Freier alle ein schmähliches Schicksal bringen werde!› So sprach er. Da ließ der honigsüße Schlaf mich los, und wie ich um mich schaute, sah ich die Gänse in den Hallen den Weizen an dem Troge knabbern, wo auch vorher.»

Da antwortete und sagte zu ihr der vielkluge Odysseus:

«Frau! es ist nicht möglich, davon abweichend den Traum zu deuten, da, wahrlich! dir Odysseus selber gewiesen hat, wie er ihn vollenden wird. Den Freiern aber zeigt sich das Verderben allen miteinander, und es wird keiner dem Tode und den Todesgöttinnen entrinnen!»

Da sagte hinwieder zu ihm die umsichtige Penelopeia:

«Fremder! wahrhaftig, den Träumen ist nicht beizukommen, die Ungeschiedenes reden, und nicht alles geht den Menschen in Erfüllung. Denn zwiefach sind die Tore der wesenlosen Träume. Die einen sind aus Horn gefertigt, die anderen aber von Elfenbein. Und welche nun von den Träumen kommen aus dem gesägten *Elfenbein*, die *äffen rein*, indem sie unerfüllbare Worte bringen. Doch die da ausgehen aus dem geglätteten *Horn*, die sind zur Wahrheit auser-

koren, wenn einer der Sterblichen sie sieht. Mir aber, denke ich, ist nicht von dorther jener schreckliche Traum gekommen. Wirklich! willkommen wäre es mir und dem Sohne! Doch will ich dir noch ein anderes sagen, du aber lege es dir in den Sinn: Schon kommt dieser Morgen mit dem Unglücksnamen, der mich aus des Odysseus Haus entfernen wird. Denn jetzt will ich einen Wettkampf setzen: den mit den Äxten, die jener in seinen Hallen in einer Reihe aufzustellen pflegte, Schiffsrippen gleich, zwölf insgesamt: dann trat er weit zurück und schoß mit dem Pfeil hindurch. Doch jetzt will ich den Freiern diesen Wettkampf auferlegen, und wer am leichtesten mit den Händen den Bogen spannt und schießt mit dem Pfeil durch die zwölf Äxte alle, dem will ich folgen und dies Haus verlassen, das eheliche, gar schöne, voll von Lebensgut, an das ich mich einst noch, denke ich, erinnern werde, sei es auch im Traume.»

Da antwortete und sagte zu ihr der vielkluge Odysseus:

«O Frau, ehrwürdige, des Laertes-Sohns Odysseus! Schiebe diesen Wettkampf nicht mehr hinaus jetzt in den Häusern! Denn eher wird dir der vielkluge Odysseus hierher kommen, ehe diese da — wie sie diesen Bogen, den wohlgeglätteten, auch betasten mögen — die Sehne über ihn spannen und mit dem Pfeil durch das Eisen schießen werden!»

Da sagte hinwieder zu ihm die umsichtige Penelopeia:

«Wenn du doch, Fremder, bei mir in den Hallen sitzen und mich erfreuen wolltest: kein Schlaf würde mir auf die Lider ausgegossen! Doch es ist unmöglich, daß die Menschen immer ohne Schlaf sind, denn die Unsterblichen haben den Sterblichen für jedes Ding sein Teil bestimmt auf der nahrunggebenden Erde. So will ich denn zum oberen Stockwerk hinaufgehen und mich auf das Lager legen, das mir geschaffen ist als ein seufzerreiches, immer befleckt von meinen Tränen, seitdem Odysseus dahinging, um das Unglücks-Ilion zu sehen, das nicht zu nennende. Dort will ich mich niederlegen, du aber lege dich hier in dem Hause nieder, ob du dir nun etwas auf den Boden breitest oder sie stellen dir eine Bettstatt hin.»

So sprach sie und stieg zum oberen Stockwerk hinauf, dem schimmernden, nicht allein: zusammen mit ihr gingen auch die anderen Mägde. Doch als sie ins obere Stockwerk hinaufgestiegen war mit den dienenden Frauen, da weinte sie um Odysseus, den lieben Gatten, bis ihr den Schlaf, den süßen, auf die Lider warf die helläugige Athene.

Wie Odysseus und Penelope, jeder für sich, die Nacht ver-
bringen. Anbruch des nächsten Tages, an dem ein Fest des
Apollon ist, und die Vorbereitungen dazu. Wie der Rinderhirt
Philoitios den Odysseus begrüßt, der Freier Ktesippos nach
ihm einen Kuhfuß wirft und der Seher Theoklymenos den
Tod der Freier voraussieht und das Haus verläßt.

Er aber bettete sich im Vorhaus, der göttliche Odysseus. Zuunterst
breitete er eine ungegerbte Rindshaut aus, darüber aber viele
Felle von Schafen, die die Achaier geschlachtet hatten, Eurynome
aber warf einen Mantel über ihn, als er sich niederlegte. Dort lag
Odysseus und wachte, während er den Freiern Schlimmes sann in
seinem Mute. Da kamen die Frauen aus der Halle, die sich auch sonst
mit den Freiern vereinigten, und ließen sich aus in Lachen und Hei-
terkeit untereinander. Da wurde sein Mut aufgebracht in seiner Brust,
und er überlegte vielfach in seinem Sinne und Gemüte, ob er ihnen
nacheilen und einer jeden den Tod bereiten oder ob er sie mit den
übermütigen Freiern sich noch einmal vereinigen lassen sollte zum
letzten und äußersten Male. Und es bellte ihm das Herz in seinem
Inneren, und wie eine Hündin, über ihren zarten Jungen stehend,
einen Mann anbellt, den sie nicht kennt, und voller Begierde ist zu
kämpfen: so bellte es in seinem Inneren, voll Unmut über die schlimmen Werke. Da schlug er gegen seine Brust und schalt das Herz mit
dem Worte:

«Halte aus, Herz! einst hast du noch Hündischeres ausgehalten an
dem Tage, als mir der Kyklop, der Unbändige in seinem Drange, die
trefflichen Gefährten verzehrte. Du aber hieltest aus, bis dich ein
kluger Einfall aus der Höhle führte, der du schon wähntest, daß du
sterben müßtest!»

So sprach er und schalt sein Herz in der Brust. Da verharrte ihm
das Herz ganz im Gehorsam und hielt aus unablässig. Er selbst aber
wälzte sich bald auf die eine und dann auf die andere Seite. Und
wie wenn ein Mann einen Magen, angefüllt mit Fett und Blut, auf
vielem brennenden Feuer bald auf die eine und dann die andere Seite
wendet und danach verlangt, daß er gar schnell gebraten werde:
so wandte der sich von der einen auf die andere Seite und überlegte,
wie er die Hände an die schamlosen Freier legen sollte: er, der Eine,
an die Vielen. Da trat Athene zu ihm heran, die vom Himmel herab-
gestiegen war, und glich an Gestalt einer Frau, und trat ihm zu
Häupten und sagte zu ihm die Rede:

«Warum wachst du nun wieder, du Unseligster vor allen Männern? Da ist dein Haus, und da ist dir die Frau im Hause und der Sohn, wie jemand sich einen Sohn nur wünschen mag!»

Da antwortete und sagte zu ihr der vielkluge Odysseus:

«Ja, Göttin! dies alles hast du nach Gebühr gesprochen! Allein, da überlegt der Mut mir dies in meinem Sinne: wie ich an die schamlosen Freier die Hände lege, ich, der Eine, sie aber sind immer alle beieinander in dem Hause. Dazu aber überlege ich auch dies Größere in dem Sinne: wenn ich sie mit des Zeus und deiner Hilfe getötet habe, wie kann ich dann entfliehen? Das heiße ich dich bedenken!»

Da sagte hinwieder zu ihm die Göttin, die helläugige Athene:

«Schrecklicher! Vertraut doch mancher auch einem geringeren Gefährten, der sterblich ist und nicht so viele Gedanken weiß. Ich aber bin ein Gott, die ich fort und fort in allen Mühsalen über dich wache. Doch sage ich dir offen heraus: wenn selbst fünfzig Haufen von sterblichen Menschen uns beide umstellt hätten und trachteten uns im Kampf zu töten: auch diesen würdest du die Rinder forttreiben und die fetten Schafe! Darum mag dich auch der Schlaf umfangen! Ist es doch eine Qual, die ganze Nacht schlaflos zu durchwachen. Und wirst du doch nun auftauchen aus den Übeln!»

So sprach sie und goß ihm den Schlaf auf die Augenlider und ging selbst zum Olymp zurück, die hehre unter den Göttinnen. Während ihn der Schlaf ergriff, der gliederlösende, und ihm die Kümmernisse von dem Herzen löste, wachte seine Gattin auf, die Sorgsames wußte, und weinte, auf dem weichen Bette sitzend. Doch als sie sich an Weinen gesättigt hatte in ihrem Gemüte, betete sie zuerst zu Artemis, die hehre unter den Frauen:

«Artemis! Herrin, Göttin! Tochter des Zeus! Möchtest du mir nun doch den Pfeil in die Brust entsenden und mir den Lebensmut nehmen jetzt auf der Stelle! Oder es raffte mich alsbald ein Wirbel auf und davon und trüge mich die dunstigen Pfade hinab und würfe mich in die Mündungen des rückströmenden Okeanos! Und wie einst Wirbelwinde die Töchter des Pandareos emporhoben, denen die Götter die Eltern vernichtet hatten: sie aber blieben als Waisen in den Hallen, und es pflegte sie die göttliche Aphrodite mit Käse und süßem Honig und erquickendem Wein, und Hera gab ihnen vor allen Frauen Aussehen und Verstand, und Größe verlieh ihnen Artemis, die reine, und es lehrte Athene sie herrliche Werke wirken — doch als die göttliche Aphrodite zum hohen Olymp hinaufschritt, um den Mädchen das Ziel der blühenden Hochzeit zu erbitten: zum blitzfrohen Zeus — denn dieser weiß alles gut: das Geschick wie das Miß-

geschick der sterblichen Menschen —, da entrafften Sturmvögel die
Mädchen und gaben sie den verhaßten Rachegöttinnen, daß diese
ihrer warten sollten —: so mögen mich sie, die die olympischen Häuser innehaben, entschwinden lassen, oder es möge mich Artemis
treffen, die flechtenschöne, daß ich, um Odysseus zu sehen, sogar
unter die verhaßte Erde käme und nicht den Sinn eines schlechteren
Mannes erfreuen müßte! Aber das ist noch ein erträgliches Übel,
wenn jemand zwar die Tage über weint und schwer betrübt ist in dem
Herzen, die Nächte ihn aber der Schlaf umfängt — denn der schafft
für alles Vergessen, Gutes wie Schlimmes, wenn er die Augenlider
eingehüllt hat —: mir aber hat der Daimon überdies noch böse
Träume geschickt. Denn auch wieder in dieser Nacht schlief er bei
mir, ihm ähnlich, so wie er war, als er zusammen mit dem Heer
hinwegging. Mein Herz aber freute sich, denn ich meinte nicht, daß
es ein Traum sei, sondern schon die helle Wahrheit.»

So sprach sie, und alsbald kam die goldthronende Eos. Doch ihre,
der Weinenden, Stimme vernahm der göttliche Odysseus. Und er
bedachte sich alsbald, und da erschien es ihm so in seinem Herzen,
als hätte sie ihn schon erkannt und sei herangetreten zu seinem
Haupte. Und er nahm die Decke und die Felle zusammen, in denen
er geschlafen hatte, und legte sie in der Halle auf einem Sessel nieder und trug die Rindshaut zur Tür hinaus und legte sie hin und betete zu Zeus, die Hände erhebend:

«Zeus, Vater! wenn ihr mich nach eurem Willen über das Feste
und über das Feuchte in mein Land geführt habt, nachdem ihr mich
gar sehr in Not gebracht: so möge mir einer von den Menschen, die
wach sind in dem Hause drinnen, sagen ein Wort, hier draußen aber
von Zeus ein anderes Zeichen erscheinen!»

So sprach er und betete. Und es hörte ihn der Berater Zeus und
donnerte alsbald von dem glänzenden Olymp, hoch her aus den
Wolken, und es freute sich der göttliche Odysseus. Das Wort aber
aus dem Hause entfuhr einem Weibe, die in der Nähe mahlte, wo
ihm die Mühlen standen, dem Völkerhirten. An denen waren insgesamt zwölf Frauen emsig beschäftigt, um Gersten- und Weizenmehl
zu bereiten, das Mark der Männer. Da schliefen die anderen, nachdem sie den Weizen vermahlen hatten, diese allein aber feierte noch
nicht, sie war als die Schwächste geschaffen. Die hielt die Mühle an
und sprach das Wort dem Herrn zum Zeichen:

«Zeus, Vater! der du über Götter und Menschen gebietest! Wahrhaftig! da hast du gewaltig gedonnert von dem bestirnten Himmel,
und doch ist nirgendwo eine Wolke! Gewiß gibst du damit jeman-

dem ein Zeichen. Vollende nun auch mir, der Armseligen, das Wort, das ich sage! Mögen die Freier an diesem Tage zum letzten und äußersten Male in den Hallen des Odysseus das liebliche Mahl empfangen, die mir mit herzkränkender Ermattung schon die Knie gelöst haben, um ihnen Mehl zu schaffen! Mögen sie jetzt zum letztenmale speisen!»

So sprach sie. Da freute sich der göttliche Odysseus über das gute Wort wie über den Donner des Zeus: er meinte, er werde es die Frevler büßen lassen.

Da aber versammelten sich die anderen Mägde in den schönen Häusern des Odysseus und zündeten das unermüdliche Feuer auf dem Herde an. Telemachos aber stand von dem Lager auf, der gottgleiche Mann, nachdem er die Kleider angezogen, und legte das scharfe Schwert um die Schulter, band sich unter die glänzenden Füße schöne Sohlen, ergriff die wehrhafte Lanze, gespitzt mit dem scharfen Erze, und ging hin und trat auf die Schwelle und sagte zu Eurykleia:

«Liebes Mütterchen! wie habt ihr den Fremden in dem Hause geehrt? mit Lager und mit Speise? oder liegt er nur so da ohne Pflege? Denn so ist meine Mutter, so klug sie ist: wie es eben trifft, so ehrt sie den einen der sterblichen Menschen, wenn er auch geringer ist, und schickt den Besseren ungeehrt hinweg!»

Da sagte hinwieder zu ihm die umsichtige Eurykleia:

«Beschuldige sie jetzt nicht, Kind, da sie schuldlos ist! Denn er saß und trank den Wein, solange er selber wollte; nach Brot aber, sagte er, hungere ihn nicht mehr, denn sie fragte ihn. Doch als er nun des Lagers und des Schlafs gedachte, befahl sie den Dienerinnen, eine Bettstatt aufzuschlagen. Doch er, wie ein ganz Trübseliger und Unglücklicher, wollte nicht in Betten und in Tüchern schlafen, sondern er schlief auf einer ungegerbten Rindshaut und Schaffellen in dem Vorhaus, doch deckten wir ihn zu mit einem Mantel.»

So sprach sie. Und Telemachos schritt hinaus zur Halle, die Lanze haltend, und es folgten ihm zwei schnelle Hunde. Und er schritt hin und ging zum Markte unter die gutgeschienten Achaier. Sie aber befahl hinwieder den Mägden, die hehre unter den Frauen, Eurykleia, die Tochter des Ops, des Peisenor-Sohnes:

«Angepackt! Ihr da fegt das Haus und eilt euch, und besprengt es und legt Decken auf die gutgefertigten Lehnstühle, purpurne! Ihr wischt mit Schwämmen rings alle Tische ab und reinigt die Mischkrüge und die doppelt gebuchteten Becher, die gefertigten! Ihr da geht nach Wasser zu dem Brunnen und bringt es und kommt eilends wieder! Denn es werden die Freier nicht lange mehr von der Halle fern sein, sondern werden in aller Frühe kommen, da heute ein Festtag ist für alle.»

So sprach sie, die aber hörten gut auf sie und gehorchten. Die einen, zwanzig, gingen zu dem Brunnen mit schwarzem Wasser, die anderen aber machten sich kundig dort im Haus zu schaffen. Und es kamen herein die mannhaften Lohndiener, die spalteten alsbald Holz, gut und kundig. Und es kamen die Frauen vom Brunnen, und es kam hinter ihnen her der Sauhirt und führte drei Masteber herbei, die unter allen die besten waren, und ließ sie innerhalb der schönen Umzäunung weiden. Er selber aber sagte hinwieder zu Odysseus mit sanften Worten:

«Fremder! blicken die Achaier nun mehr auf dich, oder verweigern sie dir die Ehre in den Hallen, wie zuvor?»

Da antwortete und sagte zu ihm der vielkluge Odysseus:

«Wollten doch, Eumaios! die Götter sie büßen lassen für den Schimpf, den diese frech verüben, daß sie in einem fremden Hause frevelhafte Dinge anstiften, und haben ihr gebührendes Teil der Scham nicht!»

So sprachen sie dergleichen miteinander. Da kam Melanthios dicht heran zu ihnen, der Ziegenhirt, der die Ziegen, die unter allen Ziegenherden hervorstachen, den Freiern zum Mahle brachte, und es folgten ihm zwei Hirten. Und er band die Ziegen unter der lautdröhnenden Halle an und sagte selber hinwieder zu Odysseus mit schmähenden Worten:

«Fremder! machst du dich auch jetzt noch hier im Hause lästig, indem du bei den Männern bettelst, und wirst nicht zur Tür hinausgehen? Wir beide werden gewiß nicht mehr auseinanderkommen, denke ich, ehe du nicht meine Hände zu kosten bekommst, da du nicht nach der Ordnung bettelst. Sind doch auch andere Schmäuse unter den Achaiern!»

So sprach er. Der vielkluge Odysseus aber sagte nichts zu ihm, sondern wiegte schweigend sein Haupt, tief über Bösem sinnend. Da kam zu ihnen als dritter Philoitios, der Vogt der Männer, und brachte den Freiern ein unfruchtbares Rind und fette Schafe. Fährmänner hatten sie übergesetzt, die auch andere Menschen geleiten, wenn einer zu ihnen gelangt ist. Und er band das Vieh gut unter der lautdröhnenden Halle an, trat selber aber hinwieder zu dem Sauhirten heran und fragte:

«Wer ist dieser Fremde, der da kürzlich, Sauhirt! in unser Haus gekommen? von welchen Männern rühmt er sich zu sein? Wo ist

sein Geschlecht und seine väterliche Scholle? Der Unglückliche! wahrhaftig, er gleicht an Gestalt einem Könige und Herrscher! Allein, die
Götter bringen die viel umgetriebenen Menschen ins Elend, wenn
sie selbst Königen den Jammer zuspinnen.»

Sprach es, trat zu ihm und bot ihm mit der rechten Hand den
Willkomm und begann und sagte zu ihm die geflügelten Worte:

«Freue dich, Vater, Fremder! möge dir für künftig Segen werden!
jetzt freilich bist du beladen mit vielen Übeln. Zeus Vater! kein
anderer ist grausamer als du unter den Göttern! kein Erbarmen hast
du mit den Männern, nachdem du sie selbst hast entstehen lassen,
daß sie ins Elend geraten und in jammervolle Schmerzen. — Der
Schweiß kam mir, als ich dich sah, und Tränen stiegen mir in die
beiden Augen, denn ich mußte an Odysseus denken, da auch jener,
glaube ich, mit solchen Lumpen angetan umherirrt unter den Menschen, wenn er denn noch lebt und sieht das Licht der Sonne. Doch
wenn er schon tot ist und in des Hades Häusern: weh mir dann um
Odysseus, den untadeligen! der mich, als ich noch klein war, zu den
Rindern geschickt hat in dem Gau der Kephallenen. Jetzt mehren sie
sich unermeßlich, und nicht trägt sonst einem Manne derart Frucht
das Geschlecht der breitstirnigen Rinder. Aber andere befehlen mir,
sie ihnen zuzuführen, um sie zu verspeisen, und sie kümmern sich
nicht um den Sohn in den Hallen, und zittern nicht vor der Heimsuchung der Götter: trachten sie doch schon danach, die Güter des
lange abwesenden Herrn unter sich zu teilen. Mir aber kreist der
Sinn in meiner Brust gar viel um *dieses*: zwar ist es gar schlimm,
solange ein Haussohn da ist, mitsamt den Rindern hinwegzugehen
und in einen Gau von anderen, zu anderen Menschen zu gelangen.
Das aber ist noch ärger, am Ort zu bleiben und Schmerzen zu leiden,
sitzend bei Rindern, über welche andere gebieten! Schon längst wohl
wäre ich auf und davongegangen zu einem anderen der übergewaltigen Könige, denn nicht mehr erträglich sind die Dinge! Allein, noch
denke ich an den Unglückseligen, ob er nicht von irgendwoher kommt
und die Vertreibung der Freiermänner in den Häusern bewerkstelligt.»

Da antwortete und sagte zu ihm der vielkluge Odysseus:

«Rinderhirt! Da du nach keinem geringen noch einem unverständigen Manne aussiehst, und ich auch selbst erkenne, wie in deinem
Sinne Einsicht lebt: deswegen will ich dir sagen und einen großen
Eid darauf schwören! Wisse es Zeus zuerst jetzt von den Göttern
und der gastliche Tisch und der Herd des untadligen Odysseus, zu
welchem ich gekommen bin: wahrhaftig! solange du noch hier bist,

wird Odysseus nach Hause kommen, und du wirst, wenn du willst, mit deinen Augen sehen, wie die Freier erschlagen werden, die hier als Herren gebieten!»

Da antwortete ihm hinwieder der Mann und Rinderhirt, gesetzt über die Rinder:

«Wenn, Fremder, doch Kronion dieses Wort vollenden wollte! Erkennen solltest du dann, wie meine Kraft ist und meine Hände ihr folgen werden!»

Und ebenso betete Eumaios zu allen Göttern, daß der vielverständige Odysseus heimkehren möchte in sein Haus. So sprachen sie dergleichen miteinander.

Die Freier aber wollten dem Telemachos den Tod und den Untergang bereiten. Allein, da kam ihnen zur linken Hand ein Vogel, ein hochfliegender Adler, und hielt eine scheue Taube gepackt. Da sprach Amphinomos in der Versammlung und sagte zu ihnen:

«Freunde! nicht wird uns dieser Plan nach Wunsch ausgehen, der Mord an Telemachos! Aber gedenken wir der Mahlzeit!»

So sprach Amphinomos, und ihnen gefiel die Rede. Und sie kamen in das Haus des göttlichen Odysseus und legten die Mäntel ab auf Sessel und auf Stühle, und schlachteten große Schafe und fette Ziegen, schlachteten fette Schweine und ein Herdenrind, und brieten die Eingeweide und verteilten sie und mischten den Wein in Mischkrügen. Die Becher aber teilte der Sauhirt aus, Brot teilte ihnen Philoitios zu, der Vogt der Männer, in schönen Körben, und den Wein schenkte Melantheus. Die aber streckten die Hände aus nach den bereiten, vorgesetzten Speisen.

Telemachos aber, der kluge Gedanken hegte, ließ den Odysseus drinnen in der gutgebauten Halle bei der steinernen Schwelle niedersitzen, nachdem er dort einen schlechten Stuhl und einen kleinen Tisch hingestellt. Und er stellte ihm von den inneren Teilen Anteile hin und goß Wein in einen goldenen Becher und sagte zu ihm die Rede:

«Da sitze jetzt und trinke den Wein unter den Männern! Die Schmähungen wie auch die Hände von allen Freiern werde ich selber von dir halten, denn dieses ist kein Volkshaus, sondern das Haus des Odysseus, und er hat es für mich erworben. Ihr aber, Freier! enthaltet euch in eurem Mute von Schimpfworten wie auch Gewalttat mit den Händen, damit kein Streit und Hader sich erhebe!»

So sprach er. Da gruben sie alle die Zähne in die Lippen und staunten über Telemachos, wie kühnlich er geredet habe. Aber Antinoos, des Eupeithes Sohn, sagte zu ihnen:

«Wie hart das Wort des Telemachos auch sei, wir wollen es annehmen, Achaier! Sehr hat er uns gedroht in seiner Rede. Zeus hat es nicht zugelassen, der Kronide, sonst hätten wir ihm schon Einhalt geboten in den Hallen, ein so hellautender Redner er auch ist!»

So sprach Antinoos, der aber kümmerte sich nicht um seine Reden.

Da aber führten die Herolde das heilige Hundertopfer der Götter durch die Stadt, und die am Haupte langgehaarten Achaier versammelten sich in dem schattigen Hain des ferntreffenden Apollon.

Als sie aber das obere Fleisch gebraten und von den Spießen gezogen hatten, verteilten sie die Anteile und speisten die herrliche Mahlzeit. Dem Odysseus aber stellten die, die die Arbeit taten, den gleichen Anteil hin, wie sie auch selbst empfingen, denn so befahl es Telemachos, der eigene Sohn des göttlichen Odysseus. Doch ließ Athene die mannhaften Freier sich ganz und gar nicht des herzkränkenden Schimpfs enthalten, damit die Erbitterung noch tiefer in das Herz des Laertes-Sohns Odysseus tauchte.

War da unter den Freiern ein Mann, der Gesetzloses im Sinne hatte, Ktesippos war sein Name, und auf Same bewohnte er die Häuser. Der warb, auf seine unermeßlichen Reichtümer vertrauend, um die Gattin des lange abwesenden Odysseus. Der sagte zu den gewalttätigen Freiern:

«Hört mich, ihr mannhaften Freier, daß ich etwas sage! Längst hat der Fremde, wie es sich gebührt, den gleichen Anteil. Ist es doch nicht schön noch auch gerecht, die Gäste des Telemachos zu schädigen, wer immer da in diese Häuser kommt. Doch auf! so gebe auch ich ihm ein Gastgeschenk, damit er es auch selbst entweder der Magd, die ihm das Bad bereitet, zur Ehrengabe gebe, oder irgendeinem anderen von den Dienern, die in den Häusern des göttlichen Odysseus sind.»

So sprach er und warf einen Kuhfuß mit der derben Hand, den er aus dem Korbe nahm, in dem er lag. Doch Odysseus wich aus, indem er leicht den Kopf zur Seite neigte, und lächelte gar ingrimmig in dem Gemüte. Der aber traf die gutgebaute Wand. Da schalt Telemachos den Ktesippos mit dem Worte:

«Ktesippos! wahrhaftig! das ist gut für dich ausgegangen: du trafst den Fremden nicht, er wich selbst dem Wurf aus. Denn wahrlich! mitten hätte ich dich durchbohrt mit einem Wurf der gespitzten Lanze! und es hätte dir der Vater statt der Hochzeit hier die Bestattung richten mögen! Darum möge keiner mich Ungebührlichkeiten sehen lassen in dem Hause! Denn schon erkenne und weiß ich all und jedes, das Gute und das weniger Gute, vormals aber war ich noch ein Knabe. Doch dulden wir es gleichwohl, diese Dinge mit anzusehen: wie das Vieh geschlachtet und der Wein getrunken und das Brot gegessen wird, denn schwer ist es für Einen, Viele zurückzuhalten. Doch auf! verübt mir nicht mehr schlimme Dinge mit üblem Wollen! Doch begehrt ihr mich selber nunmehr mit dem Erz zu töten: ich wollte lieber auch das — und es wäre viel besser, tot zu sein —, als immer diese schmählichen Werke zu erblicken: die Fremden gestoßen und die dienenden Frauen schmählich herumgezogen in den schönen Häusern!»

So sprach er. Die aber waren alle stumm in Schweigen, und spät erst sagte unter ihnen der Sohn des Damastor Agelaos:

«Freunde! wenn etwas mit Recht gesagt ist, wird keiner darüber zürnen und mit feindseligen Worten schelten. Mißhandelt weder den Fremden noch irgendeinen anderen der Diener, die in den Häusern des göttlichen Odysseus sind! Dem Telemachos aber und seiner Mutter will ich ein Wort zur Güte sagen: ob es ihnen beiden vielleicht im Herzen gefallen möge. Solange euch der Mut in der Brust hoffen konnte, es werde der vielverständige Odysseus in sein Haus heimkehren, solange war es ihr nicht zu verargen, daß sie wartete und die Freier in den Häusern hinhielt, da dieses besser war, daß Odysseus heimkehrte und wieder zurück in sein Haus gelangte. Doch jetzt ist dieses nun offenbar, daß er nicht mehr heimkehrt. Darum auf! setze dich zu deiner Mutter und tue ihr dieses dar: daß sie sich dem vermähle, der der beste Mann ist und der ihr das meiste darreicht, damit du froh mit deinem ganzen väterlichen Erbe schalten mögest, essend und trinkend, sie aber eines anderen Mannes Haus besorge!»

Da antwortete ihm hinwieder der verständige Telemachos:

«Nein, beim Zeus, Agelaos! und bei den Schmerzen meines Vaters, der fern von Ithaka irgendwo entweder zugrunde gegangen ist oder umherirrt: ich halte nicht die Vermählung der Mutter hin, sondern treibe sie, daß sie sich vermähle, mit wem sie will, und will ihr dazu unermeßliche Gaben geben! Doch scheue ich mich, sie gegen ihren Willen mit gewaltsamem Worte aus der Halle zu jagen: möge der Gott dies nicht vollenden!»

So sprach Telemachos. Unter den Freiern aber erregte Pallas Athene ein unauslöschliches Gelächter und verwirrte ihre Gedanken. Da lachten sie auf einmal mit verzerrten Wangen, Blut troff von den Fleischstücken, die sie aßen, ihre Augen füllten sich mit Tränen, und Jammer zog ihnen durch die Seele. Da sprach unter ihnen auch der gottähnliche Theoklymenos:

«Ah, Elende! Was ist da Übles mit euch geschehen? In Nacht gehüllt sind eure Häupter und die Gesichter und unten die Knie, Weh-
geschrei flammt und beträn sind eure Wangen, mit Blut bespritzt
sind die Wände und die schönen Mittelbalken, und voll von Schat-
tenbildern ist das Vortor, voll auch der Hof, die zum Erebos hinab
in das Dunkel streben! Die Sonne aber ist vom Himmel ausgetilgt,
und eine böse Finsternis ist heraufgezogen.»

So sprach er. Die aber lachten alle vergnügt über ihn, und Eurymachos, des Polybos Sohn, begann unter ihnen zu sprechen:

«Von Sinnen ist der Fremde, der von anderswo jüngst herbeige-
kommen! Darum hurtig, ihr Jungen: geleitet ihn aus dem Haus zur
Tür hinaus, daß er zum Markte gehe, da hier drinnen für ihn Nacht
ist!»

Da sagte hinwieder zu ihm der gottähnliche Theoklymenos:

«Eurymachos! nicht heiße ich dich, mir Begleiter mitzugeben! Ich
habe Augen und Ohren und zwei Füße, und es ist der Verstand in
der Brust mir durchaus gut bestellt. Mit deren Hilfe werde ich zur
Tür hinausgehen, da ich sehe, wie ein Unheil auf euch zukommt,
dem keiner entrinnen und entgehen wird von euch Freiern, die ihr
in dem Hause des gottgleichen Odysseus die Männer mißhandelt
und frevle Dinge ins Werk setzt!»

Als er so gesprochen hatte, ging er hinaus aus den wohlbewohnten Häusern und kam zu Peiraios, der ihn freundlich aufnahm. Die
Freier aber sahen alle einander an und suchten den Telemachos zu
reizen, und lachten über seine Gäste. Und so sprach mancher von
den übermütigen jungen Männern:

«Telemachos! so übel wie du ist kein anderer daran mit seinen
Gästen! Da hast du einmal diesen Herumstreicher, an dem sich jeder die Hände abwischt, der auf Brot und Wein aus ist, und weder
fähig zur Arbeit noch zur Gewalt, sondern rein eine Last der Erde.
Doch dieser andere hinwieder ist aufgestanden, um wahrzusagen!
Allein, wenn du mir folgen wolltest — dies würde viel vorteilhafter
sein! —, so werfen wir diese deine Gäste in ein vielrudriges Schiff
und schicken sie zu den Sikelern: dort würden sie dir ein Gebühr-
liches einbringen!»

So sprachen die Freier. Er aber achtete nicht auf ihre Reden, sondern blickte schweigend auf den Vater und wartete immer, wann er
wohl die Hände an die unverschämten Freier legen würde.

Doch sie, die Tochter des Ikarios, die umsichtige Penelopeia, ließ
sich den gar schönen Lehnstuhl der Halle gegenüber stellen und
hörte die Reden von einem jeden der Männer in den Hallen. Da

bereiteten sich diese lachend das Mittagsmahl, das angenehme und herzerfreuende, da sie gar viel geschlachtet hatten. Doch sollte es niemals ein unlieblicheres Nachtmahl geben, wie es ihnen gar bald die Göttin und der gewaltige Mann vorsetzen sollte. Denn sie hatten damit angefangen, das Ungeziemende ins Werk zu setzen.

EINUNDZWANZIGSTER GESANG

Wie Penelope den Freiern den Bogen des Odysseus zur Probe
setzt und diese sich ihn zu spannen bemühen, es aber nicht
vollbringen. Wie sich Odysseus den beiden treuen Hirten Eumaios und Philoitios zu erkennen gibt und den Bogen spannt
und durch die zwölf Äxte schießt.

Ihr aber, der Tochter des Ikarios, der umsichtigen Penelopeia, legte
in den Sinn die Göttin, die helläugige Athene, daß sie den Bogen
den Freiern setzte und das graue Eisen in den Hallen des Odysseus,
als Gerätschaften für den Wettkampf und zum Beginn des Mordens.
Und sie schritt die hohe Stiege hinauf in ihrem Hause und ergriff
den Schlüssel, den gutgebogenen, mit der kräftigen Hand, den schönen, ehernen, und ein Griff von Elfenbein war an ihm. Und sie
schritt hin und ging mit den dienenden Frauen zur Kammer, der zuhinterst im Hause gelegenen. Dort lagen ihr die Kostbarkeiten des
Herrschers: Erz und Gold und vielbearbeitetes Eisen, dort lag auch
der zurückschnellende Bogen, und der Köcher, der pfeilaufnehmende,
und in ihm waren viele seufzerreiche Pfeile. Als Gaben hatte diese
ihm ein Gastfreund gegeben, der ihn in Lakedaimon traf: Iphitos,
Eurytos' Sohn, den Unsterblichen vergleichbar. Die beiden waren in
Messene miteinander zusammengetroffen, im Hause Ortilochos', des
Kluggesonnenen. Ja, dahin war Odysseus wegen einer Schuld gekommen, die ihm die ganze Volksgemeinde schuldete. Denn es hatten Schafe messenische Männer aus Ithaka auf vielrudrigen Schiffen
weggenommen: dreihundert, und zugleich die Hirten. Um derent-
willen war Odysseus auf Gesandtschaft den langen Weg gekommen,
fast noch ein Knabe, denn es hatte ihn entsandt der Vater und die
anderen Alten. Iphitos aber wieder war auf der Suche nach Pferden
die ihm abhanden gekommen waren: zwölf weiblichen, und sie hatten unter sich Maulesel, arbeitsame. Die sollten ihm dann auch zu
Tod und Todesschicksal werden, als er zu des Zeus starkmütigem
Sohn gelangte: dem Manne Herakles, dem Mitschuldigen an ungeheuren Werken, der ihn, den Gastfreund, tötete in seinem Haus, der
Schreckliche, und nicht der Götter Heimsuchung scheute noch den
Tisch: ihn, den er ihm hingestellt. Da tötete er ihn auch selbst und
behielt die starkhufigen Stuten für sich in den Hallen. Diesen nach-
fragend, war Iphitos mit Odysseus zusammengetroffen und hatte
ihm den Bogen gegeben, den vormals der große Eurytos getragen
doch der hinterließ ihn dem Sohne sterbend in den hohen Häusern

hm aber gab Odysseus ein scharfes Schwert und eine wehrhafte
Lanze, zum Beginn der vertrauten Gastfreundschaft. Doch lernten
sie beide nicht bei Tische einander kennen, denn vorher tötete der
Sohn des Zeus den Iphitos, Eurytos' Sohn, vergleichbar den Unsterblichen, der ihm den Bogen gegeben hatte. Doch diesen ergriff
der göttliche Odysseus niemals, wenn er in den Krieg ging auf den
schwarzen Schiffen, sondern als Angedenken an den lieben Gastfreund blieb er immer daselbst liegen in den Hallen. Doch trug er
ihn in seinem eigenen Lande.

Doch als sie nun zu der Kammer dort gekommen war, die göttliche unter den Frauen, da trat sie auf die eichene Schwelle, die einst
der Zimmermann kundig gehobelt und nach der Richtschnur ausgerichtet hatte, und er hatte Pfosten in sie eingelassen und schimmernde Türen davorgesetzt. Und alsbald löste sie den Riemen schnell
von dem Türring, steckte den Schlüssel hinein und stieß, geradehin
mit ihm zielend, die Riegel hinter den Türflügeln zurück nach beiden Seiten. Da dröhnten diese dumpf, wie ein Stier, der auf der
Wiese weidet: so stark dröhnten die schönen Türflügel unter dem
Stoß des Schlüssels und breiteten sich schnell vor ihr auseinander.
Sie aber trat auf die hohe Bühne. Dort standen Truhen, und es
lagen in ihnen die duftenden Gewänder. Dort langte sie in die Höhe
und nahm vom Pflock den Bogen mitsamt dem Behälter, der ihn
rings umgab, der schimmernde. Und setzte sich dort nieder und
legte ihn auf ihre Knie und weinte hellauf, und nahm ihn heraus,
den Bogen des Herrschers. Doch als sie nun ausgenossen die tränenreiche Klage, schritt sie hin und ging zur Halle unter die erlauchten
Freier und hielt den zurückschnellenden Bogen in der Hand und den
Köcher, den pfeilaufnehmenden, und in ihm waren viele seufzerreiche Pfeile. Und ihr zur Seite trugen Dienerinnen einen Kasten, in
dem das Eisen lag, das viele, und das Erz, die Kampfgerätschaften
des Herrschers.

Doch als sie nun zu den Freiern gekommen war, die göttliche
unter den Frauen, trat sie neben den Pfeiler des festgezimmerten
Daches und hielt sich das schimmernde Kopftuch vor die Wangen,
und neben sie trat zu beiden Seiten je eine der sorgsamen Dienerinnen. Und alsbald sprach sie unter den Freiern und sagte die Rede:

«Hört mich, mannhafte Freier, die ihr über dieses Haus herge-
fallen seid mit Essen und Trinken unaufhörlich immer, während der
Mann hinweg ist viele Zeit, und keinen anderen Vorwand der Rede
vermögt ihr euch zu schaffen, als daß ihr begehrt, mich heimzuführ-
en und zur Frau zu nehmen! Doch auf, Freier! da sich denn dieser

Kampfpreis bietet: setzen will ich den großen Bogen des göttlicher
Odysseus, und wer am leichtesten mit den Händen den Bogen
spannt und schießt mit dem Pfeil durch die zwölf Äxte alle, den
will ich folgen und dies Haus verlassen, das eheliche, gar schöne,
voll von Lebensgut, an das ich mich einst noch, denke ich, erinnern
werde, sei es auch im Traume.»

So sprach sie und befahl Eumaios, dem göttlichen Schweinepfleger, daß er den Bogen den Freiern setze und das graue Eisen. Und
weinend empfing ihn Eumaios und setzte ihn zu Boden. Und e
weinte der Rinderhirt drüben an seinem Platze, als er den Bogen
sah des Herrn. Antinoos aber schalt und sprach das Wort und be
nannte es heraus:

«Törichte Bauern! auf das Tägliche nur denkend! Ah! Armselige
Was vergießt ihr beide jetzt die Träne und regt der Frau den Mu
auf in der Brust, der auch sonst der Mut in Schmerzen liegt, da si
verlor den lieben Gatten! Aber sitzt hin und schmaust in Stille ode
geht zur Türe hinaus und weint und laßt den Bogen hier, der
Freiern zum Wettkampf, zum regelrechten! Denn nicht leicht, denk
ich, wird dieser wohlgeglättete Bogen sich spannen lassen! Denn
unter den allen hier ist keiner ein solcher Mann, wie Odysseus war
Ich habe ihn noch selbst gesehen und erinnere mich seiner, wa
aber noch ein kleiner Knabe.»

So sprach er. Doch es war der Mut ihm in der Brust des Glaubens
daß er die Sehne darüber spannen und den Pfeil durch das Eiser
schießen werde. Ja, und sollte, wahrhaftig! doch als erster den Pfei
aus den Händen des untadeligen Odysseus kosten, dem er damal
ständig Unehre antat, in den Hallen sitzend, und alle Gefährte
antrieb. Da aber sagte unter ihnen die heilige Gewalt des Tele
machos:

«Nein! hat mich wahrhaftig Zeus doch toll gemacht, der Kronos
Sohn! Sagt mir die eigene Mutter, die so kluge, daß sie einem an
deren folgen und dies Haus verlassen will, ich aber lache und ver
gnüge mich mit tollem Sinne! Doch auf, Freier! da sich dieser Kampf
preis bietet: eine Frau, wie keine jetzt ist im Achaierlande, nicht i
der heiligen Pylos noch in Argos noch Mykene, noch auf Ithak
selbst noch auf dem schwarzen Festland. Doch wißt ihr dies auc
selber: was muß ich die Mutter preisen! Darum auf! zieht es nic
hin mit Ausflüchten und weigert euch nicht weiter lange dem Span
nen des Bogens, damit wir sehen! Will ich mich doch auch selbe
an dem Bogen versuchen, und spanne ich ihn und schieße mit der
Pfeile durch das Eisen, soll mir die hehre Mutter nicht, mir zu

trübnis, diese Häuser verlassen und zusammen mit einem ande-
n hinweggehen, daß ich zurückbleibe, und bin doch schon fähig,
es Vaters schönes Kampfgerät aufzunehmen!»

Sprach es, und von den beiden Schultern tat er den Mantel, den
urpurnen, nachdem er aufrecht aufgesprungen, und tat das Schwert,
as scharfe, von den Schultern. Zuerst stellte er die Äxte auf, nach-
em er eine Furche für alle durchgezogen, eine einzige, lange, und
chtete sie nach der Richtschnur und stampfte rings die Erde fest.
in Staunen aber faßte alle, als sie es sahen, wie er sie recht nach
er Ordnung aufgestellt, und hatte es zuvor noch nie gesehen. Und
ing und trat auf die Schwelle und versuchte sich an dem Bogen.
reimal erschütterte er ihn, strebend, ihn an sich zu ziehen, dreimal
ber ließ er nach an Gewalt, so sehr er auch darauf hoffte in dem
emüte, die Sehne darüber zu spannen und mit dem Pfeil durch
as Eisen zu schießen. Und hätte ihn wohl nun mit Gewalt gespannt,
ls er ihn zum vierten Male anzog — doch Odysseus winkte ab und
at ihm Einhalt, so sehr er drängte. Und unter ihnen sprach hin-
ieder die heilige Gewalt des Telemachos:

«Nein! werde ich doch auch hinfort schlecht und kraftlos sein!
der ich bin zu jung und vertraue noch nicht auf meine Arme! Doch
uf! die ihr vortrefflicher an Gewalt als ich seid: versucht euch an
em Bogen und laßt uns den Kampf zu Ende bringen!»

Als er so gesprochen hatte, legte er den Bogen von sich auf die
rde, ihn an die gefugten, wohlgeglätteten Türen lehnend, und
endort lehnte er das schnelle Geschoß an den schönen Ring des
ogens und setzte sich wieder zurück auf den Lehnstuhl, von dem
r aufgestanden.

Da aber sagte unter ihnen Antinoos, des Eupeithes Sohn:

«Erhebt euch alle der Reihe nach nach rechts hin, Gefährten! von
em Platze angefangen, von wo man den Wein schenkt!»

So sprach Antinoos, und denen gefiel die Rede. Und als erster
tand Leiodes auf, des Oinops Sohn, der ihnen der Opferschauer
ar und immer bei dem schönen Mischkrug in dem äußersten Win-
el saß. Vermessene Taten waren ihm allein zuwider, und er war
nwillig über alle Freier. Dieser ergriff damals als erster den Bogen
nd das Geschoß, das schnelle, ging hin und trat auf die Schwelle
nd versuchte sich an dem Bogen. Doch spannte er ihn nicht, denn
orher ermüdeten ihm die Hände, als er ihn anzog, die nicht ab-
ehärteten, weichen. Und er sagte unter den Freiern:

«Freunde! ich spanne ihn nicht! ergreife ihn denn auch ein an-
erer! Denn viele Edle wird dieser Bogen zu Schaden bringen an

Mut und Leben. Ist es, wahrhaftig, doch viel besser, tot zu sein, al
zu leben und das zu verfehlen, weswegen wir immer hier zusam
menkommen und es erwarten alle Tage! Jetzt hofft noch manche
in dem Sinne und läßt sich verlangen, Penelopeia heimzuführer
des Odysseus Gattin. Doch wenn er sich an dem Bogen versuche
wird und sehen wird, mag er alsdann um irgendeine andere de
gutgewandeten Achaierfrauen werben, daß er sie mit Brautge
schenken zu erlangen suche. Sie aber möge alsdann dem als Gat
tin folgen, der das meiste darreicht und bestimmt vom Schicksa
kommt.»

So sprach er und legte den Bogen von sich, ihn an die gefugter
wohlgeglätteten Türen lehnend, und ebendort lehnte er das schnell
Geschoß an den schönen Ring des Bogens, und setzte sich wieder zu
rück auf den Lehnstuhl, von dem er aufgestanden war. Antinoo
aber schalt, sprach das Wort und benannte es heraus:

«Leiodes! welches Wort entfloh dem Gehege deiner Zähne, s
ungeheuerlich wie schmerzlich — es bringt mich auf, wenn ich e
höre! —: wenn dieser Bogen die Edelsten zu Schaden bringen so
an Mut und Leben, weil *du* nicht vermögend bist, ihn zu spannen
O nein! nur *dich* hat die hehre Mutter nicht als einen solchen ge
boren, daß du ein Spanner des Bogens und der Pfeile wärest. Doc
werden andere ihn gar bald spannen von den erlauchten Freiern!»

So sprach er und befahl dem Melanthios, dem Ziegenhirten:

«Angepackt! zünde ein Feuer in den Hallen an, Melanthios! un
stelle einen großen Lehnstuhl heran und ein Fell auf ihm. Und bring
eine große runde Scheibe von dem Talg, der in dem Haus ist, dam
wir Jungen ihn anwärmen und einreiben mit dem Fett und uns a
dem Bogen versuchen und den Kampf zu Ende bringen!»

So sprach er. Und Melanthios zündete alsbald das unermüdlich
Feuer an und brachte einen Lehnstuhl und stellte ihn heran un
ein Fell auf ihm, und brachte eine große runde Scheibe von dem Talg
der in dem Haus war. Mit diesem wärmten ihn die jungen Männe
an und versuchten sich. Allein, sie vermochten ihn nicht zu spannen
weit fehlte es ihnen an Gewalt. Aber Antinoos hielt sich noch zurüc
und der gottgleiche Eurymachos, die Führer der Freier: sie ware
an Tüchtigkeit die bei weitem besten.

Es gingen aber aus dem Hause zusammen miteinander beide: de
Rinderhirt und der Schweinepfleger des göttlichen Odysseus, un
ihnen nach ging aus dem Hause er selbst, der göttliche Odysseu
Doch als sie nun vor den Türen draußen und außerhalb des Hof
waren, da begann er und sagte zu ihnen mit sanften Worten:

«Rinderhirt! und du, Schweinepfleger! ein Wort wohl will ich sagen! oder bewahre ich es lieber bei mir? Doch treibt der Mut mich, es zu sagen! Wie würdet ihr es mit Beistand für Odysseus halten, wenn er von irgendwoher käme, so ganz mit einmal, und ein Gott ihn brächte? Würdet ihr den Freiern beistehen oder dem Odysseus? Sprecht, wie es euch Herz und Mut befiehlt!»

Da sagte zu ihm hinwieder der Mann, der über die Rinder gesetzte Rinderhirt:

«Zeus, Vater! wenn du doch diesen Wunsch vollenden wolltest: daß er käme, jener Mann, und es führte ihn ein Daimon! Erkennen solltest du dann, wie meine Kraft ist und meine Hände ihr folgen werden!»

Und ebenso betete Eumaios zu allen Göttern, es möchte der vielverständige Odysseus heimkehren in sein Haus.

Doch als er nun ihren Sinn unfehlbar erkannt hatte, da antwortete er hinwiederum mit Worten und sagte zu ihnen:

«Im Hause ist er selbst schon: ich hier bin es! Nachdem ich Schlimmes viel erduldet, bin ich im zwanzigsten Jahre in das väterliche Land gekommen, und sehe, wie ich euch beiden ersehnt gekommen bin als einzigen von den Knechten. Unter den anderen hörte ich von keinem, daß er gebetet hätte, daß ich wieder zurück nach Hause gelangen möchte! Euch beiden aber will ich die Wahrheit sagen, so wie es sein wird: wenn durch mich ein Gott die erlauchten Freier überwältigt, so werde ich euch beiden Frauen zuführen und Güter verleihen und Häuser, nah dem meinen gebaut, und beide sollt ihr mir alsdann des Telemachos Gefährten und Brüder sein. Doch auf! noch ein anderes deutliches Zeichen will ich vorweisen, daß ihr mich gut erkennt und gewiß seid in dem Gemüte: die Narbe, die mir einst ein Eber mit dem weißen Zahn schlug, als ich zum Parnaß gekommen war mit den Söhnen des Autolykos.»

Als er so gesprochen hatte, streifte er die Lumpen zurück von der großen Narbe. Die beiden aber, als sie sie angesehen und jegliches gut wahrgenommen, weinten, die Arme um den kluggesonnenen Odysseus werfend, und küßten ihm zum Willkomm Haupt und Schultern, und ebenso küßte Odysseus ihre Häupter und ihre Arme. Und da wäre über den Jammernden wohl das Licht der Sonne untergegangen, wenn nicht Odysseus selbst sie zurückgehalten und gesprochen hätte:

«Macht ein Ende mit dem Weinen und Wehklagen! damit keiner es sieht, der aus der Halle kommt, und es auch drinnen sage! Sondern geht, einer nach dem anderen, hinein, und nicht alle zusam-

men, als erster ich, ihr aber hinterdrein! Und dieses sei als Zeichen
ausgemacht: es werden die anderen alle, soviel erlauchte Freier sind,
nicht zulassen, mir den Bogen und den Köcher zu geben. Du aber,
göttlicher Eumaios! trage den Bogen durch das Haus und lege ihn
mir in die Hände, und sage den Frauen, daß sie die dichtgefügten
Türen der Halle schließen mögen. Und wenn eine ein Stöhnen oder
Dröhnen von den Männern drinnen hört in unserem Gehege: daß
sie nicht hervorkomme aus der Tür, sondern still daselbst bei der
Arbeit bleibe! Dir aber, göttlicher Philoitios! trage ich auf, daß du
die Türen von dem Hofe mit dem Verschluß verschließen und schnell
ein Band darüber schlingen mögest!»

Als er so gesprochen hatte, ging er in die wohlbewohnten Häuser,
schritt hin und setzte sich alsdann auf den Stuhl, von dem er aufgestanden. Und herein kamen auch die beiden Knechte des göttlichen Odysseus.

Eurymachos aber wandte nunmehr den Bogen in den Händen hin
und her, ihn anwärmend hüben und drüben, im Schein des Feuers.
Doch vermochte er es auch so nicht, ihn zu spannen, und stöhnte
groß auf in seinem stolzen Herzen und sprach unmutig und sagte
das Wort und benannte es heraus:

«Nein doch! wahrhaftig! Gram mir um mich selbst wie um die
anderen! Doch nicht der Hochzeit wegen klage ich so sehr, obschon
bekümmert. Sind doch noch viele andere Achaierfrauen, teils hier
auf der meerumgebenen Ithaka, teils auch in den anderen Städten.
Allein, daß es uns so sehr an Gewalt gebricht gegen den gottgleichen
Odysseus, daß wir nicht den Bogen spannen können: Schande das,
noch für die Späteren zu erfahren!»

Da sagte hinwieder zu ihm Antinoos, des Eupeithes Sohn:

«Eurymachos! so wird es nicht sein, das siehst du auch selber!
Denn heute ist im Volk das Fest des Gottes, das heilige: wer mag da
Bogen spannen! Aber legt ihn ruhig nieder! Und die Äxte, wenn
wir sie auch alle stehen lassen, wird keiner wegnehmen, denke ich,
der in die Halle des Laertes-Sohns Odysseus kommt. Doch auf! es
fülle der Weinschenk zum Weihguß in die Becher: daß wir den
Weihguß tun und den krummen Bogen niederlegen! Für morgen in
der Frühe aber heißt den Melanthios, den Ziegenhirten, daß er Ziegen bringe, die die weit hervorstechendsten sind unter allen Ziegenherden: daß wir, wenn wir die Schenkel dem Apollon, dem bogen-
berühmten, dargebracht, uns an dem Bogen versuchen und den
Kampf zu Ende bringen!»

So sprach Antinoos, denen aber gefiel die Rede. Und Herolde

gossen ihnen Wasser auf die Hände, und Knaben füllten die Mischkrüge bis zum Rand mit dem Getränke und teilten allen zu zum
Weihguß in die Becher. Doch als sie nun den Weihguß getan und
getrunken hatten, soviel ihr Herz wollte, da sprach unter ihnen mit
listigem Sinn der vielkluge Odysseus:

«Hört auf mich, Freier der hochberühmten Königin! daß ich sage,
was mir der Mut in der Brust befiehlt! Eurymachos aber flehe ich
am meisten an und Antinoos, den gottähnlichen, da er auch dieses
Wort nach Gebühr gesprochen: daß ihr den Bogen jetzt ruhen laßt
und es den Göttern anbefehlt. In der Frühe aber mag der Gott den
Sieg dem geben, wem er will. Doch auf! gebt mir den wohlgeglätteten Bogen, daß ich unter euch Arme und Kraft versuche: ob mir
noch die Stärke ist, wie sie früher war in den gebogenen Gliedern,
oder die Irrsal und die Verwahrlosung sie mir schon zugrunde gerichtet hat.»

So sprach er. Die aber waren alle über die Maßen unwillig: sie
fürchteten, daß er den gutgeglätteten Bogen spannen möchte. Antinoos aber schalt, sprach das Wort und benannte es heraus:

«Ah! Elender du von den Fremden! Ist doch Verstand in dir nicht
der geringste! Bist es zufrieden nicht, daß du in Ruhe unter uns
Übermächtigen dein Mahl hältst und dir nichts abgehen läßt vom
Mahle und hörst unsere Reden und Gespräche? Und hört doch unsere Reden sonst kein anderer Fremder und Bettler! Der Wein sticht
dich, der honigsüße, der da auch andere beschädigt, wer ihn mit
klaffendem Munde nimmt und trinkt nicht das Gebührliche! Wein
hat auch den Kentauren, den hochberühmten Eurytion, zu Schaden
gebracht in der Halle des hochgemuten Peirithoos, als er zu den
Lapithen gekommen war. Der, als ihm die Sinne durch den Wein
beschädigt waren, tat rasend schlimme Dinge in dem Haus des Peirithoos. Und es ergriff die Helden Unmut, und, aufgesprungen,
schleppten sie ihn durch das Vortor zur Tür hinaus, nachdem sie
ihm mit dem erbarmungslosen Erz die Ohren und die Nase abge-
mäht. Doch der, an seinem Sinn beschädigt, ging hin und trug sein
Unheil dumpfsinnigen Mutes. Von daher war den Kentauren und
den Männern Streit bereitet, doch fand er für sich selbst zuerst das
Unheil, der vom Wein beschwerte! So sage ich auch dir ein großes
Weh an, falls du den Bogen spannen möchtest. Denn keinerlei Milde
wirst du in unserem Volke finden, sondern wir werden dich alsogleich in dem schwarzen Schiff zu Echetos, dem Könige, dem Schinder
von allen Sterblichen schicken, dort aber kommst du nicht heil davon.
Aber trinke du in Ruhe und streite nicht mit Männern, Jüngeren!»

Da sagte zu ihm hinwieder die umsichtige Penelopeia:

«Antinoos! nicht schön ist es noch recht, die Gäste des Telemachos zu kränken, wer immer in diese Häuser kommt. Glaubst du, wenn denn der Fremde den großen Bogen des Odysseus spannt, auf seine Hände und auf seine Gewalt vertrauend, daß er mich heimführen und mich zu seiner Gattin machen werde? Dieses denkt er auch selbst wohl nicht in seiner Brust! Möge sich um dessentwillen keiner von euch in seinem Mut bekümmern, während ihr hier schmaust, da dieses sich doch wirklich, wirklich nicht geziemt!»

Da entgegnete ihr hinwieder Eurymachos, des Polybos Sohn:

«Tochter des Ikarios, umsichtige Penelopeia! daß der dich heimführen wird, glauben wir zwar nicht, da es sich wirklich nicht geziemt. Allein, wir scheuen das Gerede von Männern und Frauen, daß nicht einst irgendein anderer, schlechterer der Achaier sage: ‹Freien, wahrhaftig! doch viel geringere Männer um des untadeligen Mannes Gattin und spannen den wohlgeglätteten Bogen nicht! Jedoch ein anderer, ein Bettelmann, der kam herumstreichend und spannte leicht den Bogen und schoß durch das Eisen!› So werden sie sprechen, uns aber wäre dieses eine Schande.»

Da sagte hinwieder zu ihm die umsichtige Penelopeia:

«Eurymachos! unmöglich ist es, daß *die* im guten Ruf stehen in dem Volke, die das Haus eines edlen Manns entehren und es aufzehren! Was achtet ihr dies andere für Schande? Doch dieser Fremde ist gar groß und wohlgebaut und rühmt sich, dem Geschlechte nach der Sohn zu sein von einem guten Vater. Aber auf! gebt ihm den gutgeglätteten Bogen, daß wir sehen! Denn so sage ich heraus, und das wird auch vollendet werden: wenn er ihn spannt und ihm gibt Ruhm Apollon, will ich ihm Mantel und Leibrock, schöne Kleider, antun und ihm einen scharfen Wurfspieß geben, die Wehr vor Hunden und vor Männern, und ein zweischneidiges Schwert, und will ihm unter die Füße Sohlen geben und ihn dahin geleiten, wohin Herz und Mut ihn treibt.»

Da entgegnete ihr hinwieder der verständige Telemachos:

«Meine Mutter! über den Bogen hat von den Achaiern keiner mehr Gewalt als ich, daß ich ihn gebe, wem ich will, und auch verweigere: weder so viele auf der steinigen Ithaka gebieten, noch auch so viele auf den Inseln gegen die pferdenährende Elis hin. Von denen wird keiner mich zwingen gegen meinen Willen, und wollte ich auch ein für allemal dem Fremden diesen Bogen geben, daß er ihn mit sich trüge. Doch gehe du in das Haus hinein und besorge deine eigenen Werke: Webstuhl und Spindel, und befiehl den Dienerinnen daß sie an ihr Werk gehen. Der Bogen wird Sache der Männer sein, aller, jedoch am meisten meine, dem die Gewalt ist in dem Haus.»

Da verwunderte sie sich und schritt zurück ins Haus, denn sie nahm sich die verständige Rede des Sohns zu Herzen. Und ins obere Stockwerk mit den dienenden Frauen hinaufgestiegen, weinte sie alsdann um Odysseus, den lieben Gatten, bis ihr den Schlaf, den süßen, auf die Lider warf die helläugige Athene.

Er aber nahm den krummen Bogen und trug ihn, der göttliche Schweinepfleger. Da schrien die Freier alle in den Hallen auf ihn ein, und so sprach mancher von den übermütigen jungen Männern:

«Wohin trägst du den krummen Bogen, jämmerlicher Sauhirt, Herumtreiber? Bald werden dich bei den Schweinen die schnellen Hunde fressen, einsam, fern von den Menschen — sie, die du genährt hast —, wenn denn Apollon uns gnädig ist und die anderen unsterblichen Götter!»

So sprachen sie. Da legte er ihn, während er ihn trug, dort auf der Stelle nieder, in Furcht, weil viele auf ihn einschrien in den Hallen. Telemachos aber drohte auf der anderen Seite und rief:

«Väterchen! trage den Bogen weiter! sonst geht es dir bald nicht gut aus, wirst du auf alle hören! Daß ich dich, wenn ich auch jünger bin, nicht ins Feld jage, mit Steinen werfend! bin ich doch an Gewalt der Stärkere. Wenn ich doch allen Freiern, soviele in den Häusern sind, so sehr an Händen und Gewalt überlegen wäre! dann würde ich gar bald manch einen übel aus unserem Hause auf den Heimweg schicken, da sie schlimme Dinge ins Werk setzen.»

So sprach er. Die aber lachten alle über ihn vergnügt, die Freier, und ließen von dem harten Zorn gegen Telemachos ab.

Den Bogen aber trug der Sauhirt durch das Haus, trat hin und legte ihn dem kluggesonnenen Odysseus in die Hände. Und rief die Pflegerin Eurykleia heraus und sagte zu ihr:

«Telemachos befiehlt dir, umsichtige Eurykleia! die dicht gefügten Türen der Halle zu verschließen. Und wenn eine ein Stöhnen oder Dröhnen von den Männern drinnen hört in unserem Gehege: daß sie nicht aus der Tür hervorkomme, sondern daselbst still bei der Arbeit bleibe!»

So sprach er, ihr aber blieb die Rede unbeflügelt. Und sie verschloß die Türen der wohlbewohnten Halle. In Schweigen aber sprang Philoitios aus dem Haus zur Tür hinaus und verschloß alsdann die Türen des gutumhegten Hofes.

Es lag aber in der Vorhalle das Tau von einem beiderseits geschweiften Schiff, von Byblos-Bast. Mit diesem band er die Türen zu, und ging selbst hinein, schritt hin und setzte sich alsdann in den Stuhl, von dem er aufgestanden, und blickte auf Odysseus.

Der wandte nunmehr den Bogen hin und her und drehte ihn nach allen Seiten, ihn prüfend hüben und drüben, ob das Horn nicht Bohrwürmer zerfressen hätten, während der Herr abwesend war. Da sah einer den anderen neben sich an und sagte so:

«Wahrhaftig! ein gar diebischer Betrachter ist der des Bogens! hat entweder wohl einen solchen auch bei sich selbst zu Hause liegen oder hat vor, sich einen zu machen. Wie er ihn in den Händen hierhin und dorthin wendet, der im Schlimmen bewanderte Herumstreicher!»

Ein anderer aber hinwieder sagte von den übermütigen jungen Männern:

«Wenn ihm doch soviel Heil begegnen möchte, wie *der* jemals diesen wird spannen können!»

So sprachen die Freier. Doch der vielkluge Odysseus, sobald er den großen Bogen betastet und von allen Seiten betrachtet hatte — wie wenn ein Mann, kundig der Leier und des Gesanges, leicht eine Saite spannt um einen neuen Wirbel und faßt an beiden Seiten den gutgedrehten Darm des Schafes: so ohne Mühe spannte den großen Bogen Odysseus. Und griff und prüfte mit der rechten Hand die Sehne, und sie sang schön unter ihr, einer Schwalbe an Stimme ähnlich. Die Freier aber kam ein großes Weh an, und ihnen allen wechselte die Farbe. Zeus aber donnerte gewaltig und gab ein Zeichen. Da freute sich der vielduldende göttliche Odysseus, daß ihm der Sohn des krummgesonnenen Kronos ein Wunderzeichen schickte. Und er ergriff den schnellen Pfeil, der neben ihm auf dem Tische lag, nackt — die anderen lagen in dem hohlen Köcher: die sollten die Achaier bald erproben —: diesen, nachdem er ihn aufgelegt, faßte er vorn an des Bogens Bügel und zog hinten die Sehne an und am Pfeil die Kerben, daselbst vom Stuhle aus, im Sitzen, und schoß den Pfeil, gradaus gezielt, und verfehlte nicht das oberste Öhr an allen Äxten, und durch und durch fuhr bis hinaus der Pfeil, der erzbeschwerte. Und sagte zu Telemachos:

«Telemachos! Nicht macht der Gast, der in den Hallen sitzt, dir Schande! Nicht habe ich das Ziel verfehlt und nicht mich mit dem Bogen lang gemüht, um ihn zu spannen! Noch ist mir die Kraft beständig: nicht wie die Freier mich mißachten und mich schelten! Nun aber ist es Zeit, auch gleich das Nachtmahl den Achaiern zu bereiten: bei Licht! und alsdann auch sonst Kurzweil zu treiben mit Tanzspiel und Leier, denn dieses sind die Krönungen des Mahles.»

Sprach es und winkte mit den Augenbrauen. Der aber legte sich das scharfe Schwert um, Telemachos, der Sohn des göttlichen Odysseus, und schloß die eigene Hand um die Lanze und trat dicht zu ihm an den Lehnstuhl, gerüstet mit dem funkelnden Erz.

ZWEIUNDZWANZIGSTER GESANG

Der Kampf mit den Freiern.

Er aber entblößte sich von den Lumpen, der vielkluge Odysseus, und sprang auf die große Schwelle, den Bogen haltend und den mit Pfeilen angefüllten Köcher, und schüttete die schnellen Pfeile dort vor den Füßen aus und sagte zu den Freiern:

«Dieser Wettkampf, der regelrechte, ist nun geendet! Jetzt will ich mir hinwieder ein anderes Ziel, auf das noch kein Mann geschossen hat, ausersehen: ob ich es treffe und mir Ruhm verleiht Apollon!»

Sprach es und richtete auf Antinoos den bitteren Pfeil. Ja, da wollte dieser gerade den schönen Becher erheben, den goldenen, doppelt geohrten, und bewegte ihn schon in den Händen, um von dem Wein zu trinken. Mord aber kümmerte ihn nicht in dem Gemüte: wer möchte auch unter schmausenden Männern vermeinen, daß ein einziger unter vielen, und wäre er noch so stark, ihm den schlimmen Tod und das schwarze Todeslos bereiten werde? Da aber traf ihn Odysseus mit dem Pfeil in die Kehle, auf die er gezielt, und bis nach hinten gegenüber drang durch den weichen Hals die Spitze. Der aber neigte sich auf die andere Seite, und der Becher fiel ihm aus der Hand, als er getroffen war, und auf der Stelle kam ihm ein dicker Strahl von Menschenblut aus der Nase, und jäh stieß er den Tisch von sich, an den er mit dem Fuße schlug, und schüttete die Speisen auf die Erde, und Brot und gebratenes Fleisch wurden besudelt. Doch sie, die Freier, lärmten durch die Häuser, wie sie den Mann gefallen sahen, und sprangen erregt im Hause von den Stühlen auf und blickten nach allen Seiten um sich her auf die gutgebauten Wände. Doch da war nirgend ein Schild noch eine wehrhafte Lanze zu ergreifen. Da schalten sie auf Odysseus mit ergrimmten Worten:

«Fremder! arg, daß du auf Männer schießt! An keinen anderen Wettkämpfen nimmst du mehr teil! Jetzt ist dir ein jähes Verderben sicher! Denn jetzt hast du den Mann getötet, der der weit beste war unter den jungen Männern von Ithaka. Dafür werden dich hier die Geier fressen!»

So sprach jeder Mann, da sie wahrhaftig meinten, er habe, ohne es zu wollen, den Mann getötet. Das aber merkten die Toren nicht, wie auch über ihnen allen schon die Schlingen des Verderbens aufgehängt waren. Jedoch der vielkluge Odysseus blickte sie von unten herauf an und sagte zu ihnen:

«Hunde! da meintet ihr, ich würde nicht mehr zurück vom Gau

der Troer nach Hause kehren: daß ihr mir abgeschoren habt das Haus und bei den dienenden Frauen lagt und das Hausrecht bracht und daß ihr, während ich noch selber lebte, warbt um mein Weib, weder die Götter scheuend, die den breiten Himmel innehaben, noch irgendeine Nachrede der Menschen, die hinterdrein entstehen würde! Jetzt sind die Schlingen des Verderbens auch über euch allen aufgehängt!»

So sprach er. Da faßte sie alle die blasse Furcht, und jeder blickte um sich her, wohin er dem jähen Verderben entfliehen könnte. Nur Eurymachos antwortete und sagte zu ihm:

«Wenn du denn wirklich Odysseus, der Ithakesier, bist und bist gekommen, so hast du dieses nach Gebühr gesagt, was alles die Achaier taten: viel Frevelhaftes in den Hallen und viel auf dem Lande. Der aber liegt schon, der an allem schuld war: Antinoos. Denn der hat diese Werke angestiftet, nicht so sehr nach der Hochzeit trachtend und danach begehrend, sondern auf anderes bedacht, was ihm der Kronos-Sohn nicht vollendet hat: daß er in dem Gau von Ithaka, der guterbauten, selber der König wäre und deinen Sohn aus dem Hinterhalt erschlüge. Doch jetzt ist dieser nach Gebühr getötet worden. Du aber schone die Männer deines Volkes! Wir aber wollen hinterdrein alles erstatten in dem Volke, soviel dir ausgetrunken und gegessen wurde in den Hallen, indem wir zur Buße, jeder für sich, den Wert von zwanzig Rindern bringen, und wollen Erz und Gold hingeben, bis daß dein Herz erwarmt sei. Bis dahin ist dir nicht zu verargen, daß du erzürnt bist.»

Da blickte der vielkluge Odysseus ihn von unten herauf an und sagte zu ihm:

«Eurymachos! und wenn ihr mir auch all euer väterliches Erbgut hingeben wolltet, soviel jetzt euer ist, und anderes von irgendwoher hinzutätet: so würde ich auch so meine Hände nicht mehr von dem Morde ruhen lassen, bevor die Freier nicht alle Übertretung abgebüßt. Jetzt steht allein bei euch, ob ihr euch stellt und kämpft oder zu fliehen sucht: wer da dem Tode und den Todesgöttinnen entkommen möchte. Jedoch wird keiner, denke ich, dem jähen Verderben entfliehen können!»

So sprach er. Da lösten sich denen auf der Stelle die Knie und das liebe Herz. Doch Eurymachos begann unter ihnen wieder zum zweitenmale:

«Freunde! denn nicht wird dieser Mann die unberührbaren Hände ruhen lassen, sondern da er den gutgeglätteten Bogen und den Köcher ergriffen hat, wird er von der geglätteten Schwelle aus mit dem

Bogen schießen, bis er uns alle getötet hat. Darum: gedenken wir des
Kampfes! Zieht die Schwerter und haltet die Tische den schnelltöten-
den Pfeilen entgegen! Und dringen wir alle versammelt gegen ihn
an, ob wir ihn von der Schwelle und den Türen stoßen und in die
Stadt kommen können und auf das schnellste der Notruf geschähe.
Dann wird dieser Mann jetzt bald zuletzt mit dem Bogen geschossen
haben!»

Als er so gesprochen hatte, riß er das scharfe Schwert heraus, das
eherne, auf beiden Seiten geschliffene, und sprang auf ihn zu, gewaltig schreiend. Doch er, der göttliche Odysseus, entsandte zugleich
den Pfeil und traf die Brust neben der Warze und heftete ihm das
schnelle Geschoß bis in die Leber. Und aus der Hand ließ er das
Schwert zu Boden fallen, und über einen Tisch hintaumelnd stürzte
er nieder, sich zusammenkrümmend, und schüttete die Speisen auf
den Boden mitsamt dem doppelt gebuchteten Becher und schlug mit
dem Antlitz auf die Erde in der Beklemmung seines Mutes, trat mit
beiden Füßen gegen den Lehnstuhl, daß er schwankte, und Dunkel
ergoß sich über seine Augen.

Da aber sprang Amphinomos auf den ruhmvollen Odysseus zu,
gegen ihn anstürmend, und hatte das scharfe Schwert gezogen: ob
er ihm wohl von den Türen wiche. Doch kam ihm Telemachos zuvor
und traf ihn von hinten mit der erzbeschlagenen Lanze mitten zwischen die Schultern und trieb sie ihm durch die Brust. Und dröhnend
stürzte er und schlug mit dem ganzen Antlitz auf die Erde. Telemachos aber sprang zurück und ließ die langschattende Lanze am
Orte dort in Amphinomos. Denn er fürchtete sehr, es möchte einer der
Achaier, wenn er die langschattende Lanze herauszöge, heranstür-
men und ihn entweder mit dem Schwert durchstoßen oder ihm, während er sich bückte, einen Hieb beibringen. Und er schritt aus und
lief und erreichte gar schnell seinen Vater, und stellte sich dicht neben ihn und sagte zu ihm die geflügelten Worte:

«Vater! nun will ich dir einen Schild und zwei Speere bringen
und eine Haube, ganz aus Erz, die an die Schläfen angepaßt ist, und
will gehen und es mir selber anlegen und anderes dem Sauhirten
und dem Rinderhirten geben. Denn in Rüstung sein, ist besser.»

Da antwortete und sagte zu ihm der vielkluge Odysseus:

«Lauf zu und bringe es, solange mir noch Pfeile da sind, um mich
zu wehren! daß sie mich nicht wegdrängen von den Türen, während
ich allein bin!»

So sprach er. Und Telemachos gehorchte seinem Vater und schritt
hin und ging zur Kammer, wo ihm das herrliche Rüstzeug lag. Dort

nahm er vier Schilde heraus und Lanzen acht und vier Hauben, erzgefügte, bebuscht mit Roßhaar, trug sie und ging und gelangte gar
schnell zu seinem Vater. Und zuerst tauchte er selbst in das Erz rings
mit dem Leibe, und ebenso tauchten die beiden Knechte in das schöne
Rüstzeug und traten auf beiden Seiten neben Odysseus, den kluggesonnenen, vielfältigen Rates.

Doch der, solange ihm Pfeile waren, sich zu wehren, solange zielte
er immer auf einen von den Freiern in seinem Haus und traf ihn. Die
aber fielen dicht gereiht. Als aber dem pfeilschießenden Herrn die
Pfeile ausgegangen waren, lehnte er den Bogen an den Pfosten der
gutgebauten Halle, daß er dort stünde, an die hellschimmernden
Seitenwände, und legte sich selbst den vierfach geschichteten Schild
um die Schultern, setzte die Haube auf das starke Haupt, die gutge-
fertigte, mit dem Roßschweif, und furchtbar nickte der Kamm herab
von oben, und ergriff zwei starke Speere, bewehrt mit Erz.

Eine hochgelegene Seitentür aber war in der gutgebauten Wand,
und es war zuoberst auf der Grundmauer der wohlerstellten Halle
entlang ein Weg dort in den Seitengang, und Flügel hielten sie
verschlossen, gutgefügte. Auf sie befahl Odysseus dem göttlichen
Schweinepfleger achtzuhaben, der in ihrer Nähe stand: es gab zu ihr
nur den einen Zugang. Da aber sprach unter ihnen Agelaos und wies
allen auf die Rede:

«Freunde! möchte nicht einer hinaufsteigen zur Nebentür und es
den Männern des Volkes sagen, und es möchte auf das schnellste der
Notruf geschehen? Dann würde dieser Mann jetzt bald zuletzt mit
dem Bogen geschossen haben!»

Da sagte hinwieder zu ihm Melanthios, der Hirt der Ziegen:

«Das kann nicht sein, Agelaos, Zeusgenährter! Denn schrecklich
dicht dabei sind die schönen Türen zum Hof, und schwer durch-
schreitbar ist die Ausmündung des Seitenganges: auch ein einzelner
Mann könnte alle aufhalten, der streitbar wäre. Doch auf! ich will
euch Rüstzeug aus der Kammer bringen, euch zu bewaffnen! Denn
dort drinnen, denke ich, und nirgend anders, haben das Rüstzeug
hingelegt Odysseus und sein strahlender Sohn!»

Als er so gesprochen hatte, Melanthios, der Hirt der Ziegen, schritt
er zu den Kammern des Odysseus hinauf durch die schmalen Durch-
lässe in dem Männerhause. Dort nahm er zwölf Schilde heraus und
ebensoviele Speere und ebensoviele erzgefügte Hauben, bebuscht mit
Roßhaar, und schritt hin und ging und brachte sie gar schnell den
Freiern und gab sie ihnen. Da lösten sich dem Odysseus die Knie und
das liebe Herz, als er sah, wie sie sich die Rüstungen anlegten und

in den Händen die langen Speere schüttelten, und er sah vor sich
ein schweres Werk. Und sprach alsbald zu Telemachos die geflügelten Worte:

«Telemachos! da erregt doch wirklich in den Hallen eine der Frauen
gegen uns beide schlimmen Krieg, oder auch Melantheus!»

Da entgegnete ihm hinwieder der verständige Telemachos:

«Vater! ich selber habe dieses versehen — und es ist kein anderer
schuldig! — der ich die Türe der Kammer, die dichtgefügte, angelehnt ließ, und dafür fand sich ein nur gar zu guter Späher. Doch
gehe, göttlicher Eumaios! lege die Tür vor an der Kammer und habe
acht, ob es eine der Frauen ist, die dieses tut, oder der Sohn des
Dolios Melantheus, von dem ich es denke.»

So sprachen sie dergleichen miteinander. Doch es ging abermals
zur Kammer Melanthios, der Hirt der Ziegen, um schöne Rüstungen
zu holen. Doch bemerkte es der göttliche Schweinepfleger und sprach
alsbald zu Odysseus, der dicht bei ihm war:

«Zeusentsproßter Laertes-Sohn! reich an Erfindungen, Odysseus!
Wieder geht der abscheuliche Mann da, von dem wir es selber denken, hin zur Kammer! Doch du sage mir untrüglich: soll ich ihn
töten, wenn ich seiner Herr geworden, oder ihn dir hierher bringen,
daß er die Übertretungen abbüße, die vielen, die dieser angestiftet
hat in deinem Hause?»

Da antwortete und sagte zu ihm der vielkluge Odysseus:

«Nun denn! ich und Telemachos, wir werden die erlauchten Freier
festhalten drinnen in den Hallen, so sehr sie auch andrängen mögen.
Ihr beide aber dreht ihm die Füße und die Hände darüber auf den
Rücken und werft ihn in die Kammer und bindet hinter euch die
Türen zu. Und steckt ein geflochtenes Seil an ihm durch, zieht ihn
den hohen Pfeiler hinauf und bringt ihn bis dicht an die Sparren,
daß er, noch lebend, lange harte Schmerzen leide.»

So sprach er, die aber hörten gut auf ihn und gehorchten. Und sie
schritten hin und gingen zu der Kammer und blieben unbemerkt von
dem da drinnen. Ja, da suchte er im hintersten Winkel der Kammer
nach den Rüstungen, die beiden aber stellten sich zu beiden Seiten
an die Pfosten und warteten. Als er über die Schwelle treten wollte,
Melanthios, der Hirt der Ziegen, und trug in der einen Hand einen
schönen Helm und in der anderen einen breiten Schild, einen uralten,
mit Rost befleckten, von Laertes dem Heros, den dieser als junger
Mann zu tragen pflegte — doch da lag er nun, und gelöst waren die
Nähte der Riemen —: da sprangen die beiden hinzu und griffen ihn,
rissen ihn herein an den Haaren und warfen ihn zu Boden auf den

Estrich, während er Kummer litt im Herzen, und banden ihm die
Füße und Arme zusammen mit herzkränkenden Banden, nachdem
sie ihm diese gar gut nach hinten durch und durch hinweggedreht,
wie es befohlen der Sohn des Laertes, der vielduldende göttliche
Odysseus, und steckten an ihm ein geflochtenes Seil durch und zogen
ihn den hohen Pfeiler hinauf und brachten ihn dicht an die Sparren.
Und höhnend sagtest du zu ihm, Sauhirt Eumaios:

«Jetzt wirst du gar wacker, Melantheus! die Nacht durchwachen,
auf weichem Lager gebettet, wie dir zukommt, und es wird dir die
Frühgeborene nicht entgehen, wenn sie von den Strömungen des
Okeanos heraufkommt, die Goldthronende, zu der Zeit, wo du ja
immer den Freiern die Ziegen zuführst, daß sie sich im Haus das
Mahl bereiten!»

So blieb der dort zurück, eingespannt in die verderblichen Bande.
Die beiden aber tauchten in Rüstungen, setzten die schimmernde Tür
davor und schritten hin zu Odysseus, dem kluggesonnenen, vielfältigen Rates. Dort standen sie zornatmend gegeneinander: die einen auf
der Schwelle, die vier, die anderen im Hause drinnen, die vielen und
edlen. Doch es kam nahe zu ihnen heran die Tochter des Zeus,
Athene, dem Mentor gleichend an Gestalt wie auch an Stimme. Und
Odysseus freute sich, als er sie sah, und sagte die Rede:

«Mentor! hilf in der Not und gedenke deines Gefährten, der ich
dir immer Gutes getan! Bist du mit mir doch im gleichen Alter!»

So sprach er; ihm ahnte, daß es die Völkererregerin sei, Athene.
Die Freier aber schrien von drüben her auf sie ein in den Hallen,
und als erster bedrohte sie der Damastor-Sohn Agelaos:

«Mentor! daß dich Odysseus nicht mit Worten bereden möge, gegen die Freier zu kämpfen und ihm selbst zu helfen! Denn so, denke
ich, wird es nach unserem Sinne vollendet werden: wenn wir diese
töten, Vater und auch Sohn, so wirst du alsdann mit diesen getötet
werden, dafür, was du in den Hallen zu tun gedenkst! Mit deinem
eigenen Haupte wirst du es büßen! Doch wenn wir euch eure Kräfte
mit dem Erz genommen haben, so werden wir die Güter, die du hast:
die hier am Ort wie die da draußen, mit denen des Odysseus in eins
zusammentun und werden nicht zulassen, daß deine Söhne in den
Hallen leben, noch daß die Töchter noch auch deine achtbare Gattin in
der Stadt von Ithaka umhergehen!»

So sprach er. Doch Athene erzürnte noch mehr im Herzen und
schalt den Odysseus mit ergrimmten Worten:

«Nicht mehr ist dir, Odysseus, der Drang beständig, noch hast du
irgend Kraft wie damals, als du um die weißarmige Helena, die edel-

gebürtige, neun Jahre mit den Troern kämpftest unablässig immer, und viele Männer in dem schrecklichen Kriege tötetest und durch deinen Rat die weitstraßige Stadt des Priamos eingenommen wurde. Warum jammerst du jetzt, wo du in dein Haus und zu deinen Besitztümern gelangt bist, im Angesicht der Freier darum, daß du streitbar wärest? Doch auf! hierher, Lieber! tritt zu mir und schau mein Werk, daß du siehst, wie Mentor, Alkimos' Sohn, imstande ist, dir unter feindlichen Männern die Wohltaten zu vergelten!»

Sprach es und gab noch nicht ganz den Sieg, der den Umschwung bringt, sondern erprobte noch die Gewalt und die Kraft des Odysseus und seines ruhmvollen Sohnes. Selber aber schwang sie sich zum Dach der rußigen Halle hinauf und saß dort nieder, einer Schwalbe von Ansehen gleichend.

Die Freier aber trieb des Damastor Sohn Agelaos an, und Eurynomos und Amphimedon und Demoptolemos und Peisandros, des Polyktor Sohn, und Polybos, der kluggesonnene, denn die waren von den Freiern die an Tüchtigkeit bei weitem besten, soviele noch lebten und um ihr Leben kämpften. Die anderen hatten schon der Bogen und die dichten Pfeile überwältigt. Da sprach Agelaos zu ihnen und wies allen die Rede:

«Freunde! nun wird dieser Mann die unnahbaren Hände ruhen lassen! Schon ist Mentor von ihm gegangen, nachdem er leere Prahlereien gesprochen, und nur sie sind an den vorderen Türen zurückgeblieben. Darum entsendet nicht alle zugleich die langen Speere, sondern auf! schleudert ihr sechs zuerst, ob Zeus vielleicht es gibt, daß Odysseus getroffen werde und ihr den Sieg gewinnt! Der anderen wegen ist keine Sorge, wenn dieser erst gefallen ist!»

So sprach er. Sie aber warfen alle angespannt die Speere, wie er befohlen hatte, doch diese machte alle Athene zunichte. Von ihnen traf der eine den Pfosten der guterstellten Halle, ein anderer die festgefügte Tür, von einem anderen fuhr der erzbeschwerte Schaft in die Wand. Doch als sie nun die Speere der Freier vermieden hatten, da begann unter ihnen die Reden der vielduldende göttliche Odysseus:

«Freunde! nun möchte ich sagen, daß auch wir in den Haufen der Freier die Speere werfen, die uns zu den früheren Übeln zu töten begehren.»

So sprach er, und sie warfen alle, geradeaus gezielt, ihre scharfen Speere. Da tötete den Demoptolemos Odysseus, den Euryades aber Telemachos, den Elatos der Sauhirt, den Peisandros aber der Mann und Rinderhirt, gesetzt über die Rinder. Da bissen sie alle zugleich mit den Zähnen in den unendlichen Boden, und es wichen die Freier zurück in den hintersten Winkel der Halle. Sie aber sprangen vor und zogen die Lanzen aus den Toten.

Und wieder warfen die Freier angespannt ihre scharfen Speere, die meisten aber machte Athene zunichte. Da traf einer von ihnen den Pfosten der guterstellten Halle, ein anderer die festgefügte Tür, von einem anderen fuhr der erzbeschwerte Schaft in die Wand. Amphimedon aber traf den Telemachos an der Hand, an der Wurzel, sie streifend, und nur die oberste Haut beschädigte das Erz. Ktesippos aber ritzte dem Eumaios über dem Schilde mit der langen Lanze die Schulter, doch flog sie darüber hinweg und fiel zu Boden. Doch die um Odysseus, den kluggesonnenen, vielfältigen Rates, warfen abermals die scharfen Speere in den Haufen der Freier. Da traf hinwieder der Städtezerstörer Odysseus den Eurydamas, Telemachos den Amphimedon und den Polybos der Sauhirt. Den Ktesippos aber traf alsdann der Mann und Rinderhirt, gesetzt über die Rinder, gegen die Brust und rühmte sich über ihn und sagte zu ihm:

«Sohn Frechbolds du! du Freund des Spottens! beileibe nicht mehr künftig dem Unverstande nachgegeben und groß gesprochen, sondern das Wort den Göttern anvertraut, da sie, wahrhaftig! viel stärker sind! Dies dir als Gegengabe für den Kuhfuß, den du dem gottgleichen Odysseus jüngst gegeben, als er in dem Hause bettelte!»

Sprach es, der über die krummhörnigen Rinder gesetzte Rinderhirt. Odysseus aber durchstach den Damastor-Sohn im Nahkampf mit der langen Lanze, Telemachos stach den Euenor-Sohn Leiokritos mit dem Speer mitten in die Weichen, und durch und durch trieb er das Erz, und er stürzte vornüber und schlug auf die Erde mit dem ganzen Antlitz. Da hielt Athene die menschenverderbende Aigis empor, hochher vom Gebälk, und denen wurden die Sinne verstört. Und sie stoben durch die Halle wie Herdenrinder, die eine schillernde Stechfliege anfällt und jagt, in der Zeit des Frühlings, wenn lang die Tage werden. Doch sie, wie Lämmergeier mit gebogenen Klauen, mit krummen Schnäbeln, von den Bergen kommend, auf Vögel stoßen — die streben unter die Wolken geduckt zur Erde, doch jene vernichten sie, auf sie einspringend, und keine Abwehr ist und keine Flucht, und es freuen die Männer sich des Fangs — so stürmten sie durch das Haus und schlugen auf die Freier ein, sich rings im Kreise drehend. Von denen erhob sich ein erbärmliches Gestöhn, als ihre Häupter zerschlagen wurden, und der ganze Boden rauchte von Blut.

Leiodes aber lief auf Odysseus zu und faßte seine Knie und sprach zu ihm flehend die geflügelten Worte:

«Bei deinen Knien flehe ich zu dir, Odysseus! du aber scheue mich und erbarme dich meiner! Denn niemals, sage ich, habe ich einer von den Frauen in den Hallen irgend etwas Vermessenes gesagt oder getan, sondern gebot Einhalt auch den anderen Freiern immer, wenn einer derartiges tat. Doch folgten sie mir nicht, daß sie die Hände von dem Schlimmen ließen. Darum sind sie auch für ihre Freveltaten einem erbärmlichen Schicksal gefolgt. Ich aber, der Opferschauer, der nichts getan hat, soll unter ihnen liegen, denn es ist kein Dank hernach für Wohlgetanes!»

Da blickte ihn der vielkluge Odysseus von unten herauf an und sagte zu ihm:

«Wenn du dich rühmst, daß du bei ihnen der Opferschauer warst, wirst du wohl oft gebetet haben in den Hallen, daß mir das Ende der süßen Heimkehr ferne bleibe, dir aber meine eigene Gattin folgen und Kinder gebären möchte! Darum wirst du auch nicht dem Tod, dem bitter schmerzenden, entrinnen!»

Als er so gesprochen hatte, ergriff er mit der kräftigen Hand ein Schwert, das dalag — das hatte Agelaos von sich zu Boden geworfen, als er getötet wurde —: mit dem schlug er ihn mitten auf den Nacken, und während er noch aufschrie, wurde sein Haupt mit dem Staub vermischt.

Der Sohn des Terpios aber, der Sänger, entging noch der schwarzen Todesgöttin: Phemios, der unter den Freiern sang, gezwungen. Und er trat, in den Händen die helle Leier haltend, heran zur Nebentür und überlegte zwiefach in seinen Sinnen: ob er aus der Halle schlüpfen und sich an den Altar des großen Zeus, des Schirmers des Hofes, setzen sollte, den gutgebauten, auf dem Laertes und Odysseus viele Rinderschenkel verbrannt hatten, oder ob er auf Odysseus zulaufen und bei den Knien zu ihm flehen sollte. Und so schien es ihm, als er sich bedachte, besser zu sein: daß er die Knie ergriffe des Laertes-Sohns Odysseus. Ja, da legte er die gewölbte Leier zur Erde nieder, zwischen dem Mischkrug und dem Lehnstuhl mit Silbernägeln. Und lief selbst hinwieder auf Odysseus zu, ergriff seine Knie und sprach flehend zu ihm die geflügelten Worte:

«Bei deinen Knien flehe ich zu dir, Odysseus! du aber scheue mich und erbarme dich meiner! Selbst wird es dir hinterdrein ein Schmerz sein, wenn du den Sänger tötest, der ich Göttern und Menschen singe! Selbstgelehrt bin ich, und ein Gott hat mir allfältige Sangesbahnen in den Sinn gepflanzt, und ich dünke mir, daß ich vor dir singen könnte wie vor einem Gotte! Darum laß dich nicht verlangen, daß du mir den Hals durchschneidest! Auch Telemachos könnte dies wohl sagen, dein eigener Sohn: daß ich nicht freiwillig und es nicht begehrend immer in dein Haus gekommen bin, um den Freiern bei ihren Mählern zu singen, sondern sie, die viel mehr und stärker waren, haben mich geholt mit Zwang!»

So sprach er. Da hörte ihn die heilige Gewalt des Telemachos und sagte alsbald zu seinem Vater, der dicht dabei war:

«Halte ein und stoße diesen Unschuldigen nicht mit dem Erze nieder! Auch den Herold Medon laß uns bewahren, der für mich immer in unserem Haus gesorgt hat, als ich ein Knabe war: wenn ihn nicht schon Philoitios oder der Sauhirt getötet hat oder er dir in den Weg gekommen, als du im Hause umhergestürmt.»

So sprach er. Da hörte ihn Medon, der Verständiges wußte. Er lag geduckt unter einem Lehnstuhl und hatte sich in die frischabgezogene Haut eines Rinds gehüllt, um der schwarzen Todesgöttin zu entgehen. Und alsbald sprang er unter dem Lehnstuhl hervor, schlüpfte aus des Rindes Rindshaut, lief alsdann zu Telemachos und faßte seine Knie und sprach flehend zu ihm die geflügelten Worte:

«Lieber! da bin ich selbst! Doch du halte ein und sage dem Vater, daß er mich nicht mit Übergewalt mit dem scharfen Erz vernichte, auf die Männer, die Freier ergrimmt, die ihm hinwegschoren immer die Güter in der Halle und dich, die Toren, gar nichts ehrten!»

Da lächelte über ihn der vielkluge Odysseus und sprach zu ihm:

«Fasse Mut! da dieser dich schon gerettet und bewahrt hat: auf daß du erkennst in dem Gemüte und es auch einem anderen sagst, wieviel besser Rechttun ist als Übeltun. Doch geht hinaus zur Türe aus den Hallen und setzt euch entfernt von dem Morden auf den Hof, du und der vielgepriesene Sänger, bis ich im Hause die Arbeit getan habe, die mir obliegt!»

So sprach er. Und die beiden schritten hin, gingen hinweg aus der Halle und setzten sich an den Altar des großen Zeus, nach allen Seiten um sich blickend, immer den Tod erwartend.

Da blickte Odysseus um sich in seinem Hause, ob sich noch einer von den Männern lebend versteckt hielte, um der schwarzen Todesgöttin zu entgehen. Doch sah er sie alle miteinander im Blute und im Staube liegen, viele. Und wie Fische, welche Meerfischer auf den hohlen Strand aus dem grauen Meer mit dem Netz heraufgezogen haben, dem maschenreichen: sie alle aber, nach den Wogen der Salzflut lechzend, sind auf dem Sande ausgeschüttet, und der strahlende Helios hat ihnen die Lebenskraft herausgenommen: so lagen die Freier damals übereinander hingeschüttet. Da sprach zu Telemachos der vielkluge Odysseus:

«Telemachos! auf! rufe mir die Pflegerin Eurykleia, daß ich ihr das Wort sage, das mir in dem Sinne liegt!»

So sprach er. Und Telemachos gehorchte seinem Vater und rüttelte an der Tür und sprach zu der Pflegerin Eurykleia:

«Mache dich auf, hierher! vor Alters geborene Greisin! die du die Aufseherin unserer dienenden Frauen bist in den Hallen. Komm her! es ruft dich mein Vater, daß er etwas sage!»

So rief er. Der aber blieb die Rede unbeflügelt, und sie öffnete die Türen der wohlbewohnten Halle, schritt hin und ging, und Telemachos ging vor ihr her. Da fand sie den Odysseus unter den erschlagenen Toten, von Blut und Schmutz besudelt wie einen Löwen, der da kommt und hat von einem Rinde auf dem Feld gefressen, und die ganze Brust und die Backen auf beiden Seiten sind ihm voll Blut und furchtbar ist er von Angesicht anzusehen: so war Odysseus besudelt an den Füßen und den Händen darüber.

Doch sie, wie sie nun die Toten und das unendliche Blut sah, schickte sich an zu jubeln, da sie ein gewaltiges Werk erblickte. Doch Odysseus hielt sie zurück und tat ihr Einhalt, so sehr es sie drängte. Und begann und sprach zu ihr die geflügelten Worte:

«In deinem Herzen, Alte, freue dich! und halte an dich und juble nicht! Kein frommes Tun ist es, über erschlagene Männer zu frohlocken. Diese hat die Schickung der Götter überwältigt und ihre frevlen Werke. Denn keinen haben sie je geachtet unter den Menschen auf der Erde, nicht gering noch edel, wer auch zu ihnen hingelangte. Darum sind sie durch ihre Vermessenheiten einem schmählichen Schicksal gefolgt. Doch auf! zähle mir die Weiber in den Hallen her: sie, die mich mißachtet haben, und die schuldlos sind!»

Da sagte hinwieder zu ihm seine Pflegerin Eurykleia:

«So will ich dir denn, Kind, die Wahrheit sagen. Fünfzig Weiber sind dir in den Hallen, Dienerinnen, die wir gelehrt haben, Werke zu wirken: Wolle zu krempeln und Dienstbarkeit zu leisten. Von denen haben zwölf insgesamt Schamlosigkeit beschritten, und weder mich geachtet noch auch selbst Penelopeia. Telemachos wuchs erst heran, und es ließ ihn die Mutter nicht über die dienenden Frauen befehlen. Doch auf! ich will ins obere Stockwerk hinaufsteigen, das schimmernde, und es deiner Gattin sagen, über die ein Gott den Schlaf gesandt hat.»

Da antwortete und sagte zu ihr der vielkluge Odysseus:

«Wecke diese noch nicht! doch sage den Frauen, daß sie hierher kommen mögen, die zuvor unwürdige Dinge begangen haben!»

So sprach er. Und die Alte schritt durch die Halle hinaus, um es den Frauen anzusagen und sie zu treiben, daß sie kämen. Er aber rief den Telemachos und den Rinderhirten und den Sauhirten zu sich und sagte zu ihnen die geflügelten Worte:

«Fangt an jetzt, die Toten hinauszutragen, und befehlt es den Weibern! Aber alsdann sollen sie die gar schönen Stühle und die Tische mit Wasser und vieldurchlöcherten Schwämmen säubern. Doch wenn ihr im ganzen Hause Ordnung geschaffen habt, so führt die Mägde aus der guterstellten Halle und haut sie zwischen dem Rundhaus und der untadligen Umfriedung des Hofs mit den langschneidigen Schwertern zusammen, bis ihr ihnen allen den Lebensodem geraubt habt und sie der Aphrodite vergessen, die sie unter den Freiern hatten und sich mit ihnen gesellten heimlich!»

So sprach er. Und es kamen aneinandergedrängt die Frauen alle, schrecklich wehklagend, quellende Tränen vergießend. Zuerst trugen sie die gestorbenen Toten hinaus und legten sie unter der Halle des gutumfriedeten Hofes, dicht aneinander geschichtet, nieder. Odysseus selbst wies sie an und trieb, sie aber trugen sie hinaus, gezwungen. Dann säuberten sie die gar schönen Stühle und die Tische mit Wasser und vieldurchlöcherten Schwämmen. Telemachos aber und der Rinderhirt und der Sauhirt schabten mit Eisen den Boden des festgezimmerten Hauses, die Mägde aber trugen es hinaus und brachten es vor die Türe. Doch als sie in dem ganzen Hause Ordnung geschaffen hatten, da führten sie die Mägde aus der guterstellten Halle, drängten sie zwischen dem Rundhaus und der untadligen Umfriedung des Hofs zusammen in der Enge, von wo keinerlei Entkommen war, und der verständige Telemachos begann unter ihnen zu sprechen:

«Nicht mag ich mit reinem Tode denen den Lebensmut nehmen, welche über mein Haupt und unsere Mutter Schande herabgegossen haben und bei den Freiern die Nacht verbrachten!»

So sprach er und band das Tau von einem schwarzbugigen Schiffe an den großen Pfeiler und zog es rings um das Rundhaus, es in die Höhe spannend, damit keine mit den Füßen an den Boden reichte. Und wie flügelstreckende Drosseln oder Tauben sich in einem Netz verfangen, das aufgestellt ist in einem Busch, wenn sie zu ihrer Ruhestatt streben, jedoch ein bitteres Lager hat sie aufgenommen: so aufgereiht hielten diese ihre Köpfe, und Schlingen waren um alle ihre Hälse, damit sie auf erbärmlichste Weise stürben. Und sie zappelten mit den Füßen, ein weniges nur, nicht gar sehr lange.

Den Melanthios aber führten sie durch das Vortor und in den Hof hinaus und schnitten ihm Nase und Ohren ab mit dem erbarmungslosen Erze und rissen ihm die Schamteile aus: für die Hunde, um sie roh zu fressen, und hieben ihm die Hände und die Füße ab mit ergrimmtem Mute.

Als sie sich dann die Hände und Füße abgewaschen, kamen sie zu Odysseus in das Haus, und es war das Werk vollendet. Der aber sprach zu der Pflegerin Eurykleia:

«Bringe Schwefel, Alte! den Heiler von den Übeln, und bringe mir Feuer, damit ich die Halle durchschwefele! Du aber heiße Penelopeia hierherkommen mit den dienenden Frauen, und treibe alle Mägde im Hause, daß sie kommen.»

Da sagte hinwieder zu ihm seine Pflegerin Eurykleia:

«Ja, mein Kind! dies alles hast du nach Gebühr gesprochen. Doch auf! ich will dir Mantel und Leibrock zur Gewandung bringen, und stehe nicht so von Lumpen umhüllt an den breiten Schultern in den Hallen, man möchte es dir verargen!»

Da antwortete und sagte zu ihr der vielkluge Odysseus:

«Zuerst soll mir jetzt ein Feuer in den Hallen sein!»

So sprach er. Und nicht ungehorsam war seine Pflegerin Eurykleia, und sie brachte Feuer und Schwefel. Und Odysseus durchschwefelte gut die Halle und Haus und Hof.

Die Alte aber hinwieder schritt hinweg durch die schönen Häuser des Odysseus, um es den Frauen anzusagen und sie zu treiben, daß sie kämen. Die aber kamen aus der Halle, Fackeln in den Händen haltend. Und sie umdrängten und begrüßten den Odysseus, und faßten und küßten ihm zum Willkomm Haupt und Schultern und Hände. Ihn aber ergriff ein süßes Verlangen nach Weinen und Jammern, und er erkannte sie in seinen Sinnen alle.

Odysseus und Penelope.

Die Alte aber stieg zum oberen Stockwerk hinauf, frohlockend, um der Herrin zu sagen, daß ihr eigener Gatte im Hause sei, und es hasteten ihre Knie und ihre Füße überstürzten sich. Und sie trat ihr zu Häupten und sagte zu ihr die Rede:

«Wache auf, Penelopeia! liebes Kind! daß du mit deinen Augen siehst, was du ersehnt hast alle Tage! Gekommen ist Odysseus und ins Haus gelangt, und ist er auch erst spät gekommen! und hat erschlagen die mannhaften Freier, die immer sein Haus geschädigt und die Güter verzehrt und den Sohn mit Gewalt behandelt haben.»

Da sagte zu ihr hinwieder die umsichtige Penelopeia:

«Liebes Mütterchen! die Götter haben dich toll gemacht, die es vermögen, unverständig zu machen auch den, der noch so verständig ist, und auch manchen von schlaffem Denken schon zu heilsamem Denken gebracht! Die haben sogar dich beschädigt, und warst doch früher gebührlich in deinem Sinn! Warum verhöhnst du mich, die ich ein Gemüt voll Kummer habe? Um dieses verquer daherzureden, weckst du mich gar aus dem Schlaf, dem süßen, der mich gebunden hielt und mir meine Lider rings umhüllte. Denn einen solchen habe ich noch nicht geschlafen, seitdem Odysseus fortging, um das Unglücks-Ilion zu sehen, das nicht zu nennende. Doch auf! steige jetzt hinunter und gehe zurück zur Halle! Denn wäre eine andere von den Frauen, die ich habe, gekommen, um mir dies zu melden, und hätte mich aus dem Schlaf geweckt: schnell hätte ich sie dafür schlimm hinweggeschickt, daß sie wieder zurück zur Halle ginge! Dich aber schützt davor dein Alter.»

Da sagte hinwieder zu ihr die liebe Pflegerin Eurykleia:

«Gar nicht verhöhne ich dich, liebes Kind! sondern, wahrhaftig! gekommen ist Odysseus und in das Haus gelangt, wie ich es sage: der Fremde, den alle mißachtet haben in den Hallen! Telemachos hat es längst gewußt, daß er im Haus ist, jedoch mit heilsamem Sinn hielt er die Anschläge des Vaters verborgen, bis er die übermütigen Männer für ihre Gewalttat büßen ließe.»

So sprach sie. Da freute sie sich und sprang von dem Bette auf und umschlang die Alte und ließ von den Lidern die Träne fallen. Und begann und sagte zu ihr die geflügelten Worte:

«Auf denn, liebes Mütterchen! so verkünde mir unfehlbar — wenn er denn wirklich ins Haus gelangt ist, wie du redest —: wie er die

Hände an die Freier, die unverschämten, gelegt, der Eine, sie aber
waren immer alle beieinander in dem Hause?»

Da sagte hinwieder zu ihr die liebe Pflegerin Eurykleia:

«Nicht habe ich es gesehen, nicht vernommen, sondern das Stöhnen nur gehört von denen, die erschlagen wurden. Wir aber saßen
im hintersten Winkel in den gutgebauten Kammern, verschüchtert,
und gutgefügte Türflügel hielten sie verschlossen: bis mich endlich
dein Sohn von der Halle rief, Telemachos, denn der Vater schickte
ihn, mich zu rufen. Da fand ich den Odysseus unter den erschlagenen
Toten stehend, die aber bedeckten um ihn her den hartflächigen Boden und lagen einer auf dem anderen: hättest du es gesehen, dir
wäre in dem Mute warm geworden! Jetzt aber sind sie alle an den
Toren des Hofes aufgehäuft, und er durchschwefelt das Haus, das
gar schöne, und hat ein großes Feuer angezündet, und hat mich aus-
geschickt, um dich zu rufen! Aber komm mit! damit ihr beide miteinander das liebe Herz zum Frohsinn führt, nachdem ihr viel Schlimmes erlitten habt! Doch nun ist dieses lange Sehnen ganz erfüllt!
Gekommen ist er selbst, lebendig, zu seinem Herd, und hat auch
dich und den Sohn gefunden in den Hallen! Und die ihm übel getan,
die Freier, die alle hat er es büßen lassen in seinem Hause!»

Da sagte hinwieder zu ihr die umsichtige Penelopeia:

«Liebes Mütterchen! frohlocke noch nicht darüber groß und jubele!
Weißt du doch, wie willkommen in den Hallen er allen erscheinen
würde, und am meisten mir und dem Sohne, den wir zeugten! Jedoch es ist dies Wort nicht wahr, so wie du redest, sondern einer
von den Unsterblichen hat die erlauchten Freier erschlagen, über ihre
Gewalttätigkeit erzürnt, die herzkränkende, und die schlimmen Werke. Denn keinen haben sie je geachtet unter den Menschen auf der
Erde, nicht gering noch edel, wer auch zu ihnen hingelangte. Darum
haben sie für ihre Vermessenheiten Schlimmes erlitten. Aber dem
Odysseus ist die Heimkehr zugrunde gegangen fern von dem Achaierlande, und zugrunde gegangen ist er selber!»

Darauf erwiderte ihr die liebe Pflegerin Eurykleia:

«Mein Kind! welch Wort entfloh dem Gehege deiner Zähne! die
du von dem Gatten, der im Hause ist, am Herde, sagst, niemals
werde er nach Hause kehren! Doch dir ist immer der Mut ungläubig!
Doch auf! noch ein anderes deutliches Zeichen will ich dir nennen:
die Narbe, die ihm einst ein Eber mit dem weißen Zahn schlug. Die
nahm ich wahr, als ich ihn abwusch, und wollte es dir selber sagen.
Doch jener griff mir über den Mund mit seinen Händen und ließ
mich nicht reden in der vielfältigen Klugheit seines Sinnes. Aber

komm mit! und ich will mich selber zum Pfande geben, daß du mich, wenn ich dich betrüge, magst töten in dem kläglichsten Verderben!»

Darauf erwiderte ihr die umsichtige Penelopeia:

«Liebes Mütterchen! schwer ist es für dich, der für immer geborenen Götter Ratschlüsse zu ergründen, so gar vielkundig du auch bist! Doch gleichwohl! gehen wir zu meinem Sohn, damit ich die Männer, die Freier, sehe, die toten, und ihn, der sie getötet hat.»

Als sie so gesprochen hatte, schritt sie von dem oberen Stockwerk hinab. Und das Herz erwog ihr viel, ob sie den eigenen Gatten von fern befragen, oder ob sie zu ihm treten, ihm Haupt und Hände ergreifen und küssen sollte. Doch als sie eingetreten war und die steinerne Schwelle überschritten hatte, da setzte sie sich dem Odysseus gegenüber im Schein des Feuers an der anderen Wand. Der saß an dem großen Pfeiler, zu Boden blickend, und wartete, ob die treffliche Gemahlin ihm etwas sagen werde, wenn sie ihn mit Augen gesehen hätte. Doch sie saß lange stumm. Ein Erstarren war ihr über das Herz gekommen. Und bald schaute sie ihm mit dem Blick ins Antlitz, und konnte ihn dann wieder nicht erkennen, da er schlechte Kleider am Leibe hatte.

Da aber schalt Telemachos und sprach das Wort und benannte es heraus:

«Meine Mutter! böse Mutter! die du einen so abweisenden Sinn hast! Was hältst du dich so entfernt vom Vater und setzest dich nicht zu ihm und befragst ihn mit Worten und erforschst ihn? Würde doch wirklich keine andere Frau so ausdauernden Mutes von ihrem Manne wegstehen, der ihr, nachdem er sich mit vielem Schlimmen abgemüht, im zwanzigsten Jahre in das väterliche Land gelangte! Doch dir ist immer das Herz härter als Stein!»

Da sagte hinwieder zu ihm die umsichtige Penelopeia:

«Mein Kind! der Mut ist mir in der Brust erstarrt, und kein Wort kann ich zu ihm sagen und ihn fragen und ihm gerade ins Antlitz sehen. Doch wenn er wirklich Odysseus ist und ist zu seinem Haus gekommen, so werden wir beide uns ganz gewiß einander auch besser erkennen. Denn es sind uns Zeichen, die nur wir, verborgen vor den anderen, kennen.»

So sprach sie. Da lächelte der vielduldende göttliche Odysseus und sprach schnell zu Telemachos die geflügelten Worte:

«Telemachos! laß die Mutter mich nur in den Hallen auf die Probe stellen! Bald wird sie es auch besser wissen! Jetzt aber, weil ich schmutzig bin und bin mit schlechten Kleidern angetan am Leibe, darum verachtet sie mich und sagt noch nicht, daß ich es bin. — Wir

aber wollen überlegen, wie es am weit besten geschehen möge. Muß
mancher doch, der in dem Volk auch nur einen einzigen Mann erschlagen — einen, dem nicht viele Rächer hernach entstehen — fliehen und die Gesippen und sein väterliches Land verlassen. Wir aber
haben die Stütze der Stadt erschlagen: sie, die unter den jungen
Edlen in Ithaka die weit besten waren. Das heiße ich dich überlegen!»

Da entgegnete ihm hinwieder der verständige Telemachos und
sagte:

«Da siehe du selbst zu, lieber Vater! sagen sie doch, daß dein
Rat bei den Menschen der beste sei, und wird sich doch kein anderer Mann mit dir unter den sterblichen Menschen messen! Wir wollen dir mit Eifer folgen und werden es an Gegenwehr nicht fehlen
lassen, soviel an Kraft uns zu Gebote steht!»

Da antwortete und sagte zu ihm der erfindungsreiche Odysseus:

«So will ich denn sagen, wie es mir scheint, daß es am besten
wäre! Erst einmal wascht euch und bekleidet euch mit Leibröcken
und befehlt den Mägden in den Hallen, daß sie sich Kleider anlegen,
und der göttliche Sänger halte die helltönende Leier und spiele uns
auf zu dem scherzliebenden Tanz, damit man sage, daß Hochzeit
sei, wenn man es draußen hört: ob jemand des Weges entlanggeht,
oder auch jene, die in der Runde wohnen: damit nicht eine weite
Kunde von der Ermordung der Freiermänner in der Stadt früher
aufkomme, ehe wir auf unser Gut, das baumreiche, hinausgegangen.
Dort überlegen wir alsdann, welch einen Vorteil uns der Olympier
gewähren wird.»

So sprach er, und sie hörten gut auf ihn und gehorchten. Erst
wuschen sie sich und legten Leibröcke an, und es machten sich zurecht die Frauen, und der göttliche Sänger ergriff die gewölbte Leier
und erregte unter ihnen die Lust an dem süßen Spiel und dem untadligen Reigen. Und es erdröhnte ihnen rings das große Haus von
den Füßen der Männer, die tanzten, und der schöngegürteten Frau-
en. Und mancher, der es draußen vor den Häusern hörte, sagte so:

«Da hat doch wahrhaftig einer die vielumworbene Königin heimgeführt! Die Schlimme! und sie hat es nicht vermocht, das große
Haus des ehelichen Gatten beständig zu bewahren, bis er gekommen wäre.»

So sprach mancher, das aber wußten sie nicht, was geschehen war.
Den großherzigen Odysseus aber wusch die Beschließerin Eurynome
in seinem Hause und salbte ihn mit Öl und warf einen schönen
Mantel und Leibrock um ihn, und Athene goß ihm viel Schönheit

über das Haupt herab, so daß er größer und voller anzusehen war, und ließ ihm von dem Haupte kraus die Haare fallen, einer Hyazinthenblume ähnlich. Und wie ein kundiger Mann Gold um Silber herumgießt, einer, den Hephaistos in allfacher Kunst belehrt hat und Pallas Athene, und er vollendet anmutige Werke: so goß sie ihm Anmut über Haupt und Schultern. Und er stieg aus der Wanne, an Gestalt Unsterblichen ähnlich, und setzte sich abermals auf den Lehnstuhl, von dem er aufgestanden war, seiner Gattin gegenüber, und sagte zu ihr die Rede:

«Seltsame! Über die weiblicheren Frauen hinaus haben sie, die die olympischen Häuser innehaben, dir ein unerweichliches Herz gegeben! Würde doch wirklich keine andere Frau so ausdauernden Muts von ihrem Manne wegstehen, der ihr, nachdem er sich mit vielem Schlimmen abgemüht, im zwanzigsten Jahre in das väterliche Land gelangte! Doch auf, Mütterchen! schlage mir das Bett auf, damit ich mich auch selber lege! Denn wahrhaftig! sie hat ein eisernes Herz in der Brust!»

Da sagte hinwieder zu ihm die umsichtige Penelopeia:

«Seltsamer! nicht bin ich stolz noch geringschätzig noch gar zu verwundert, sondern weiß gar wohl, wie du warst, als du von Ithaka in dem langrudrigen Schiff hinweggingst. Doch auf! schlage ihm das Bett auf, Eurykleia! draußen vor der guterstellten Kammer, die er selbst gebaut hat! Habt ihr ihm dort das feste Bett hinausgestellt, so legt Bettzeug hinein, Felle und Decken und schimmernde Tücher!»

So sprach sie und stellte den Gatten auf die Probe. Odysseus aber fuhr auf und sagte zu seiner Gattin, die Sorgsames wußte:

«O Frau! wahrhaftig! ein herzkränkendes Wort hast du da gesprochen! Wer hat mir das Bett woanders hingestellt? Schwer wäre es, und wäre er auch noch so kundig, wenn nicht ein Gott selbst käme und es nach seinem Willen leicht an eine andere Stelle setzte. Von Männern aber könnte keiner, der lebt und sterblich ist, und wäre er noch so jugendkräftig, es leicht hinwegwuchten, da ein großes Zeichen gewirkt ist in dem Bette, dem mit Kunst verfertigten. Ich selber habe es gearbeitet und kein anderer! Ein Busch, ein blätterstreckender, von einem Ölbaum, wuchs in dem Gehege, ausgewachsen, kräftig sprossend, und war an Dicke wie ein Pfeiler. Um diesen legte ich mein Schlafgemach an und baute es, bis ich es vollendet hatte, mit dichten Steinen, und überwölbte es oben gut und setzte davor gefugte Türen, dicht eingepaßt. Und haute dann alsbald den Wipfel des blätterstreckenden Ölbaums ab, schnitt den Stumpf von der Wurzel herauf zurecht, schabte ihn rings mit dem Erze

gut und werkkundig und richtete ihn gerade nach der Richtschnur, daß ich ihn zum Pfosten des Bettes machte, durchbohrte
ihn ganz mit dem Bohrer und zimmerte, mit ihm anfangend, das
Bett zurecht, bis ich es vollendet hatte, und legte es kunstreich aus
mit Gold und Silber und Elfenbein, und durchspannte es mit einem
Riemen von einem Rinde, einem von Purpur schimmernden. So
weise ich dir dieses Zeichen. Doch weiß ich nicht: ist es mir noch
beständig, Frau, das Bett? oder hat es unterdessen einer der Männer
woanders hingestellt, nachdem er den Stamm des Ölbaums unten
abgeschnitten?»

So sprach er. Da lösten sich ihr auf der Stelle die Knie und das
liebe Herz, als sie die Zeichen erkannte, die ihr Odysseus unumstößlich gewiesen hatte. Und weinend lief sie alsbald auf ihn zu
und warf die Arme dem Odysseus um den Hals und küßte sein
Haupt und sagte zu ihm:

«Sei mir, Odysseus, nicht gram! da du doch auch in anderem am
meisten Einsicht hast unter den Menschen! Die Götter haben uns
Jammer gegeben, die uns mißgönnt haben, daß wir beieinander
bleiben und die Jugend genießen und zur Schwelle des Alters kommen sollten. Darum zürne mir jetzt nicht und sei nicht unwillig
darüber, daß ich dir nicht gleich, als ich dich sah, so den Willkomm
geboten habe! Denn immer schauderte mir der Mut in meiner Brust,
daß nicht einer von den Sterblichen kommen und mich mit Worten
betrügen möchte: denn viele sind auf schlimme Vorteile bedacht.
Auch die Argeierin Helena, die Zeusentsproßte, hätte sich nicht mit
dem fremden Manne vereint in Liebe und Lager, wenn sie gewußt
hätte, daß die kriegerischen Söhne der Achaier sie wieder nach
Haus in das liebe Vaterland führen würden. Doch ein Gott, wahrhaftig! erregte sie, daß sie das schmähliche Werk verübte, und sie
hatte sich das traurige Verderben nicht vorher in den Sinn gelegt,
von dem von Anbeginn her auch über uns der Jammer gekommen
ist. Jetzt aber, da du nun die Zeichen, die deutlichen, unseres Lagers
dargetan hast, das kein anderer Sterblicher gesehen hat, sondern nur
du und ich und einzig die eine Dienerin: Aktoris, die mir der Vater
gegeben, schon als ich hierherkam, sie, die uns beiden die Türen des
festen Schlafgemachs bewahrt hat: so überzeugst du meinen Sinn,
so gar abweisend er auch ist!»

So sprach sie und erregte ihm noch mehr die Lust zur Klage. Und
er weinte, die Gattin haltend, die ihm nach dem Herzen war, die
Sorgsames wußte. Und wie willkommen Schwimmenden das Land
erscheint, denen Poseidon auf dem Meer das gutgebaute Schiff zer-

schlug, das von Wind und hartem Wogengang bedrängte — nur wenige entkamen schwimmend aus der grauen Salzflut zu dem Festland, und rings gerann viel Salz an ihrem Leibe, und willkommen war ihnen das Land, das sie betraten, dem Unheil entronnen —: so willkommen war ihr der Gatte, als sie ihn ansah, und sie wollte durchaus von seinem Halse nicht mehr die weißen Arme lassen.

Da wäre den Jammernden wohl die rosenfingrige Eos erschienen, hätte nicht auf anderes gedacht die Göttin, die helläugige Athene. Und sie hielt die Nacht am Ende ihres Laufes an, sodaß sie lange währte, und hielt hinwieder die goldthronende Eos am Okeanos zurück und ließ sie nicht die schnellfüßigen Pferde anschirren, die den Menschen das Licht bringen: Lampos und Phaëthon, die die Füllen sind, die Eos fahren. Da sagte der vielkluge Odysseus zu seiner Gattin:

«Frau! noch sind wir nicht an das Ende von allen Kämpfen gekommen, sondern unermeßliche Mühsal wird es hernach noch geben, viele und schwere, die ich ganz vollenden muß! Denn so hat es die Seele des Teiresias mir geweissagt an dem Tage, als ich hinabstieg in das Haus des Hades, um für die Gefährten und mich selber die Heimkehr zu erkunden. Aber komm! laß uns zu Bett gehen, Frau! daß wir uns nunmehr ruhen und an dem süßen Schlaf ergötzen!»

Da sagte hinwieder zu ihm die umsichtige Penelopeia:

«Ein Lager soll dir dann sein, wenn du es in deinem Gemüte willst, da es die Götter gefügt haben, daß du in dein gutgebautes Haus und in dein väterliches Land gelangt bist! Doch da du dessen gedacht hast und ein Gott es dir in das Gemüt warf: auf! so sage mir den Kampf! denn werde ich ihn auch später, denke ich, erfahren, so ist, gleich jetzt davon zu hören, doch nicht schlechter!»

Da antwortete und sagte zu ihr der vielkluge Odysseus:

«Seltsame! was treibst du mich so sehr und verlangst, daß ich es sage? Nun, ich will es verkünden und es nicht verhehlen, doch wird dein Herz sich nicht darüber freuen! Auch selber freue ich mich nicht! Denn er gebot mir, daß ich zu gar vielen Städten der Sterblichen gehen und in den Händen ein handliches Ruder halten sollte, bis ich zu solchen Männern käme, die nichts von dem Meere wissen und auch nicht mit Salz gemischte Speise essen: und sie kennen auch nicht Schiffe mit purpurnen Wangen und handliche Ruder, die für die Schiffe die Flügel sind. Und er sagte mir dieses ganz deutliche Zeichen, und ich will es dir nicht verhehlen: wenn ein anderer Wanderer mir begegnete und sagte, daß ich einen Hachelverderber auf der glänzenden Schulter hätte (dieses aber ist ‹Worfschaufel›), dann hieß er mich das Ruder in die Erde heften und richtige Opfer dem Herrn Poseidon bringen: einen Schafbock und einen Stier und einen die Schweine bespringenden Eber, und nach Hause hinwegzugehen und heilige Hundertopfer den unsterblichen Göttern darzubringen, die den breiten Himmel innehaben, allen miteinander nach der Reihe. Und es werde ein Tod mir außerhalb des Meeres kommen, ein so ganz gelinder, der mich töten würde, entkräftet in einem von Salben glänzenden Alter, und es würden um mich die Männer des Volkes gesegnet sein. Dies, sagte er, werde sich mir alles vollenden.»

Da sagte hinwieder zu ihm die umsichtige Penelopeia:

«Wenn denn die Götter dir ein besseres Alter vollenden werden, so ist Hoffnung, daß dir alsdann ein Entrinnen aus dem Schlimmen sein wird!»

So sprachen sie dergleichen miteinander.

Indessen bereiteten Eurynome und die Pflegerin ein Lager von weicher Gewandung, unter leuchtenden Fackeln. Doch als sie voll Eifer die feste Bettstatt aufgeschlagen hatten, ging die Alte ins Haus zurück, sich schlafen zu legen. Doch ihnen ging Eurynome, die Kammerfrau, voran, als sie zum Lager schritten, und hielt eine Fackel in den Händen. Und als sie sie in das Schlafgemach geleitet hatte, ging sie wieder. Doch sie gelangten alsdann froh zu ihres alten Bettes Stätte.

Doch Telemachos und der Rinderhirt und der Sauhirt ließen die Füße aufhören mit dem Tanz und ließen aufhören die Weiber und legten sich selbst zur Ruhe in den schattigen Hallen.

Als beide sich aber nun der Liebe erfreut hatten, der ersehnten, erfreuten sie sich mit Reden und erzählten einander: sie, wieviel sie in den Hallen ertragen hatte, die göttliche von den Frauen, solange sie den verhaßten Schwarm der Freiermänner sah, die immer um ihretwillen das viele Vieh, Rinder und fette Schafe, schlachteten, und viel Wein wurde geschöpft aus den Fässern; er aber, der zeusentsproßte Odysseus, wieviele Kümmernisse er den Menschen bereitet und wieviel er selbst im Elend ausgestanden hatte: das alles erzählte er, und sie ergötzte sich, es anzuhören, und kein Schlaf fiel ihr auf die Augenlider, ehe er alles erzählt hatte.

Und er begann, wie er zuerst die Kikonen bezwungen hatte und alsdann gekommen war zu dem fetten Ackerland der Lotophagen; und was alles der Kyklop getan, und wie er von ihm Buße nahm für die trefflichen Gefährten, die er verspeiste und sich nicht erbarmte; und wie er zu Aiolos gelangte, der ihn freundlich aufnahm und ihm ein Geleit gab, doch war es ihm noch nicht bestimmt, in das eigene Vaterland zu kommen, sondern ihn entraffte abermals ein Wirbelsturm und trug ihn auf das fischreiche Meer, den schwer Stöhnenden; und wie er nach Telepylos ins Laistrygonenland gelangte, die ihm die Schiffe vernichteten und die gutgeschienten Gefährten alle, und Odysseus allein entkam in dem schwarzen Schiffe. Und er erzählte von der Kirke Arglist und vielfältiger Erfindsamkeit, und wie er in des Hades Haus kam, das modrige, um die Seele des Thebaners Teiresias zu befragen, im vielrudrigen Schiff, und sah alle Gefährten und die Mutter, die ihn geboren und erzogen hatte, als er klein war; und wie er der hellen Sirenen Stimme hörte, und wie er zu den Felsen des Scheiterns kam und zu der furchtbaren Charybdis und der Skylla, der noch nie die Männer unbeschädigt entronnen waren; und wie die Gefährten die Rinder des Helios töteten, und wie Zeus, der hochher donnernde, das schnelle Schiff mit dem rauchenden Blitz traf und die edlen Gefährten zugrunde gingen alle zugleich, er selber aber entrann den bösen Göttinnen des Todes; und wie er zur Insel Ogygia und der Nymphe Kalypso kam, die ihn festhielt, begehrend, daß er ihr Gatte wäre, in den gewölbten Höhlen, und ihn ernährte und beständig sagte, daß sie ihn unsterblich und alterslos machen werde alle Tage — allein, sie konnte ihm niemals den Sinn in seiner Brust bereden —; und wie er zu den Phaiaken kam, nachdem er vieles ausgestanden, die ihn über die Maßen ehrten in dem Herzen wie einen Gott und ihn im Schiff ins eigene väterliche Land geleiteten, nachdem sie ihm Erz und Gold genug und auch Gewandung gegeben hatten.

Das war das letzte Wort, das er erzählte, als ihn der Schlaf, der süße, überfiel, der gliederlösende, und ihm die Kümmernisse löste von dem Herzen.

Sie aber dachte hinwieder auf anderes, die Göttin, die helläugige Athene. Als sie schätzte, daß Odysseus sich in seinem Herzen des Lagers bei seiner Gattin erfreut hatte wie auch des Schlafes, erregte sie alsbald die Goldthronende, Frühgeborene vom Okeanos, daß sie den Menschen das Licht bringe. Da erhob sich Odysseus von dem weichen Lager und gab seiner Gattin Weisung mit der Rede:

«Frau! schon haben wir uns beide genug gesättigt an vielen Kämpfen: du, während du hier um meine an Kümmernissen reiche Heimkehr weintest, mich aber fesselten Zeus und die anderen Götter mit Schmerzen, entfernt von meinem väterlichen Lande, so sehr ich auch heimwärts begehrte. Jetzt aber, da wir beide nun gelangt sind zu dem vielersehnten Lager, da sorge du für die Güter, die mir in den Hallen sind! Die Schafe aber, die mir die übermütigen Freier verzehrt haben: da werde ich viele selbst erbeuten, und andere werden mir die Achaier geben, bis sie mir wieder angefüllt haben alle Ställe. Aber ich will zu dem baumreichen Landgut gehen, um meinen edlen Vater zu sehen, der mir schwer bekümmert ist. Doch dir, Frau, trage ich dieses auf: bist du doch verständig. Sofort mit aufgehender Sonne wird die Kunde umgehen von den Freiermännern, die ich in den Hallen getötet habe. So steige du ins obere Stockwerk hinauf und sitze dort mit den dienenden Frauen und schaue nach keinem aus und befrage keinen!»

Sprach es und tauchte mit beiden Schultern in die schöne Rüstung und weckte den Telemachos und den Rinderhirten und den Sauhirten und befahl allen, mit den Händen die streitbaren Rüstungen zu ergreifen. Die aber waren ihm nicht ungehorsam und rüsteten sich mit dem Erz. Und sie öffneten die Türen und gingen hinaus, Odysseus aber ging voran. Zwar lag das Licht schon auf dem Lande, doch verbarg Athene sie in Nacht und führte sie schnell zur Stadt hinaus.

VIERUNDZWANZIGSTER GESANG

Wie der Gott Hermes die Seelen der Freier in den Hades führt
und sie dort Agamemnon und Achilleus treffen. Wie Odysseus
sich seinem Vater Laertes zu erkennen gibt. Wie die Anverwandten der getöteten Freier sich gegen Odysseus erheben
wollen. Heldentat des verjüngten Laertes und Versöhnung
der Streitenden durch Athene.

Hermes aber, der Kyllenier, rief die Seelen der Freiermänner heraus,
und er hielt den Stab in den Händen, den schönen, goldenen, mit
dem er die Augen der Männer bezaubert, von welchen er es will,
und auch die Schlafenden wieder aufweckt. Mit dem scheuchte er sie
auf und ging voran, die aber folgten schwirrend. Und wie Fleder-
mäuse im Winkel einer ungeheuren Höhle schwirrend umherfliegen,
wenn eine aus der Kette vom Felsen herabgefallen ist — sie hängen
in der Höhe aneinander —: so gingen sie schwirrend mit ihm, und
vor ihnen her schritt Hermes, der Kluge, die modrigen Pfade hinab.
Und sie gingen entlang an den Strömungen des Okeanos und dem
Leukadischen Felsen; und an den Toren des Helios und an dem Land
der Träume gingen sie vorüber und gelangten alsbald auf die Asphodeloswiese, wo die Seelen wohnen, die Schattenbilder der Verbli-
chenen.

Da fanden sie die Seele des Peleus-Sohns Achilleus und des Patroklos und des untadeligen Antilochos und des Aias, der der beste
war an Aussehen und Gestalt unter den anderen Danaern nach dem
untadeligen Sohn des Peleus. So waren die um diesen versammelt.
Da kam die Seele des Agamemnon heran, des Atreus-Sohnes, bekümmert, und um ihn scharten sich die anderen Seelen, so viele zusammen mit ihm im Hause des Aigisthos gestorben und ihrem
Schicksal gefolgt waren. Zu ihm begann als erste die Seele des
Peleus-Sohnes:

«Atreus-Sohn! da sagten wir, daß du über die Maßen Zeus, dem
blitzfrohen, lieb seist unter den Heroenmännern alle Tage, weil du
über Viele und Starke gebotest im Land der Troer, wo wir Achaier
Schmerzen litten. Ja, und auch zu dir sollte frühzeitig das verderbliche Schicksal treten, dem keiner entrinnt, der da geboren ist. Daß
du doch im Genuß der Ehre, deren du waltetest, im Lande der Troer
dem Tod und dem Schicksal gefolgt wärst! Dann hätten dir doch
die All-Achaier einen Grabhügel errichtet und du hättest auch deinem Sohne große Kunde für später erworben. Jetzt aber war es dir
bestimmt, von dem jämmerlichsten Tode gefangen zu werden!»

Da sagte zu ihm hinwieder die Seele des Atreus-Sohnes:

«Beglückter Sohn des Peleus! den Göttern gleicher Achilleus! der du in Troja gestorben bist, fern von Argos, und um dich wurden andere erschlagen, die besten Söhne der Troer und der Achaier, die um dich kämpften. Du aber lagst in dem Wirbel des Staubes groß da, der Große, vergessend der Künste des Rosselenkens. Wir aber kämpften den ganzen Tag und hätten durchaus nicht ein Ende gefunden in dem Kampfe, hätte Zeus ihm nicht ein Ende gemacht mit einem Sturmwind. Doch als wir dich zu den Schiffen getragen hatten aus dem Kampfe, da legten wir dich auf einem Lager nieder, nachdem wir deine schöne Haut mit warmem Wasser und mit Salbfett gereinigt hatten. Und viele heiße Tränen vergossen um dich die Danaer und schoren ihre Mähnen. Die Mutter aber kam aus der Salzflut mit den unsterblichen Meerestöchtern, nachdem sie die Botschaft vernommen hatte, und ein Ruf erhob sich über das Meer hin, ein göttlicher, und ein Zittern faßte alle Achaier. Und da wären sie wohl aufgesprungen und zu den hohlen Schiffen gegangen, wenn der Mann sie nicht festgehalten hätte, der viele und alte Dinge wußte: Nestor, von dem auch vordem stets der beste Rat ans Licht trat. Der sprach wohlmeinend in der Versammlung und sagte zu ihnen:

‹Haltet ein, Argeier! flieht nicht, ihr jungen Männer der Achaier! Da kommt die Mutter aus der Salzflut mit den unsterblichen Meerestöchtern, um ihren toten Sohn aufzusuchen!›

So sprach er. Da ließen sie ab von der Flucht, die hochgemuten Achaier. Und um dich traten die Jungfrauen des Meeresalten, zum Erbarmen jammernd, und taten dir unsterbliche Gewänder an. Und es hoben die neun Musen alle mit schöner Stimme wechselnd den Grabgesang an. Da hättest du keinen tränenlos gesehen unter den Argeiern, so mächtig erhob sich der helle Musengesang. Doch siebzehn Nächte beweinten wir dich gleichermaßen wie auch am Tage, die unsterblichen Götter wie die sterblichen Menschen. In der achtzehnten aber übergaben wir dich dem Feuer. Viele Schafe töteten wir um dich her, gar fette, und krummgehörnte Rinder. Und du verbranntest in der Gewandung der Götter und in vielem Salbfett und süßem Honig, und viele Achaierhelden hielten in Waffen einen Umzug um den Feuerstoß, auf dem du branntest, zu Fuß wie mit den Gespannen, und viel Getöse erhob sich. Doch als dich nun verzehrt hatte die Flamme des Hephaistos, da lasen wir in der Frühe deine weißen Gebeine, Achilleus! und taten sie in ungemischten Wein und Salbfett. Und es gab die Mutter ein goldenes Gefäß, das, sagte sie, sei eine Gabe des Dionysos und ein Werk des ringsberühmten Hephaistos. In diesem liegen dir die weißen Gebeine, strahlender Achilleus! und hineingemischt die des gestorbenen Patroklos, des Menoitios-Sohnes, gesondert aber die des Antilochos, den du über die Maßen ehrtest unter allen anderen Gefährten, nach Patroklos, als er gestorben war. Und um euch schütteten wir, das heilige Heer der argeiischen Lanzenschwinger, alsdann einen großen und untadligen Grabhügel auf dem vorspringenden Gestade an dem breiten Hellespontos auf, daß er vom Meer aus den Männern weithin sichtbar wäre: denen, die jetzt geboren sind und die künftig sein werden. Die Mutter aber bat die Götter um gar schöne Kampfpreise und setzte sie mitten in der Kampfbahn den Edlen unter den Achaiern aus. Schon bei der Bestattung von vielen Heroenmännern warst du zugegen, wenn je bei einem König, der dahinschwand, die Jungen sich gürten und sich rüsten für die Kämpfe. Doch hättest du jene erblickt, du hättest am meisten gestaunt in dem Mute: was für gar schöne Kampfpreise für dich die Göttin hinstellte, die silberfüßige Thetis. Denn gar lieb warst du den Göttern! So hast du auch im Tod nicht den Namen verloren, sondern immer wird dir bei allen Sterblichen edle Kunde sein, Achilleus! Was aber habe ich davon, daß ich den Krieg abgewickelt habe? denn bei der Heimkehr hat Zeus mir ein trauriges Verderben unter den Händen des Aigisthos ersonnen und der verderblichen Gattin!»

So sprachen sie dergleichen miteinander.

Da kam zu ihnen der Geleiter, der Argostöter, heran und führte die Seelen der Freiermänner hinunter, die dem Odysseus erlegen waren. Und die beiden verwunderten sich und kamen geradeswegs auf sie zu, als sie sie sahen, und es erkannte die Seele Agamemnons, des Atreus-Sohnes, den Sohn des Melaneus, den hochberühmten Amphimedon, denn Gastfreund war er ihm, der auf Ithaka die Häuser bewohnte. Zu dem begann als erste die Seele des Atreus-Sohnes:

«Amphimedon! was ist euch widerfahren, daß ihr in die finstere Erde tauchtet, alles auserlesene Männer und von gleichem Alter? Keine andere Wahl könnte man treffen, wenn man in der Stadt die besten Männer auslesen wollte. Hat euch Poseidon in den Schiffen bezwungen, indem er schmerzliche Winde und große Wogen erregte? oder haben euch feindliche Männer auf dem festen Lande Schaden getan, während ihr Rinder und schöne Herden von Schafen abzuschneiden suchtet, oder auch im Kampf um eine Stadt und um die Weiber? Sage es mir, der ich frage! Gastfreund rühme ich mich dir zu sein! Oder erinnerst du dich nicht, daß ich dorthin in euer Haus kam, um zusammen mit dem gottgleichen Menelaos den Odysseus anzutreiben, daß er nach Ilion mitgehe auf den gutverdeckten Schiffen? Und einen ganzen Monat brauchte es insgesamt für unsere Fahrt über das breite Meer, da wir nur mit Mühe den Städtezerstörer Odysseus überredeten.»

Da sagte hinwieder zu ihm die Seele des Amphimedon:

«Erhabenster Sohn des Atreus! Herr der Männer! Agamemnon! An alles dieses erinnere ich mich, Zeusgenährter! wie du redest, und will dir alles gar gut und unverdreht berichten: wie das böse Ende unseres Todes bereitet wurde. Wir warben um die Gattin des Odysseus, des lange entfernten. Sie aber sagte weder nein zu der verhaßten Hochzeit, noch konnte sie ein Ende machen, während sie uns den Tod und das schwarze Verhängnis sann. Sondern auch diese List dachte sie sich aus in ihrem Sinne: stellte ein großes Gewebe auf in den Hallen und fing an, daran zu weben, ein feines und übermäßiges, und alsbald sagte sie zu uns: ‹Ihr Männer, meine Freier! da denn der göttliche Odysseus tot ist, wartet, so sehr ihr drängt auf meine Hochzeit, bis ich das Tuch vollendet habe, damit mir nicht das Garn umsonst verderbe — als Bahrtuch für den Heros Laertes, wenn ihn das verderbliche Schicksal des stark schmerzenden Tods ergreift —, daß keine mich von den Achaierfrauen in dem Volke schelte, wenn er ohne Bahrtuch liegt, der er viel besessen.› So sprach sie, und es ließ sich uns hinwieder der mannhafte Mut bereden. Da wob sie des Tages an dem großen Tuch, aber in den Nächten löste sie es wieder, nachdem sie sich Fackeln hingestellt. So trieb sie es mit List heimlich drei Jahre und beredete die Achaier. Doch als das vierte Jahr kam und es kamen herauf die Frühlingszeiten, während die Monde schwanden und im Kreislauf viele Tage vollendet wurden, da sagte es eine von ihren Frauen, die es wohl wußte, und wir fanden sie, wie sie das prangende Tuch auflöste. So hat sie dieses denn vollendet, und ob sie es auch nicht wollte, unter Zwang. Als sie das Tuch vorwies, nachdem sie das große Gewebe gewebt und es gewaschen hatte, der Sonne oder auch dem Monde gleichend, da führte ein böser Daimon den Odysseus von irgendwo herbei zum entlegensten Teil des Landes, wo der Sauhirt die Häuser bewohnte. Dorthin kam der Sohn des göttlichen Odysseus, der von dem sandigen Pylos mit einem schwarzen Schiff gekommen war, und nachdem die beiden den Freiern den schlimmen Tod vorbereitet hatten, kamen sie zu der ringsberühmten Stadt: Odysseus später, Telemachos aber war zuvor vorausgegangen. Den aber führte der Sauhirt herbei, mit schlechten Kleidern am Leibe angetan, einem elenden Bettler und alten Manne gleichend. Und keiner von uns konnte erkennen, daß er es war, als er plötzlich erschien, auch nicht die früher geboren waren. Doch drangen wir auf ihn ein mit bösen Worten und auch Würfen, er aber duldete es solange in seinen Hallen, daß er geworfen und gescholten wurde, mit ausdauerndem Mute. Doch als der Sinn des Zeus, des Aigishalters, ihn aufrief, nahm er mit Telemachos die gar schönen Waffen hinweg und legte sie in der Kammer nieder und schloß die Riegel. Er aber hieß seine Gattin mit vielverschlagenem Sinn, den Freiern den Bogen setzen und das graue Eisen: uns Unseligen zum Wettkampf und zum Beginn des Mordens. Und keiner von uns vermochte die Sehne über den starken Bogen zu spannen, und weitaus waren wir unterlegen. Doch als der große Bogen in die Hände des Odysseus kam, da schrien wir alle mit Worten, daß man ihm nicht den Bogen geben sollte, und ob er auch noch so viel reden möchte, und nur Telemachos trieb dazu und verlangte es. Er aber empfing ihn in die Hand, der vielduldende göttliche Odysseus, und spannte ihn leicht, den Bogen, und schoß durch das Eisen, ging hin und trat auf die Schwelle und schüttete die schnellen Pfeile aus und blickte furchtbar um sich und traf Antinoos, den König. Alsdann aber entsandte er die seufzerreichen Geschosse auf die anderen, gerade auf sie zielend, die aber fielen dicht gereiht. Und es war zu erkennen, daß ihnen einer der Götter Helfer war, denn sofort töteten sie uns in dem Hause, hingerissen von ihrem Drange, sich hierhin und dorthin drehend. Von denen aber erhob sich ein erbärmliches Gestöhn, als ihre Häupter zerschlagen wurden, und der ganze Boden rauchte von Blut. So, Agamemnon! gingen wir zugrunde, von denen auch jetzt noch die Leiber unbesorgt in den Hallen des Odysseus liegen. Denn noch wissen es die Unseren nicht in den Häusern eines jeden, die wohl, wenn sie das schwarze Blut aus unseren Wunden abgewaschen und uns aufgebahrt, die Totenklage erheben werden. Denn dieses ist das Recht der Toten.»

Da sagte zu ihm hinwieder die Seele des Atreus-Sohnes:

«Glückseliger Sohn des Laertes, reich an Erfindungen, Odysseus! Wahrhaftig! zu großem Heil hast du dir die Gattin erworben! Einen wie tüchtigen Sinn hatte doch die untadelige Penelopeia, die Tochter des Ikarios! wie gut hat sie des Odysseus gedacht, des ehelichen Mannes! Darum wird niemals die Kunde von ihrer Tüchtigkeit verlorengehen, und es werden den Erdenmenschen die Unsterblichen ein liebliches Lied schaffen für die verständige Penelopeia. Nicht so, wie die Tochter des Tyndareos schlimme Werke ersann, die den ehelichen Gatten getötet! Ein abscheuliches Lied wird ihr sein über

die Menschen hin, und einen schlimmen Ruf wird sie den weiblicheren Frauen eintragen, mag eine auch rechtschaffen sein!»

So sprachen sie dergleichen miteinander, während sie in des Hades Häusern standen, in den verborgenen Tiefen der Erde.

Die aber, als sie aus der Stadt hinabgestiegen waren, gelangten
schnell zu dem schönen, angebauten Landgut des Laertes, das Laertes
einst selbst erworben hatte, nachdem er sich gar vielfach abgemüht.
Dort war ihm ein Haus, und es lief rings herum ein Schuppen, in
diesem aßen und saßen und schliefen die im Zwangdienst stehenden
Knechte, die ihm alles verrichteten, was ihm lieb war. Darin war
auch ein Sikelisches Weib, eine Alte, tätig, die den Alten mit Sorgfalt auf dem Landgut fern der Stadt pflegte. Da sagte Odysseus zu
seinen Knechten und dem Sohn die Rede:

«Ihr geht jetzt in das gutgegründete Haus hinein und schlachtet
zur Mahlzeit alsbald den von den Ebern, der der beste ist. Ich aber
will meinen Vater auf die Probe stellen, ob er mich erkennt und mit
den Augen wahrnimmt, oder nicht erkennen kann, weil ich lange
Zeit von ihm getrennt war.»

Als er so gesprochen hatte, gab er den Knechten die kriegerischen
Waffen. Die gingen alsdann schnell zum Hause, Odysseus aber ging
auf den früchtereichen Garten zu, um die Probe anzustellen. Und er
fand den Dolios nicht, als er in den großen Obstgarten hineinschritt,
und auch keinen von den Knechten und den Söhnen, sondern die
waren hinausgegangen, um Steine zu sammeln, daß sie eine Umfriedung für die Pflanzung wären; er aber, der Alte, war ihnen den
Weg vorausgegangen. Und er fand ihn allein, den Vater, in dem
wohlbebauten Garten, während er um einen Setzling die Erde auf-
grub. Und er war mit einem schmutzigen Leibrock angetan, einem
geflickten, schäbigen, und um seine Schienbeine hatte er sich geflick-
te Gamaschen aus Rindshaut umgebunden, um Ritzwunden zu vermeiden, und trug Handschuhe an den Händen, der Dornen wegen,
oben auf dem Haupte aber hatte er eine Kappe aus Ziegenfell, um
den Sonnenbrand abzuwehren. Als der vielduldende göttliche Odysseus ihn sah, wie er vom Alter zerrieben wurde und großen Kummer in seinem Herzen hegte, trat er unter einen hochgewachsenen
Birnbaum, Tränen vergießend, und überlegte alsdann in seinem
Sinne und in seinem Mute: ob er seinen Vater küssen und umfangen
und ihm alles Einzelne sagen, wie er gekommen und in das väterliche Land gelangt sei, oder ihn zuerst befragen und im einzelnen
auf die Probe stellen sollte. Und so schien es ihm, als er sich bedachte, besser zu sein: daß er ihn zuerst mit anstachelnden Worten

auf die Probe stellte. Dieses in dem Sinne, ging der göttliche Odysseus gerade auf ihn zu. Ja, da hielt dieser den Kopf gesenkt und grub rings an dem Setzling. Da trat sein strahlender Sohn zu ihm heran und begann zu ihm:

«Alter! nicht fehlt es dir an guter Kunde, um deinen Garten zu bestellen, sondern er steht dir in guter Pflege, und ganz und gar nichts: nicht Setzling, nicht Feigenbaum, nicht Rebe, nicht Ölbaum, wahrhaftig! nicht Birne, nicht Gemüsebeet sind dir in dem Garten ohne die rechte Pflege! Doch etwas anderes will ich dir sagen, aber du gib nicht dem Zorn Raum in dem Mute: du selbst stehst nicht in guter Pflege, sondern zugleich drückt dich das traurige Alter und du bist schrecklich struppig und elend gekleidet. Gewiß vernachlässigt dich dein Herr nicht wegen deiner Trägheit, und tritt doch auch nichts Sklavisches an dir hervor, wenn man dich ansieht, weder an Aussehen noch an Größe, denn einem königlichen Manne gleichst du, und gleichst einem solchen, der, wenn er sich gebadet und gegessen hat, weich schläft: denn das ist das Recht der Alten. Aber auf! sage mir dieses und berichte es mir zuverlässig: wessen Knecht bist du unter den Männern und wessen Garten bestellst du? Und sage mir auch dies wahrhaftig, daß ich es gut weiß: sind wir wirklich hier nach Ithaka gekommen, wie mir dort ein Mann gesagt hat, der mir jetzt eben begegnete, als ich hierher ging — kein ganz Verständiger, da er sich nicht herbeiließ, alles Einzelne zu sagen und auf mein Wort zu hören, als ich ihn wegen meines Gastfreunds fragte, ob er wohl noch lebt und auf der Welt ist oder schon gestorben und in den Häusern des Hades. Denn ich sage dir heraus, du aber habe acht und höre auf mich: einst habe ich einen Mann in meinem eigenen väterlichen Land bewirtet, der zu uns gekommen war, und noch ist mir kein anderer Sterblicher unter den Fremden aus einem fernen Lande lieber in mein Haus gekommen. Er rühmte sich, von Ithaka seines Geschlechts zu sein, und sagte, Laertes, des Arkeisios Sohn, sei sein Vater. Den habe ich zu den Häusern geführt und gut bewirtet, indem ich ihm mit Sorgfalt Liebes antat von dem Vielen, das im Hause war, und ich reichte ihm Gastgeschenke, wie sie sich ziemen: gab ihm sieben Pfunde gutgearbeiteten Goldes, und gab ihm einen Mischkrug ganz von Silber, mit Blumen verziert, und zwölf einfache Mäntel und ebenso viele Decken und ebenso viele schöne Oberkleider und dazu ebenso viele Leibröcke, und überdies Frauen, die untadelige Werke wußten: vier ansehnliche, die er sich selbst nach seinem Wunsch auswählen durfte.»

Da antwortete ihm der Vater, Tränen vergießend:

313

«Ja, Fremder! du bist in das Land gekommen, nach dem du fragst! Doch frevelhafte und vermessene Männer haben es inne. Mit den Geschenken aber, die du zehntausendfältig dargereicht, hast du eine vergebliche Gunst erwiesen. Ja, wenn du ihn lebend im Gau von Ithaka angetroffen hättest, dann hätte er es dir mit Geschenken gut vergolten und dich auch mit guter Bewirtung hinweggeschickt, denn das ist der Brauch, wenn einer damit vorangegangen. Doch auf! sage mir dieses und berichte es mir zuverlässig: das wievielte Jahr ist es, daß du jenen bewirtet hast, deinen unglückseligen Gastfreund, meinen Sohn — wenn er denn je war —, den Unglücklichen, den wohl fern von den Seinen und dem väterlichen Lande entweder irgendwo im Meer die Fische verzehrt haben, oder er ist auf dem Festland den wilden Tieren und Vögeln zur Beute geworden, und nicht hat ihn die Mutter für die Bestattung geschmückt und beweint, noch auch der Vater, die wir ihn zeugten, und nicht hat die teuer erworbene Gattin, die verständige Penelopeia, ihn, ihren Gatten, auf der Bahre beklagt, wie es sich ziemt, und ihm die Augen zugedrückt: denn das ist die Ehre der Gestorbenen. Und sage mir dieses wahrhaftig, daß ich es gut weiß: wer und woher bist du unter den Männern? wo ist deine Stadt und wo sind deine Eltern? wo liegt dein schnelles Schiff, das dich und die gottgleichen Gefährten hierher geführt hat? Oder bist du als Mitreisender auf einem fremden Schiff gekommen, sie aber setzten dich an Land und fuhren weiter?»

Da antwortete und sagte zu ihm der vielkluge Odysseus:

«So will ich dir alles ganz unverdreht berichten. Ich bin aus Alybas, wo ich die berühmten Häuser bewohne, ein Sohn des Apheidas, des Polypemon-Sohnes, des Herrschers, und mein Name ist Eperitos. Doch ein Daimon hat mich von Sikanien verschlagen, daß ich hierher kam, ohne daß ich es gewollt. Mein Schiff aber liegt dort fern von der Stadt am freien Felde. Doch dies ist dem Odysseus das fünfte Jahr, seitdem er von dort wegging und mein Land verließ, der Unselige! und kamen ihm doch gute Vögel, als er wegging, von rechtsher, über die erfreut ich ihn gehen ließ, und auch er freute sich, als er ging. Und noch hoffte unser beider Mut, daß wir in Gastlichkeit zusammenkommen und einander prangende Gaben geben würden.»

So sprach er. Den aber umhüllte des Schmerzes schwarze Wolke, und er griff mit beiden Händen in den rußigen Staub und streute ihn über das graue Haupt, unaufhaltsam schluchzend. Da wurde dessen Mut bewegt, und es schlug ihm schon vorn in die Nase der scharfe Drang, indem er auf den lieben Vater blickte. Und er sprang auf ihn zu, umfing ihn, küßte ihn und sagte zu ihm:

«Ich selber hier, Vater, bin der, nach dem du fragst! Im zwanzigsten Jahr bin ich in das väterliche Land gekommen! Doch halte ein mit dem Weinen und dem tränenreichen Jammer! Denn ich sage dir — und es ist gar sehr Not, daß wir uns gleichwohl eilen —: die Freier habe ich in unseren Häusern erschlagen und sie den herzkränkenden Schimpf und die schlimmen Werke büßen lassen!»

Da antwortete ihm Laertes hinwieder und begann:

«Wenn du denn Odysseus, mein Sohn, bist und bist hierhergekommen, so sage mir jetzt ein deutliches Zeichen, daß ich überzeugt bin.»

Da antwortete und sagte zu ihm der vielkluge Odysseus:

«Siehe zuerst diese Narbe mit den Augen, die mir am Parnaß ein Eber mit dem weißen Zahn schlug, als ich dorthin gegangen war. Du und die hehre Mutter, ihr hattet mich zu dem Vater der Mutter, Autolykos, entsandt, damit ich mir die Gaben holte, die er mir versprochen und zugenickt, als er hierher gekommen war. Doch auf! auch die Bäume in der wohlbebauten Pflanzung will ich dir nennen, die du mir einst gegeben hast — ich aber bat dich um einen jeden —, als ich noch ein Knabe war und dir durch den Garten folgte. Wir gingen unter ihnen einher, du aber nanntest und sagtest mir einen jeden. Birnbäume gabst du mir dreizehn, zehn Apfelbäume und vierzig Feigenbäume, und auch Reihen von Weinstöcken nanntest du mir fünfzig, um sie mir zu geben, und jede war das ganze Jahr hindurch zu lesen — darin waren Trauben von aller Art —, wenn die Jahreszeiten des Zeus von oben her ein fruchtschweres Gedeihen gaben.»

So sprach er. Da lösten sich ihm die Knie und das liebe Herz, als er die Zeichen erkannte, die ihm Odysseus unumstößlich gewiesen hatte. Und er warf um den lieben Sohn die Arme, und ihn, der den Atem verlor, zog der vielduldende göttliche Odysseus an sich. Doch als er zu Atem kam und sich ihm der Lebensmut im Zwerchfell sammelte, antwortete er hinwieder mit Worten und sagte zu ihm:

«Zeus, Vater! Ja, noch *seid* ihr Götter auf dem großen Olympos, wenn denn wirklich die Freier für ihre frevlen Gewalttaten gebüßt haben! Doch fürchte ich jetzt gewaltig in dem Sinne, daß alle Ithakesier gar bald hierher gegen uns ziehen und Botschaft rings zu den Städten der Kephallenen senden werden.»

Da antwortete und sagte zu ihm der vielkluge Odysseus:

«Fasse Mut! lasse dies dich nicht in deinem Sinn bekümmern, sondern gehen wir zu dem Hause, das dicht bei dem Garten liegt! Dorthin habe ich den Telemachos und den Rinderhirten und den

315

Sauhirten vorausgeschickt, daß sie aufs schnellste eine Mahlzeit richten sollten.»

Als sie so gesprochen hatten, gingen sie zu den schönen Häusern. Und als sie zu den wohlbewohnten Häusern gekommen waren, fanden sie den Telemachos und den Rinderhirten und den Sauhirten, wie sie viel Fleisch zerschnitten und funkelnden Wein mischten. Indessen aber wusch den großherzigen Laertes in seinem Hause die Sikelische Magd und salbte ihn mit Öl und legte einen schönen Mantel um ihn. Athene aber trat zu ihm heran und ließ dem Hirten der Männer die Glieder schwellen, und machte ihn größer als vorher und voller anzusehen. Und er stieg aus der Wanne, da verwunderte sich über ihn sein Sohn, wie er ihn sah, den unsterblichen Göttern ähnlich von Angesicht. Und er begann und sagte zu ihm die geflügelten Worte:

«Vater! gewiß hat dich einer der für immer geborenen Götter stattlicher anzuschauen gemacht an Aussehen wie auch an Größe.»

Da entgegnete ihm hinwieder der verständige Laertes:

«Wenn ich doch, Vater Zeus und Athene und Apollon! so wie ich Nerikos, die gutgegründete Stadt am Gestade des Festlands erobert habe, als ich über die Kephallenen herrschte — wenn ich doch so gestern in unseren Häusern mit Waffen an den Schultern zu dir getreten wäre und gekämpft hätte gegen die Freiermänner! Dann hätte ich vielen von ihnen die Knie gelöst in den Hallen, dir aber wäre in dem Herzen warm geworden!»

So sprachen sie dergleichen miteinander.

Als sie aber die Arbeit geendigt und das Mahl bereitet hatten, saßen sie der Reihe nach nieder auf Sesseln und auf Stühlen. Da streckten sie gerade die Hände aus nach dem Mahle, da kam der alte Dolios heran und mit ihm die Söhne des Alten, von der Feldarbeit ermüdet, nachdem die Mutter hinausgegangen war und sie gerufen hatte, die Alte von Sikelia, die sie ernährte und den Alten sorgsam pflegte, da ihn das Alter ergriffen hatte. Als sie nun aber den Odysseus sahen und seiner gewahr wurden in dem Sinne, standen sie starr vor Staunen in den Hallen. Doch Odysseus redete sie an mit sanften Worten und sagte zu ihnen:

«Alter! sitze zur Mahlzeit nieder, und ihr laßt fahren euer Staunen! denn schon lange warten wir, danach begierig, die Hände nach dem Brote auszustrecken in den Hallen, und erwarten euch ständig.»

So sprach er. Da ging Dolios gerade auf ihn zu und breitete beide Arme aus und ergriff die Hand des Odysseus an der Wurzel und küßte ihn und begann und sagte zu ihm die geflügelten Worte:

«Lieber! da du uns heimgekehrt bist, die wir sehr danach verlangten und es schon nicht mehr glaubten, und die Götter selbst dich hergeführt: sei gesegnet und freue dich sehr, und mögen die Götter dir Segen geben! Und sage mir dies wahrhaftig, daß ich es gut weiß: weiß es die umsichtige Penelopeia schon genau, daß du hierher heimgekommen, oder sollen wir einen Boten schicken?»

Da antwortete und sagte zu ihm der vielkluge Odysseus:

«Alter! schon weiß sie es, was mußt du dich darum bemühen?»

So sprach er. Da setzte der sich wieder auf den gutgeglätteten Sessel, und ebenso begrüßten die Söhne des Dolios rings den ruhmvollen Odysseus mit Worten und legten ihre Hände fest in die seinen und setzten sich der Reihe nach nieder neben Dolios, ihren Vater. So waren die in den Hallen mit der Mahlzeit beschäftigt.

Ossa aber, das Gerücht, die schnelle Botin, ging rings in der Stadt umher und verkündigte den bitteren Tod der Freier und ihr Todesverhängnis. Doch als sie es gehört hatten, gingen sie in gleicher Weise, der eine von hier-, der andere von dorther, mit Ächzen und Stöhnen vor die Häuser des Odysseus und trugen die Toten aus den Häusern und begruben sie ein jeglicher. Die aus den anderen Städten aber schickten sie, einen jeden, nach Hause, indem sie sie Fischern auf die schnellen Schiffe gaben, um sie heimzubringen. Sie selber aber kamen versammelt zum Markt, bekümmerten Herzens. Als sie sich aber versammelt hatten und alle beieinander waren, da stand Eupeithes auf und sagte unter ihnen, denn es lag ihm ein unermeßlicher Kummer um den Sohn in dem Herzen: um Antinoos, den der göttliche Odysseus als ersten getötet hatte. Um diesen Tränen vergießend, sprach er und sagte unter ihnen:

«Freunde! wahrhaftig, ein gewaltiges Werk hat dieser Mann den Achaiern ersonnen! Die einen hat er in den Schiffen mitgeführt, die vielen und edlen, und die gewölbten Schiffe zugrunde gerichtet und zugrunde gerichtet auch die Männer. Die anderen aber hat er getötet, als er herkam, die weit besten unter den Kephallenen. Doch auf! bevor jener entweder schnell nach Pylos gelangt oder auch in die göttliche Elis, wo die Epeier herrschen: ziehen wir gegen ihn! sonst werden wir auch für künftig immer gebeugt sein! Denn das ist eine Schande auch für die Späteren zu erfahren, wenn wir es die Mörder unserer Söhne und unserer Brüder nicht büßen lassen! Mir freilich wäre es nicht süß im Herzen, fortzuleben, sondern lieber möchte ich, schnell gestorben, unter den Hingeschiedenen sein! Doch gehen wir, damit jene uns nicht zuvorkommen und übersetzen!»

So sprach er, Tränen vergießend, und ein Jammer ergriff alle

Achaier. Doch da kamen Medon und der göttliche Sänger aus den Hallen des Odysseus heran, nachdem der Schlaf sie losgelassen hatte, und traten mitten unter sie, und ein Staunen faßte jeden Mann. Und unter ihnen sagte Medon, der Verständiges wußte:

«Hört mich jetzt, Männer von Ithaka! wahrhaftig, nicht gegen den Willen der unsterblichen Götter hat Odysseus diese Werke ersonnen! Selber sah ich den Gott, den unsterblichen, der dicht bei Odysseus stand und dem Mentor ähnlich sah in allem. Doch als ein unsterblicher Gott erschien er bald Mut spendend vor Odysseus, bald stürmte er die Freier aufjagend durch die Halle, und sie fielen dicht gereiht.»

So sprach er, die aber ergriff alle die blasse Furcht. Und unter ihnen sprach der alte Heros Halitherses, des Mastor Sohn, denn dieser blickte allein voraus wie auch zurück. Der sprach wohlmeinend zu ihnen und sagte unter ihnen:

«Hört mich jetzt, Männer von Ithaka! was ich sage! Durch eure Schlechtigkeit, Freunde, sind diese Werke entstanden. Denn ihr folgtet nicht *mir*, folgtet nicht Mentor, dem Völkerhirten, daß ihr euren Söhnen in dem Unverstande Einhalt tatet, die in böser Verblendung ein gewaltiges Werk verübten, indem sie die Güter kahlschoren und die Gattin mißachteten des besten Mannes und meinten, er kehre nicht mehr heim. Und jetzt möge es so geschehen, folgt mir, wie ich rede: gehen wir nicht gegen ihn! damit keiner ein Unheil finde, das er sich selber zugezogen!»

So sprach er. Die aber sprangen auf mit großem Geschrei, mehr als die Hälfte — die anderen aber blieben versammelt an dem Orte — denn ihnen gefiel die Rede nicht in ihrem Sinne, sondern sie folgten dem Eupeithes und stürmten alsbald zu den Waffen. Doch als sie sich mit dem funkelnden Erz bekleidet hatten an dem Leibe, versammelten sie sich in Haufen vor der weiträumigen Stadt. Und Eupeithes führte sie an in törichtem Sinne. Er meinte, er werde den Mord an dem Sohne rächen, und sollte doch nicht wieder heimkehren, sondern dort seinem Schicksal folgen.

Athene aber sprach zu Zeus, dem Sohn des Kronos:

«Unser Vater, Kronide, Höchster derer, die da herrschen! sage mir, da ich frage, was dir dein Sinn birgt in dem Innern? Wirst du weiter schlimmen Krieg und schreckliches Getümmel bewirken, oder setzest du Freundschaft zwischen beiden Seiten?»

Da antwortete und sagte zu ihr der Wolkensammler Zeus:

«Mein Kind! was fragst du mich dies und forschest danach? Hast du nicht diesen Gedanken bei dir selbst ersonnen, daß Odysseus es jene büßen lassen sollte, wenn er käme? Tu wie du willst, doch sage ich dir, wie es recht ist. Nachdem es der göttliche Odysseus die Freier büßen ließ, soll man verläßliche Eidesopfer schlachten, daß er als König herrsche immer. Doch wollen wir hinwieder ein Vergessen des Mordes an den Söhnen wie den Brüdern setzen, und sie sollen einander befreundet sein wie vorher, und es soll Reichtum und Friede in Fülle sein!»

So sprach er und trieb Athene, die es schon vorher drängte. Und sie schritt hin und schwang sich von den Häuptern des Olympos.

Doch als jene sich das Verlangen nach der honigsinnigen Speise vertrieben hatten, da begann unter ihnen die Reden der vielduldende göttliche Odysseus:

«Gehe einer hinaus und sehe, ob sie nicht kommen und schon nahe sind!»

So sprach er. Und ein Sohn des Dolios ging hinaus, wie er befohlen hatte, schritt hin und trat auf die Schwelle und sah sie alle in der Nähe und sagte alsbald zu Odysseus die geflügelten Worte:

«Schon sind sie nahe, darum wappnen wir uns schleunigst!»

So sprach er. Da erhoben sie sich und tauchten in die Waffen: vier um Odysseus und die sechs Söhne des Dolios, und unter ihnen tauchten Laertes und Dolios in die Waffen, so ergraut sie waren, als notgedrungene Krieger. Doch als sie sich mit dem funkelnden Erz bekleidet hatten an dem Leibe, öffneten sie die Türen und gingen hinaus, und Odysseus führte. Da kam zu ihnen heran die Tochter des Zeus, Athene, dem Mentor gleichend an Gestalt wie auch an Stimme. Da freute sich, als er sie sah, der vielduldende göttliche Odysseus und sagte alsbald zu Telemachos, seinem lieben Sohn:

«Telemachos! da du nun dahin gekommen bist, wo im Kampf der Männer die Besten erlesen werden, wirst du selber darauf sehen, daß du dem Geschlecht deiner Väter nicht Schande machst, die wir uns vordem mit Kraft und Mannesmut ausgezeichnet haben über die ganze Erde!»

Da entgegnete ihm hinwieder der verständige Telemachos:

«So sollst du sehen, wenn du es denn willst, mein Vater! wie ich mit diesem Mute deinem Geschlecht nicht Schande machen werde, wie du redest!»

So sprach er. Da freute sich Laertes und sagte die Rede:

«Welch ein Tag ist dieser für mich, ihr freundlichen Götter! Gewaltig freue ich mich! Sohn und Sohnessohn haben einen Streit um die Tüchtigkeit!»

Da trat die helläugige Athene heran und sagte zu ihm:

«Sohn des Arkeisios, weit liebster unter allen Gefährten! Bete
zu der helläugigen Jungfrau und zu Zeus, dem Vater, und hole aus
und schleudere gar schnell die langschattende Lanze!»

So sprach sie und blies ihm eine gewaltige Kraft ein, Pallas Athene.
Da betete er zu der Jungfrau des großen Zeus, holte aus und schleuderte gar schnell die langschattende Lanze. Und traf den Eupeithes
durch den erzwangigen Helm, und dieser vermochte den Speer nicht
abzuwehren, und durch und durch ging das Erz. Da stürzte er dröhnend, und es rasselten die Waffen an seinem Leibe. Da brachen
Odysseus und sein strahlender Sohn in die Vorkämpfer ein und
stießen zu mit den Schwertern und den oben und unten gespitzten
Lanzen, und hätten sie alle vernichtet und ihnen die Heimkehr genommen, wenn Athene, die Tochter des Zeus, des Aigishalters, nicht
mit der Stimme gerufen und Einhalt getan hätte dem ganzen Volk:

«Haltet ein mit dem schmerzlichen Streit, Männer von Ithaka!
damit ihr ohne Blut aufs schnellste auseinanderkommt!»

So sprach Athene. Die aber faßte die blasse Furcht, und den von
Furcht Ergriffenen flogen die Waffen aus den Händen und fielen
alle zu Boden, als die Göttin ihre Stimme ertönen ließ. Und sie
wandten sich zur Stadt, bedacht auf ihr Leben. Doch gewaltig schrie
der vielduldende göttliche Odysseus und stürmte geduckt heran wie
ein hochfliegender Adler. Da entsandte der Kronos-Sohn den rauchenden Blitz, und er fiel herab vor der Helläugigen, der Tochter
des gewaltigen Vaters. Da sprach die helläugige Athene zu Odysseus:

«Zeusentsproßter Laertes-Sohn, reich an Erfindungen, Odysseus!
Halte ein und hemme den Streit des Krieges, der keine Unterschiede
macht! daß dir nicht irgend der Sohn des Kronos zürne, der weit
umblickende Zeus!»

So sprach Athene, und er gehorchte und freute sich in dem Gemüte.
Und hernach setzte hinwieder Schwuropfer zwischen den beiden Sei-
ten Pallas Athene an, die Jungfrau des Zeus, des Aigishalters, dem
Mentor gleichend an Gestalt wie auch an Stimme.

Eine Reise in die Welt . . .

Er sammelt Wertpapiere wie Kunstgegenstände und wählt sie dementsprechend kritisch aus; niemals gibt er sie aus der Hand, etwa ins Bankdepot oder gar in Girosammelverwahrung, er will sie zu Hause betrachten. Ein gelungenes Guillochen-Ornament auf einem Pfandbrief kann ihn begeistern. Liebt er Rot, kauft er keine blauen Aktien.

Das DIN-Format der Wertpapiere stört ihn, am liebsten möchte er es beschneiden. Mit Wonne setzt er deshalb die Schere an Zins- und Dividendenbögen. Er nennt das seinen goldenen Schnitt.

Er liebt den vollen Klang des wertvollen Papiers, wenn es, zwischen zwei Fingern gehalten, in der Luft gerüttelt wird. Das kakophonische Geschrei an Börsen dagegen stößt ihn ab. Er braucht die Börse ohnehin nicht, da er nur druckfrische Ersterwerbsstücke kauft, junge Aktien, neu emittierte Pfandbriefe.

Bisweilen sammelt er Wertpapiere nach Motiven und sortiert sie nach ihren Abbildungen: Landschaften, Gebäude, Erfinder. Er korrespondiert mit den Graveuren aller Wertpapierdruckereien, um sich über Neuerscheinungen zu informieren. Und dann sitzt er abends in seinem Louisseize, nippt an einem Chablis und zeigt seinem Freund das Pfandbriefalbum.

NACHWORT

1. Zur Übersetzung

Die deutsche Odyssee, die ich in diesem Band erneut vorlege, ist in ihrer äußeren Form dadurch charakterisiert, daß sie auf die Nachbildung und Bewahrung des homerischen Hexameters im Deutschen verzichtet; doch sucht sie dabei, vom Verszwang gelöst, in der ‹offenen› Prosaform die innere poetische Sinngestalt Homers um so sicherer zu bewahren.

Eine Prosaübertragung Homers hat GOETHE immer wieder mit triftigen Gründen in seinem Leben gefordert[1]. Aber während die Länder angelsächsischer und auch französischer Zunge, aus Gründen, die in der Sprach- und Denkstruktur dieser Nationen liegen, längst ihren ‹Homer in Prosa› besitzen[2], hat in Deutschland das große, gültige Beispiel von JOHANN HEINRICH VOSS die übersetzerische

---

1 ‹Dichtung und Wahrheit› 11. Buch, Jub. Ausg. Bd. 24, S. 56: «Ich ehre den Rhythmus wie den Reim, wodurch Poesie erst zur Poesie wird, aber das eigentlich tief und gründlich Wirksame, das wahrhaft Ausbildende und Fördernde ist dasjenige, was vom Dichter übrig bleibt, wenn er in Prosa übersetzt wird. Dann bleibt der reine vollkommene Gehalt, den uns ein blendendes Äußere oft, wenn er fehlt, vorzuspiegeln weiß und, wenn er gegenwärtig ist, verdeckt... Deshalb gebe ich zu bedenken, ob nicht zunächst eine prosaische Übersetzung des Homer zu unternehmen wäre; aber freilich müßte sie der Stufe würdig sein, auf der sich die deutsche Literatur gegenwärtig befindet... Nur will ich noch, zugunsten meines Vorschlags, an Luthers Bibelübersetzung erinnern: denn daß dieser treffliche Mann ein in dem verschiedensten Stile verfaßtes Werk und dessen dichterischen, geschichtlichen, gebietenden Ton uns in der Muttersprache wie aus *einem* Gusse überlieferte, hat die Religion mehr gefördert, als wenn er die Eigentümlichkeiten des Originals im einzelnen hätte nachbilden wollen...» — Gespräche 2, 355, W. Grimm 20. 10. 1793: «Creuzer hat mir gesagt, daß ihn [Goethe] besonders die Prosaübersetzung der Edda gefreut, er redet noch immer von einer ähnlichen Arbeit bei Homer.» — Man vergleiche auch Goethes Urteil über die Homerübersetzung von Voß, bei Eckermann 8. 4. 1829. Ferner seine Bemerkung über das Übersetzen in den ‹Noten und Abhandlungen zum Divan›, Jub. A. 5, 303 ff; ‹Zum Andenken Wielands›, Jub. A. 37, 22; Besprechung von Carlyles ‹German Romance› 1827, Jub. A. 38, 142.

2 Es sei für die modernen englischen Prosaübersetzungen vor allem auf die von T. E. SHAW (Oberst LAWRENCE), vorzüglich eingeleitet von Sir Maurice Bowra, verwiesen (Oxford 1955), für Frankreich auf die Odyssee-Übersetzung von VICTOR BÉRARD (1925), die Ilias-Übersetzung von PAUL MAZON.

Homernachfolge durchaus in die Bahnen der hexametrischen Nachbildung gelenkt und, von wenigen, kaum bekannt gewordenen Versuchen[3] abgesehen, im Lauf der letzten hundertfünfzig Jahre eine Unzahl von Hexameter-Übersetzungen des Homer hervorgerufen. Die Meisterschaft, deutsche Hexameter zu schreiben, hat sich dabei von Johann Heinrich Voß über Mörike bis auf unseren RUDOLF ALEXANDER SCHRÖDER steigend verfeinert. Doch konnte es bei allem, was man sprachlich neu versucht hat, auf dem Wege der Hexameter-Übersetzung nun einmal nicht gelingen, den von Voß angeschlagenen Ton entschieden zu verlassen oder gar in Richtung auf Homer selbst hin zu erneuern.

Die überragende Leistung von Voß, der sich wie wenige dem *Wort* Homers verpflichtet fühlte und auch die Mittel besaß, es aus dem Grunde zu verstehen, hat bei alledem, was sie an Homer erschlossen hat, auch wieder Wesentliches an dem Dichter zugedeckt. Der Voßsche Homer ist aus dem Geist des Pietismus geschaffen und zieht von dorther seine Kraft. Die auch von Voß in seinen eigenen Dichtungen gepflegte sogenannte Idylle wirkte in ihn hinein. Doch ist jene pietistische Seelenbewegung, jenes idyllische Element dem Homer im tiefsten fremd. Ein anderes, mehr Technisches, kommt hinzu: der deutsche Hexameter — an sich ein Vers, der im Deutschen die schönsten dichterischen Gebilde hervorgebracht hat — ist verhältnismäßig ‹länger› als der homerische. Das hängt in der Hauptsache damit zusammen, daß die alte Sprache Homers neben ihrem Reichtum an beweglichen Partikeln fast durchweg silbenreichere Wörter aufweist als bereits das spätere Griechisch und auch das heutige Deutsch. Der Übersetzer, er mag anfangen, was er will, ist in der Regel mit dem Gedanken früher fertig als mit dem Vers und muß rein aus Versgründen zu Füllseln seine Zuflucht nehmen. Die Kunst des Homerübersetzens in Hexametern wird damit weithin zu einer Kunst des Streckens, die auch ihrerseits seit Voß erhebliche Fortschritte gemacht hat, aber doch dazu führt, daß ein deutscher hexametrischer Homer

---

3 Etwa die auszugsweise Prosaübersetzung von HEINRICH RÜTER in: W. Dörpfeld und H. Rüter, Die Heimkehr des Odysseus, 2. Bd. München 1925, sowie die vollständige, mir erst nachträglich bekannt gewordene von DIETRICH MÜLDER, ‹Der wahre, große und unvergängliche Homer›, I: Die Odyssee, Leipzig 1935. Als früheste vollständige darf wohl die von JOHANNES MINCKWITZ, Leipzig 1855, gelten. Von älteren, teilweise recht bedeutungsvollen Versuchen, wie dem von SIMON SCHAIDENREISSER im sechzehnten Jahrhundert, CHRISTIAN TOBIAS DAMM (1769), KLOPSTOCK (1776) und dem jungen HÖLDERLIN wäre an anderer Stelle zu handeln.

ein in die Breite gegangener, gestreckter, behäbig und füllig gewordener Homer ist und von jenem homerischen «außerordentlichen Laconismus», jener «Keuschheit, Sparsamkeit, beinahe Kargheit in der Darstellung» kaum etwas verspüren läßt, die Goethe angesichts einer Übersetzungsprobe in Prosa empfand, die ihm der Pilsener Chorherr und Professor J. St. Zauper gesandt hatte[4].

Wenn ich für die vorliegende Übersetzung der homerischen Odyssee — nach manchen eigenen Versuchen mit dem Hexameter — die hexametrisch ungebundene Form gewählt habe, so bin ich mir bewußt, daß mit dem Verzicht auf den einheitlichen Rhythmus, der der Sprache die höhere Musikalität und den Glanz verleiht, ein erhebliches Opfer gebracht ist. Doch haftet dieser Glanz untrennbar an dem originalen griechischen Vers und Klang, und opfert man ihn, so opfert man, was die deutsche Übersetzung angeht, wohl gar nur einen falschen Glanz. Doch wird dieser notgedrungene Verzicht dadurch wettgemacht, daß der Übersetzer mit der unhexametrischen Form ein völliges sprachliches Neuland betritt und es, unbehindert durch die nun einmal geschichtlich vorgeprägte Sprachform des Voßschen Hexameters, unternehmen kann, die eigene Art, wie Homer sieht, denkt und spricht, in deutscher Zunge nachzubilden.

Die Prosaübersetzung, die so entsteht, darf nicht, wie es mir allerdings widerfahren ist, als eine Umsetzung und Reduzierung der poetischen Form Homers ins Plane, Nüchterne, trockene ‹Prosaische› mißverstanden werden. Es gibt von der Antike her die Form der Kunstprosa, die in metrisch nicht streng geregelter Form doch rhythmisch ist und so bei der äußeren scheinbaren ‹Ungebundenheit› in ihrer inneren Form doch wieder poetisch wird. Diese Form ist es, die wir in unserer Übersetzung in einer von dem regulären Hexameter befreiten, doch innerlich gebundenen Rede zu verwirklichen bestrebt waren: gebunden insofern, als diese Rede der Syntax des homerischen

---

4 Brief an Zauper vom 6. August 1823, Weimarer Ausg. IV 37, S. 158. — Wohl zu beachten auch die Besprechung von Simrocks Übersetzung des Nibelungenlieds 1827, Jub. A. 38, 128: «Nach unsrer oft geäußerten Meinung deshalb behaupten wir, daß jedes bedeutende Dichtwerk, besonders auch das epische, auch einmal in Prosa übersetzt werden müsse. — Auch den Nibelungen würd' ein solcher Versuch höchst heilsam sein, wenn die vielen Flick- und Füllverse, die jetzt wie ein Glockengeläute ganz wohltätig sind, wegfielen und man unmittelbar kräftig zu dem wachenden Zuhörer und dessen Einbildungskraft spräche, so daß der Gehalt in ganzer Kraft und Macht vor die Seele träte und dem Geiste von einer neuen Seite zur Erscheinung käme.»

Satzes im deutschen Wortlaut einen *Rhythmus der Vorstellungen*, *Gedankenrhythmus* abgewinnt, der mit der gedankenrhythmischen Wortfolge dem deutschen Ausdruck von selbst auch wieder eine Art innerer Musikalität verleiht. Es ging darum, mit der gedankenrhythmischen Prosaform gerade den poetischen Grundgehalt Homers mit Kraft und Wahrheit dem deutschen Ausdruck einzuprägen.

Unnötig zu sagen, daß eine solche Form nur verwirklicht werden konnte dadurch, daß wir uns bei der mit dem Opfer der äußeren Versform gewonnenen größeren Bewegungsfreiheit zugleich neue strengere Bindungen auferlegten. Diese Bindungen sind die gleichen, die ich bereits in meinen Übersetzungen des Aischylos und Sophokles[5] einzuhalten suchte. Einmal die Bindung, *vollständig* zu übersetzen und nichts, was dasteht, wegzulassen, nichts hinzuzufügen. Sodann die Bindung, die ursprünglichen *Vorstellungen* des Dichters auch in deutscher Zunge in ihrer Reinheit zu bewahren. Und zum dritten, die *Folge dieser Vorstellungen*, so wie sie dem Dichter in seinem Satz vor Augen kommen, nach Möglichkeit auch im Deutschen einzuhalten.

Wenn die Bindung an die Vollständigkeit und vor allem das Weglassen aller Füllsel in der gewählten ungebundenen Form ohne weiteres durchzuführen war, so war bereits das Bewahren der ursprünglichen Vorstellungen Homers in ihrer Reinheit keine ganz leichte Sache. Doch habe ich auch im Homer jenes transponierende Übersetzen, in dem man heute vielfach die eigentliche Kunst des Übersetzens sieht, ebenso wie in der Tragödie, streng von meinem Wege entfernt gehalten und es durchaus vermieden, die homerischen Vorstellungen in gängige deutsche Vorstellungen umzusetzen, wie diese sich dem Übersetzer zunächst als sogenanntes ‹gutes› und ‹lebendiges› Deutsch darbieten. Es ging, wenn die Übersetzung überhaupt einen Sinn haben sollte, darum, eine uns ferne, ursprüngliche Sprachwelt wieder heraufzuführen, in der man noch unmittelbar und einfach sah, unmittelbar und einfach dachte und sprach und die Dinge und Erscheinungen im Gedanken wie im Worte so bewahrte, wie sie sich von sich selber her dem Menschen zeigen. Hier konnte nur der Ausspruch SCHLEIERMACHERS für den Übersetzer die Richtschnur sein: daß man versuchen müsse, in der Übersetzung «das Fremde spürbar zu machen, ohne zu befremden»[6]. Wenn dabei hier und da manches Un-

---

5 Griechisches Theater, Frankfurt am Main 1964, S. 495.
6 Ähnlich GOETHE in den ‹Maximen und Reflexionen›, Jub. A. 38, 285: «Beim Übersetzen muß man bis ans Unübersetzliche herangehen: alsdann wird man aber erst die fremde Nation und die fremde Sprache gewahr.»

gewohnte dem deutschen Leser zugemutet wurde, so im Vertrauen darauf, daß sich mit der in der Übersetzung einmal errichteten Sprachwelt diese Dinge von selbst klären und erläutern würden[7]. – Eine unüberwindliche Schwierigkeit bot freilich die Tatsache, daß für eine große Anzahl homerischer Wörter (zumal der Beiwörter) der genaue homerische Wortsinn schon den alexandrinischen Homer-Philologen, ja schon den Griechen des fünften, klassischen Jahrhunderts nicht mehr sicher bekannt gewesen ist. Die neue Forschung hat hier manches getan, und dankbar bekenne ich mich den ersten Lieferungen des neuen Homerlexikons von BRUNO SNELL, ULRICH FLEISCHER und HANS JOACHIM METTE und den Hamburger Materialien für verpflichtet. Aber allzuviel bleibt hier auch heute noch der Vermutung überlassen, zumal da auch die Etymologie nur wenig forthilft. So hielt ich es in besonders verzweifelten Fällen für richtiger, mich der Tradition der homerischen Wortphilologie anzuschließen, wie ich auch Prägungen von J. H. Voß, dort wo sie treffend und richtig sind, ohne jeden Versuch, es anders zu machen, nur um es anders zu machen, übernommen habe. Auch leidige Übersetzungswörter habe ich nicht ganz gemieden, wo diese immerhin die Eigenart der griechischen Vorstellung sichtbar machten (z. B. ‹Salzflut› neben ‹Meer›, ‹See›, ‹offenes, hohes Meer›). Und ebensowenig habe ich mich durchaus bemüht, dasselbe griechische Wort mit demselben deutschen Wort wiederzugeben, wenn doch die Vorstellungsaspekte verschieden waren.

Jene dritte Forderung, das Bewahren der Folge der Vorstellungen, das Bewahren der homerischen Satzform und ihrer Gliederung, war in unserem modernen, ‹logisch› durchformten und denkerisch differenzierten Deutsch am schwersten zu erfüllen. Aus Gründen des übersetzerischen Takts, der über allen Prinzipien des Übersetzens steht, war hier ohne gewisse Angleichungen und Ausgleichungen nicht auszukommen. Das Epos ist seinem Wesen nach ‹Erzählung› und verlangt, als Erzählung, einen einfachen Fluß der Sprache, der im Deutschen nun einmal vielfach anders als im Griechischen verläuft. Doch habe ich mich in den allgemeinen Grenzen dieses ‹Episch-Erzählerischen› bemüht, auch jene homerische Folge der Vorstellungen weitgehend im Deutschen zu bewahren. Vor allem jene additive, ‹anreihende› homerische Satzform, nach der der Nebensatz im Grunde noch angefügter Hauptsatz ist oder sich zum Hauptsatz verselbständigt, nach der die Beiwörter so gern hinter das Hauptwort treten, sich ihm

---

7 Dies hat sich inzwischen vor allem bei Rezitationen und mehreren Hörspielfolgen aus unserer Übersetzung bestätigt.

anreihen und, zumal im Enjambement oder in sonstigen Sperrungen, erst den vollen Ton erhalten, wurde, wo es nur irgend anging, nachgebildet. Hier zumal ist es, wo in der Übersetzung, rein von der inneren Form des Originals her, jene *Gedankenrhythmik* heraufkommt, die der deutschen äußerlich unmetrischen Form den poetischen Grundcharakter wahrt. Vor allem aber mag hier jene homerische Sehweise spürbar werden, die das Hieratische mit dem Natürlichen vereint: das große Auge des Dichters, ruhig von einem klar und sicher erfaßten Weltding zum andern übergehend oder richtiger: mit innerem seherischem Blick es erst ins Dasein heraufrufend, evozierend, und in fortschreitend sich ergänzender Betrachtung eine Welt aufbauend, die ebensosehr aus festen, unerschütterlichen Substanzen besteht, wie sie sich für uns Heutige in Funktionen auflöst.

Alles in allem ist die Bindung an die *Wahrheit des Worts* des Dichters, und mithin ‹Wörtlichkeit› im höheren Sinn, das oberste Gesetz auch dieses ‹deutschen Homers› gewesen. Alles formende Bestreben hatte sich diesem Gesetz unterzuordnen und das, was auch in dieser Übersetzung vielleicht ‹Form› sein mag, erst eigentlich dem recht vernommenen Wort des Dichters abzugewinnen. Leicht ist die Arbeit, wenn sie ihren Weg entfernt von den bestehenden Konventionen suchte, nicht gewesen, und auch wir haben – um mit einem Größeren zu sprechen – «schwitzen und uns ängsten» müssen, «ehe denn wir solche Wacken und Klötze aus dem Wege räumeten, auf daß man könnte so fein daher gehen». Fast Zeile für Zeile wurden dem Übersetzer Entscheidungen abgefordert, die, als Entscheidungen *für* den Dichter, nur zu oft notgedrungene Verzichte einschlossen. Denn das ist einmal die Beschränktheit alles Übersetzens, daß es nie die Ganzheit des Originals zu erschöpfen, sondern allenfalls Aspekte zu eröffnen vermag und daß die Übersetzung, selbst wenn sie als Sprachwerk in der eigenen Zunge zu einer Art Ganzheit gelangen mag, dem Original auch in dieser ihrer Ganzheit doch nur *eine* Seite zukehrt, der nur *eine* Seite des Originals entspricht.

Der Aspekt, den dieser deutsche Homer etwa zu eröffnen sucht, mag der Hinblick auf die ‹Welt› des Dichters als den großen *Bereich alles Seienden* mit Dingen, Menschen, Wesenheiten in ihren richtigen Verhältnissen und Bezügen sein — alles so ‹gegenwärtig› vor Augen gerückt, wie es auch in dem Dichtwerk Homers in voller Gegenwärtigkeit Erscheinung wird. Sollte es dem Übersetzer auf diesem seinem Wege gelungen sein, der Odyssee Homers im Deutschen den Charakter eines *Volksbuches* zu geben, wie sie diesen in ihrem poetischen Gewand bei den Griechen zu allen Zeiten hatte, so ist sein erster

Zweck erfüllt. Dem Philologen mußte im übrigen an jener Nähe zum Wort Homers, jener unmittelbaren Vergewisserung, die sich noch nicht einstellt, wenn man dem Dichter nach*denkt*, sondern erst, wenn man ihn nachzu*sprechen* sucht, noch aus einem besonderen Grunde gelegen sein: hatte er sich seit Jahren mit dem Geschäft des Beurteilens des Dichters abgegeben, so war es wohl billig, nun einmal durch dies sein Nachsprechen des Dichters im deutschen Wortlaut die Probe abzulegen, wieweit er den Dichter etwa versteht, ihn ‹weiß›, ihn ‹kann›.

Schließlich sei noch bemerkt, daß ich mir diese Übersetzung, ihrem ganzen Sprachcharakter nach, am liebsten nicht nur gelesen, sondern vorgelesen denken möchte. Auch Homer hat sein Epos zwar geschrieben, aber geschrieben, damit es vorgetragen werde, nicht nur, daß man es chiffrenhaft, hieroglyphisch lediglich mit den Augen und dem verstehenden Geiste aufnehme. Wenn für ihn, den Dichter einer Zeit der vorherrschenden Mündlichkeit, «das Wort so wichtig dort war, / Weil es ein gesprochen Wort war», so mußte diese Übersetzung ihm auch darin nahezukommen suchen, daß sie sich selber vornehmlich als gesprochenes Wort verstand, das, notgedrungen, aufgeschrieben wurde.

2. Die beiden Dichter der Odyssee

Vielleicht geschieht es dem Leser dieser deutschen Odyssee, daß er von Zeit zu Zeit auf merkwürdige Verschiedenheiten in Sprache, Stil, Erzählweise, Menschendarstellung und allgemeinen Weltverhältnissen in dem Gedichte stößt, die sich sogar in der Übersetzung bemerkbar machen. Ihm sei gesagt, daß die Odyssee, wie sie auf uns gekommen ist, nach unserer Erfahrung nicht das aus einem Guß geschriebene Werk eines einzigen Dichters sein kann. Eine über hundertjährige philologisch-stilkritische Forschung hat die Gelehrten vermuten lassen, daß mehrere verschiedene ‹Hände› an der Entstehung des Gedichtes beteiligt seien. Und wenn wir selbst auch, auf Grund von eigenen Untersuchungen, eine so weitgehende Odyssee-Zergliederung für verfehlt halten, so kommen doch auch wir auf die Auffassung hinaus, daß in der Odyssee, wie sie uns vorliegt, zwei verschiedene Dichtungen stecken: eine ältere Dichtung (A), die ungefähr zwei Drittel des Vorhandenen umfaßt, und sodann die Bearbeitung dieser A-Dichtung, die ein nur wenig jüngerer Dichter (B), vielleicht der unmittelbare Schüler und Nachfolger des A, etwa um das Jahr 700 v. Chr. gemacht hat. Der Bearbeiter B hat dabei die ältere A-

Dichtung im allgemeinen mit Pietät bewahrt, sie aber nach eigenem Plane, eigenen Ideen ergänzt und erweitert, indem er sie, von vielen kleinen Eindichtungen abgesehen, mit ansehnlichen Vorbauten, Anbauten wie Zwischenbauten versehen hat. Dem Leser mag die Kenntnis dieser Dinge eine Art Leitfaden für die Lektüre des Gedichtes und wohl auch Aufschluß über manche ihm kommenden Einzelfragen geben. Deswegen sei ihm hier in Kürze das Wichtigste über die A-Dichtung und die Bearbeitung mitgeteilt.

Die A-Dichtung stellt die ‹Heimkehr des Odysseus› in voller Konzentration auf die Hauptgestalt und in einfacher Linienführung dar. Odysseus, der sich bei der Nymphe Kalypso aufhält, gelangt, nachdem die Götter seine Heimkehr beschlossen haben, zu den Phaiaken, erzählt dort seine Abenteuer und führt sodann, nachdem die Phaiaken ihn in schneller Fahrt nach Ithaka geleitet haben, als unbekannter Bettler in seinem eigenen Haus die Ermordung der Freier, die Wiedergewinnung seines Hauses und Königtums und der eigenen Gattin Penelope durch. So stellt das Gedicht in seinen beiden Hauptabschnitten zunächst die äußere, dann die innere Heimkehr des Odysseus dar. Nicht um die ‹Irrfahrten› des Odysseus geht es, sondern eben um seine ‹Heimkehr›, jenes von dem Dichter mit großer Kraft ergriffene urmenschliche Motiv, wie jemand nach schwer erlittener Ferne und vielen Leiden, nach Erniedrigung und dem Dunkel der Unbekanntheit, mit seiner Heimat, seinem Hause, seiner Frau schließlich sich selber neu gewinnt. Diese Heimkehr endet damit, daß Odysseus gegen Schluß des dreiundzwanzigsten Gesanges einschläft.

Die A-Dichtung ist hohe Dichtung: die Welt und die Menschen in großen, einfachen Bildern gesehen und dargestellt — aus jenem großen Sinn für das Seiende, dem gerade das Einfache, Natürliche zum Wunder wird, alles durchdrungen von einer Religion, in der der Mensch sich, gänzlich unemphatisch, von den höheren Mächten umschlossen und im richtigen Verhältnis zu ihnen weiß. Die Hauptkompositionsform: die geschlossene ‹Szene›, in der das Geschehen in nur wenigen Figuren, wenigen geschlossenen Reden und Schilderungen versammelt ist, das Ganze in seiner Folge wie ein Metopenfries.

Dem Bearbeiter B fehlt diese versammelnde Gestaltungskraft. Er weiß nicht Menschen groß zu bilden, Situationen klar zu runden, sondern erzählt fast schon wie ein historischer Berichterstatter am Faden her und schreibt daneben merkwürdig kurzatmige Dialoge mit schnellem Neueintritt und Wechsel der Personen. Er ist in den Erfindungen wie auch im Sprachlichen darauf angewiesen, viel von A zu borgen. Allein, er ist ein gedankenreicher Mann, der trotz des geringen zeitlichen Abstands von dem Dichter A auf neue Weise in die Welt blickt und die alten Stoffe neuen Forderungen unterwirft. Sein Hauptgedanke: der heimkehrende Hausherr kann die Freier nicht ohne weiteres erschlagen haben. Diese — bei dem Dichter A adlige junge Herren, die die Gelegenheit dieser Freite nach Kräften ausnutzen, um sich auf ihre derbe Art zu verlustieren — mußten, um einen gerechten Tod zu sterben, mit Schuld und Selbstverantwortung belastet werden. So schmieden sie bei B den Mordplan gegen Telemachos, so sagt dieser ihnen in der Volksversammlung des zweiten Gesanges auf und macht sie für alle Folgen ihres Tuns selbst verantwortlich. Von hier aus hat der Dichter B des weiteren die Gestalt des Telemachos stark betont, ihn auf die Reise nach Pylos und Sparta geschickt und ihn sich vom Knaben zum Manne bilden lassen. Die einfache, gradlinige Heimkehr-Handlung des Dichters A wurde auf diese Weise in weitere geographische wie gesellschaftliche Horizonte gerückt. B zog die Welt der realen Politik in das Gedicht herein, das nun, im vierundzwanzigsten Gesang, mit einer Versöhnung der streitenden Parteien endet. Im übrigen zeichnet diesen Dichter eine Freude an vielfältigem Kleinleben, ein Sinn für das Höfische und die gute Sitte aus; ein neues feines Gespür für das Intime, Seelische, Stimmungshafte lebt in ihm, ein religiöser Sinn, der den Göttern die ständige Führung des Geschehens in die Hand legt, die außerdem ihren Willen ständig in Manifestationen der verschiedensten Art: Ahnungen, Weissagungen, Vogelzeichen, Donnerschlägen, in die Menschenhandlung hinein bekunden. Alles Anzeichen dafür, daß dieser Dichter B bereits eine neue Bewußtseinsstufe darstellt, mit der so manches an Motiven aufkeimt, für dessen Wiedergabe er, an die epische Tradition gebunden, noch nicht recht die Mittel findet und das erst später die griechische Lyrik und die attische Tragödie zur Vollendung bringen sollten.

Mit alle diesem reicht der Bearbeiter an jene unwillkürliche, große, ursprüngliche Dichtung seines Meisters — dieser war vielleicht kein anderer als Homer, der Ilias-Dichter — nirgends heran. Allein, er ist deshalb, weil er jene einzige Größe nicht besitzt, noch nicht verächtlich. Die neuen Ideen, die er in seiner Bearbeitung in Anlehnung an die A-Dichtung verwirklichte, sind zukunftsreiche Ideen von Gewicht, und mit unbestreitbarem Geschick hat dieser B es verstanden, das Übernommene und Bewahrte und das Neue, Hinzugefügte so zu vereinigen, daß sich die Odyssee, wie wir sie heute haben, als Einheit darstellt. Wie eine Landschaft baut sie sich vor uns auf, mitten durchzogen von dem Grat der A-Dichtung, der in klare Höhenluft hinaufreicht, begleitet von einem Hügelgelände, das sich zwar vielfach von dem Gestein gebildet hat, das jenes Hochgebirge ihm lieferte, aber doch auch seine eigene einladende Formation entwickelt.

Vielleicht ist manchen Lesern für ihre Wanderung durch diese Landschaft unserer Odyssee eine Art Landkarte willkommen. Für diese Leser fügen wir zum Schluß ein Verzeichnis der wichtigsten Stellen an, die nach unseren Untersuchungen der Bearbeitung des Dichters B angehören.

Verzeichnis der dem Dichter B angehörenden Partien der Odyssee

ERSTER GESANG: Vers 6—9. 28—47. 88—444.

ZWEITER GESANG: ganz.

DRITTER GESANG: ganz.

VIERTER GESANG: ganz.

FÜNFTER GESANG: Vers 1—27. 382—387.

SECHSTER GESANG: Vers 328—331.

SIEBENTER GESANG: Vers 14 Ende—18. 34—36. 103—132 (von A gedichtet, doch von B an diese Stelle gesetzt. Stand bei A wahrscheinlich ursprünglich hinter 6, 294). **148—232.** 251—258. 293—294. 297—316. 334—347.

ACHTER GESANG: Vers 1—61. Etwa 73—265. 370—etwa 473. 489—491. 556 zweite Hälfte—576.

NEUNTER GESANG: Vers 29—36. 64—66.

ZEHNTER GESANG: Etwa Vers 542—574.

ELFTER GESANG: Vers 51—83. 104—120 (bei A gab Teiresias hier die «Maße der Fahrt» an; 12, 39—141 stand ursprünglich hier). 138—149. 328—567. 615—627. (Bei A ging die Fahrt von der Unterwelt über den Okeanos auf das Meer und dann ohne erneute Rückfahrt zu Kirke gleich weiter zu den Sirenen.)

ZWÖLFTER GESANG: Vers 3—37 (38—141 gehört in die Teiresiasrede im 11. Gesang hinter 104; dabei ist 12, 111—126 Zusatz von B. In den Versen 12, 155, 268, 273 war bei A nicht Kirke, sondern nur Teiresias genannt). 142—152. 226—227. 296—304. 394—396. 450 Ende—453.

DREIZEHNTER GESANG: Vers 10—12. 66—69. 71—72. **125 Ende** bis **187 Anfang. 190—193.** 205—206. 302—310. 322—323. 333—338. Etwa 373—396. 412—428. 439—440.

VIERZEHNTER GESANG: Vers 174—184. 515—517.

FÜNFZEHNTER GESANG: ganz.

SECHZEHNTER GESANG: Vers 23 Ende—24. 26 zweite Hälfte. 33—39.

108—111. 129—200. 216—224. 299—481. (Die Wiedererkennungs-Szene ist die Partie, in der B am stärksten in die A-Dichtung eingegriffen hat; sie ist aus diesem Grunde nicht mehr mit voller Sicherheit zu erkennen.)

SIEBZEHNTER GESANG: Vers 6 Ende—9 erste Hälfte. 31—166. 238 Ende —254 Anfang. **360—364. 367—410.** 467 zweite Hälfte bis etwa 590.

ACHTZEHNTER GESANG: Vers **50—65.** 78—88. 115—116. 166—168. 171. 175—176. **214—243.** 321—342 (hier sind die A-Verse 321—326 von 19, 65 ff von B hierher herübergenommen). 351—356.

NEUNZEHNTER GESANG: Vers 65 (hier stand bei A die breitere Einführung der Melantho, die B nach 18, 321 ff versetzt hat). 85—88. 320—334. 487—490. 495—502.

ZWANZIGSTER GESANG: Vers 4. 30 zweite Hälfte—94. **124—146.** 165—172. 177—184. 240—247 (bei A kurze Einführung der Freier). 270—275. 345—etwa 384. 387—389.

EINUNDZWANZIGSTER GESANG: Vers 372—Anfang 378. 412—415.

ZWEIUNDZWANZIGSTER GESANG: Vers 205—240. 249—250. 426—427. **485—491.**

DREIUNDZWANZIGSTER GESANG: Vers **117—172.** 218—224. 241—288. 297—299. 324 zweite Hälfte. (Mit Vers 343 endet die ursprüngliche Odyssee des Dichters A.) 344—372.

VIERUNDZWANZIGSTER GESANG: ganz.

Fett gesetzte Ziffern bezeichnen Fundamentalstellen, aus denen die Eindichtung des Bearbeiters B mit besonderer Klarheit zu erkennen ist. Läßt man die so bezeichneten Eindichtungen weg, so rückt das Übrigbleibende vielfach zu einem bruchlosen Zusammenhang aneinander.

Nachträglich interpolierte Verse,
die in der Übersetzung weggelassen wurden

DRITTER GESANG: Vers 131.
VIERTER GESANG: Vers 553.
FÜNFTER GESANG: Vers 91.
NEUNTER GESANG: Vers 483.
ZEHNTER GESANG: Vers 189.
ELFTER GESANG: Vers 157—159 (könnte B-Zusatz sein).
DREIZEHNTER GESANG: Vers 347—348.
FÜNFZEHNTER GESANG: Vers 63. 295.
SECHZEHNTER GESANG: Vers 101.

Einundzwanzigster Gesang: Vers 133. 276.
Dreiundzwanzigster Gesang: Vers 48.
Vierundzwanzigster Gesang: Vers 158.

Weggelassen wurde in der Übersetzung auch die B gehörende Eindichtung im *dreizehnten Gesang* Vers 322—323 und 333—338, weil
sie den Zusammenhang in gar zu verletzender Weise stört.

Geändert wurde auf Grund philologischer Mutmaßungen im achtzehnten Gesang Vers 135 ‹mit ausdauerndem Mute› (τετληότι θυμῷ)
in ‹mit bedrücktem Mute› (τετιηότι θυμῷ). Ebenfalls wurde im vierundzwanzigsten Gesang Vers 231 das überlieferte, im Zusammenhang sinnlose ‹Trauer mehrend› (ἔχε πένθος ἀέξων), geändert in
‹den Sonnenbrand abwehrend› (ἔχεν αἶθος ἀλέξων), vgl. Euripi-
des, Hiketiden 208 αἶθον τ'.

Die Ziffern oben auf jeder Seite bezeichnen die Buch- und Verszäh-
lung des originalen griechischen Textes.

*Im Nachwort dieser Auflage wurde der Begriff einer Prosa-Über-
setzung, wie ich diese von Anfang an zu verwirklichen bemüht war,
neu und, wie ich denke, richtiger präzisiert. — Einer nicht geringen
Zahl freundlicher Helfer habe ich meinen Dank auszusprechen, in
erster Linie meinem Freund* Ernesto Grassi *dafür, daß er durch seine
vertrauensvolle Aufmunterung dieser lange geplanten Arbeit zur
Verwirklichung verhalf. Fräulein Dr.* Ingeborg Schudoma *hat mir
mit ihrer sicheren Homerkenntnis in allen Etappen meiner Arbeit
helfend zur Seite gestanden, während Professor* Wolfgang Kull-
mann *wie Professor* Walter Hess *mir während der Korrektur so
manche überzeugende Hilfe geleistet haben.*

Tübingen, im April 1958 und November 1966   W. S.

C 2058/6

bildmono ro ro ro graphien

C 2058/6 b